Brigitte et Jean-Pierre Perrin-Chattard

TOUTE LA

Cuisine

D1730507

Éditions Jean-Paul Gisserot
www.editions-gisserot.eu

INTRODUCTION

Après avoir écrit plusieurs livres de cuisine où nous avons rassemblé et mis au point de nombreuses recettes traditionnelles de la cuisine française et, dans une moindre mesure, de la cuisine internationale, nous avons décidé d'élaborer un véritable livre d'initiation et de perfectionnement

Cet ouvrage est aussi bien destiné aux débutants qu'aux amateurs et gastronomes déjà expérimentés qui y découvriront des recettes nouvelles et inédites.

Vous y trouverez une liste des instruments de cuisine indispensables ou souhaitables, une liste des denrées que vous pouvez stocker, des conseils d'utilisation judicieuse des réfrigérateurs et congélateurs, un tableau des calories pour ceux qui sont soucieux de leur ligne, un guide des vins pour accompagner chaque mets et chaque fromage, une suggestion de cave type et enfin des idées de menus pour toutes les occasions.

GUIDE PRATIQUE

I. LES USTENSILES DE CUISINE

> Certains ustensiles de cuisine sont absolument indispensables. D'autres sont seulement souhaitables mais peuvent permettre de gagner du temps et de rendre plus aisée la tâche du cuisinier.

1. Les ustensiles de cuisine indispensables

• *Pour la cuisson des plats* ─────────────────

- Les casseroles **:** une série de 5 casseroles de tailles classiques (12 cm de contenance 0,5 l ; 14 cm de contenance 1l ; 16 cm de contenance 1,5l ; 18 cm de contenance 2 l et 20 cm de contenance 3l) de préférence en acier à fond plat doublé cuivre ou, à défaut, en aluminium épais.
- 1 poêle à viande de 20 cm de diamètre en tôle épaisse
- 1 sauteuse de 25 cm de diamètre antiadhésive de préférence
- 2 couvercles universels
- 1 faitout de 28 cm de diamètre de préférence en acier (plus pratique à laver) ou à défaut en aluminium épais
- 1 cocotte en fonte émaillée de 25 cm de diamètre
- 1 bassine à friture de 28 cm de diamètre avec panier intérieur (elle peut être remplacée par une friteuse électrique)
- 1 plat en terre ovale de 28 cm pour le four
- 1 plat rond à gratin de 21 cm
- 2 moules à gâteaux

• *Autres ustensiles de cuisine* ─────────────────

- 3 couteaux :
  1 couteau à légumes,
  1 couteau à trancher,
  1 couteau à découper
- 1 verre mesureur
- 1 compte minutes
- 1 cafetière électrique
- 1 économe
- 1 grande planche à découper
- 1 petite planche à découper
- 1 fourchette à viande
- 1 louche
- 1 écumoire
- 1 fouet
- 2 cuillères en bois
- 1 spatule en bois
- 1 paire de ciseaux

- 1 pierre à aiguiser (ou un fusil)
- 1 ouvre boîte de conserves
- 1 clef à sardines
- 1 décapsuleur
- 1 aiguille à brider
- 1 tire bouchon
- 1 balance de ménage
- 1 entonnoir
- 1 passoire
- 1 batteur à œufs
  (de préférence électrique)
- 1 mixeur plongeant
- 1 moulin à poivre
- 1 râpe à fromage
- 1 rouleau à pâtisserie
- 1 pinceau

2. Les ustensiles de cuisine souhaitables

• *Pour la cuisson des plats* ─────────────────

- 1 autocuiseur (cocotte minute)
  de 6 l ou 8 l
- 1 poissonnière
- 1 turbotière
- 1 plat à œufs
- 2 plats à gratins 12 cm
  et 14 cm de diamètre
- plats à escargots
- ramequins

- 1 poêle à paella
- 1 couscoussier
- 1 bassine à confiture
- 1 caquelon à fondue
- 1 appareil à raclette
- 1 moule à soufflé
- 1 moule à cake
- 1 moule à charlotte

• *Autres ustensiles de cuisine* ━━━━━━━━━━━━━━

- 1 chinois
- 1 moulinette à persil électrique
- 2 terrines
- 1 couteau à huîtres
- 12 piques à bigorneaux
- 1 presse citron
- 1 robot électrique

- 1 casse noix
- 1 saucier
- 1 coupe frites
- 1 fouet électrique
- 1 sorbetière
- 1 couperet

II. LES RÉSERVES À AVOIR CHEZ VOUS

Nous vous donnons ci-après une liste type des produits de consommation courante que vous devez avoir en permanence chez vous. Celle-ci n'est pas exhaustive et peut varier selon les régions et les goûts de chacun.

1. Première nécessité

• *Bonne conservation* ━━━━━━━━━━━━━━

- sucre en morceaux
  (roux ou blanc)
- sucre en poudre
- sel fin (marin de préférence)
- gros sel (marin de préférence)
- poivre (en grains de préférence)
- huile (d'arachide, de tournesol,
  d'olive ou de noix selon goût
  et selon les besoins des
  préparations entreprises)
- vinaigre (de vin ou de cidre)

- moutarde
- cornichons
- thym
- farine
- pâtes
- riz
- conserves de légumes (petits pois,
  haricots blancs, lentilles)
- haricots secs
- lentilles

• *Conservation moyenne* ─────────────────

- café
- thé
- tisanes
- ail
- oignons

- échalotes
- laurier en branche
- tablette de chocolat
- pommes de terre

• *Conservation limitée* ─────────────────

- beurre
- œufs
- crème fraîche
- gruyère
- persil

- carottes
- poireaux
- tomates (achetées sur grappe,
  elles se conservent mieux)

2. Deuxième nécessité

• *Bonne conservation* ─────────────────

- câpres
- clous de girofle
- poivre de Cayenne
- curry
- paprika
- muscade
- cannelle
- cumin
- coriandre
- safran
- vanille en poudre
- olives en bocal

- 1 boîte de conserve
  de fruits au sirop
- 1 boîte de conserve de crabe
- 1 boîte de conserve de thon à l'huile
- 1 boîte de conserve de
  tomates fraîches
- boîtes de sardines
- confitures variées
- tapioca
- ketchup
- tabasco
- chapelure
- champignons secs

• *Conservation moyenne* ▬▬▬▬▬▬▬▬▬▬

- pruneaux
- abricots secs
- amandes

- fruits secs pour apéritifs
  (amandes salées, cacahouètes)
- biscuits salés et sucrés

• *Conservation limitée* ▬▬▬▬▬▬▬▬▬▬

- filets de harengs saurs
- crème chantilly

- citrons

III. LES QUANTITÉS MOYENNES DE PRODUITS À PRÉVOIR PAR PERSONNE

Les appétits étant très différents selon l'âge et l'activité des personnes, il ne s'agit là bien entendu que d'indications générales :

Viandes	Quantités
Bœuf	150 g (sans os) ou 200 g à 250 g (avec os)
Veau	150 g (sans os) ou 200 g à 250 g (avec os)
Mouton	150 g (sans os) ou 200 g à 250 g (avec os)
Porc	150 g (sans os) ou 200 g à 250 g (avec os)
Volaille	300 g à 400g (y compris les os)
Foie (veau ou génisse)	150 g
Rognons (non préparés)	250 g
Poissons	
Entiers crus	250 g à 300 g
En filets crus	150 g à 200 g

Œufs	Quantités
Omelette	2 œufs
Œufs sur le plat	2 œufs
Œufs à la coque	2 œufs
Légumes frais	
Pommes de terre	200 g à 250 g
Carottes	150 g à 200 g
Navets	150 g à 200 g
Petits pois non écossés	400 g
Haricots blancs non écossés	300 g
Choux de Bruxelles	250 g
Epinards	400 g
Haricots verts	175 g à 200 g
Champignons de Paris	175 g à 200 g
Légumes secs	
Haricots	60 g à 70 g
Lentilles	60 g
Pois cassés	60 g
Pâtes	
En règle générale	60 g à 70 g
Vermicelle pour la soupe	1 cuillère à soupe
Riz	50 g

IV. LES ÉQUIVALENCES DE MESURES

A défaut d'une balance pour peser les ingrédients, employer un verre mesureur gradué en volumes qui donne pour les denrées courantes, les équivalences en poids.

Vous trouverez ci-après quelques équivalences pratiques qui peuvent vous être utiles.

5cl = 1 verre à liqueur
10 cl = 1 petit verre de table
20 cl = 1 grand verre de table

100 g de sucre = 1 petit verre de table = 7 cuillères à soupe (à ras bord)
100 g de farine = 1 petit verre de table = 8 cuillères à soupe
100 g de riz = 1 petit verre de table = 8 cuillères à soupe
1 noix de beurre = 20 g
1 noisette de beurre = 5 g
10 cl d'huile = 1 petit verre de table = 8 cuillères à soupe

V. LES TEMPS DE CUISSON

• Viandes et Volailles

Avant la cuisson, il convient préalablement d'huiler, de saler, de poivrer et selon goût de parsemer légèrement de thym effeuillé le morceau de viande à cuire et s'il s'agit de bœuf, de mouton, d'agneau ou de chevreau de le piquer éventuellement de quelques gousses d'ail.

Pour la volaille, il convient d'huiler, de saler et de poivrer copieusement l'extérieur de celle-ci et de la parsemer légèrement de thym effeuillé. L'intérieur devra être garni d'une petite tomate, d'un oignon, de sel , de poivre, d'une pincée de thym effeuillé, de quelques petits lardons et des abats (foie et gésier) avant d'être bridé.

CUISSON AU FOUR
Préchauffer le four dix à quinze minutes à l'avance

Bœuf

Côtes

Cuisson au gril de préférence, La retourner à mi-cuisson à four très chaud.

côte bleue	côte saignante	côte à point
7 à 8 mn par 500 g	10 à12 mn par 500g	18 mn par 500 g

Rôti

Cuire à four très chaud. En cours de cuisson, le retourner 2 à 3 fois

Rôti bleu	Rôti saignant	Rôti à point
10 mn par 500 g	12 mn par 500 g	20 mn par 500 g

Veau

Rôti 20 mn par 500 g à four chaud. Le retourner 4 fois en cours de cuisson.

Agneau - Mouton - Chevreau

Gigot

Cuire à four chaud. Le retourner à mi-cuisson.

Gigot rosé	Gigot à point
12 mn par 500 g	15 mn par 500 g

Epaule

La retourner à mi-cuisson. Cuire à four chaud.

Epaule rosée	Epaule à point
12 mn par 500 g	15 mn par 500 g

Porc

Côtes (carré de porc) Prédécouper les côtes.
20 mn par 500 g. à four chaud.
Les retourner à mi-cuisson.

Rôti

25 mn par 500 g. à four chaud.
Le retourner 4 fois en cours de cuisson.

Cuisson au four pour la volaille

Afin de savoir si votre volaille est parfaitement cuite, il suffit de la piquer légèrement vers la pliure de la cuisse à l'aide d'un petit couteau ou d'une aiguille à brider; le jus qui en sort devra être clair ; au cas où il serait sanguinolent, il conviendrait de poursuivre la cuisson encore quelques instants.

Poulet	
De préférence à la broche position gril	15 à 20 mn par 500 g
A défaut sur un plat à four. Le retourner alors 3 à 4 fois en cours de cuisson.	20 mn par 500 g
Canard	
De préférence à la broche position gril	15 à 20 mn par 500 g
A défaut sur un plat à four. Le retourner alors 3 à 4 fois en cours de cuisson.	20 mn par 500 g
Pintade	
De préférence à la broche position gril	12 à 15 mn par 500 g
A défaut sur un plat à four. La retourner alors 3 à 4 fois en cours de cuisson.	15 mn par 500 g

CUISSON EN COCOTTE

Bœuf

Rôti 12 mn par 500 g

Le retourner 4 fois en cours de cuisson.

Veau

Rôti 20 mn par 500 g

Le retourner 4 fois en cours de cuisson.

Agneau - Mouton - Chevreau

Epaule 20 mn par 500 g

La retourner 4 fois en cours de cuisson.

Porc

Rôti 30 mn par 500 g

Le retourner 4 fois en cours de cuisson

Volailles

Retourner les volailles 3 à 4 fois en cours de cuisson. Afin de savoir si votre volaille est parfaitement cuite, il suffit de la piquer légèrement vers la pliure de la cuisse à l'aide d'un petit couteau ou d'une aiguille à brider ; le jus qui en sort devra être clair ; au cas où il serait sanguinolent, il conviendrait de poursuivre la cuisson encore quelques instants.

Poulet 25 mn par 500 g

Canard 25 mn par 500 g

Pintade 20 mn par 500 g

CUISSON À LA POÊLE

Bœuf

Tournedos, **steak** ou **entrecôte** (2 cm d'épaisseur)

bleu	**saignant**	**à point**
2 mn de chaque côté	3 mn de chaque côté	4 mn de chaque côté

Veau

Escalope 3 mn à 4 mn (selon épaisseur) de chaque côté

Côte 4 mn à 5 mn (selon épaisseur) de chaque côté

Agneau - Mouton - Chevreau

Côtelette 2 à 3 mn (selon épaisseur) de chaque côté

Porc

Côte 15 mn à 20 mn (selon épaisseur) en tournant plusieurs fois

Volailles

Magret de canard 4 à 5 mn de chaque côté (selon épaisseur)

Cuisse de canard 30 mn au total en tournant plusieurs fois

Cuisse de poulet 30 mn au total en tournant plusieurs fois

Escalope de dinde 5 mn de chaque côté.

• **Poissons**

CUISSON AU COURT BOUILLON

Ce mode de cuisson convient notamment aux poissons de taille moyenne (de 400 g à 1,500 kg) ou gros (au delà de 1,500 kg).

Préparation d'un court bouillon. Verser une grande quantité d'eau dans une marmite et y ajouter du gros sel, du poivre, du thym, du laurier, une tomate, une carotte, une branche de persil, un oignon, un verre de vin blanc (celui-ci peut être éventuellement remplacé par un verre de vinaigre et un morceau de sucre) et des aromates au choix (fenouil, romarin, céleri etc.). Laisser bouillonner au moins quinze minutes avant d'y plonger le poisson à cuire préalablement vidé et lavé.

Poissons de taille moyenne (400g à 1,500 kg)	10 mn par 500 g (à feu doux) (après reprise de l'ébullition)
Poissons de grosse taille (au delà de 1,500 kg)	8 mn par 500 g (à feu doux) (après reprise de l'ébullition)

CUISSON A LA POÊLE

Ce mode de cuisson convient aux poissons petits et moyens ne dépassant pas 500 g ou aux filets, darnes ou tranches de gros poissons.

Mettre de l'huile dans la poêle et la laisser chauffer modérément avant de mettre le poisson ou les tranches de poisson à cuire, préalablement paré et vidé (s'il s'agit de poisson entier), lavé, séché, salé, poivré et éventuellement saupoudré de farine et d'herbes de Provence.

Filets, darnes ou tranches de 2 cm d'épaisseur	6 mn (en retournant 1 fois à mi-cuisson))
Poissons entiers	3 mn par cm d'épaisseur (en retournant1 fois à mi-cuisson)

CUISSON AU FOUR

Ce mode de cuisson convient au poisson de taille moyenne (400 g à 1,500 kg) ou au gros poisson (au delà de 1,500 kg).

Le four doit être chauffé dix minutes avant d'y faire cuire le poisson préalablement vidé, paré, badigeonné d'huile, salé, poivré, éventuellement saupoudré de thym effeuillé et disposer dans un plat allant au four.

Poisson de taille moyenne (400 g à 1,500 kg)	15 mn par 500 g (en le retournant régulièrement)
Poissons de grosse taille (au delà de 1,500 kg)	12 mn par 500 g en le retournant une fois à mi-cuisson et en l'arrosant de jus de cuisson).

• **Légumes**

CUISSON A L'EAU

Mettre les légumes à cuire après les avoir lavés et éventuellement épluchés dans une marmite contenant de l'eau bouillante salée et poivrée. Y ajouter éventuellement, selon le légume à cuire, du thym effeuillé et un petit oignon.

Légumes	en marmite classique	à l'autocuiseur
Artichauts	30 mn à 40 mn	15 mn
Asperges	15 mn	5 mn
Bettes	35 mn	8 mn
Carottes	40 mn	20 mn
Chou-fleur	15 mn	4 mn
Epinards	8 mn	4 mn
Haricots verts	25 mn à 30 mn	12 mn
Pommes de terre	30 mn	10 mn à 15 mn

CUISSON A LA VAPEUR A L'AUTOCUISEUR

Verser dans l'autocuiseur 4 à 5 cm d'eau chaude.

Disposer les légumes à cuire après les avoir préalablement lavés, épluchés ou écossés, dans un panier avec une poignée de gros sel, du poivre et éventuellement du thym effeuillé et un petit oignon. Déposer le panier dans l'autocuiseur et le mettre en position haute afin que les légumes ne plongent pas dans l'eau. Fermer l'autocuiseur et mettre à feu moyen. Le temps de cuisson indiqué se calcule à compter du début de la rotation de la soupape.

Légumes	Temps
Artichauts	12 mn à 15 mn
Brocolis	4 mn
Carottes	15 mn
Chou-fleur	4 mn
Chou de Bruxelles	4 mn
Endives	20 mn
Haricots verts	6 mn
Petits pois	10 mn
Pommes de terre	12 mn à 15 mn

CUISSON BRAISÉE EN COCOTTE

Faire revenir les légumes au préalable lavés, épluchés ou écossés dans la cocotte avec un peu d'huile. Les saler, les poivrer et éventuellement les saupoudrer de thym effeuillé. Ajouter un verre d'eau et laisser cuire le temps indiqué ci-après :

Légumes	Temps
Blettes	20 mn
Cardes	20 mn
Carottes	35 mn
Cœurs de céleri émincés	15 mn
Cœurs de fenouil émincés	15 mn
Endives	45 mn
Petits pois	20 mn à 25 mn

• **Pâtes**

Il convient de les faire cuire, dans une grande quantité d'eau bouillante salée, le temps indiqué sur le paquet d'emballage. Afin que les pâtes ne collent pas, verser une cuillère à soupe d'huile dans l'eau de cuisson. Les égoutter dès la fin de cuisson et les servir dans un plat préalablement chauffé afin qu'elles ne refroidissent pas trop vite.

• **Riz**

Pour les riz non traités, il convient de les passer à l'eau froide avant la cuisson afin d'en éliminer l'amidon qui provoquerait le collage. Cuire le riz, dans de l'eau bouillante salée, 17 minutes. Certains riz cuisent plus vite, il est donc indispensable de lire les instructions sur le paquet d'emballage.

VI. Le Réfrigérateur et le Congélateur

Il est conseillé de procéder à un nettoyage hebdomadaire et, si besoin est, au dégivrage de votre réfrigérateur afin d'éviter la prolifération de microbes, de moisissures et de bactéries et de maintenir une température suffisamment basse pour la bonne conservation des aliments.

Les étoiles figurant sur la partie la plus froide (ou le fronton de l'appareil) des réfrigérateurs ou des congélateurs ont pour signification :

Absence d'étoile

freezer normal permettant l'obtention de glaçons ou la conservation pour 24 h maximum d'un aliment acheté surgelé.

Une étoile (*) = - 6°

permet la conservation, dans le freezer, pendant au moins une semaine d'aliments achetés surgelés sauf les crèmes glacées.

Deux étoiles(**) = -12 °

permet la réalisation, dans le freezer, outre des glaçons, de sorbets aux fruits à manger rapidement et la conservation pendant 15 jours d'aliments achetés surgelés et de glaces pendant 48 h.

Trois étoiles (***) = -18 °

permet la conservation, dans le freezer, d'aliments achetés surgelés jusqu'à leur date limite de conservation. Eviter de surgeler vous-mêmes à moins de consommer les aliments très rapidement ; cette opération risque toutefois de réchauffer les aliments déjà présent dans ce compartiment.

Quatre étoiles (****) = -25°

autorise la conservation des aliments surgelés jusqu'à leur date limite de conservation et la congélation ménagère des aliments dans le compartiment réservé à cet effet ; un bouton particulier permettant de réaliser rapidement cette congélation.

VII. Les vins

Il est convenu de dire qu'un bon plat se doit d'être accompagné d'un bon vin dont le goût, la fraîcheur, la force, la rondeur ou le moelleux viendront rehausser la saveur.

Il est hors de propos dans cet ouvrage, de citer et de présenter tous les vins de France qui sont innombrables et le plus souvent de qualité.

Si vous souhaitez approfondir le sujet, ceux-ci sont parfaitement répertoriés et décrits dans le " mémo des vins de France " de Marcel Donzenac, paru chez le même éditeur.

Il s'agit ici de conseiller quelques vins bien connus, qui se trouvent facilement et qui accompagneront harmonieusement vos préparations culinaires. Une cave type vous est suggérée en fin de chapitre.

Quel vin avec quel plat ?

• **Hors d'œuvre**

Dans un ordre général, les crudités et les hors d'oeuvres vinaigrés se passent fort bien de vin ou s'accompagnent du même vin que celui du plat principal.

• Potages - Soupes - Bisques - et Consommés

Ces mets se passent également fort bien de vin, à l'exception toutefois des soupes à base de poissons ou crustacés qui peuvent être associées à un bon vin blanc sec assez corsé (Muscadet sur lie, Chablis)

• Fruits de mer - Coquillages crus et cuits

Ils s'accompagnent de vins blancs secs plus ou moins corsés, en harmonie avec la saveur plus ou moins relevée de la recette. Le choix est vaste. On peut citer par exemple les vins de Loire (Muscadet, Gros Plant, Saumur, Sancerre blanc), les vins du Bordelais (Graves blanc, Entre -Deux -Mers), Bourgogne (Chablis, Saint-Véran, Rully) et les autres vins blancs frais ou plus charpentés de la Vallée du Rhône, de Provence, de Savoie, de Corse et d'ailleurs.

• Charcuterie

Celle-ci admet aussi bien le rosé que les vins blancs et les vins rouges vifs et légèrement corsés. On peut citer, les rosés de Provence, d'Auvergne, du Béarn, de Corse, de Savoie et du Jura. Viennent ensuite, les rouges gouleyants et légèrement corsés du Bordelais (Côtes de Bourg, Côtes du Blaye), de Bourgogne (Mâcon rouge, Beaujolais, Rully rouge) et des Côtes du Rhône, le Pinot noir d'Alsace et les vins de Pays du sud de la France.

• Tourtes - Pâtés -Terrines diverses

Pour l'accompagnement de ces derniers, le choix est vaste.

S'il s'agit de préparations à base de viandes de porc ou de gibier à viande rouge, au fumet de venaison, un vin rouge, vif et corsé est souhaitable. On peut choisir par exemple un vin du Bordelais (Fronsac, Saint- Emilion, Pomerol), ou un vin de Loire (Saumur - Champigny) ou un vin de Bourgogne (Santenay, Mercurey) ou un Côte du Rhône (Gigondas) ou enfin un côte de Provence d'une bonne année.

S'il s'agit de terrines de poisson un vin blanc sec assez corsé sera préférable (Muscadet sur lie, Riesling, Rully blanc)

• Foie gras

En ce qui concerne le foie gras, le mariage parfait selon beaucoup serait de l'accompagner d'un vin blanc liquoreux et notamment le Sauternes. D'autres vins moins onéreux mais cependant savoureux tels le Loupiac, le Barsac et le Cadillac feront tout aussi bien l'affaire. Un coteau du Layon, un Jurançon ou un Gewürztraminer conviennent aussi. Si le foie gras est servi en brioche ou en accompagnement d'une viande, on préférera un vin rouge racé de grand cru du Bordelais (Saint-Julien, Saint-Emilion, Pomerol, Haut- Brion, Margaux) ou de Bourgogne (Volnay, Romanée, Musigny etc.)

• Quiche lorraine - Flamiche - Tartes salées diverses

Pour les quiches Lorraine, flamiches, tartes au fromage blanc ou à l'oignon, choisir des vins rouges légers, des rosés ou des vins gris (Toul, Coteaux de Moselle), etc. Si la saveur du plat est dominée par le fromage, un vin blanc sec ou moelleux, selon goût pourra convenir (Chablis, Bourgogne Aligoté, Gaillac, etc.).

• Viandes blanches, grillées ou rôties

L'agneau, le chevreau, le porc et le veau seront en bonne compagnie avec des vins rouges bouquetés mais pas trop corsés.

On pourra choisir, par exemple, parmi les vins de Bordeaux un Graves, un Margaux ou un Saint-Julien, parmi les Bourgogne ou parmi les Beaujolais, un Côte de Beaune, un Chiroubles, un Morgon ou un Saint-Amour et enfin parmi les vins de Loire, un Saumur - Champigny ou un Bourgueil.

• Viandes rouges grillées ou rôties

Les viandes rouges, y compris les gibiers, acceptent tous les vins rouges de qualité qui sont légions, tant en Bordelais, qu'en Bourgogne ou dans la Vallée du Rhône. On peut citer les Côtes de Bourg, Graves, Pomerol, Saint- Emilion, Saint-Julien, Médoc en Bordelais, tous les crus de la Côte d'Or notamment Brouilly, Givry, Juliénas , Mercurey, Moulin-à-Vent, Santenay et enfin Châteauneuf du Pape, Gigondas, Hermitage et Côte-Rôtie de la Vallée du Rhône.

• Triperie et Abats

La tête de veau peut être servie avec du Beaujolais, du côte de Provence ou du Chablis.

Les rognons ou foie de veau se marieront fort bien avec des grands crus du Bordelais (Saint-Emilion, Pomerol) ou des Côtes du Rhône (Côte-Rôtie ou Gigondas).

Les brochettes au barbecue s'accommodent d'un rosé Corse, d'un rosé de Provence ou d'un Tavel.

• Volailles

- Le poulet pourra être servi avec un Beaujolais (Fleurie, Saint-Amour) ou un vin de Touraine (Chinon).

- La dinde de Noël aux marrons, l'oie et la pintade gagneront à être accompagnées d'un vin plus charpenté (Pomerol, Saint-Emilion) du Bordelais ou (Chassagne-Montrachet, Nuits Saint-Georges, Pommard, Aloxe-Corton) de Bourgogne.

- Les chapons, les coqs et les poulets peuvent être également cuisinés au vin blanc (coq au Riesling, poulet au Sauternes) ou au vin rouge (coq au Brouilly).

- Les gibiers à plumes s'associent à de grands vins rouges du Bordelais ou de Bourgogne mais aussi parfois à de grands vins liquoreux.

• Viandes et Gibiers en sauce

Les viandes en sauce seront servies de préférence avec le vin de la marinade dans laquelle elles auront macérés.

Le vin de la marinade pourra être plus jeune que celui servi à table. Les vins servis pourront être rouges ou blancs selon la recette que vous aurez suivie.

Les viandes en sauce à base de bœuf, de porc ou de mouton demandent un vin assez corsé (Fronsac, Saint-Emilion, Côtes-de-Nuits, etc.).

Le veau et l'agneau en ragoût ; plus raffinés, appellent des vins plus légers (Fleurie, Brouilly etc.).

Les viandes en sauce douce (à la crème) réclament des vins légers et parfumés (Bourgueil, Saumur-Champigny, Saint-Amour, Fleurie).

• Desserts

L'harmonisation d'un dessert et d'un vin est très difficile, le sucre neutralisant la saveur du vin. Dans une règle générale, selon goût, on pourra servir du Champagne ou du vin doux (muscats de Rivesaltes, de Frontignan, de Venise, etc.) ; un vin blanc moelleux (Sauternes, Barsac, Loupiac, Jurançon, Coteaux du Layon, etc.) ou un vin mousseux doux (Vouvray, Blanquette de limoux, clairette de Die, Montlouis, etc.).

Cave type

Pour ne pas être pris au dépourvu, il est judicieux de constituer une réserve raisonnable de vins divers que vous renouvellerez dès leur utilisation, de manière à ce qu'ils soient toujours reposés au moment de les servir.

Il est inutile d'en acquérir de grandes quantités car rares sont actuellement les caves qui permettent une bonne conservation.

Sauf pour l'accompagnement de spécialités régionales typiques nécessitant un vin particulier, une " cave type " peut se concevoir de la manière suivante :

4 bouteilles de vin blanc sec et frais pour accompagner les fruits de mer et poissons grillés (Gros -Plant, Muscadet sur lie, Sylvaner, Chablis etc.).

4 bouteilles de vins blancs secs mais plus corsés pour accompagner les poissons en sauce et éventuellement les volailles (Riesling, Entre-Deux-mers, Bourgogne Aligoté, Saint-Véran, etc).

4 bouteilles de vins blancs moelleuxpour accompagner foies gras et desserts (Sauternes, Loupiac, Cadillac pour le foie gras, Coteaux du Layon, Jurançon ou muscat d'Alsace pour le dessert).

4 bouteilles de Bordeaux ou de Bourgogne rouges légers et pas trop corsés pour les viandes blanches et les volailles (Margaux, Saint-Julien, Graves, Saint-Amour, Fleurie, Brouilly etc.).

4 bouteilles de Bordeaux ou de Bourgogne corsés et charpentés pour les viandes rouges et le gibier (Haut-Médoc, Saint-Emilion, Pomerol, Santenay, Pommard, Côtes de Nuits).

2 bouteilles de Champagne.

2 bouteilles de Clairette-de-Die ou de Blanquette de Limoux.

Il est clair que les vins conseillés pour constituer cette " cave type " pourront avantageusement être remplacés par d'autres selon les goûts des amateurs et leur connaissance des différents crus. Si vous ne possédez pas de cave ou de " cave à vins " (appareil électrique), il est important que vos bouteilles soient entreposées dans un endroit, si ce n'est frais (15° à 20°), tout au moins en un lieu offrant peu de changements de température. Ne pas oublier de rafraîchir les vins blancs et de chambrer modérément les vins rouges avant de les servir. Se référer à l'ouvrage " Mémo des vins de France ", déjà cité pour ne pas commettre d'erreur en la matière.

VIII. Vins et fromages

Vins et fromages se complètent parfaitement mais se montrent très exclusifs dans leurs relations.

Chaque type de fromage a des affinités avec un type de vin précis. Pour accompagner un plateau de fromages divers, ce qui ne se fait pas après un repas qui se veut gastronomique, il faudrait une palette de vins divers, tellement différents que toute harmonie collective serait impossible.

Il est donc préférable de déguster un seul fromage à la fois avec le vin qui se marie le mieux avec sa saveur, sa texture et sa maturité.

Il faut également éviter de servir le fromage avec une salade vinaigrée, l'acidité neutralisant le bouquet du vin qui l'accompagne.

Dans une règle générale, les fromages à saveur délicate se marieront bien avec des vins souples, fruités, voire moelleux.

Les fromages dont la saveur et l'odeur sont plus prononcées nécessiteront un vin plus charpenté et plus corsé.

Quelques exemples faciliteront votre choix.

Avec **les fromages de brebis**, comme les fromages corses ou basques, des vins rouges ou blancs très typés seront de mise (Médoc, Gaillac, Madiran, Graves, Patrimonio ou Figari blanc, etc.)

Les fromages de chèvre, qui sont nombreux en France se marient fort bien avec les vins de leur région de production lorsqu'il en existe. Par exemple, un crottin de Chavignol s'accommodera fort bien d'un Sancerre blanc ou à défaut d'un Chablis, Un Sainte -Maure de Touraine d'un Bourgueil ou d'un Chinon rouge. Tous les vins locaux, pourvu qu'ils soient secs, fruités et de bonne facture conviendront.

Les fromages frais, issus de la fermentation récente du lait et consommés " blancs " se servent de préférence avec des vins blancs ou avec des vins rouges jeunes et fruités tels que Anjou, Vouvray, Montlouis de Touraine, Sancerre, Pouilly- Fumé, Chateaumeillant et Quincy (Nivernais et Berry).

Les fromages à pâtes molles et à croûtes fleuries tels que le Brie, Le Brillat Savarin, le Camembert, le Chaourcé, le Saint Marcellin, le Vacherin,etc.,seront en bonne compagnie avec des vins rouges frais et fruités (Beaujolais, Anjou, Touraine) ou des vins blancs typés (Chablis, Rully, Bourgogne Aligoté).

Les fromages à pâtes molles et à croûtes lavées, plus affinés et au goût plus relevé, notamment l'Epoisses, le Livarot, le Maroilles, le Munster, le Pont -l'Evêque, etc., réclament des vins rouges bien corsés ou des blancs fruités de haute tenue (Fronsac, Saint-Emilion, Pomerol pour le Bordelais, Côtes de Beaune ou Côtes Chalonnaises pour la Bourgogne, Gigondas pour les Côtes du Rhône en ce qui concerne les vins rouges, Barsac, Gewürztraminer, ou Muscat de vendanges tardives pour les vins blancs).

Les fromages à pâtes persillées (Bleu d'Auvergne, Bleu de Bresse, Bleu des Causses, Bleu de Gex, Bleu des Pyrénées, Fourme d'Ambert, Roquefort etc.), forts en goût et en piquant, seront mis en valeur par des vins rouges corsés et généreux ou de grands blancs liquoreux au bouquet typé (Haut-Brion, Médoc, Pomerol pour le Bordelais, Chambertin, Côtes de Nuits pour la Bourgogne, Châteauneuf-du-Pape, Côtes-Rôties et Gigondas pour les Côtes du Rhône en ce qui concerne les vins rouges et enfin Jurançon, Coteaux du Layon, Monbazillac, Sauternes, Barsac, etc. pour les blancs liquoreux de diverses régions).

Les fromages à pâtes pressées au lait cru (Cantal, Murol, Reblochon, Saint-Nectaire, Saint-Paulin et Tommes diverses) s'apprécieront avec des vins légers et fruités rouges, rosés ou blancs demi-secs (Bourgueil, Bouzy, Sancerre rouge ou blanc, Beaujolais, Fleurie, Saint-Véran etc.) et éventuellement avec un grand Bordeaux classé (Margaux, Pétrus, Saint-Emilion).

Les fromages à pâtes pressées cuites, tels le Beaufort, le Comté et le Gruyère seront au mieux de leur forme avec des vins blancs fermes et corsés ou des rosés très secs (vin d'Arbois et de Savoie, Côtes de Provence, Tavel, vin jaune du Jura).

En ce qui concerne **les spécialités fromagères (fondue savoyarde, raclette, tartiflette, reblochе etc)**, leur meilleur accompagnement sera un vin de la région blanc ou rosé (Crépy, Roussette en Savoie, Blancs de l'Etoile, Arbois et Château-Chalon dans le Jura).

Si ces spécialités sont servies avec de la charcuterie, on pourra choisir un vin rouge jeune et vif de ces mêmes régions.

IX. LES CALORIES

La calorie est une unité de mesure des besoins quotidiens alimentaires. Un adulte qui effectue un travail normal (sédentaire) a besoin en moyenne de 2500 à 3000 calories par jour ; ce chiffre peut atteindre 4000 calories pour celui qui effectue un travail musculaire important.

Une ration alimentaire équilibrée doit comporter 50 % de calories glucidiques, 30 % de calories lipidiques et 20 % de calories protéiques.

Les sucres (glucides) apportent en moyenne 400 calories par 100 g,

les graisses (lipides) environ 900 calories par 100 g,

les protéines 400 à 500 calories par 100 g.

(cf l'excellent livre du Docteur Edmond Schuller " Votre santé de A à Z " paru chez le même Editeur)

Pour équilibrer vos menus, vous devez tenir compte de ces données.

Pour information, le Kcalorie va être progressivement remplacé par le Kilojoule (1 Kcalorie = 4,184 Kilojoules).

Nous vous donnons ci-après à titre indicatif, un tableau reprenant la valeur calorique des principaux aliments courants.

Viandes Volailles Charcuterie Gibiers	Calories pour 100 g
Canard	200
Côte de bœuf	330
Côte de veau	110
Echine de porc	330
Foie gras	400
Gibier à poil	100
Gigot d'agneau	280
Jambon blanc	290
Poulet	100

Poissons	
Bar	90
Hareng fumé	250
Morue	100
Sardine à l'huile	250
Saumon frais	200
Saumon fumé	290
Sole	75
Thon	250
Thon à l'huile	330
Truite	90

Légumes	
Artichaut	40
Avocat	200
Chou fleur	25
Concombre	20
Epinard	25
Haricot vert	40
Haricot sec	300
Petits pois	100
Radis	20
Tomate	25

Fruits	Calories pour 100 g
Banane	90
Datte	300
Fraise	40
Melon	30
Pêche	50
Pomme	50
Olive noire	400
Olive verte	130
Orange	40
Rhubarbe	15

Beurre Œufs Fromages	
Beurre	750
Crème fraîche	290
Chèvre	300
Gruyère	400
Lait entier	70
Lait demi écrémé	50
Œuf entier	70
Œuf (jaune)	330
Œuf (blanc)	50
Roquefort	400
Yaourt maigre	50

Pain Pâtes Riz	
Pain	220
Riz	130
Pâtes	120

Sucreries	
Caramel	440
Chocolat	500
Confiture	300
Pâte d'amandes	500
Sucre	370

X. QUELQUES IDÉES DE MENUS SELON LES SAISONS ET SELON LES OCCASIONS

PRINTEMPS

• **Déjeuners en famille**

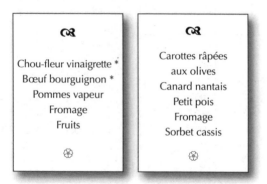

Chou-fleur vinaigrette *
Bœuf bourguignon *
Pommes vapeur
Fromage
Fruits

Carottes râpées
aux olives
Canard nantais
Petit pois
Fromage
Sorbet cassis

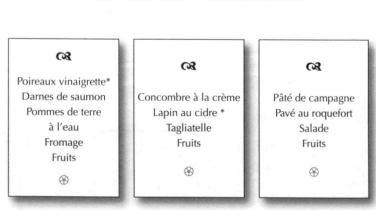

Poireaux vinaigrette*
Darnes de saumon
Pommes de terre
à l'eau
Fromage
Fruits

Concombre à la crème
Lapin au cidre *
Tagliatelle
Fruits

Pâté de campagne
Pavé au roquefort
Salade
Fruits

Les plats suivis d'une * peuvent se préparer la veille.

• **Dîners en famille**

Tarte à l'oignon
Salade de pissenlits
au lard
Fruits

Soupe au pistou
Sardines grillées
à la moutarde
Pommes à l'huile
Fruits

Salade d' haricots verts
et de thon
Omelette aux pointes
d'asperges
Gâteau marbré *

Velouté d'asperges
Œufs en meurette
Salade
Clafoutis aux cerises

Radis noir
Sauté de veau
Petits pois
Crème caramel

Truite de mer fumée
Salade de raviolis au
basilic
Glace à la fraise *

Les plats suivis d'une * peuvent se préparer la veille.

• **Repas rapide**

Artichaut vinaigrette
Steak tartare
Fromage
Fruits

Crevettes
Œufs à la coque
Jambon cru
Fruits au sirop

• **Repas du Dimanche**

Salade d'avocat
et magret de canard
Chevreau rôti
Pommes de terre sautées
Fromage
Charlotte à la framboise

Vin conseillé :
Saumur-Champigny

Truite fumée
Salade de raviolis au basilic
Glace à la fraise

Vin conseillé :
Chablis

• **Repas de réception**

Langoustines
Filet de bœuf aux olives
Haricots verts
Tarte à la framboise

Vins conseillés :
Muscadet sur Lie et Gigondas

Coquilles Saint-Jacques
à la provençale
Rognonnade de veau
aux carottes
Salade Fromage
Pêche melba

Vin conseillé :
Chiroubles

• **Repas entre amis**

Fondue bourguignonne
Salade
Fraises au sucre

Vin conseillé :
Brouilly

ÉTÉ

• Déjeuners en famille

Salade de Camille
Osso bucco
Riz
Fromage
Sorbet à la fraise *

Salade chinoise
au crabe
Côte de bœuf grillée
Pommes de terre frites
Fromage
Fruits

Salade grecque
Fritures de lançons
Pommes de terre à l'eau
Fromage
Fruits

Sardines crues
marinées au citron
Lotte aux petits légumes
Fromage
Sorbet au citron *

Salade de museau *
Foie aux raisins
Purée de pommes
de terre
Fromage
Fruits

Les plats suivis d'une *
peuvent se préparer la veille.

• **Dîners en famille**

Concombre en
persillade
Poulet à l'estragon
Coquillettes
Salade
Fruits

Salade de tomate
à la mozarella
Brochettes de rognons
Ratatouille *
Fromage
Tarte aux framboises

Œufs en gelée *
Côte de porc
Brocolis
Fruits

Salade de tomates
à la provençale
Collier d'agneau
Haricots blancs
Fruits

Assortiment
de charcuterie
Raviolis au brocciu
Salade
Sorbet citron *

Les plats suivis d'une *
peuvent se préparer la veille.

• Repas du Dimanche

Tourteaux mayonnaise
Gigot d'agneau
Haricots blancs à la provençale
Salade
Tarte au citron

Vin conseillé :
Saint-Véran

Salade campomoraise
Saint-Pierre à l'oseille
Pommes de terre à l'eau
Framboise à la crème

Vin conseillé :
Entre-Deux-Mers

• Repas rapide

Melon
Jambon cru
Coquillette
Salade
Fruits

Avocat farci au crabe
Côtelettes d'agneau
Haricots verts
Glace à la vanille *

Les plats suivis d'une * peuvent se préparer la veille.

• **Repas de réception**

> ℘
>
> Salade aux queues
> de langoustines
> Ecrevisses à la périgourdine
> Loup grillé au fenouil
> Pommes vapeur
> Fromage
> Fraises à la crème
>
> Vin conseillé : Chablis
>
>

> ℘
>
> Canard aux griottes
> Salade
> Fromage
> Sorbet cassis *
>
> Vin conseillé : Bergerac
>
>

• **Repas entre amis**

> ℘
>
> Paella
> Sorbet
> aux fruits rouges *
> Vin conseillé :
> Entre-Deux-Mers
> ou Tavel
>
>

• **Repas de fête pour deux**

> ℘
>
> Melon au Porto
> Rougets grillés
> Riz pilaf
> Fromage
> Framboise Melba
>
> Vin conseillé :
> Muscadet sur Lie
> ☼

> ℘
>
> Langoustes grillées
> Tournedos béarnaise
> Haricots verts
> Fromage
> Ile flottante
>
> Vins conseillés :
> Entre-Deux-Mers
> et Pomerol
> ☼

AUTOMNE

• **Déjeuners en famille**

ℭℛ

Salade d'avocats au
crabe et aux crevettes
Poulet rôti
Pommes de terre
sautées
Fromage
Fruits

❁

ℭℛ

Salade de
Champignons de Paris
Escalopes de veau
panées
Spaghettis
Fromage
Tarte aux quetsches

❁

ℭℛ

Radis beurre
Raie au beurre noisette
Pommes vapeur
Fromage
Fruits

ℭℛ

Maquereaux
au vin blanc *
Steak au poivre
Pommes de terre frites
Mesclin aux noix
Fruits

ℭℛ

Salade de chou rouge
Truite meunière
Pommes de terre
à l'eau
Salade de fruits *

Les plats suivis d'une * peuvent se préparer la veille.

• Dîners en famille

CR

Velouté de cresson
Jambon
Endives braisées
Far breton
aux pruneaux *

CR

Velouté de potiron
Omelette aux girolles
Salade
Fruits

CR

Potage julienne
Grillade de porc
Purée de
pommes de terre
Fruits au sirop

CR

Soupe à l'oseille
Côte de veau
Epinards
Tarte aux pommes

CR

Soupe aux riwele
Sauté de veau
à la provençale
Ratatouille
Fruits

Les plats suivis d'une * peuvent se préparer la veille.

• **Repas du Dimanche**

Œufs mimosas
Epaule d'agneau
Pommes de terre
rissolées
Fromage
Gâteau au chocolat

Vin conseillé :
Saint-Véran

Raclette
Salade de
mâche mimosas
Fruits

Vin conseillé :
Crépy

• **Déjeuner rapide**

Crevettes
Salade de
gésiers confits
Fromage
Fruits

• **Dîner rapide**

Soupe à l'ail
Côtelettes d'agneau
Haricots verts
Flan au lait

• **Repas de réception**

> **ભ**
>
> Plateau de fruits de mer
> Saumon à l'oseille
> Pommes de terre à l'eau
> Salade
> Fromage
> Tarte normande
> aux pommes
> Vin conseillé :
> Muscadet sur lie
> ou Chablis
>
> ❀

> **ભ**
>
> Salade périgourdine
> Canard aux navets
> Salade
> Fromage
> Sorbet à la framboise *
> Vin conseillé :
> Bergerac
> ou Pomerol
>
>

• **Repas de fête pour deux**

> **ભ**
>
> Homard grillé
> Salade de rougets
> Fromage
> Poire Belle Hélène
> Vin conseillé :
> Bourgogne blanc
> (Saint-Véran)
>
>

> **ભ**
>
> Salade nordique
> Escalope de veau
> à la crème
> Salade d'endives aux noix
> Tarte aux myrtilles
>
> Vin conseillé :
> Saumur-Champigny
>
>

• **Repas entre amis**

> **ભ**
>
> Fondue savoyarde
> Salade
> Gâteau de Savoie
> Vin conseillé :
> Crépy
>
>

Les plats suivis d'une *
peuvent se préparer la veille.

HIVER

• **Déjeuners en famille**

Céleri-rémoulade
Bavette à l'échalote
Tagliatelle
Fromage
Fruits

Salade de betterave
en persillade
Truites au vin
Pommes vapeur
Salade de mâche
Charlotte au chocolat

Moules marinières
Beignets de colinot
Salade
Fruits

Quiche lorraine
Frisée aux lardons
Fromage
Fruits

Œufs durs mayonnaise
Langue de veau
sauce piquante
Salade
Gâteau breton

• **Dîners en famille**

℃

Gratinée à l'oignon
Jambonneau
Salade de pommes
de terre
Fruits

℃

Soupe aux poireaux
et pommes de terre
Omelette au lard
Salade
Fruits

℃

Bouillon de pot au feu
aux vermicelles
Pot au feu *
Fruits

℃

Soupe de poissons *
Salade de raie
aux câpres
Fruits

℃

Soupe paysanne
Rognons de veau
sauce moutarde
Riz blanc
Fruits

Les plats suivis d'une * peuvent se préparer la veille.

• Repas du Dimanche

∞

Salade auvergnate
Coq au Brouilly
Assortiments de légumes
Fromage
Ananas au kirsch

Vin conseillé :
Brouilly

❀

∞

Petit salé aux lentilles
Salade d'endives
Fruits secs

Vin conseillé :
Saint-Pourçain rouge

❀

• Repas rapide

∞

Avocat farci au crabe
Filets de harengs fumés *
Salade de pommes
de terre
Fruits

∞

Bigorneaux
Flamiche
Salade
Fromage blanc

• Repas entre amis

∞

Choucroute garnie
Munster
Ananas au kirsch

Vin conseillé :
Riesling ou Sylvaner

❀

Les plats suivis d'une *
peuvent se préparer la veille.

• **Repas de réception**

Foie gras frais *
Cuissot de chevreuil forestière
Spätzele
Salade
Fromage
Bûche de Noël au chocolat

Vins conseillés :
Sauternes et Pommard

Langouste mayonnaise
Dinde aux marrons
Salade
Fromage
Alcazar

Vins conseillés :
Entre-Deux-Mers
et Saint Emilion

• **Repas de fête pour deux**

Escargots
Entrecôte beurre maître d'hôtel
Pommes de terre sautées
Salade
Fromage
Mousse au chocolat

Vin conseillé :
Chablis

Saumon fumé
Tournedos quercynois
Haricots verts
Fromage
Salade de fruits au rhum

Vin conseillé :
Bordeaux blanc (Gaillac)

Les plats suivis d'une * peuvent se préparer la veille.

• Buffet froid pour 20 personnes

Amuses gueules salées
Salade niçoise
Salade de riz au thon
Salade mexicaine
Assortiment de charcuterie
(saucisson sec, andouille, jambon cru)
Rôti de bœuf froid *
Rôti de porc froid *
Brie de Meaux
Tarte aux fruits
Salade de fruits *
Assortiment de petits fours sucrés

Vin conseillé : Fleurie ou Mâcon rouge

• Goûter d'anniversaire pour enfants

Petits biscuits apéritifs salés
Pop corn
Gâteau au chocolat
Far breton
Esquimaux glacés
Bonbons
Sucettes

Boissons :
jus d'orange, jus de raisins,
jus de pommes, coca-cola...

Les plats suivis d'une * peuvent se préparer la veille.

XI. PETIT LEXIQUE DE TERMES CULINAIRES
UTILISÉS DANS CET OUVRAGE

Abaisse : Boule de pâte étalée à l'aide d'un rouleau à pâtisserie pour lui donner l'épaisseur voulue

Abats : Terme désignant les muqueuses et viscères de l'animal de boucherie. Les abats sont classés en deux catégories : les abats rouges (cœur, foie, langue et rognons) et les abats blancs (cervelle, ris, pied, tête, tripes).

Al dente : Expression qui désigne le juste degré de cuisson des pâtes (qui doivent être souples et non collantes).

Appareil : Mélange homogène d'ingrédients (exemple : appareil à soufflé, pâte à gâteau breton).

Aromate : Substance parfumée d'origine végétale.

Bain-marie : Façon de cuire ou de réchauffer des préparations délicates (sauces) sans contact direct avec le feu. Le récipient de cuisson doit être placé dans une casserole plus grande contenant de l'eau frémissante.

Blanchir : Plonger un aliment cru dans de l'eau bouillante (nature, vinaigrée ou salée) pendant un laps de temps assez court afin de l'attendrir, d'éliminer son âcreté ou de le dessaler.

Bleu : Se dit de la cuisson d'un morceau de viande de bœuf lorsqu'il est très saignant.

Braiser : Technique de cuisson qui consiste à faire mijoter longuement et doucement, dans un récipient clos (cocotte), des viandes, volailles ou légumes avec un peu de liquide.

Brider : Ficeler une volaille en maintenant les pattes et les ailes le long de son corps avec une ficelle très fine passée dans " une aiguille à brider ".

Cassolette : Petit récipient à manche court.

Chambrer : Cette opération consiste à porter un vin à température ambiante. Un vin rouge se boit chambré, il convient donc de sortir suffisamment à l'avance la bouteille de la cave afin qu'elle atteigne la température de la pièce.

Châtrer : Oter les organes de reproduction.

Chinois : Passoire métallique fine à fond pointu.

Croupion : nom que porte l'extrémité arrière du corps d'une volaille.

Ciseler : Tailler en fragments effilés, avec une paire de ciseaux, le persil, la ciboulette le cerfeuil etc. ou faire des incisions en oblique avec un couteau pointu sur un aliment afin qu'il ne se déchire pas à la cuisson (poisson).

Corail : Partie rose pâle ou rouge orangée de la coquille Saint-Jacques ou de certains crustacés.

Corsé : Se dit d'un aliment qui a un goût relevé.

Coulis : Purée liquide de légumes ou de fruits.

Court-bouillon : Liquide aromatisé, utilisé pour faire cuire certains aliments tels que poissons et crustacés.

Darne : Tranche épaisse de gros poisson (saumon, colin etc.) taillée transversalement.

Déglacer : Faire dissoudre les sucs caramélisés de cuisson d'une viande en versant dans le récipient qui a servi à la cuisson, un liquide (vin, eau, sauce, bouillon etc.) afin d'obtenir une sauce d'accompagnement.

Dégorger : Pour un concombre, cela signifie de lui faire perdre son eau. Pour une viande, un poisson ou des abats, cela signifie de les laisser tremper dans de l'eau froide afin d'en éliminer les impuretés ou le sang.

Délayer : Mélanger en tournant avec un liquide, une substance farineuse afin de la diluer.

Détrempe : Mélange de farine et d'eau qui correspond à la première étape de la préparation d'une pâte.

Dresser : Disposer harmonieusement sur un plat de service la préparation culinaire devant être servie à table.

Ebarber : Pour une volaille, il s'agit d'éliminer les plumes et les duvets restants. Pour un poisson, cela consiste à couper les nageoires et les épines et écourter la queue.

Ecaler : Oter délicatement la coquille d'un œuf cuit, mollet ou dur.

Emincer : Couper en tranches fines ou en lamelles.

Escaloper : Couper en tranches minces dans le sens de la viande.

Exsudat : Fumet obtenu par la réduction d'un liquide contenant divers aromates et épices. (exemple : vinaigre contenant de l'échalote et de l'estragon pour le beurre blanc).

Faitout : Grande marmite en aluminium ou en inox.

Flamber : Passer rapidement une volaille, après l'avoir plumée, sur la flamme d'un brûleur afin d'en éliminer totalement le duvet.
En cuisine, mouiller un plat pour le déglacer, ou un dessert pour le parfumer avec un peu d'alcool (Cognac, Armagnac, Calvados etc.) légèrement chauffé avant de l'enflammer.

Foncer : Garnir de pâte l'intérieur d'un moule.

Fontaine : Creux réalisé au centre d'un tas de farine destiné à recevoir les divers ingrédients à y incorporer.

Fraiser : Malaxer une boule de pâte avec la paume des mains pour la rendre souple et homogène.

Frémissant : Se dit de l'eau ou d'un autre liquide qui commence à bouillonner.

Fumet : Bouillon très corsé obtenu à partir de parure de poissons (tête, arêtes) ou d'os de viande et servant à rehausser le goût d'une sauce.

Larder : Introduire des petits lardons dans une pièce de viande à l'aide d'un couteau pointu.

Lier : Donner une certaine consistance à une préparation liquide ou semi-liquide (sauce, crème etc.) en la faisant épaissir avec un élément liant (jaune d'œuf, moutarde).

Macérer : Laisser ou faire tremper une substance dans un liquide aromatisé afin qu'elle en prenne le goût.

Manié : Se dit d'un beurre auquel on incorpore des épices, de l'ail et du persil etc. en le remuant en tous sens avec la lame de deux couteaux.

Marinade : Mélange liquide aromatique dans lequel on laisse tremper quelque temps une viande ou un poisson pour l'attendrir ou lui donner du goût.

Mijoter : Faire cuire lentement à feu doux.

Mouiller : Verser du liquide (eau, vin, bouillon etc.) sur une préparation culinaire afin d'obtenir la consistance voulue.

Napper : Recouvrir un mets d'une sauce, d'un coulis ou d'une crème.

Paner : Enrober un aliment de panure ou de chapelure avant de le faire cuire.

Parer : Opération qui consiste à préparer un aliment avant de le faire cuire (par exemple dégraisser une viande ou ôter la tête et les arêtes latérales d'un poisson).

Pocher : Opération qui consiste à cuire un aliment dans un liquide frémissant (œuf poché).

Rémoulade : Sauce crémeuse obtenue par émulsion de moutarde et d'huile (comme une mayonnaise sans œuf).

Rissoler : Faire saisir un aliment dans une matière grasse, chauffée assez vivement, jusqu'à ce qu'il soit bien doré.

Roux : Préparation de base pour une sauce obtenue à partir d'un mélange de beurre et de farine, tourné régulièrement et cuit plus ou moins longtemps selon la coloration souhaitée.

Saisir : Cuire à feu vif pour dorer rapidement la surface d'un aliment (viande ou poisson).

Suer (laisser) : Cuire à feu doux un aliment (oignon, ail, échalote etc.) afin de le rendre transparent.

Tamis : Instrument qui sert à passer des liquides épais.

Les Recettes

Pour toutes les recettes sont indiqués leur degré de difficulté, les temps moyens de préparation et de cuisson et, pour la plupart, le vin ou les vins qui les accompagnent le mieux.

Potages
et
soupes

POTAGE JULIENNE

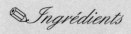

Ingrédients

- 1 navet coupé en petits dés,
- 2 blancs de poireaux coupés en rondelles,
- 3 feuilles de cœur de chou blanchies et émincées, y compris les côtes,
- 250 g de carottes, coupées en petits dés,
- 250 g de pommes de terre coupées en petits dés,
- 1 poignée de haricots verts, tronçonnés en morceaux d'un centimètre,
- 1 poignée de petits pois écossés,
- 1 oignon blanc, haché grossièrement,
- 1 branche de cerfeuil,
- 1 branche de persil,
- 1 fine tranche de lard fumé,
- 1 gousse d'ail, hachée menu,
- 1 bouquet garni (thym, laurier),
- 40 g de beurre,
- 1 cuillère à soupe d'huile d'arachide,
- sel, poivre.

Facile

Pour **6** personnes

Temps de préparation : **10** mn

Temps de cuisson : **40** mn

(ou **20** mn en autocuiseur)

Dans une marmite, faire revenir dans un mélange de beurre et d'huile les carottes, les navets, les pommes de terre, les lardons, les haricots verts, les petits pois, les feuilles de chou, les blancs de poireaux et l'oignon blanc.

Lorsque les carottes commencent à peine à dorer, mouiller de deux litres d'eau. Ajouter le bouquet garni, l'ail, le persil et le cerfeuil. Saler, poivrer. Porter à ébullition et laisser mijoter 40 minutes ou 20 minutes seulement, s'il s'agit d'un autocuiseur.

Servir chaud en soupière. On peut également agrémenter cette soupe de petits dés de tomates pas trop mûres épépinées, ajoutés 5 minutes avant la fin de cuisson et éventuellement d'une branche de basilic, grossièrement hachée, répartie en pluie au moment de servir.

POTAGE SAINT-GERMAIN

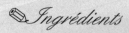

Ingrédients

- 500 g de pois cassés,
- 200 g de lard de poitrine fumé,
- 1 oignon piqué d'un clou de girofle,
- 1 gousse d'ail,
- 1 bouquet garni (thym, laurier),
- 2 petits oignons blancs,
- 20 cl de crème fraîche,
- sel, poivre,
- croûtons frits au beurre.

Assez facile

Pour **6** personnes

Temps de préparation : **20** mn

Temps de cuisson : **3** h

Mettre dans un faitout 5 litres d'eau salée et y laisser tremper quelques heures les pois cassés. Renouveler ensuite l'eau et porter à ébullition après avoir ajouté le lard. Laisser cuire (en frémissant) pendant trois heures. Incorporer à mi cuisson les condiments (l'oignon piqué d'un clou de girofle, l'ail et le bouquet garni). Ecumer régulièrement.

A l'issue de la cuisson, les pois cassés seront réduits en purée. Faire revenir dans une poêle, dans un mélange de beurre et d'huile, les oignons blancs jusqu'à ce qu'ils deviennent transparents. Ajouter ensuite la purée de pois cassés, puis incorporer la crème fraîche. Rectifier l'assaisonnement et servir avec des croûtons frits au beurre.

SOUPE À LA CARCASSE D'OIE (OU DE CANARD)

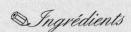
Ingrédients

- 1 carcasse d'oie ou de canard,
- 1 chou vert bien pommé,
- 5 pommes de terre,
- 5 carottes ,
- 5 navets,
- 2 gros oignons, piqués chacun d'un clou de girofle,
- 2 cuillères à soupe de graisse d'oie ou de canard,
- 1 grosse poignée de haricots rouges,
- 2 cuillères à soupe de semoule de maïs fine,
- 1 bouquet garni (persil, thym, laurier),
- 1/2 verre de verjus (vin blanc aigre),
- 1 petit oignon blanc,
- croûtons de pain, légèrement grillés et frottés d'ail.
- sel et poivre.

Facile

Pour **6** personnes

Temps de préparation : **15** mn

Temps de cuisson . **1** h

Mettre à tremper la veille les haricots rouges. Le lendemain, ôter les grosses feuilles extérieures du chou, blanchir le cœur dix minutes à l'eau bouillante.

Dans une grande marmite, remplie à moitié d'eau modérément salée et poivrée, détailler les pommes de terre, les carottes et les navets. Y plonger les oignons, piqués chacun de clou de girofle, l'ail et les haricots rouges et enfin, le chou préalablement blanchi. Ajouter le bouquet garni, un filet de verjus et une cuillère à soupe de graisse d'oie. Ecumer si besoin.

Lorsque les légumes sont à moitié cuits (un quart d'heure), incorporer la carcasse détaillée en morceaux. Cuire trois quart d'heure à petit bouillon en écumant de temps à autre. Pendant la cuisson de la soupe, faire dorer dans une poêle, avec la deuxième cuillère de graisse d'oie, le petit oignon blanc coupé en petits morceaux. Ajouter les deux cuillères de semoule de maïs. Faire roussir légèrement et déglacer avec un filet de verjus.

Verser le contenu de la poêle dans la marmite un quart d'heure avant la fin de cuisson de la soupe. Servir brûlant sur les croûtons de pain grillés.

SOUPE À L'AIL

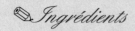

Ingrédients

- 5 gousses d'ail émincées,
- 10 g de beurre,
- 2 cuillères à soupe d'huile,
- 50 g de riz,
- 1 pomme de terre moyenne,
- 1 bouquet garni (thym, laurier),
- 2 branches de persil,
- sel de céleri,
- sel, poivre.

Facile

Pour **6** personnes

Temps de préparation : **10** mn

Temps de cuisson : **20** mn

Faire revenir dans une casserole sans jamais noircir, l'ail et le riz dans un mélange de beurre et d'huile.

Noyer d'un litre d'eau, ajouter la pomme de terre coupée en lamelles et le bouquet garni. Saler, poivrer, porter à ébullition et laisser frémir 20 minutes.

Passer au presse-purée. Servir la soupe saupoudrée de persil haché et accompagnée d'un peu de sel de céleri.

SOUPE À L'OIGNON GRATINÉE

Ingrédients

- 500 g d'oignons roux émincés,
- 1 grosse pomme de terre, coupée en huit,
- 250 g de gruyère râpé,
- 1 bouquet garni (thym, laurier),
- 25 g de beurre,
- 4 cuillères à soupe d'huile d'arachide,
- sel, poivre,
- 1 demi pain, détaillé en tranches et grillé,
- éventuellement un verre de vin blanc sec.

Assez facile

Pour **6** personnes

Temps de préparation : **15** mn

Temps de cuisson : **40** mn

Vin conseillé : **Chablis** ou **Sancerre** blanc

Faire revenir les oignons, à feu doux, dans une marmite en fonte, dans un mélange de beurre et d'huile, jusqu'à obtention d'une belle couleur dorée. Mouiller ensuite d'un litre et demi d'eau bouillante. Incorporer les morceaux de pomme de terre. Saler, poivrer.

Laisser frémir vingt minutes avec le bouquet garni. Oter les morceaux de pommes de terre et les réduire en purée avant de les réincorporer à la soupe. Placer l'ensemble dans un plat à gratin. Disposer dessus les tranches de pain grillé. Parsemer copieusement de gruyère râpé et gratiner, à four moyen, pendant vingt minutes sans laisser trop colorer.

Soupe au Brocciu

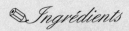

Facile

Pour **6** personnes

Temps de préparation : **10** mn

Temps de cuisson : **20** mn

Ingrédients

- 1 gros oignon,
- 250 g de vert de blettes,
- 1 grosse tomate bien mûre, pelée
  et épépinée,
- 1 gousse d'ail,
- 200 g de brocciu,
- 1 bouquet garni (thym, laurier, romarin),
- 2 œufs battus,
- 5 cl d'huile d'olive,
- 6 tranches de pain de ménage,
- sel et poivre.

Couper l'oignon en lamelles, émincer le vert de blettes et écraser l'ail. Faire revenir le tout, dans une casserole, avec de l'huile d'olive. Ajouter la tomate concassée et le bouquet garni. Mouiller d'un litre d'eau. Saler, poivrer et faire cuire vingt minutes à feu moyen.

En fin de cuisson, incorporer le brocciu émietté, puis les œufs battus en fouettant vivement. Verser la soupe, dans des assiettes creuses, sur des tranches de pain de ménage légèrement grillées et frottées éventuellement d'ail.

Soupe aux haricots et herbes du Maquis

Facile

Pour **6** à **8** personnes

Temps de préparation : **10** mn

Temps de cuisson : **1** h **15** mn

Vin conseillé : **Fiumiccioli**
(Rosé Corse)

Ingrédients

- 200 g de haricots rouges secs,
  mis à tremper la veille,
- 4 pommes de terre moyennes
  épluchées et coupées en petits dés,
- 1 gros oignon rose émincé,
- 2 gousses d'ail écrasées,
- 2 tomates bien mûres pelées
  et épépinées,
- 1 bouquet garni (thym, laurier, romarin),
- herbes sauvages : marjolaine,
  bourrache etc..,
- 2 cuillères à soupe d'huile d'olive,
- tranches de pain de campagne,
- sel et poivre.

Mettre les haricots dans un faitout et les recouvrir d'eau froide. Placer à feu doux et ajouter, dès frémissement, l'ail écrasé , l'oignon émincé, les pommes de terre, les tomates, le bouquet garni et les cuillères d'huile d'olive.

Saler et poivrer. Couvrir et laisser cuire à feu moyen quarante cinq minutes.

Incorporer les herbes sauvages et poursuivre la cuisson environ trente minutes encore. Servir la soupe sur des tranches de pain frottées, selon goût, d'ail.

SOUPE DU NIOLO AUX HARICOTS

Ingrédients

- 250 g de haricots secs rouges, mis à tremper la veille,
- 4 blancs de poireaux,
- 2 gousses d'ail,
- 1 oignon,
- 2 belles tomates bien mûres,
- 1 morceau de couenne de jambon,
- 1 bouquet garni (thym, laurier, romarin),
- 4 cuillères à soupe d'huile d'olive,
- sel et poivre.

Facile

Pour **6** à **8** personnes

Temps de préparation : **15** mn

Temps de cuisson : **1** h **30** mn

Dans une grande cocotte, faire cuire les haricots, dans de l'eau salée, pendant une heure.

Entre temps, faire revenir, dans une autre cocotte, avec de l'huile d'olive les blancs de poireaux coupés fin, l'ail et l'oignon coupés en rondelles, puis ajouter les haricots avec leur eau de cuisson. Incorporer les tomates pelées et épépinées, le bouquet garni et le morceau de couenne de jambon. Saler et poivrer. Couvrir et laisser frémir encore trente minutes avant de servir.

SOUPE PAYSANNE (A MINESTRA)

Ingrédients

- 300 g de haricots rouges,
- 200 g de haricots verts,
- 200 g de carottes,
- 400 g de pommes de terre,
- 1 petit chou vert,
- 300 g de vert de blettes (au préalable blanchies à l'eau salée bouillante durant 3 mn et refroidies dans de l'eau froide pour les raffermir),
- 1 gros oignon rose,
- 4 gousses d'ail rouge,

.../...

Assez facile

Pour **6** à **8** personnes

Temps de préparation : **20** mn

Temps de cuisson : **1** h **45** mn

Cuire les haricots rouges dix minutes, dans un faitout, avec de l'eau bouillante non salée. (si ces haricots sont frais il suffit seulement de les écosser avant de les mettre à cuire. Sinon, il convient de les mettre à tremper quelques heures dans de l'eau au préalable). Entre temps, faire revenir dans de la graisse de porc, les

- 250 g de potiron détaillé en cubes,
- 2 grosses tomates bien mûres épluchées et épépinées,
- 1 branche de céleri,
- 1 branche de basilic,
- 1 branche de menthe,
- 1 bouquet garni (thym, laurier, romarin),
- 350 g de lard de poitrine de porc fumé,
- 1 os de jambon crû ou 1 tranche de coppa,
- 4 cuillères à soupe d'huile d'olive,
- 80 g de saindoux,
- 5 litres d'eau.

autres légumes : haricots verts, carottes, pommes de terre, chou, vert de blettes et potiron.

Jeter la moitié de l'eau de cuisson des haricots et ensuite compléter l'eau restant dans le faitout jusqu'à 5 litres. Ajouter les légumes revenus au préalable, l'oignon, l'ail et les tomates pilées et broyées au mortier, les branches de céleri, de basilic et de menthe ainsi que le bouquet garni. Incorporer le lard fumé coupé en petits dés et l'os de jambon (ou la coppa). Laisser bouillonner à feu doux une heure et demie.

Servir le bouillon et quelques légumes dans des assiettes creuses, sur des tranches de pain frottées, selon goût, d'ail. Présenter le reste des légumes sur un plat et les accompagner de sauce vinaigrette. La soupe doit être épaisse, la cuillère pouvant s'y tenir droite.

Variantes

Plonger dans le bouillon, vingt minutes avant la fin de cuisson des lasagnes étroites ou des macaronis contenus dans un petit sac de toile. Servir le bouillon, les lasagnes ou les macaronis et quelques légumes dans des assiettes creuses. Présenter, sur un autre plat, le reste des légumes qui pourront également être agrémentés de sauce vinaigrette.

SOUPE AU PISTOU

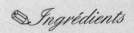 Ingrédients

- 150 g de haricots verts, tronçonnés en morceaux d'un centimètre,
- 150 g de blancs de poireaux, coupés en rondelles d'1/2 centimètre de longueur,
- 150 g de carottes, coupées en petits dés,
- 150 g de navets, coupés en petits dés,
- 150 g de céleri rave,
- 150 g de pommes de terre,
  .../...

Assez facile

Pour **6** personnes

Temps de préparation : **20** mn

Temps de cuisson : **1** h

Dans une marmite, faire revenir dans l'huile, dans l'ordre suivant : les carottes, les navets, les pommes de terre, les lardons, les haricots verts, les blancs de poireaux, le céleri rave, les tomates et l'oignon blanc.

- *3 tomates pelées et épépinées,*
- *2 gousses d'ail hachées,*
- *1 oignon blanc haché grossièrement,*
- *1 branche de persil,*
- *1 branche de cerfeuil ,*
- *1 branche de basilic,*
- *1 fine tranche de lard fumé,*
- *1 bouquet garni (thym, laurier),*
- *200 g de coquillettes ,*
- *100 g de gruyère râpé,*
- *4 cuillères à soupe d'huile d'olive,*
- *2 jaunes d'œufs,*
- *sel, poivre.*

Lorsque les carottes commencent à peine à dorer, mouiller de deux litres d'eau. Ajouter le bouquet garni, le persil, le cerfeuil et la branche de basilic. Saler, poivrer, porter à ébullition et laisser mijoter quarante cinq minutes environ. Un quart d'heure avant la fin de cuisson, ajouter les coquillettes.

Entre-temps hacher finement les feuilles de basilic restantes et piler l'ail au mortier. Mêler le tout avec de l'huile d'olive, deux jaunes d'œufs et le gruyère râpé.

Mélanger la sauce crémeuse obtenue, hors du feu et au dernier moment, avant de servir la soupe.

SOUPE AUX POIREAUX
ET AUX POMMES DE TERRE

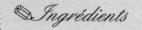

- *1 botte de poireaux,*
- *1 branche de céleri,*
- *500 g de pommes de terre (Bintje),*
- *25 g de beurre,*
- *sel et poivre.*

Très facile

Pour **6** personnes

Temps de préparation : **15** mn

Temps de cuisson : **30** mn

Mettre à bouillir deux litres d'eau dans une marmite. Laver et éplucher les poireaux. Les couper en tronçons de trois centimètres de côté. Laver et éplucher les pommes de terre, puis les couper en petits cubes de trois centimètres. Lorsque l'eau de la marmite est bouillante y jeter les tronçons de poireaux et les cubes de pommes de terre ainsi que la branche de céleri, au préalable lavée et détaillée en tronçons de trois centimètres. Laisser cuire trente minutes.

Cette soupe peut être servie de deux manières :

1 -Passer la soupe au moulin à légumes afin d'obtenir un velouté. Ajouter avant de servir le beurre dans la soupe très chaude.

2 - Laisser les légumes en morceaux. Ajouter avant de servir le beurre dans la soupe très chaude et éventuellement une branche de cerfeuil hachée.

Soupe à l'oseille à la crème

Facile

Pour **6** personnes

Temps de préparation : **10** mn

Temps de cuisson : **10** mn

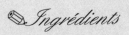

Ingrédients

- 400 g d'oseille lavée et équeutée,
- 65 g de beurre,
- 1 échalote grise hachée et pilée,
- 1/2 gousse d'ail hachée et pilée,
- 1 litre de lait,
- 20 cl de crème fraîche fouettée,
- 2 œufs entiers battus,
- 6 tranches de pain de mie, coupées en petits carrés,
- 1 pincée de thym effeuillé,
- sel, poivre.

Hacher finement l'oseille. Faire revenir, dans une casserole, l'oseille, l'échalote et l'ail, avec 25 g de beurre, sans cesser de tourner, jusqu'à obtention d'une purée verte homogène. Ajouter le lait et le thym. Saler, poivrer et porter à ébullition.

Entre-temps, faire dorer dans une poêle le pain de mie dans 40 g de beurre, puis garder les croûtons ainsi obtenus au chaud.

Lorsque le potage est prêt, mélanger les œufs et la crème fraîche et les verser hors du feu dans la soupe en fouettant vivement. Remettre quelques instants à feu doux, en tournant sans arrêt jusqu'à formation du velouté. Servir immédiatement avec les croûtons, disposés à part sur un ravier.

Soupe aux Riwele

Assez facile

Pour **6** à **8** personnes

Temps de préparation : **45** mn

Temps de cuisson : **2** h

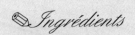

Ingrédients

- 500 g de queue de bœuf,
- 500 g de plat de côtes de bœuf,
- 2 gros os à moelle,
- 2 carottes,
- 2 navets,
- 1 branche de céleri,
- 1 oignon, piqué d'un clou de girofle,
- 1 bouquet garni (thym, laurier),
- sel, poivre,
- 1 râpure de noix de muscade,
- 1 cuillère à soupe d'huile d'arachide,
- cerfeuil et persil hachés,
- 150 g de farine,
- 3 œufs entiers,
- 4 litres d'eau.

Préparation du bouillon

Dans de l'eau froide, salée et poivrée, plonger les viandes, les os à moelle préalablement salés à leurs extrémités, les légumes et le bouquet garni. Porter à ébullition et cuire à feu doux pendant deux heures, en écumant tous les quarts d'heure.

Préparation des riwele

Placer dans une terrine la farine, les œufs entiers battus en omelette avec du sel, une râpure de noix de muscade et une cuillère d'huile d'arachide. Mélanger le tout du bout des doigts. Rassembler la pâte en boule et la placer au frais une demi - heure.

Ce temps écoulé, étaler la pâte sur une planche à pâtisserie jusqu'à obtention d'une abaisse de 2 à 3 mm d'épaisseur. Découper alors celle-ci en minces tronçons allongés (riwele). Prélever 2 litres d'eau de bouillon.

Y pocher les riwele, qui seront cuits lorsqu'ils remonteront à la surface. Disposer en soupière et garnir de rondelles de moelle que vous aurez extraites des os cuits dans le bouillon. Saupoudrer de cerfeuil et de persil hachés. Servir brûlant.

SOUPE DE POISSONS MÉRIDIONALE

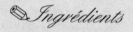 *Ingrédients*

- 400 g de girelles,
- 400 g de serrans,
- 400 g de rascasses ou vives,
- 400 g de demoiselles,
- 400 g de congre ou murène,
- sauce tomate ou mieux, 1 kg de tomates fraîches, bien mûres, pelées, épépinées et additionnées d'un morceau de sucre,
- 1 gros oignon,
- 1 poivron,
- 3 gousses d'ail,
- 20 cl d'huile d'olive,
- 1 litre de vin blanc sec,
- 1 bouquet garni (fenouil, thym, laurier, persil, romarin),
- 3 g de safran,
- sel, poivre, paprika,
- 1 kg de pommes de terre,
- 300 g de gruyère râpé,
- pain grillé.

Assez facile

Pour **8** personnes

Temps de préparation : **45** mn

Temps de cuisson : **1** h

Vin conseillé : **Chablis** ou **Patrimonio** blanc

Faire frire dans une poêle l'oignon, le poivron coupé en lamelles, les gousses d'ail et un poisson de chaque espèce. Verser le tout dans une marmite. Ajouter 10 cl d'huile d'olive et retourner brièvement chaque poisson destiné à la soupe dans cette huile. Mouiller avec du vin blanc sec. Incorporer le bouquet garni. Les tomates ou la sauce tomate viendront compléter l'ensemble. Ajouter un litre d'eau, les pommes de terre épluchées et laisser frémir trente minutes.

Egoutter la chair des poissons ainsi que les pommes de terre et passer le tout dans un moulin et un tamis très fin, afin d'éviter les arêtes dangereuses dans la soupe. Rectifier l'assaisonnement (safran, paprika, sel, poivre) et conserver à feu doux.

Entre-temps, préparer la rouille qui est en l'occurrence une sauce mayonnaise accompagnée d'une purée de tomate et de piment rouge, légèrement éclaircie de bouillon constitué par la soupe elle-même. Servir avec des croûtons frottés d'ail et du fromage râpé.

SOUPE DU PÊCHEUR

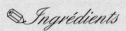

Ingrédients

- 2 kg de poissons et crustacés côtiers
  (serrans, girelles, demoiselles, petits
  sars, petits encornets, murènes et
  éventuellement cigales ou petits
  crabes),
- 4 grosses tomates pelées et épépinées,
- 3 gousses d'ail,
- 1 gros oignon,
- 5 grosses pommes de terre,
- 1 bouquet garni (thym, laurier, romarin),
- 10 cl d'huile d'olive,
- 6 tranches de pain de ménage
  légèrement rassis, frottées d'ail,
- sel et poivre.

Facile

Pour **6** personnes

Temps de préparation : **20** mn

Temps de cuisson : **40** mn

Vider les poissons, laver les crustacés et nettoyer les encornets en ne conservant que les tentacules (sans le bec corné) et le manteau. Faire revenir l'ensemble, dans une marmite, avec de l'huile d'olive, cinq minutes à feu vif.

Mouiller de trois litres d'eau. Ajouter les tomates, les pommes de terre épluchées et le bouquet garni. Saler, poivrer copieusement et laisser cuire trente minutes, à feu moyen. Retirer les crustacés et les pommes de terre de la marmite et les disposer dans une soupière de service. Prélever à l'écumoire le maximum de chair de poissons.

Oter les plus grosses arêtes et passer ensuite la chair de poissons, avec le jus de cuisson, à l'aide d'un presse purée placé au dessus d'une grande casserole. Passer alors au chinois le liquide obtenu dans la casserole et le mettre à réchauffer à feu vif, jusqu'à ce qu'il commence à frémir. Le verser, dans la soupière sur les pommes de terre (et éventuellement les crustacés). Servir avec des tranches de pain de ménage légèrement rassis, frottées d'ail.

SOUPE DE POISSONS BRETONNE

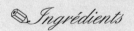

Ingrédients

- 2kg de petits poissons côtiers parmi
  les suivants : tacauds, gobies,
  chinchards, lançons, vieilles, rougets
  grondins, bars, mulets, et orphies,
- quelques petits crustacés (crabes verts,
  étrilles),
  .../...

Assez facile

Pour **8** personnes

Temps de préparation : **45** mn

Temps de cuisson : **1** h

Vin conseillé :

Muscadet sur Lie
ou **Gros Plant**

- 500 g de tomates pelées et épépinées,
- 2 oignons
  (dont 1 piqué d'un clou de girofle),
- 2 échalotes ,
- 2 gousses d'ail,
- 1 bouquet garni (thym, laurier, romarin,
  passe pierre),
- 2 grosses pommes de terre (à purée),
- 1 pincée de poivre de cayenne,
- 1 pincée de safran,
- 20 cl de muscadet,
- 50 g de beurre,
- 5 cl d'huile d'arachide,
- 300 g de gruyère râpé,
- pain grillé,
- sel, poivre.

Dans un grand faitout, faire revenir dans un mélange de beurre et d'huile les échalotes et les oignons. Dès qu'ils commencent à devenir transparents, ajouter les poissons préalablement parés (en gardant les têtes). Laisser rissoler quelques instants, sans laisser foncer. Mouiller ensuite avec 5 litres d'eau et le Muscadet.

Porter à ébullition, puis ajouter les tomates, les pommes de terre, les crustacés et le bouquet garni. Saler et poivrer copieusement. Laisser frémir une heure.

Sortir à l'écumoire, séparément, les morceaux de poissons et les crustacés. Passer la chair des poissons à la moulinette et au tamis fin, en l'arrosant de bouillon de manière à obtenir un velouté onctueux. Piler au mortier les crustacés et les arroser de bouillon au dessus du tamis pour récupérer leur chair afin de l'incorporer au velouté de poisson. Rectifier l'assaisonnement (safran, cayenne, sel, poivre).

Servir avec des tranches de pain grillé, frottées d'ail et saupoudrer éventuellement de gruyère râpé.

TOURAIN

Ingrédients

- 3 oignons,
- 1 livre de tomates,
- 2 gousses d'ail,
- 1 bouquet garni (thym, laurier, basilic
  et persil),
- 2 cuillères à soupe de farine,
- 2 cuillères à soupe de graisse d'oie,
- 2 jaunes d'œufs,
- 2 cl de Cognac,
- 2 cl de vinaigre,
- 2 litres d'eau,
- sel, poivre,
- pain rassis.

Assez facile

Pour **6** personnes

Temps de préparation : **30** mn

Temps de cuisson : **30** mn

Faire chauffer de l'eau dans une marmite. Entre-temps, faire dorer les oignons émincés dans une poêle avec une cuillère à soupe de graisse d'oie. Lorsqu'ils commencent à dorer, ajouter une cuillère à soupe de farine. Laisser roussir légèrement puis mouiller avec de l'eau de la marmite. Ne pas laisser attacher.

Verser le contenu de la poêle dans la marmite. Mettre ensuite la deuxième cuillère à soupe de graisse d'oie dans la poêle et y faire revenir l'ail et le persil hachés ainsi que les tomates. Incorporer le bouquet garni. Saler, poivrer, couvrir et laisser réduire à feu doux. Y ajouter ensuite la deuxième cuillère de farine. Laisser blondir et mouiller avec le Cognac. Déglacer avec du bouillon, prélevé dans la marmite et remettre le contenu de la poêle dans celle-ci. Laisser frémir dix minutes.

Entre-temps, faire frire le pain rassis dans du beurre et le frotter d'ail. Oter la marmite du feu et y ajouter juste avant de servir les jaunes d'œufs avec un filet de vinaigre. Servir en soupière sur les tranches de pain.

SOUPE À LA COURGE

Ingrédients

- 1 kg de courge de préférence à peau orange,
- 1 oignon,
- 1 l de lait,
- 125 g de pâtes (tagliatelle),
- quelques grains de poivre,
- 1 branche de thym,
- sel et poivre.

Facile

Pour **4** personnes
Temps de préparation : **10** mn
Temps de cuisson : **20** mn

Eplucher la courge et la détailler en gros dés. Saler légèrement et la faire cuire à la vapeur avec l'oignon, la branche de thym et les grains de poivre, pendant vingt minutes (ou six minutes à l'autocuiseur). Egoutter à la passoire. Oter la branche de thym , les grains de poivre et l'oignon. Passer les morceaux de courge au presse purée ou au mixer, en délayant avec le lait et les placer dans une casserole, à feu doux.

Cuire à part les pâtes dix minutes dans une autre casserole d'eau bouillante salée. Les égoutter et les incorporer ensuite à la soupe. Laisser mijoter encore cinq minutes avant de servir.

VELOUTÉ DE CRESSON

Ingrédients

- 1 botte de cresson,
- 250 g de pommes de terre,
- 1 petit oignon,
- 1 pincée de thym effeuillé,
- 2 cuillères à soupe de crème fraîche,
- 1 verre de lait,
- sel et poivre.

Facile

Pour **6** personnes
Temps de préparation : **10** mn
Temps de cuisson : **20** mn
(ou **6** mn en autocuiseur)

Oter les plus grosses queues de votre cresson et le laver à grande eau. Eplucher vos pommes de terre et les couper en morceaux. Cuire à la vapeur vingt minutes ou dix minutes à l'autocuiseur, après avoir légèrement salé, poivré et ajouté la pincée de thym effeuillé et le petit oignon. Egoutter et passer au presse purée ou au mixer en délayant, soit avec du lait, soit du bouillon de cuisson jusqu'à obtention de la consistance voulue. Rectifier éventuellement l'assaisonnement et servir très chaud, après avoir ajouté, au dernier moment, la crème fraîche.

VELOUTÉ DE POTIRON

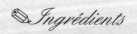 *Ingrédients*

- 1,500 kg de potiron, de préférence
  à peau orange,
- 1 oignon,
- 2 cuillères à soupe de crème fraîche,
- Quelques grains de poivre,
- 1 petite pincée de piment
  de Cayenne,
- 75 cl de lait,
- sel, poivre, paprika,
- 1 branche de thym.

Facile

Pour **6** personnes

Temps de préparation : **10** mn

Temps de cuisson : **20** mn

(ou **6** mn en autocuiseur)

Eplucher votre potiron et le détailler en gros dés. Saler légèrement et le mettre à cuire à la vapeur avec l'oignon, les grains de poivre et la branche de thym, pendant vingt minutes ou six minutes à l'autocuiseur. Egoutter, retirer la branche de thym, les grains de poivre et l'oignon que vous jetez. Passer au presse purée ou au mixer, en délayant avec le lait. Placer à feu doux. Rectifier l'assaisonnement (paprika, sel, poivre et autres épices selon goût) et servir chaud, après avoir incorporé au dernier moment la crème fraîche.

VELOUTÉ D'ASPERGES

Ingrédients

-1 kg de pointes d'asperges,
-1 grosse pomme de terre,
-10 cl de crème fraîche,
-sel, poivre, paprika.

Facile

Pour **6** personnes

Temps de préparation : **15** mn

Temps de cuisson : **20** mn

Eplucher et laver à grande eau les asperges. Les cuire vingt minutes à l'eau bouillante avec la pomme de terre découpée en morceaux. Mixer le tout et passer au chinois. Assaisonner de sel, poivre et paprika. Ajouter la crème fraîche et servir chaud avec des croûtons frits au beurre, à peine dorés.

ENTRÉES FROIDES

CONCOMBRE À LA CRÈME

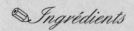

Ingrédients

- 1 concombre,
- 1 petite échalote réduite en pommade,
- 10 cl de crème fraîche,
- 4 cuillères à soupe d'huile d'arachide,
- 2 cuillères à soupe de vinaigre de vin,
- 1 pincée d'estragon haché
  très finement,
- gros sel,
- sel et poivre.

Très facile

Pour **4** personnes

Temps de préparation : **10** mn
(prévoir de laisser dégorger
le concombre pendant une heure).

Peler le concombre et le couper en fines rondelles. Le mettre à dégorger environ une heure dans un saladier avec du gros sel. Rincer abondamment à l'eau froide et sécher soigneusement. Préparer la sauce dans un bol de la manière suivante :

Placer la crème en premier. Délayer comme une mayonnaise avec l'huile. Ajouter progressivement le vinaigre, l'échalote et l'estragon

Saler, poivrer. Mélanger à cette sauce épaisse les rondelles de concombre et les servir en ravier

CONCOMBRE EN PERSILLADE

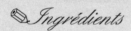

Ingrédients

- 1 beau concombre,
- 3 branches de persil hachées finement,
- 1 échalote hachée,
- 4 cuillères à soupe d'huile d'arachide
  (ou d'olive),
- 2 cuillères à soupe de vinaigre de vin,
- 1 cuillère à café de moutarde,
- 1 petite poignée de gros sel,
- sel et poivre.

Très facile

Pour **4** personnes

Temps de préparation : **10** mn
(prévoir de laisser dégorger
le concombre une heure)

Peler votre concombre et le couper en rondelles. Le mettre à dégorger environ une heure dans un saladier avec le gros sel. Le rincer ensuite abondamment et le sécher soigneusement.

Préparation de la sauce

Réunir dans un bol, une petite pincée de sel (les rondelles de concombre étant déjà copieusement nanties de sel), le poivre, le persil, l'échalote, l'huile, le vinaigre et la moutarde. Fouetter vigoureusement jusqu'à obtention d'un mélange homogène, puis répartir sur les rondelles de concombre au préalable disposées dans un ravier.

CAROTTES RÂPÉES AUX OLIVES

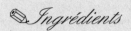

- 500 g de carottes,
- 3 branches de persil,
- 1 grosse échalote,
- 6 cuillères à soupe d'huile d'olive,
- 3 cuillères à soupe de vinaigre de vin,
- 1 grosse cuillère à soupe de moutarde,
- 20 olives noires,
- sel et poivre.

Très facile

Pour **6** personnes

Préparation : **10** mn

Gratter les carottes et les râper.

Préparation de la sauce

Placer dans un bol la moutarde. Délayer en rémoulade avec l'huile puis ajouter le vinaigre, le persil et l'échalote hachés, le sel et le poivre. Recouvrir avec ce mélange les carottes râpées et incorporer les olives noires en mélangeant le tout avec cette sauce épaisse. Garder au frais avant de servir.

CÉLERI-RAVE RÉMOULADE

- 500 g de céleri-rave,
- 20 cl d'huile d'arachide,
- 2 cuillères à soupe de vinaigre,
- 2 cuillères à soupe de moutarde,
- sel et poivre.

Très facile

Pour **6** personnes

Temps de préparation : **10** mn

Eplucher le céleri-rave et le râper en fines lanières.

Préparation de la sauce

Placer dans un bol la moutarde. Monter en mayonnaise avec l'huile. Ajouter le vinaigre, le sel et le poivre. Verser sur le céleri-rave. Tourner et servir.

SALADE DE CHAMPIGNONS DE PARIS

- 500 g de champignons de Paris,
- le jus d'un demi citron,
- 10 cl de crème fraîche,
- 5 cl d'huile de tournesol,

.../...

Facile

Pour **4** personnes

Temps de préparation : **15** mn

Nettoyer les champignons , les couper en grosses lamelles et les arroser de jus de citron pour éviter qu'ils ne noircissent.

> - 3 cuillères à soupe de vinaigre de cidre,
> - 1 pincée de thym effeuillé,
> - 1 branche d'estragon ciselée à la main,
> - le zeste d'un quart de petit citron vert,
> - sel et poivre.

Préparation de la sauce

Placer la crème dans un saladier. Délayer en mayonnaise avec l'huile. Ajouter le vinaigre, le sel, le poivre, la pincée de thym effeuillé, l'estragon ciselé et le zeste de citron coupé en petits cubes.

Incorporer délicatement les champignons dans cette sauce et servir frais.

SALADE DE TOMATES À LA PROVENÇALE

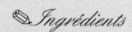 Ingrédients

- 4 belles tomates,
- 2 gousses d'ail rouge,
- 3 branches de persil,
- 1 petite échalote,
- 4 cuillères à soupe d'huile d'olive,
- 2 cuillères à soupe de vinaigre de vin,
- 1 cuillère à café de moutarde,
- sel et poivre.

Facile

Pour **6** personnes
Temps de préparation : **10** mn

Passer les tomates quelques instants dans de l'eau bouillante, puis les peler. Oter la partie de la queue et les couper en rondelles. Disposer celles-ci dans un ravier. Hacher finement ensemble l'ail, l'échalote et le persil et en saupoudrer les tomates que vous aurez préalablement légèrement salées et poivrées.

Préparation de la sauce

Dans un bol, réunir l'huile, le vinaigre et la moutarde. Saler et poivrer. Fouetter vivement jusqu'à obtention d'un mélange homogène, puis répartir sur la surface des tomates. Servir après avoir de préférence conservé au frais pendant 30 minutes.

SALADE DE CHOU ROUGE À LA POMME

Ingrédients

- 500 g de chou rouge découpé en fines lamelles,

.../...

Facile

Pour **4** personnes
Temps de préparation : **15** mn
(Préparer une heure à l'avance)

- 2 échalotes hachées grossièrement,
- le jus d'un demi citron,
- 5 cuillères à soupe d'huile d'arachide,
- 3 cuillères à soupe de vinaigre de vin,
- 1 cuillère à café de moutarde,
- 5 cl de vin blanc sec,
- 1 petite pomme détaillée en petits dés,
- sel et poivre.

Disposer dans un saladier les lamelles de chou rouge et les petits dés de pommes.

Préparation de la sauce

Mélanger dans un bol la moutarde, l'huile, le vinaigre, le jus de citron, le vin blanc sec, l'échalote hachée, le sel et le poivre. Fouetter vivement. Verser la sauce sur le chou rouge et les petits dés de pomme et mélanger délicatement. Bien tasser le chou rouge au fond du saladier et recouvrir d'une assiette.

Laisser reposer au moins une heure au frais avant de servir.

POIREAUX VINAIGRETTE

 *Ingrédients*

- 1 kg de jeunes poireaux bien blancs et pas trop gros,
- 15 cl d'huile d'arachide,
- 5 cl de vinaigre de vin,
- fines herbes (ciboulette, persil ou estragon selon goût),
- sel et poivre.

Facile

Pour **6** personnes

Temps de préparation : **15** mn

Temps de cuisson : **20** mn

Cuisson des poireaux

Porter à ébullition une grande casserole d'eau modérément salée. Entre-temps, ôter les barbes des poireaux et tailler la tige de manière à ce qu'il ne reste que 5 cm de partie verte et les laver. Ficeler les poireaux en petites bottes individuelles de 3 à 5 poireaux selon grosseur et les mettre à cuire doucement dans de l'eau bouillante pendant quinze à vingt minutes. Vérifier la cuisson en piquant une lame de couteau pointue jusqu'au cœur des blancs des plus gros poireaux. Egoutter soigneusement et disposer sur un torchon de manière à les garder tièdes.

Préparation de la sauce

Mélanger dans un bol l'huile, le vinaigre, le poivre et les fines herbes. Fouetter vivement et verser la sauce obtenue sur les poireaux dont vous aurez enlevé les ficelles et que vous aurez disposé sur un plat de service.

CHOU-FLEUR VINAIGRETTE

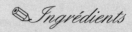

Ingrédients

- 1 chou-fleur ferme et serré,
- 3 branches de persil
  (plat de préférence),
- 1 échalote grise (ou un oignon blanc),
- 10 cl d'huile d'arachide,
- 4 cuillères à soupe de vinaigre de vin,
- 1 cuillère à café de moutarde,
- 1 petite poignée de gros sel,
- sel et poivre.

Très facile

Pour **6** personnes

Temps de préparation : **10** mn

Temps de cuisson : **20** mn

(ou **4** minutes en autocuiseur)

Séparer les bouquets de votre chou-fleur. Retirer les peaux interstitielles (sorte de membrane séparant chaque bouquet). Mettre à cuire à la vapeur légèrement parsemé de gros sel.

Ajouter une tranche de pain rassi, séparée des bouquets par un panier ou une grille, pour absorber l'odeur et l'amertume éventuelle du chou-fleur. Cuire 20 minutes (ou seulement 4 minutes s'il s'agit d'un autocuiseur).

Préparation de la sauce

Placer les ingrédients dans un bol (moutarde, huile, vinaigre, persil et échalote hachés, sel et poivre). Fouetter vivement et verser sur votre chou-fleur.

Le tourner délicatement dans un saladier pour lui faire absorber la sauce. Servir frais.

SALADE DE CHOU-FLEUR À LA CRÈME

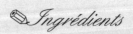

Ingrédients

- 1 chou fleur ferme et serré,
- 1 cuillère à café de moutarde,
- 3 cuillères à soupe de crème fraîche,
- 10 cl d'huile d'arachide,
- 2 cuillères à soupe de vinaigre de vin,
- le jus d'un citron,
- 2 branches de persil ciselées à la main,
- sel et poivre.

Facile

Pour **6** personnes

Temps de préparation : **10** mn

Temps de cuisson : **20** mn

(ou **4** minutes en autocuiseur)

Préparer et cuire le chou fleur de la même manière que dans la recette précédente.

Préparation de la sauce

Placer la crème fraîche et la moutarde dans un bol, les délayer comme une mayonnaise avec l'huile. Ajouter progressivement le vinaigre, le jus de citron, le persil, le sel et le poivre. Verser la sauce obtenue sur le chou fleur dans un saladier. Tourner délicatement et servir frais.

SALADE DE BETTERAVE
EN PERSILLADE

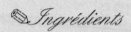

Ingrédients

- 300 g de betterave rouge cuite,
- 2 branches de persil hachées,
- 1 échalote hachée,
- 2 cuillères à soupe d'huile d'olive,
- 2 cuillères à soupe d'huile d'arachide,
- 1 cuillère à soupe de moutarde,
- sel et poivre.

Facile

Pour **4** personnes

Temps de préparation : **10** mn

Eplucher la betterave et la couper en petits dés (1 cm x 1 cm).

Préparation de la sauce

Placer la moutarde et l'huile dans un bol et fouetter vivement. Incorporer ensuite le vinaigre, puis le persil et l'échalote. Saler et poivrer. Verser la sauce obtenue sur les betteraves disposées dans un ravier.

SALADE DE HARICOTS VERTS

Ingrédients

- 1 kg de haricots verts fins,
- 1 oignon blanc,
- 1 petite tomate,
- 1 bouquet garni (thym, laurier),
- sel et poivre.

.../...

Très facile

Pour **6** personnes

Temps de préparation : **15** mn

Temps de cuisson : **25** mn

(ou **10** mn en autocuiseur).

Bien laver les haricots verts épluchés à l'eau chaude et les mettre à cuire 25 minutes (ou 10 minutes s'il s'agit d'un autocuiseur) dans une casserole d'eau bouillante salée et poivrée, à laquelle vous aurez ajouté l'oignon, la tomate et le bouquet garni. Lorsque la cuisson est terminée, ôter le bouquet garni, la tomate et l'oignon. Egoutter rapidement les haricots verts et les laisser refroidir.

Sauce
- *1 échalote ou un oignon blanc,*
- *3 branches de persil,*
- *10 cl d'huile d'olive,*
- *5 cl de vinaigre de vin,*
- *1 cuillère à café de moutarde,*
- *sel et poivre.*

Préparation de la sauce

Placer les ingrédients dans un bol (moutarde, huile, vinaigre, persil et échalotes hachés, sel et poivre). Fouetter vigoureusement et verser sur les haricots verts que vous tournerez délicatement dans un saladier. Vous pouvez éventuellement y ajouter quelques rondelles de tomates, de pommes de terre cuites à l'eau, des œufs durs, des olives ou des haricots blancs.

SALADE DE TOPINAMBOURS

Ingrédients

- *500 g de petits topinambours,*
- *2 échalotes grises,*
- *4 cuillères à soupe d'huile de noix,*
- *2 cuillères à soupe de vinaigre de cidre,*
- *2 branches de persil plat ciselées,*
- *sel et poivre.*

Facile

Pour **4** personnes

Temps de préparation : **15** mn

Temps de cuisson : **15** mn

(ou **5** minutes en autocuiseur)

Cuire les topinambours 15 minutes dans de l'eau bouillante salée (seulement 5 minutes s'il s'agit d'un autocuiseur). Egoutter les et laisser tiédir. Les peler, les couper en fines lamelles et les disposer sur des assiettes individuelles. Les parsemer d'échalotes grises hachées et d'un peu de persil plat ciselé.

Préparation de la sauce

Réaliser une vinaigrette avec l'huile, le vinaigre, le reste du persil ciselé, le sel et le poivre. Verser la sauce sur les topinambours et mélanger avant de servir.

SALADE DE CŒURS DE PALMIER

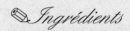

Ingrédients

- 8 tronçons moyens de coeurs
  de palmier bien tendres,
- 1 cuillère à soupe de moutarde,
- 5 cl d'huile d'arachide,
- 3 cuillères à soupe de vinaigre de vin,
- 1 petite échalote hachée très fin,
- 1 branche de persil plat ciselée,
- 1 petite tomate très ferme coupée
  en huit,
- sel et poivre

Facile

Pour **4** personnes

Temps de préparation : **10** mn

Rincer les coeurs de palmier à l'eau froide et bien les égoutter. Les disposer sur un ravier.

Préparation de la sauce

Placer dans un bol la moutarde et délayer avec l'huile jusqu'à obtention d'une rémoulade semi-liquide. Ajouter le vinaigre, le sel, le poivre, l'échalote hachée, le persil plat ciselé et bien mélanger le tout. Napper les coeurs de palmier de cette sauce et décorer avec les petits morceaux de tomate juste avant de servir.

SALADE DE CAMILLE

Ingrédients

- 4 tomates moyennes,
- 2 avocats,
- 1 boîte de thon à l'huile d'olive (150 g),
- 2 œufs durs,
- 1 échalote hachée,
- 1 branche de persil hachée,
- 1 cuillère à soupe de moutarde,
- 3 cuillères à soupe d'huile d'olive,
- 2 cuillères à soupe d'huile d'arachide,
- 2 cuillères à soupe de vinaigre de vin,
- 12 olives noires (éventuellement),
- sel et poivre.

Facile

Pour **4** personnes

Temps de préparation : **10** mn

Temps de cuisson des œufs durs : **11** mn

Couper les tomates en rondelles et les disposer sur un plat creux avec les morceaux d'avocats. Placer au centre le thon à l'huile d'olive. Décorer avec les œufs durs et éventuellement les olives noires.

Préparation de la sauce

Dans un bol, placer la cuillère de moutarde. Délayer petit à petit avec l'huile, puis le vinaigre. Ajouter le sel, le poivre, le persil et l'échalote hachés. Bien mélanger le tout, répartir la sauce sur les rondelles de tomates et les morceaux d'avocats et servir frais.

Salade campomoraise

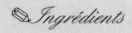

Ingrédients

- 6 tomates moyennes,
- 50 g d'oignon rose haché,
- 2 œufs durs,
- 12 filets d'anchois,
- 1 boîte de thon à l'huile d'olive,
- 12 olives noires,
- 1 branche de persil haché,
- 1 cuillère à soupe de moutarde,
- 10 cl d'huile d'olive,
- 5 cl de vinaigre de vin,
- sel et poivre.

Facile

Pour **6** personnes

Temps de préparation : **15** mn

Temps de cuisson des œufs durs : **11** mn

Couper les tomates en rondelles. Les disposer en deux épaisseurs sur un plat creux. Mettre au centre le thon à l'huile d'olive. Parsemer d'oignon et de persil hachés. Décorer avec les œufs durs coupés en quatre, les filets d'anchois et les olives noires.

Préparation de la sauce

Dans un bol, placer la cuillère de moutarde. Tourner régulièrement en ajoutant l'huile à petits filets, puis le vinaigre, le sel et le poivre. Répartir à la cuillère cette sauce sur les tomates.

Salade au saumon fumé

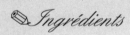

Ingrédients

- 1 cœur de scarole,
- 2 tranches de saumon fumé découpées en lanières,
- 2 œufs,
- 10 cl de Muscadet,
- 2 tranches de pain de mie grillées coupées en biais,
- 1 petite carotte râpée,
- 2 tomates cerises,
- quelques brins d'aneth,
- quelques rosettes de mâches,
- 1 cuillère à café de moutarde,
- 4 cuillères à soupe d'huile d'arachide,
- 2 cuillères à soupe de vinaigre de vin,
- 1 pincée de thym,
- sel et poivre.

Facile

Pour **2** personnes

Temps de préparation : **20** mn

Temps de cuisson des œufs : **3** mn

Préparation de la sauce

Placer dans un bol la moutarde, l'huile, le vinaigre, le sel, le poivre, la pincée de thym effeuillé et quelques petits morceaux d'aneth. Fouetter vivement afin d'obtenir un mélange homogène.

Préparation de la salade

Garnir des assiettes individuelles de feuilles de scarole au préalable lavées et séchées. Arroser les feuilles de salade d'un peu de sauce, le reste devant être servi en saucière.

Disposer au dessus de la salade, des lamelles de saumon fumé et des tranches de pain de mie grillées coupées en biais. Décorer avec des petites tomates cerises, les brins d'aneth restants et quelques feuilles de mâche. Ajouter juste avant de servir les œufs pochés 3 minutes, dans une casserole d'eau frémissante, dans laquelle vous aurez ajouté un verre de Muscadet, du sel et du poivre (bien égoutter les œufs).

SALADE NORDIQUE

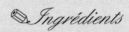 *Ingrédients*

- 1 scarole,
- 4 petites tranches de saumon fumé,
- 40 g d'œufs de saumon,
- 20 g d'œufs de truite,
- 4 petites tranches de flétan fumé,
- 1 filet de hareng fumé coupé en quatre,
- 1 filet de maquereau fumé coupé en quatre,
- 1 tronçon de 10 cm d'anguille fumée coupé en quatre,
- 40 g de rogue (poche d'œufs de cabillaud fumé),
- 20 cl de crème fraîche,
- 10 cl d'huile d'arachide,
- 4 rondelles de citron,
- jus d'un demi citron,
- ciboulette hachée,
- 1 pincée de thym effeuillé,
- quelques petits morceaux d'aneth,
- 8 tranches de pain de mie grillées,
- sel et poivre.

Facile

Pour **4** personnes

Temps de préparation : **15** mn

Préparation de la sauce

Mettre la crème fraîche dans un bol. Ajouter peu à peu l'huile, puis le jus du demi-citron. Saler et poivrer.

Ajouter la pincée de thym effeuillé et la ciboulette hachée.

Préparation de la salade

Laver et sécher la scarole. Prélever la moitié de la sauce obtenue, la mélanger à la scarole et servir le reste en saucière. Disposer sur des assiettes individuelles les tranches de poissons fumés, les œufs de saumon et de truite et la salade. Décorer avec les petits morceaux d'aneth et des rondelles de citron. Ajouter autour, juste avant de servir, les tranches de pain de mie grillées et coupées en biais.

Salade d'avocat au crabe et aux crevettes

Ingrédients

- 12 feuilles de laitue,
- 2 gros avocats bien mûrs,
- 300 g de macédoine de légumes,
- 200 g de chair de crabe,
- 20 grosses crevettes roses décortiquées,
- 4 grosses crevettes entières,
- 1 jaune d'œuf,
- 1 cuillère à soupe de moutarde,
- 15 cl d'huile d'arachide,
- 7 cl de vinaigre de vin,
- sel et poivre.

Facile

Pour **4** personnes

Temps de préparation : **15** mn

Préparation de la sauce mayonnaise

Mélanger le jaune d'œuf et la moutarde avec une cuillère en bois. Ajouter petit à petit et sans cesser de tourner l'huile d'arachide. Incorporer le vinaigre, puis le sel et le poivre. Bien homogénéiser.

Préparation de la salade

Mélanger dans un saladier la sauce mayonnaise avec les morceaux d'avocats, la chair de crabe, les crevettes décortiquées et la macédoine de légumes. Verser le mélange obtenu dans des coupelles individuelles garnies au préalable de feuilles de laitue. Décorer chaque coupelle avec les crevettes entières juste avant de servir.

Salade de haricots verts au thon

Ingrédients

- 250 g de haricots verts,
- 2 tomates coupées en huit,
- 4 pommes de terre moyennes,
- 200 g de thon à l'huile d'olive,
- 2 œufs durs,
- 8 cuillères à soupe d'huile d'olive,
- 4 cuillères à soupe de vinaigre de vin,
- 2 cuillères à soupe de moutarde,
- 1 cuillère à soupe de crème fraîche,
- 1 gousse d'ail,
- 2 branches de persil,
- 1 bouquet garni (thym, laurier),
- 1 oignon blanc,
- sel et poivre.

Facile

Pour **4** personnes

Temps de préparation : **20** mn

Tps de cuisson des haricots verts : **20** mn

(ou **6** mn en autocuiseur)

Tps de cuisson des pommes de terre :

25 mn (ou **12** mn en autocuiseur)

Cuire les haricots verts 25 minutes (ou 10 minutes s'il s'agit d'un autocuiseur), dans une casserole d'eau bouillante salée et poivrée, dans laquelle vous aurez ajouté un oignon blanc et un bouquet garni.

Lorsque la cuisson est terminée, ôter le bouquet garni et l'oignon. Egoutter les haricots verts et les laisser refroidir. Les couper en tronçons et les disposer dans un saladier.

Cuire les pommes de terre dans une casserole d'eau bouillante salée environ 25 minutes environ. Les laisser refroidir, les peler, les couper en rondelles et les disposer également dans le saladier. Incorporer les tomates coupées en huit et placer au centre le thon à l'huile d'olive.

Préparation de la sauce

Placer dans un bol la moutarde et la crème fraîche. Délayer petit à petit avec l'huile. Ajouter en tournant le vinaigre, l'ail et le persil hachés, le sel et le poivre. Verser la sauce dans le saladier et mélanger délicatement. Décorer avec des quartiers d'œufs durs.

SALADE NIÇOISE

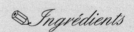
Ingrédients

- 500 g de pommes de terre cuites à l'eau,
- 250 g de haricots verts cuits,
- 130 g de thon à l'huile d'olive,
- 18 filets d'anchois à l'huile d'olive,
- 4 tomates moyennes,
- 2 cornichons doux,
- quelques lamelles de poivron rouge et de poivron vert,
- 20 olives noires,
- 3 œufs durs,
- 2 branches de persil hachés,
- quelques brins d'aneth,
- 6 cuillères à soupe d'huile d'olive,
- 3 cuillères à soupe de vinaigre de vin,
- sel et poivre.

Facile

Pour **6** personnes
Temps de préparation : **20** mn
Temps de cuisson des pommes de terre :
25 mn (ou **12** mn en autocuiseur)
Temps de cuisson des haricots verts :
20 mn (ou **6** mn en autocuiseur)

Préparation de la sauce

Placer dans un bol la moutarde et incorporer petit à petit l'huile. Ajouter le vinaigre, le sel, le poivre et le persil haché. Fouetter vivement jusqu'à obtention d'un mélange homogène.

Préparation de la salade

Mélanger délicatement dans un saladier avec la sauce, les pommes de terre cuites coupées en rondelles, les haricots verts, les tomates coupées en quatre, des rondelles de cornichons, quelques lamelles de poivron et quelques olives. Disposer au centre le thon et décorer juste avant de servir avec les œufs durs coupés en quatre, les olives restantes entourées d'anchois et quelques brins d'aneth.

SALADE DE ROLLMOPS

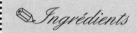

Ingrédients

- 4 rollmops,
- 400 g de pommes de terre à chair ferme cuites à l'eau,
- 2 oignons blancs ciselés finement,
- 10 brins de ciboulette coupés en petits tronçons,
- 9 cuillères à soupe d'huile d'arachide,
- 3 cuillères à soupe de vinaigre de vin,
- 1 noisette de moutarde,
- 10 cl de crème fraîche,- le jus d'un citron,
- 1 pincée de thym effeuillé,
- 4 brins d'aneth,
- sel et poivre.

Facile

Pour **4** personnes

Temps de préparation : **25** mn

Tps de cuisson pommes de terre : **25** mn

(ou **12** mn en autocuiseur)

Préparation de la sauce vinaigrette

Réaliser une vinaigrette avec 5 cuillères à soupe d'huile d'arachide, 3 cuillères à soupe de vinaigre de vin, 1 oignon blanc ciselé, quelques brins de ciboulette coupés en petits tronçons, la noisette de moutarde, le sel et le poivre. Mélanger cette sauce dans un saladier avec les pommes de terre cuites coupées en rondelles.

Préparation de la sauce à la crème

Placer la crème dans un bol, la délayer petit à petit avec 4 cuillères à soupe d'huile. Incorporer le jus de citron, le reste de ciboulette en petits tronçons,1 oignon blanc ciselé, la pincée de thym effeuillé, le sel et le poivre.

Préparation de la salade

Mettre les pommes de terre mélangées à la vinaigrette sur des assiettes individuelles. Disposer au dessus les rollmops et les napper de sauce à la crème. Décorer avec les brins d'aneth avant de servir

SALADE À L'AVOCAT
ET AUX MAGRETS DE CANARD

Ingrédients

- 400 g de salade mélangée (scarole, romaine, trévise, chicorée frisée),
- 3 avocats bien mûrs,

.../...

Très facile

Pour **6** personnes

Temps de préparation : **15** mn

Laver la salade et la sécher. La disposer dans un saladier avec les morceaux d'avocats.

- 15 tranches très fines de magret de canard séché,
- 15 tranches très fines de magret de canard fumé,
- 1 petite échalote hachée finement,
- 4 cuillères à soupe d'huile d'arachide,
- 2 cuillères à soupe de vinaigre de vin,
- 1 cuillère à café de moutarde,
- sel et poivre.

Préparation de la sauce

Placer dans un bol l'huile, le vinaigre, l'échalote, la moutarde, le sel et le poivre. Bien mélanger le tout. Verser cette sauce sur la salade. Tourner avec les couverts à salade et disposer au dessus les fines tranches de magret de canard juste avant de servir.,

SALADE AUXERROISE

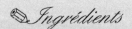

Ingrédients

- 200 g de salade mélangée (frisée, pain de sucre, mâche),
- 2 œufs,
- 50 g de jambon à l'os, en lamelles,
- 50 g de jambon cru de l'Auxerrois, en lamelles,
- 4 croûtons de pain frits,
- 30 g de beurre,
  1 pincée de thym effeuillé,
- 100 g de gelée,
- 2 branches d'estragon,
- 4 cuillères à soupe d'huile d'arachide,
- 2 cuillères à soupe de vinaigre de vin blanc,
- 1 cuillère à soupe de moutarde,
- sel et poivre.

Facile

Pour **2** personnes

Temps de préparation : **20** mn

Temps de cuisson des œufs : **3** mn

(Préparer les œufs en gelée **2** heures avant de servir).

Préparation des œufs en gelée

Faire pocher les œufs 3 minutes dans une casserole d'eau frémissante dans laquelle vous aurez ajouté du sel, du poivre, un filet de vinaigre et une pincée de thym effeuillé.

Placer les œufs pochés dans des moules à œufs en gelée dont les fonds auront été garnis de gelée, bien épicée et refroidie, sur un centimètre d'épaisseur. Interposer entre les œufs et la gelée une branche d'estragon et finir de garnir le moule avec le reste de gelée. Laisser prendre deux heures au frais.

Préparation de la sauce

Placer dans un bol la moutarde et incorporer petit à petit l'huile. Ajouter le vinaigre, le sel, le poivre et de l'estragon haché. Fouetter vivement jusqu'à obtention d'un mélange homogène.

Préparation de la salade

Garnir de salade, au préalable lavée et séchée, des assiettes individuelles. Répartir sur la salade un peu de sauce et servir le reste en saucière. Disposer sur la salade des lamelles de jambon à l'os et de jambon crû, des petits croûtons frits au beurre et placer au centre l'œuf en gelée démoulé.

SALADE PÉRIGOURDINE

Ingrédients

- 300 g de salade mélangée
(frisée, roquette, trévise, romaine),
- 90 g de magret de canard fumé,
- 90 g de magret de canard séché,
- 150 g de foie gras,
- 20 g de truffe en lamelles,
- 5 cl d'Armagnac,
- 30 cerneaux de noix,
- 1 tomate,
- 1 bouquet de cerfeuil,
- 1 oignon blanc haché,
- 10 cl d'huile de noix,
- 4 cl de vinaigre de vin,
- 1 cuillère à soupe rase de moutarde,
- 1 pincée de thym effeuillé,
- ciboulette,
- 4 tranches de pain de mie coupées
en biais,
- sel et poivre.

Facile

Pour **4** personnes

Temps de préparation : **20** mn

Temps de cuisson : **3** mn

Faire pocher les lamelles de truffe trois minutes dans une casserole avec de l'Armagnac.

Préparation de la sauce

Placer la moutarde dans un bol. Délayer petit à petit avec de l'huile. Incorporer le vinaigre, le sel, le poivre, l'oignon haché, la ciboulette et le pincée de thym effeuillé.

Préparation de la salade

Garnir des assiettes individuelles de salade mélangée, préalablement lavée et séchée. Les arroser d'un peu de sauce et servir le reste en saucière. Disposer au dessus de la salade en les alternant, les lamelles de truffe égouttées, les tranches de foie gras, les tranches de magret de canard séché et fumé et les cerneaux de noix. Décorer avec des branches de cerfeuil et des petits morceaux de tomate. Ajouter autour, juste avant de servir les tranches de pain de mie grillées.

SALADE AVEYRONNAISE

Ingrédients

- 250 g de salade mélangée (frisée,
scarole, pissenlit),
- 1 filet de canard,
- 200 g de gésiers confits,
- 2 pommes de terre moyennes à chair
ferme,

.../...

Facile

Pour **4** personnes.

Temps de préparation : **20** mn

Tps de cuisson pommes de terre : **20** mn

Temps de cuisson filets de canard : **14** mn

Faire dorer environ 7 minutes de chaque côté (en commençant par le côté peau) les filets de canard, préalablement salés, poivrés

- 1 gousse d'ail hachée,
- 2 oignons blancs moyens émincés,
- 16 cerneaux de noix,
- 5 cuillères à soupe d'huile de noix
  (ou d'arachide),
- 2 cuillères à soupe de vinaigre de vin,
- 2 pincées de thym,
- 1 cuillère à café de moutarde,
- sel et poivre.

et saupoudrés de thym effeuillé, dans une poêle légèrement huilée (l'intérieur des filets devant rester rosé). Les préserver au chaud.

Dans une deuxième poêle, faire revenir environ 5 minutes les gésiers confits.

Eplucher les pommes de terre, les couper en rondelles pas trop minces et les faire revenir environ 20 minutes dans une poêle huilée. Les saler, les poivrer, les saupoudrer de thym effeuillé et ajouter les oignons émincés

Mélanger dans un saladier l'huile, le vinaigre, l'ail, le sel, le poivre et la cuillère à café de moutarde. Fouetter pour obtenir un mélange homogène. Incorporer la salade mélangée, au préalable lavée et séchée, et les cerneaux de noix.

Tourner soigneusement. Découper les filets de canard en tranches fines et les disposer sur la salade avec les gésiers confits et les pommes de terre sautées juste avant de servir.

SALADE AUVERGNATE

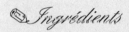
Ingrédients

- 1 petit cœur de scarole,
- 2 œufs durs coupés en quatre,
- 4 petits croûtons de pain grillés,
- 30 g de Bleu d'Auvergne écrasé à
  la fourchette,
- 80 g de Cantal coupé en bâtonnets,
- 80 g de jambon crû d'Auvergne,
- 10 rondelles fines de saucisse sèche
  d'Auvergne,
- 4 cuillères à soupe d'huile de noisette
  (ou d'arachide),
- 2 cuillères à soupe de vinaigre de vin,
- 1 cuillère à soupe de moutarde,
- ciboulette en petits tronçons,
- coriandre ciselée,
- sel et poivre.

Facile

Pour **2** personnes

Temps de préparation : **20** mn

Temps de cuisson : des œufs : **11** mn

Préparation de la sauce

Placer dans un bol la moutarde et délayer petit à petit avec l'huile. Incorporer le vinaigre, le sel, le poivre, la ciboulette et la coriandre.

Préparation de la salade

Garnir des assiettes individuelles de feuilles de scarole, au préalable lavée et séchée. Les arroser d'un peu de sauce et servir le reste en saucière. Répartir sur les feuilles de salade le Bleu d'Auvergne écrasé à la fourchette. Disposer dessus, en les alternant, des lamelles de jambon crû, des rondelles de saucisse sèche, des bâtonnets de Cantal, des petits croûtons grillés et des quartiers d'œuf dur.

SALADE LANDAISE

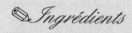

Ingrédients

- 200 g de gésiers confits,
- 150 g de foie gras,
- 300 g de salade mélangée
  (frisée, roquette, trévise),
- 5 cuillères à soupe d'huile de noix,
- 2 cuillères à soupe de vinaigre de vin,
- 1 cuillère à café de moutarde,
- 4 tranches de pain de mie coupées
  en biais,
- ciboulette,
- sel et poivre.

Facile

Pour **4** personnes

Temps de préparation : **20** mn

Temps de cuisson des gésiers : **5** mn

Faire revenir 5 minutes les gésiers confits dans une poêle.

Préparation de la sauce

Mélanger dans un bol la moutarde, l'huile, le vinaigre, le sel, le poivre et la ciboulette. Fouetter vivement.

Préparation de la salade

Garnir des assiettes individuelles de salade mélangée au préalable lavée et séchée. Les arroser de sauce et servir le reste en saucière. Faire griller les tranches de pain de mie et les disposer sur la salade. Ajouter les tranches de foie gras, les gésiers confits et éventuellement des marrons.

SALADE MONTAGNARDE

Ingrédients

- 200 g de salade mélangée
  (frisée, roquette, trévise, romaine),
- 2 œufs,
- 1 verre de vin blanc,
- 80 g de jambon cru de montagne,
- 1 tranche de lard fumé coupé en
  petits dés,
- 8 rondelles de saucisse fumée,
- 80 g de tomme de Savoie coupée
  en petits carrés,
- 12 cerneaux de noix,
- 2 tomates cerises pour la décoration,
- 4 petits croûtons de pain frits,
- 30 g de beurre,
- 4 cuillères à soupe d'huile de noix
  (ou d'arachide),
  .../...

Facile

Pour **2** personnes

Temps de préparation : **20** mn

Temps de cuisson des œufs : **3** mn

Préparation de la sauce

Placer dans un bol la moutarde et la crème fraîche. Délayer petit à petit avec l'huile. Incorporer le vinaigre, le sel, le poivre et la ciboulette.

Préparation de la salade

Garnir des assiettes individuelles de salade mélangée au préalable lavée et séchée. Arroser les feuilles de salade d'un peu de sauce, le reste devant être servi en saucière.

- 2 cuillères à soupe de vinaigre de vin,
- 1 cuillère à soupe de crème fraîche,
- 1 cuillère à soupe de moutarde,
- ciboulette,
- sel et poivre.

Disposer au dessus de la salade, en les alternant, des petites tranches de jambon cru, des dés de lard fumé, des rondelles de saucisse, des petits carrés de fromage, des cerneaux de noix et des petits croûtons frits au beurre. Décorer avec les petites tomates cerises. Ajouter, juste avant de servir, les œufs pochés 3 minutes dans une casserole d'eau frémissante, dans laquelle vous aurez ajouté un verre de vin blanc, du sel et du poivre.

SALADE PARISIENNE

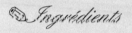

Ingrédients

- 150 g d'épaule d'agneau froide,
- 250 g de pommes de terre moyennes
  à chair ferme, cuites à l'eau,
- 200 g de salade mélangée
  (frisée, scarole, trévise),
- 80 g d'emmental,
- 8 cuillères à soupe d'huile d'arachide,
- 4 cuillères à soupe de vinaigre de vin,
- 1 cuillère à café de moutarde,
- 1 branche de persil haché,
- 2 tomates cerises pour la décoration,
- sel et poivre.

Facile

Pour **2** personnes

Temps de préparation : **15** mn

Cuisson des pommes de terre : **25** mn

(ou **12** minutes en autocuiseur).

Préparation de la sauce

Placer dans un bol la moutarde, l'huile, le vinaigre, le sel, le poivre et le persil haché. Fouetter afin d'obtenir un mélange homogène.

Préparation de la salade

Mélanger délicatement dans un saladier avec la moitié de la sauce, les pommes de terre cuites coupées en rondelles.

Garnir des assiettes individuelles de salade mélangée, préalablement lavée et séchée.

Répartir sur la salade le reste de sauce. Disposer au centre de la salade, les rondelles de pommes de terre et autour des fines lamelles d'épaule froide ainsi que des dés d'emmental. Décorer avant de servir avec des tomates cerises.

SALADE DE MUSEAU

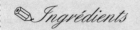

Ingrédients

- 4 belles tranches de museau de porc,
- 1 bel oignon blanc haché
  grossièrement,
- 4 cornichons moyens coupés
  en rondelles,
- 6 cuillères à soupe d'huile d'arachide,
- 3 cuillères à soupe de vinaigre de vin,
- 1 branche de persil ciselée,
- sel et poivre.

Très facile

Pour **4** personnes

Temps de préparation : **5** mn

Couper les tranches de museau en petits morceaux. Ajouter les rondelles de cornichons, le persil ciselé et l'oignon haché Saler et poivrer. Verser les cuillères d'huile et de vinaigre. Tourner soigneusement plusieurs fois avant de servir.

SALADE RUSSE

Ingrédients

- 150 g de carottes,
- 150 g de petits pois,
- 150 g de haricots verts,
- 100 g de navets,
- 100 g de pommes de terre,
- 1 oignon blanc,
- 2 pincées de thym effeuillé,
- sel et poivre.
  (les quantités de légumes indiquées
  concernent des légumes crus
  et épluchés).
- 4 œufs,

...∫...

Facile

Pour **6** personnes

Temps de préparation : **30** mn

Temps de cuisson des légumes : **15** mn

Temps de cuisson des œufs durs : **11** mn

Cuisson des légumes

Peler les carottes, les navets et les pommes de terre et les couper en petits dés réguliers. Ecosser les petits pois. Oter les fils des haricots verts et les couper en petits tronçons. Cuire à part les haricots verts et les petits pois, dans de l'eau bouillante salée, avec un peu de poivre et une pincée de thym effeuillé pendant quinze minutes environ.

Cuire, dans une autre casserole, les dés de navets, de carottes et de pommes de terre pendant quinze minutes dans de l'eau frémissante salée avec un oignon blanc, une pincée de thym effeuillé et du poivre.

Egoutter les légumes.

Cuisson des œufs durs

Cuire les œufs onze minutes dans de l'eau bouillante salée avec un filet de vinaigre.

- 15 cl d'huile d'arachide,
- 3 cuillères à soupe de vinaigre de vin blanc,
- 1 cuillère à soupe de moutarde,
- 2 branches de cerfeuil,
- 2 branches de coriandre,
- 1 jaune d'œuf,
- sel et poivre.

Préparation de la sauce mayonnaise

Placer, dans un bol, la moutarde et le jaune d'œuf, ajouter petit à petit sans cesser de tourner l'huile d'arachide avec une cuillère en bois. Incorporer le vinaigre de vin blanc, puis le sel, le poivre, le cerfeuil et la coriandre hachés.

Préparation de la salade

Mélanger délicatement, dans un saladier, les légumes refroidis et la mayonnaise. Insérer deux œufs durs coupés en quatre. Décorer avec les deux autres œufs durs coupés en rondelles.

Vous pouvez incorporer dans cette salade des petits dés de langue de veau froide ou de cervelas.

SALADE DE TOMATES
À LA MOZARELLA

Facile

Pour **6** personnes

Temps de préparation : **15** mn

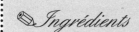

Ingrédients

- 6 tomates,
- 300 g de mozarella,
- 4 tranches très fines de jambon de Parme,
- quelques feuilles de basilic frais,
- 4 cuillères à soupe d'huile d'olive,
- 2 cuillères à soupe de vinaigre de vin,
- 1 cuillère à café de moutarde,
- 1 gousse d'ail hachée,
- sel et poivre.

Laver les tomates et les découper en rondelles. Bien nettoyer les feuilles de basilic. Découper la mozarella en fines tranches. Disposer sur un grand plat, en alternant, les rondelles de tomates , les tranches de mozarella et des lamelles de jambon de Parme. Répandre au dessus les feuilles de basilic coupées en morceaux.

Préparation de la sauce

Placer dans un bol la moutarde, l'huile, le vinaigre, le sel, le poivre et l'ail haché. Fouetter vivement afin d'obtenir un mélange homogène. Verser la sauce sur la salade et servir frais.

SALADE GRECQUE

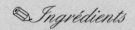

Ingrédients

- 300 g de feta,
- 4 petits coeurs d'artichauts (en boite),
- 300 g de petits champignons de Paris,
- 300 g de petites courgettes,
- 4 tomates pas trop mûres
  et épépinées,
- 20 olives noires à la grecque,
- sel et poivre.

Sauce
- 10 cl d'huile d'olive,
- le jus de 2 citrons,
- 1 cuillère à café de graines de fenouil,
- 2 pincées de thym effeuillé,
- sel et poivre.

Facile

Pour **6** personnes

Temps de préparation : **20** mn

Temps de cuisson : **5** mn

Mettre à pocher les courgettes cinq minutes dans de l'eau bouillante salée. Les éplucher et les découper en rondelles. Couper la feta en petits cubes.

Préparation de la sauce

Placer dans un bol l'huile, le jus de citron, les graines de fenouil, les pincées de thym effeuillé, le sel et le poivre. Fouetter vivement pour obtenir un mélange homogène.

Préparation de la salade

Disposer dans un saladier les rondelles de courgette, la moitié des cubes de feta, la moitié des olives, les champignons de Paris entiers, les coeurs d'artichauts coupés en petits cubes, les morceaux de tomates. Verser la sauce dans le saladier. Mélanger délicatement. Décorer juste avant de servir avec le reste de feta et d'olives.

SALADE CHINOISE AU CRABE

Ingrédients

- 250 g de soja,
- 150 g de crabe (chair et pattes),
- 1 carotte râpée,
- 1 feuille de cœur de
  batavia effilochée,
- 1 oignon blanc,
- 5 cuillères à soupe d'huile de soja
  (ou d'arachide),
- 2 cuillères à soupe de vinaigre
  de cidre,
                                    .../...

Facile

Pour **4** personnes

Temps de préparation : **15** mn

Temps de cuisson : **5** mn

Faire blanchir le soja 5 minutes dans de l'eau bouillante.

Préparation de la sauce

Placer dans un bol la moutarde, l'huile, le vinaigre, le sel, le poivre et les gouttes de nuoc mam. Fouetter vivement jusqu'à obtention d'un mélange homogène.

- 1 cuillère à soupe rase de moutarde,
- quelques gouttes de nuoc mam,
- sel,
- poivre blanc.

Préparation de la salade

Disposer dans un plat creux le soja blanchi et refroidi, la carotte râpée, l'oignon émincé, la chair de crabe, et la feuille de batavia effilochée. Verser la sauce et bien mélanger le tout au moment de servir.

SALADE THAÏLANDAISE AUX FRUITS DE MER ET À L'ANANAS

Ingrédients

- 1 ananas (1kg500),
- 500 g de joues de lotte,
- 400 g de noix de Saint -Jacques,
- 150 g de marrons d'eau égouttés,
- 12 gambas,
- 1 branche de menthe ciselée,
- 1 petit piment rouge,
- 1 petit piment vert,
- 1 pincée de piment de Cayenne,
- 1 oignon blanc,
- 1 queue verte d'oignon,
- 2 cuillères à soupe de cacahouètes pilées,
- 4 cuillères à soupe de vinaigre de cidre,
- 3 cuillères à soupe d'huile de soja,
- 3 cuillères à soupe d'huile d'arachide,
- 1 pincée de thym effeuillé,
- 1 cuillère à soupe de sucre roux,
- 2 rondelles de raifort râpé,
- 15 cl de vin blanc moelleux,
- 2 gouttes de tabasco,
- sel et poivre.

Assez facile

Pour **4** personnes
Temps de préparation : **30** mn
Temps de cuisson : **10** mn

Couper l'ananas dans le sens de la longueur en conservant la touffe de feuilles. Evider grossièrement les deux moitiés d'ananas et gratter soigneusement à la cuillère l'intérieur de chaque moitié d'ananas pour en récolter la pulpe et le jus. Couper en petits dés la partie charnue que vous avez prélevée. Mettre dans un saladier ces petits dés d'ananas, les saler et poivrer légèrement et les laisser reposer.

Entre temps, faire revenir à la poêle avec de l'huile d'arachide, les noix de Saint-Jacques et les gambas salées et poivrées jusqu'à ce que ces dernières deviennent rouges et commencent à dorer Emincer les noix de Saint-Jacques, décortiquer les gambas et les découper en petits morceaux. Les ajouter dans le saladier. Faire pocher 5 minutes, dans une casserole contenant de l'eau et du vin blanc bouillants, les joues de lotte. Les détailler en morceaux et les incorporer également dans le saladier.

Préparation de la salade

Mixer dans un bol la pulpe et le jus grattés dans l'ananas. Ajouter le vinaigre de cidre, l'huile de soja, la cuillère à soupe de sucre roux, la pincée de cayenne, le sel, le poivre et les piments vert et rouge coupés en petites rondelles. Ajouter selon goût, une pincée de poudre de 5 parfums et les gouttes de tabasco Mélanger soigneusement le tout.

Présentation de la salade

Verser la sauce dans le saladier et mélanger délicatement le tout. Garnir avec ce mélange les deux moitiés d'ananas. Répartir, sur le dessus, la menthe ciselée et saupoudrer de cacahouètes pilées.

SALADE VIETNAMIENNE AU POULET

Ingrédients

- 250 g de germes de soja,
- 250 g de blancs de poulet rôti,
- 1 carotte râpée,
- 1 feuille de cœur de batavia
  effilochée,
- 1/2 poivron rouge découpé en fines
  lamelles,
- 1 oignon blanc émincé,
- 5 cuillères à soupe d'huile de soja,
- 2 cuillères à soupe de vinaigre de
  cidre,
- 1 petit piment rouge,
- 1 pincée de piment de cayenne,
- 1 cuillère à café de moutarde,
- quelques gouttes de nuoc mam,
- sel, poivre blanc.

Facile

Pour **4** personnes

Temps de préparation : **15** mn

Temps de cuisson : **5** mn

Faire blanchir les germes de soja 5 minutes dans de l'eau bouillante.

Préparation de la sauce

Placer dans un bol la moutarde, l'huile, le vinaigre, le sel , le poivre, la pincée de piment de cayenne et quelques gouttes de nuoc mam. Fouetter vivement jusqu'à obtention d'un mélange homogène.

Préparation de la salade

Disposer dans un saladier le soja blanchi et refroidi, la carotte râpée, l'oignon émincé, les morceaux de blancs de poulets coupés en lamelles, le piment rouge coupé en rondelles , les lamelles de poivron et la feuille de batavia effilochée. Verser la sauce sur la salade et bien mélanger le tout avant de servir.

AVOCATS FARCIS AU CRABE

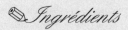

- 6 avocats,
- 350 g de chair de crabe,
- 1 cuillère à soupe de moutarde,
- 15 cl d'huile d'arachide,
- 5 cl de vinaigre,
- sel, poivre.

Facile

Pour **6** personnes

Temps de préparation : **10** mn

Couper les avocats en deux et ôter leur noyau. Placer la moutarde dans un bol. Monter en mayonnaise avec l'huile. Ajouter le vinaigre, le sel et le poivre. Mélanger avec la chair de crabe et en garnir les avocats.

ANCHOÏADE (OU ANCHIUATA)

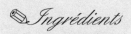

- 12 filets d'anchois,
- 1 grosse gousse d'ail,
- 1 grosse figue bien mûre,
- 3 cuillères à soupe d'huile d'olive,
- 50 g d'oignon rose haché,
- 4 tranches de pain de campagne.

Très facile

Pour **4** personnes

Temps de préparation : **5** mn

Piler au mortier les filets d'anchois coupés en petits morceaux, l'ail, l'oignon et la figue épluchés, jusqu'à obtention d'une consistance pâteuse. Imbiber, gouttes à gouttes, les tranches de pain d'huile d'olive et étaler ensuite une fine couche de la pâte obtenue sur les tranches de pain.

PÂTÉ DE MERLE

La réglementation française actuelle interdit la chasse des merles.

- 6 merles,
- 200 g d'échine de porc,
- 200 g de foie de porc,
- 100 g de lard gras de porc,
- 2 cuillères à café de liqueur de myrte,
- quelques grains de genièvre,
- bardes de lard,
- 1 pincée de thym effeuillé,

.../...

Assez difficile

Pour **6** personnes

Temps de cuisson : **1** h

Temps de préparation : **40** mn

(préparer **24** h avant la cuisson)

Vin conseillé

Rosé de **Fumiccioli** (Corse)

ou **Tavel**

> - 10 g de sel par livre,
> - poivre,
> -1 petite tranche de pain trempé dans
>   du lait.

Plumer, vider et flamber les merles après les avoir gardés deux jours au frais. Couper les têtes et les pattes et en prélever la chair.

Passer ensemble, dans le hachoir, la chair des merles, l'échine, le foie et le lard gras de porc, la mie de pain trempée dans du lait et essorée ainsi que les grains de genièvre. Recommencer l'opération une deuxième fois. Saler, poivrer, saupoudrer de thym effeuillé et mouiller de liqueur de myrte.

Garnir le fond et le pourtour d'une terrine de taille appropriée de bardes de lard et y tasser la chair à pâté.

La recouvrir d'un morceau de barde et fermer la terrine avec le couvercle.

Laisser reposer au frais pendant vingt quatre heures. Luter le couvercle de la terrine (c'est à dire rendre étanche avec de la farine légèrement mouillée d'eau) et cuire une heure à four doux au bain marie. Vérifier la cuisson du pâté en le piquant avec une lame de couteau qui doit ressortir propre.

Laisser refroidir et garder au frais, jusqu'au moment de servir.

PÂTÉ DE PERDRIX

Ingrédients

- 2 perdrix rouges,
- 250 g de chair à saucisse finement
   hachée,
- 1 oignon,
- 1 pointe d'ail,
- 1 petite carotte,
- 10 cl de lait,
- 5 cl de Cognac,
- quelques pelures de truffes,
- un lobe de foie gras,
- 1 cuillère à café de graisse d'oie,
- 1 tranche de pain de mie,
- 1 bouquet garni (thym, laurier,
   sauge),
- sel, poivre.

Assez difficile

Pour **6** personnes

Temps de préparation : **30** mn

Temps de cuisson : **1** h

Vin conseillé :

Côtes de Blaye ou Gigondas

Plumer et vider les perdrix. Hacher finement le foie, le cœur et le gésier et mélanger le tout à la chair à saucisse.

Faire tremper le pain de mie dans le lait. Lever les chairs des perdrix, après avoir pris soin de prélever la peau du ventre de chaque perdrix qui sera disposée sur le dessus de la terrine au moment de la cuisson. Hacher ensemble, la chair des perdrix, la carotte l'ail et l'oignon.

Mélanger, dans une terrine, les abats et la chair à saucisse hachés, le pain de mie et la chair des perdrix. Saler, poivrer et mouiller de Cognac. Incorporer le bouquet garni. Tasser le tout et laisser reposer au frais vingt quatre heures.

Mettre à cuire, après avoir ôté le bouquet garni et avoir ajouté la graisse d'oie, les truffes et le foie gras préalablement salé et recouvert le dessus de la terrine de la peau du ventre des perdrix. Fermer la terrine et cuire à four moyen environ une heure. Ouvrir ensuite la terrine et remettre à cuire une demi heure à feu plus doux. Napper votre pâté d'une fine couche de gelée au madère et le garder au frais, au moins quarante huit heures avant de servir.

TERRINE DE LAPIN DE GARENNE

✎ Ingrédients

- 1 lapin de garonne d'1kg 500,
- 250 de chair à saucisse,
- 250 g de plat de côte de veau,
- 1 tranche de lard frais, coupée en petits dés,
- 1 tranche de lard fumé, coupée en petits dés,
- 1 carotte coupée en rondelles,
- 1 oignon,
- 2 gousses d'ail,
- 1 échalote,
- 1 bouquet garni (thym, laurier, romarin, sauge),
- quelques noisettes fraîches,
- 15 cl de Cognac,
- 1 barde de lard fine,
- 2 râpures de noix de muscade,
- 1 pincée de piment de Cayenne,
- sel, poivre.

Assez difficile

Pour **6** personnes
Temps de préparation : **1** h
Temps de cuisson : **1**h **15** mn

Vin conseillé :
Saint-Emilion ou **Santenay**

Hacher finement la chair du lapin de garenne. Mélanger, dans une terrine cette chair au plat de côte haché , aux petits dés de lard frais et fumé, à l'oignon, l'ail et l'échalote écrasés, au sel, au poivre et au piment de Cayenne, aux rondelles de carotte, aux râpures de muscade et au bouquet garni. Laisser reposer au frais vingt quatre heures. Incorporer ensuite la chair à saucisse et les noisettes, après avoir ôter le bouquet garni et les rondelles de carotte.

Laisser à nouveau reposer quelques heures. Garnir le fond et les côtés de la terrine de cuisson avec la barde fine. Tasser dans la terrine la farce préalablement obtenue. Recouvrir de barde fine. Fermer la terrine et la mettre à cuire à four moyen, pendant environ soixante quinze minutes.

Ouvrir la terrine, ôter la barde du dessus et laisser dorer au four quinze minutes. Servir frais

GALANTINE DE CANARD

Ingrédients

- 1 canard de 2,500 kg environ,
- 1kg de farce fine,
- 300 g de foie gras,
- 1 truffe,
- 80 g de pistaches,
- 5 cl de cognac,
- 1 œuf,
- 2 cuillères à soupe d'huile de noix,
- 1 branche de persil,
- 1 gousse d'ail,
- 1 pincée de thym,
- 1 sachet de préparation de gelée au Madère
- sel, poivre.

Difficile

Pour **6** à **8** personnes

Temps de préparation : **1** h

Temps de cuisson : **1** h

Vin conseillé :

Rouge (**Pomerol** ou **Cahors**)

ou Blanc (**Barsac**)

Préparation du canard

Désosser entièrement le canard en procédant de la manière suivante : Trancher le cou et les extrémités des pattes et des ailes. Inciser la peau du canard jusqu'à l'os avec un couteau bien aiguisé en partant du cou jusqu'à l'extrémité arrière du canard. Détacher ainsi la carcasse de la chair du canard. Désarticuler les pattes et les ailes de leurs attaches sur la carcasse.

Sortir la carcasse de son enveloppe de chair. Oter, par l'intérieur, les os et les tendons des pattes et des ailes. Recoudre les extrémités des pattes et des ailes.

Recoudre également le dos du canard et obturer le côté cou. Retourner la poche de chair ainsi formée. Saler et poivrer l'intérieur. Arroser de quelques gouttes de cognac et réserver au frais quelques heures.

Préparation de la farce

Mélanger dans une terrine la farce fine, le persil et la gousse d'ail hachés. Ajouter du sel, du poivre et mouiller avec le reste de cognac. Incorporer l'œuf entier et bien malaxer le tout afin d'obtenir un mélange homogène. Y incorporer quelques pistaches.

Recoudre une extrémité de la poche formée par la chair et la peau du canard et la garnir de cette farce. Introduire au centre le foie gras dans lequel vous aurez inséré des petits morceaux de truffe. Bourrer au fur et à mesure la poche jusqu'à ce que celle-ci soit bien remplie. Masser légèrement de sorte que la farce remplisse également et redonne forme aux quatre membres.

Recoudre l'autre extrémité du canard ainsi reconstitué. Ficeler en trois endroits avec une ficelle à gigot. Badigeonner l'extérieur du canard d'huile. Le saler, le poivrer et l'envelopper dans du papier d'aluminium.

Cuire quarante cinq minutes à four chaud. Oter le papier d'aluminium. Placer le canard dans un plat en terre et le remettre au four jusqu'à ce que sa peau soit bien dorée. Sortir et laisser refroidir. Retirer les ficelles à gigot avant de servir nappé de gelée au madère.

FOIE GRAS FRAIS DU PÉRIGORD

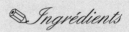

Ingrédients

- 1 foie d'oie, ou de canard, de 850g,
  le plus pâle possible sans que toutefois
  la couleur ne vire au jaune. Le foie
  parfait sera crème rosé très clair,
- 5 g de sel pour 500 g de foie,
- poivre blanc selon goût,
- 1 cuillère à café de bon Cognac ou
  Armagnac,
- 1 belle truffe bien brossée,
- 200 g de barde de lard fine.

Assez facile

Pour **6** personnes

Temps de préparation : **30** mn

Se prépare une semaine
avant la consommation

Temps de cuisson : **35** mn

Vin conseillé :

Sauternes ou **Loupiac**

Oter le fiel et la peau extérieure du foie, ouvrir délicatement les lobes et retirer les nerfs ainsi que les vaisseaux sanguins qui pourraient s'y trouver. Saler (respecter scrupuleusement les quantités de sel, le poids de foie à prendre en considération étant celui du foie paré). Poivrer, mouiller de Cognac ou d'Armagnac et malaxer légèrement avant de tasser le foie dans une terrine. Placer le tout au frais pendant vingt quatre heures (+ 4° à +6°).

Ce temps écoulé, sortir le foie gras de sa terrine et le pétrir doucement avec encore quelques gouttes de Cognac ou d'Armagnac. Laisser reposer au frais une heure pendant laquelle vous préparerez la terrine de cuisson en y disposant , au fond et sur les parois, la barde fine qui protégera le foie d'une trop grande chaleur. Lorsque le foie a retrouvé une consistance bien ferme, le tasser soigneusement dans la terrine de cuisson.

Couper la truffe pelée en dés réguliers puis, avec la lame fine et longue d'un couteau bien tranchant, ouvrir le foie dans le sens de la longueur en son milieu. Ecarter légèrement les bords de cette ouverture. Glisser délicatement dans la fente ainsi pratiquée à mi profondeur les morceaux de truffes. Refermer en tapotant du bout des doigts jusqu'à ce que la surface redevienne lisse.

Cuire au bain-marie, dans le four, pendant trente cinq minutes, l'eau ne devant jamais dépasser 80°.

FOIE GRAS À L'ALSACIENNE

✎ Ingrédients

- 2 foies d'oie frais de 500 g,
- 6 g de sel fin (additionné de 1g de poivre blanc très fin) pour chaque foie,
- 60 g de truffes épluchées,
- 5 cl de madère,
- 100 g de barde très fine de lard gras,
- 20 g de farine.

Assez facile

Pour **6** personnes

Temps de préparation : **45** mn

Temps de cuisson : **45** mn

Vin conseillé :

Gewürztraminer

ou **Muscat** vendanges tardives

Oter le fiel et la peau extérieure des foies, ouvrir délicatement les lobes et retirer les nerfs et les vaisseaux sanguins qui pourraient s'y trouver. Sur une planche, pétrir ensemble les foies, le sel, le poivre et le madère jusqu'à obtention d'une boule ferme et homogène.

Placer le tout dans une terrine haute, recouvrir la surface de foie gras de papier sulfurisé et garder au frais au moins douze heures.

Le délai expiré, garnir l'intérieur d'une terrine (de contenance appropriée) avec les bardes de lard gras. Tasser le foie gras travaillé dans celle-ci et l'ouvrir avec une lame de couteau, à mi profondeur, dans le sens de la longueur. Disposer dans l'incision les morceaux de truffes, coupés en petits dés. Refermer l'ouverture et lisser la surface.

Placer le couvercle et le luter (rendre étanche avec la farine légèrement mouillée d'eau).

Cuire quarante cinq minutes, à four doux et au bain marie. Laisser refroidir et garder au frais jusqu'au moment de servir.

ENTRÉES CHAUDES OU TIÈDES

CROQUE MONSIEUR

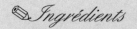

Ingrédients

- 12 tranches de pain de mie épais de 15 cm de côté,
- 300 g de gruyère râpé,
- 10 cl de lait,
- 20 cl de crème fraîche,
- 6 tranches de jambon de 2 à 3 mm d'épaisseur,
- 100 g de beurre à température ambiante,
- quelques pincées de poivre.

Très facile

Pour **6** personnes

Temps de préparation : **10** mn

Temps de cuisson : **10** mn

Beurrer une face de six tranches de pain de mie. Sur cette face beurrée, placer un carré de jambon de la même taille.

Dans une jatte, mélanger le fromage râpé, la crème et le lait. Poivrer légèrement.

Recouvrir la tranche de jambon d'une fine couche de mélange lait, crème, fromage.

Placer au dessus de chaque tranche garnie, une deuxième tranche de pain de mie, la recouvrir du reste de mélange préparé et cuire au gril, dans une rôtissoire ou dans un appareil à croque monsieur environ dix minutes.

Dès que la surface est dorée, servir avec une salade verte.

TARTE À L'OIGNON

Ingrédients

Pâte
- 300 g de farine de froment,
- 150 g de beurre,
- 8 g de sel fin,
- 1 œuf entier battu.

.../...

Assez facile

Pour **6** à **8** personnes

Temps de préparation : **20** mn

Temps de cuisson : **50** mn

Vin conseillé :

vin gris de **Tavel** ou **Chablis**

Préparation de la pâte brisée

Placer la farine dans une terrine. Creuser en son centre une fontaine et y placer le beurre ramolli (en menus morceaux), le sel et l'œuf battu. Mélanger délicatement les éléments petit à petit du bout des doigts. Lorsque ceux-ci sont mêlés, former une boule de pâte, puis la fraiser (cette opération consiste à travailler la pâte dans la paume des mains, par petits morceaux afin de la rendre bien lisse). Ajouter, éventuellement, un peu d'eau. Faire ensuite une grosse boule de pâte et laisser reposer au frais pendant quelques heures dans un linge légèrement fariné.

Garniture
- *La pâte préparée précédemment et bien reposée,*
- *300 g de fromage blanc entier*
- *300 g d'oignons émincés fins,*
- *100 g de poitrine fumée bien maigre,*
- *4 œufs entiers dont vous aurez séparé les blancs des jaunes,*
- *sel, poivre et noix de muscade râpée.*

Préparation de la tarte

Dans une jatte, verser le fromage blanc. Saler, poivrer. Ajouter la muscade râpée, puis fouetter soigneusement le tout jusqu'à obtention d'une consistance crémeuse et laisser reposer. Etendre la pâte (celle-ci devant être d'un demi centimètre d'épaisseur). En garnir un moule à tarte, au préalable copieusement beurré. Piquer le fond à la fourchette et cuire, à four moyen, pendant vingt minutes.

Entre temps, faire revenir ensemble dans le reste de beurre, les oignons et le lard fumé. Lorsque les oignons sont devenus transparents, sans toutefois dorer, égoutter dans un chinois le contenu de la poêle et l'incorporer délicatement au fromage blanc. Ajouter les jaunes d'œufs, bien mélanger, puis incorporer les blancs battus en neige très ferme. Dès que votre pâte brisée est cuite, la recouvrir du mélange ainsi obtenu et remettre à four chaud trente à trente cinq minutes, le dessus de la tarte devant prendre une jolie teinte châtaigne ; Sortir du four. Démouler et servir brûlant.

TARTE FLAMBÉE (FLAMMEKUECHE)

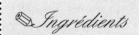 *Ingrédients*

Pâte
- *350 g de farine,*
- *10 g de sel fin,*
- *20 g de levure,*
- *10 à 20 cl d'eau,*
- *1 œuf entier.*

.../...

Assez facile

Pour **6** à **8** personnes

Temps de préparation : **20** mn

Temps de cuisson : **20** mn

Vin conseillé : **Riesling**

Préparation de la pâte à pain

Dans une terrine, placer la farine en fontaine, casser l'œuf entier en son centre, saler puis délayer avec un peu d'eau additionnée de la levure jusqu'à l'obtention d'une pâte ferme et peu collante ; La fraiser (cette opération consiste à travailler la pâte dans la paume des mains par petits morceaux afin de la rendre bien lisse). Faire ensuite une grosse boule de pâte et la laisser reposer pendant une heure dans un linge légèrement fariné.

Garniture
- *250 g de fromage blanc à 40% de matière grasse,*
- *250 g d'oignons,*
- *150 g de poitrine fumée, coupée en tout petits dés,*
- *20 g de beurre,*
- *1 cuillère à soupe d'huile d'arachide,*
- *1 pincée de thym effeuillé,*
- *sel, poivre.*

Préparation de la garniture de la tarte flambée

Dans une poêle, faire revenir 2 minutes dans le beurre et l'huile les lardons, puis ajouter les oignons émincés et les laisser suer jusqu'à ce qu'ils deviennent transparents. Laisser refroidir.

Entre-temps, étendre la pâte à pain jusqu'à obtention d'une abaisse d'un demi centimètre d'épaisseur sur une plaque à pâtisserie bien huilée, puis saisir à four chaud 5 minutes. Sortir et répartir dessus les oignons et les lardons. Mélanger le fromage blanc au sel, au poivre et au thym effeuillé et badigeonner la tarte flambée de ce mélange. Remettre à four très chaud pendant un quart d'heure environ et ce, jusqu'à ce que les côtés de la pâte prennent la couleur de pain brûlé.

QUICHE LORRAINE

Ingrédients

Pâte brisée
- *300 g de farine de froment,*
- *150 g de beurre,*
- *8 g de sel fin,*
- *1 œuf entier battu.*

.../...

Facile

Pour **6** à **8** personnes

Temps de préparation : **30** mn

dont **15** mn pour la pâte

Temps de cuisson :

50 mn dont **20** mn pour la pâte

Vin conseillé :

Chablis ou **Saint-Véran**

Préparation de la pâte brisée

Placer la farine dans une terrine. Creuser en son centre une fontaine et y placer le beurre ramolli (en menus morceaux), le sel et l'œuf battu. Mélanger délicatement les éléments petit à petit du bout des doigts. Lorsque ceux-ci sont mêlés, former une boule de pâte, puis la fraiser (cette opération consiste à travailler la pâte dans la paume des mains par petits morceaux afin de la rendre bien lisse). Ajouter, éventuellement, un peu d'eau. Faire ensuite une grosse boule de pâte et laisser reposer au frais pendant quelques heures dans un linge légèrement fariné.

Préparation de la quiche

Dans une jatte, mélanger les œufs battus en omelette, le fromage blanc, les petits dés de lard fumé et de jambon, la purée d'oignon, la râpure de noix de muscade, la pincée de thym effeuillé, le sel et le poivre. Etendre la pâte (celle-ci devant être d'un demi centimètre d'épaisseur). En garnir un moule à tarte au préalable copieusement beurré. Piquer le fond à la fourchette et cuire à four moyen pendant vingt minutes. Lorsque votre pâte brisée est cuite, verser la garniture précédemment préparée en répartissant bien les petits lardons et les petits dés de jambon.

Quiche
- La pâte préparée précédemment et bien reposée,
- 4 œufs entiers, battus en omelette,
- 250 g de fromage blanc à 40% de matière grasse,
- 200 g de lard fumé, coupé en petits dés,
- 1 tranche épaisse de 150 g de jambon torchon, coupée en petits dés,
- 1 pincée de thym effeuillé,
- 1 petit oignon, réduit en purée,
- 1 râpure de noix de muscade,
- sel, poivre.

Remettre à four moyen pendant une demi-heure environ, la surface devant prendre une belle couleur dorée. Servir brûlant avec une salade verte.

TARTE AUX POIREAUX (OU FLAMICHE)

Ingrédients

Pâte
- 300 g de farine de froment,
- 150 g de beurre,
- 8 g de sel fin,
- 1 œuf entier battu.

.../...

Facile

Pour **6** à **8** personnes
Temps de préparation :
30 mn dont **20** mn pour la pâte
Temps de cuisson :
50 mn dont **20** mn pour la pâte
Vin conseillé : **Gris de Toul**
ou **Sancerre** blanc

Préparation de la pâte brisée

Placer la farine dans une terrine. Creuser en son centre une fontaine et y placer le beurre ramolli (en menus morceaux) le sel et l'œuf battu. Mélanger délicatement les éléments du bout des doigts. Lorsque ceux-ci sont mêlés, former une boule de pâte, puis la fraiser (cette opération consiste à travailler la pâte dans la paume des mains, par petits morceaux afin de la rendre bien lisse), ajouter, éventuellement, un peu d'eau, faire ensuite une grosse boule de pâte et laisser reposer au frais, pendant quelques heures, dans un linge légèrement fariné.

Garniture
- la pâte préparée précédemment et
  bien reposée,
- 1 oignon blanc,
- 6 blancs de poireaux coupés en deux,
  dans le sens de la longueur et coupés
  en tronçons de 3 cm,
- 50 g de beurre,
- 250 g de fromage blanc à 40 % de
  matière grasse,
- 4 œufs dont les jaunes seront battus en
  omelette et les blancs en neige,
- 1 tranche de lard fumé de 100 g haché
  finement,
- 1 pincée de thym effeuillé,
- 1 râpure de noix de muscade,
- sel, poivre.

Préparation de la tarte

Dans une poêle creuse, faire blanchir au beurre les blancs de poireaux et l'oignon blanc. Lorsqu'ils sont blanchis (oignon transparent et blancs de poireaux crémeux), ajouter le lard haché. Faire rissoler encore quelques instants. Saler et poivrer. Etendre la pâte (celle-ci devant être d'un demi centimètre d'épaisseur). En garnir un moule à tarte, au préalable copieusement beurré. Piquer le fond à la fourchette et cuire à four moyen pendant vingt minutes. Pendant la cuisson de la pâte, mélanger les jaunes d'oeufs et le fromage blanc additionné de la pincée de thym effeuillé, de sel, de poivre et d'une râpure de noix de muscade.

Battre les blancs en neige. Lorsque votre pâte brisée est cuite, répartir dessus régulièrement les blancs de poireaux, le hachis d'oignon et le lard. Incorporer au mélange jaune d'œufs et fromage blanc, les blancs d'œufs battus en neige et répartir ce mélange sur la pâte déjà garnie des blancs de poireaux, du hachis d'oignon et de lard juste avant d'enfourner. Remettre à four moyen pendant une demi - heure environ, la surface devant prendre une belle couleur dorée. Servir brûlant.

TOURTE À LA VIANDE ET AUX ROGNONS

(LE CÉLÈBRE " STEAK AND KIDNEY PIE" DES ANGLAIS)

✐Ingrédients

- 500 g pâte feuilletée (2 grands ronds),
- 600 g de rognons de veau en petits
  morceaux,
- 250 g de tranche grasse en petits
  morceaux,
- 1 oignon haché,
- 1 gousse d'ail hachée,
- 1 bouquet garni (thym, laurier),
- 1 verre de Porto rouge,
  .../...

Facile

Pour **6** personnes

Temps de préparation : **20** mn

Temps de cuisson : **1** h

Vin conseillé : **Beaujolais Village**

Garnir le fond d'un moule d'une abaisse de pâte feuilletée en prenant soin de garder suffisamment de pâte pour recouvrir ultérieurement la partie supérieure de la tourte. Mettre la pâte à cuire dix minutes

- *40 g de beurre,*
- *1 cuillère à soupe d'huile d'arachide,*
- *1 grosse cuillère à soupe de farine,*
- *1 œuf,*
- *1 verre d'eau.*

à four moyen.

Préparation de la garniture

Dans une sauteuse, faire revenir dans un mélange de beurre et d'huile les morceaux de rognons et de viande, au préalable salés et poivrés, jusqu'à ce qu'ils commencent à dorer. Ajouter l'oignon et l'ail hachés et poursuivre la cuisson trois minutes en saupoudrant le tout avec une cuillère de farine.

Déglacer avec le porto, puis ajouter le verre d'eau et le bouquet garni. Couvrir et laisser cuire, à feu doux, en tournant régulièrement pendant quinze minutes tout en veillant à ce que rien n'attache. Retirer le bouquet garni et faire réduire la sauce jusqu'à épaississement (consistance veloutée). Rectifier l'assaisonnement.

Préparation de la tourte

Remplir le moule, dans lequel vous avez précuit la pâte feuilletée, de cette garniture à la viande, puis la recouvrir de pâte. Souder les bords avec un peu d'eau et pratiquer une cheminée au centre du couvercle de pâte pour laisser échapper la vapeur à la cuisson. Placer au frais au moins une demi-heure puis mettre à four moyen vingt cinq minutes. Badigeonner avec un œuf battu salé et poivré et laisser dorer cinq minutes supplémentaires. Servir bien chaud.

SALADE DE GÉSIERS
DE CANARD CONFITS

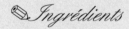

- *1 cœur de frisée,*
- *450 g de gésiers confits,*
- *1 tranche de 150 g de poitrine fumée, coupée en petits dés,*
- *1 petite échalote, hachée finement,*
- *1 petite gousse d'ail,*
- *3 cuillères à soupe d'huile d'arachide.*
- *1 cuillère à soupe de vinaigre,*
- *sel, poivre.*

Facile

Pour **6** à **8** personnes

Temps de préparation : **10** mn

Temps de cuisson : **5** mn

Eplucher et laver votre cœur de frisée et bien l'égoutter. Mélanger dans un saladier l'huile, le vinaigre, l'échalote, l'ail, le sel et le poivre. Incorporer la salade et la tourner soigneusement.

Faire revenir quelques instants dans une poêle les gésiers confits et les lardons. Les disposer sur la salade, juste avant de servir.

SALADE AU FROMAGE DE CHÈVRE CHAUD

Facile

Pour **4** personnes

Temps de préparation : **15** mn

Temps de cuisson : **12** mn

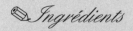

Ingrédients

- 300 g de salade mélangée (scarole, trévise, frisée),
- 2 petits oignons blancs hachés,
- 2 crottins de chèvre,
- 4 tranches de pain de mie coupées en biais,
- 30 g de beurre,
- 20 cerneaux de noix,
- ciboulette,
- 4 cuillères à soupe d'huile de noix (ou d'arachide),
- 2 cuillères à soupe de vinaigre de vin,
- 1 cuillère à soupe de moutarde,
- sel et poivre.

Mettre les crottins de chèvre enveloppés dans une feuille de papier d'aluminium, à four chaud, pendant 12 minutes (les retourner au bout de 7 minutes). Les sortir du four et les couper en deux. Faire frire les tranches de pain de mie dans une poêle avec du beurre. Mélanger dans un saladier, la moutarde, l'huile, le vinaigre, la ciboulette, les oignons hachés, le sel et le poivre.

Incorporer la salade et les cerneaux de noix et tourner délicatement. Ajouter les tranches de pain de mie frites et les demi crottins.

SALADE AUX FOIES DE VOLAILLE TIÈDES

Facile

Pour **4** personnes

Temps de préparation : **20** mn

Temps de préparation : **10** mn

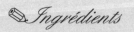

Ingrédients

- 200 g de salade mélangée (mâche, roquette, frisée, trévise, batavia),
- 400 g de foies de volaille (de préférence de canard),
- 16 cerneaux de noix.

.../...

Laver la salade et la sécher soigneusement.

Cuisson des foies de volaille

Cuisson des foies de volailles
- 1 gousse d'ail hachée,
- 1 petit oignon blanc émincé,
- 4 cuillères à soupe d'huile d'arachide,
- 5 cl d'Armagnac,
- 1 pincée de thym effeuillé,
- sel et poivre.

Saler, poivrer et saupoudrer de thym effeuillé les foies de volaille. Les faire revenir, à la poêle, environ cinq minutes dans de l'huile d'arachide avec de l'oignon et de l'ail jusqu'à ce qu'ils deviennent légèrement dorés. Flamber avec l'Armagnac. Continuer à cuire quelques instants. Dès que les foies ont absorbé tout le jus de la poêle, les sortir et les laisser tiédir.

Préparation de la sauce

Sauce
- 10 cl d'huile de noix,
- 4 cuillères à soupe de vinaigre de vin blanc,
- 1 cuillère à soupe d'Armagnac,
- sel et poivre.

Verser dans un saladier l'huile, le vinaigre et l'Armagnac. Saler et poivrer. Bien mélanger. Incorporer la salade et les cerneaux de noix, puis tourner délicatement. Disposer les foies tièdes au centre et servir immédiatement.

SALADE ALSACIENNE

✎ *Ingrédients*

- 750 g de pommes de terre cuites à l'eau,
- 1 saucisse fumée,
- 4 saucisses de Strasbourg,
- 12 tranches de cervelas,
- 1 oignon blanc émincé,
- 2 tranches de poitrine fumée,
- 1 branche de persil hachée,
- 1 queue d'oignon en rondelles,
- 15 cl de vin blanc d'Alsace (Riesling),
- 5 cuillères à soupe de vinaigre de miel (ou de cidre),
- 10 cuillères à soupe d'huile d'arachide,
- 1 cuillère à soupe de moutarde,
- 1 pincée de cumin,
- 1 pincée de thym effeuillé,
- éventuellement un peu de jus de cuisson de viande ou de poulet,
- sel et poivre,

Facile
Pour **6** personnes
Temps de préparation : **20** mn
Temps de cuisson
des pommes de terre : **30** mn

Mettre les pommes de terre cuites, épluchées et découpées en rondelles dans un plat. Les arroser de vin blanc et les mettre à four doux 10 minutes.

Préparation de la sauce

Mettre la moutarde dans un bol, délayer petit à petit avec l'huile. Ajouter le vinaigre, la pincée de thym effeuillé, la pincée de cumin, le persil haché, le sel et le poivre.

Sortir les pommes de terre du four et verser dessus la moitié de la sauce, la moitié de l'oignon blanc émincé et de la queue d'oignon. Bien mélanger, puis incorporer la moitié des saucisses coupées en rondelles (fumées et Strasbourg) et la moitié de la poitrine fumée détaillée en morceaux. Mélanger à nouveau. Ajouter juste avant de servir, sur le dessus de la salade, le reste de la charcuterie et de l'oignon.

SALADE THAÏLANDAISE AU BŒUF

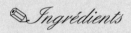
Ingrédients

Viande
- *400 g de tranche grasse.*
- *1 carotte,*
- *1 branche de cerfeuil,*
- *1 oignon blanc,*
- *1 gousse d'ail,*
- *1 bouquet garni (thym, laurier)*
- *sel et poivre.*

Sauce
- *4 cuillères à soupe d'huile de soja,*
- *2 cuillères à soupe de vinaigre de vin blanc,*
- *3 cuillères à soupe de court bouillon de cuisson de la viande,*
- *1 pincée de sucre,*
- *3 pincées de sel,*
- *quelques gouttes de sauce soja.*

Salade
- *4 belles feuilles de scarole effilochées,*
- *1/2 poivron vert en fines lamelles*
- *1/2 poivron rouge en fines lamelles,*
- *4 branches de coriandre,*
- *1 petit piment rouge coupé en morceaux.*

Assez facile

Pour **4** personnes
Préparation : **20** mn
Cuisson : **20** mn

Cuisson de la viande

Découper la viande en fines lamelles Les faire revenir quelques minutes dans une poêle sauteuse jusqu'à ce qu'elles deviennent légèrement colorées. Préparer un court bouillon avec les ingrédients précités. Y cuire les lamelles de viande pendant 15 minutes. Sortir la viande du court bouillon et la laisser refroidir.

Préparation de la sauce

Placer dans un bol l'huile, le vinaigre, les cuillères de court bouillon, le sucre, la sauce soja et le sel. Fouetter afin d'obtenir un mélange homogène.

Préparation de la salade

Disposer dans un saladier, les lamelles de viande, les feuilles de salade effilochées, les lamelles de poivron rouge et vert et les petits morceaux de piment. Verser la sauce précédemment préparée et mélanger délicatement le tout. Décorer avant de servir avec les branches de coriandre.

SALADE DE POMMES DE TERRE AUX FILETS DE HARENG FUMÉS

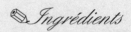

Ingrédients

- 1 kg de pommes de terre à chair ferme cuites à l'eau,
- 6 filets de harengs fumés,
- 2 oignons coupés en rondelles
- 1 cuillère à café de graines de moutarde,
- 1 carotte coupée en rondelles,
- 10 grains de poivre noir,
- 15 cl d'huile d'arachide pour la marinade,
- 10 cl d'huile d'arachide pour la sauce,
- 5 cuillères à soupe de vinaigre de vin,
- 1 cuillère à café de moutarde,
- 2 branches de persil hachées finement,
- sel et poivre.

Facile

Pour **6** personnes

Marinade : **12** heures

Préparation : **15** mn

Cuisson des pommes de terre : **25** mn

(ou **12** mn en autocuiseur).

Faire mariner les harengs, pendant quelques heures, dans un petit plat creux contenant de l'huile d'arachide avec les rondelles de carotte, les rondelles d'oignon, les graines de moutarde et les grains de poivre. Eplucher les pommes de terre et les couper en rondelles. Découper les harengs marinés, après les avoir égouttés, en tronçons d'environ 4 centimètres. Disposer dans un saladier, les rondelles de pommes de terre et les tronçons de harengs marinés.

Préparation de la sauce

Mélanger, dans un bol, la moutarde, l'huile, le vinaigre, le sel, le poivre et le persil haché. Fouetter vivement et verser la sauce dans le saladier. Bien mélanger le tout avant de servir.

SALADE DE POMMES DE TERRE AUX ANCHOIS

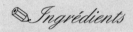
Ingrédients

- 1 kg de pommes de terre cuites à l'eau,
- 24 filets d'anchois allongés à l'huile d'olive,
- 2 oignons ciselés,
- 18 olives noires,
- 4 cuillères à soupe de vinaigre de vin blanc,
- le jus d'un demi citron,
- 2 pincées de thym effeuillé,
- quelques brins de ciboulette,
- sel et poivre.

Facile

Pour **6** personnes

Temps de préparation : **15** mn

Cuisson des pommes de terre : **25** mn

(ou **12** mn en autocuiseur)

Préparation de la sauce

Mélanger dans un bol l'huile, le vinaigre, le jus de citron, le thym effeuillé, les oignons ciselés, le sel et le poivre.

Préparation de la salade

Découper les pommes de terre cuites en rondelles et les mettre dans un saladier. Incorporer la sauce en mélangeant délicatement. Disposer dessus les anchois et les olives noires. Décorer avec quelques brins de ciboulette découpés en petits tronçons.

Œufs
-
Soufflés

ŒUFS À LA COQUE

- 1 ou 2 œufs par personne,
- 1 cuillère à café de gros sel,
- 1 cuillère à soupe de vinaigre.

Très facile

Temps de préparation : **2** mn

Temps de cuisson : **2** mn **30** à **3** mn

Faire bouillir de l'eau dans une casserole. Y ajouter une cuillère à café de gros sel et une cuillère à soupe de vinaigre. Lorsque l'eau bout, déposer délicatement l'œuf ou les œufs au fond de la casserole à l'aide d'une écumoire. Laisser cuire 2 minutes trente secondes à trois minutes selon que vous aimiez le jaune de vos œufs liquide ou légèrement mollet. Sortir les œufs de l'eau immédiatement avec l'écumoire et les déposer dans des coquetiers. A l'aide d'un coupe œuf ou d'un couteau de cuisine pointu, couper le sommet de vos œufs et déguster les, en y trempant des mouillettes de pain légèrement grillées et beurrées.

ŒUFS AU PLAT

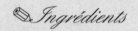

- 4 œufs,
- 10 g de beurre,
- 1 cuillère à soupe d'huile d'arachide,
- 1 pincée de thym effeuillé,
- sel et poivre.

Très facile

Pour **2** personnes

Temps de préparation : **2** mn

Temps de cuisson : **5** mn

Dans une poêle, de préférence anti - adhésive, faire chauffer doucement le beurre et l'huile.

Lorsque ce mélange commence à grésiller, casser un à un les œufs dans la poêle en prenant soin de ne pas crever les jaunes.

Cuire à feu doux deux minutes pour que les blancs des œufs aient perdu leur transparence. Saler, poivrer et saupoudrer, selon goût, d'une très petite pincée de thym effeuillé. Juste avant de servir, augmenter la chaleur quelques instants pour dorer légèrement le dessous des blancs d'œufs, sachant que les jaunes ne doivent jamais durcir.

ŒUFS BROUILLÉS

- 4 œufs,
- 30 g de beurre,
- 7 cl de lait,
- sel et poivre.

Facile

Pour **2** personnes

Temps de préparation : **1** mn

Temps de cuisson : **5** mn

Faire fondre à feu doux dans une poêle 50 grammes de beurre. Y verser 5 centilitres de lait, puis ajouter quatre œufs entiers (blancs et jaunes). Mélanger de suite avec une fourchette. Laisser cuire, à feu très doux, quatre à cinq minutes en remuant avec une cuillère en bois et en ajoutant progressivement au mélange le lait restant. Saler, poivrer selon goût. Ces œufs brouillés accompagnent parfaitement des pointes d'asperges, des lanières de saumon fumé ou du jambon de pays. Servir avec une salade verte.

ŒUFS DURS

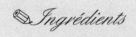

- 1 ou 2 œufs par personne,
- 1 cuillère à café de gros sel,
- 1 cuillère à soupe de vinaigre.

Très facile

Temps de préparation : **2** mn

Temps **11** mn

Faire bouillir de l'eau dans une casserole. Y ajouter une cuillère à café de gros sel et une cuillère à soupe de vinaigre. Lorsque l'eau bout déposer délicatement l'œuf (ou les œufs) au fond de la casserole à l'aide d'une écumoire. Laisser cuire onze minutes dans l'eau frémissante. Sortir les œufs de l'eau et les mettre sous un jet d'eau froide pour interrompre la cuisson sinon le jaune risque de virer au vert. Ecaler les œufs avant de les utiliser comme garniture de préparations culinaires ou de les manger tels que, accompagnés d'une sauce mayonnaise.

ŒUFS POCHÉS

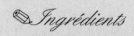

Ingrédients

- 1 ou 2 œufs par personne,
- 1 cuillère à café de gros sel,
- aromates selon goût
  (thym, laurier, alcool,...).

Facile

Temps de préparation : **2** mn

Temps de cuisson : **3** mn

Faire chauffer de l'eau dans une casserole. Y ajouter une cuillère à café rase de gros sel et quelques aromates selon goût. Lorsque l'eau frémit, casser soigneusement vos œufs et les verser dans l'eau frémissante. Laisser cuire deux à trois minutes avant de sortir les œufs de l'eau, à l'aide d'une écumoire, en prenant soin de ne pas en percer le jaune. Ces œufs pochés sont délicieux comme accompagnement d'une salade verte ou composée.

ŒUFS EN MEURETTE

Ingrédients

- 6 œufs,
- 75 cl de vin de Bourgogne,
- 1 bouquet garni (thym, laurier, persil),
- 1 oignon blanc,
- 1 gousse d'ail,
- 1 échalote,
- 1 cuillère à soupe de farine,
- 100 g de beurre,
- 6 tranches de pain de mie,
- sel, poivre.

Assez facile

Pour **6** personnes

Temps de préparation : **15** mn

Temps de cuisson : **10** mn

Faire pocher les œufs dans une casserole contenant le vin rouge (c'est à dire le vin rouge étant frémissant), fendre les œufs hors de la casserole et ne libérer leur contenu qu'au ras de la surface du liquide, de manière à ce que le blanc prenne instantanément et que le jaune reste enrobé. Cuire trois minutes et demi.

Sortir les œufs avec une écumoire et les plonger quelques instants dans l'eau froide, pour arrêter la cuisson. Les remettre ensuite dans de l'eau chaude salée, mais non bouillante, en attendant la préparation de la sauce.

Ajouter dans la casserole contenant le vin, l'oignon, l'échalote et l'ail hachés ainsi que le bouquet garni. Laisser frémir jusqu'à réduction de la moitié du liquide. Pendant ce temps, manier 50 g de beurre avec la farine.

Incorporer alors au liquide, le beurre manié. Porter à ébullition une à deux minutes, puis ajouter le reste du beurre. Passer au chinois et verser sur les œufs, bien égouttés, au moment de servir. Présenter sur des tranches de pain de mie, frites et frottées d'ail.

ŒUFS AU FIGATELLI

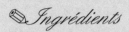
Ingrédients

-4 œufs,
-1 tronçon de 10 cm de figatelli coupé
en fines lamelles,
-1 cuillère à café d'huile d'olive,
-1 pincée de thym effeuillé,
-sel et poivre.

Facile

Pour **2** personnes
Temps de préparation : **5** mn
Temps de cuisson : **5** mn

Graisser la poêle au pinceau avec la cuillère à café d'huile d'olive et y répartir régulièrement les rondelles de figatelli. Lorsqu'elles commencent à suer et à grésiller, faire glisser doucement dessus les œufs, au préalable cassés dans un récipient. Les saupoudrer légèrement de thym effeuillé. Saler et poivrer selon goût. Laisser cuire, à feu doux, jusqu'à ce que le blanc soit pris.

OMELETTE AUX FINES HERBES

Ingrédients

- 4 œufs,
- 1 petit bouquet de ciboulette, coupé
eaux ciseaux en petits
tronçons d'1/2 cm,
- 5 g de beurre,
- 2 cuillères à dessert d'huile d'arachide,
- 5 cl de crème fraîche,
- sel, poivre.

Facile

Pour **2** personnes
Temps de préparation : **5** mn
Temps de cuisson : **3** à **5** mn selon goût

Casser les œufs. Les battre en incorporant la crème fraîche, les fines herbes, le sel, le poivre. Faire chauffer la poêle avec le mélange huile et beurre. Lorsque celle-ci commence à fumer, verser vos œufs battus dans la poêle. Cuire à feu moyen et servir l'omelette baveuse, pliée en portefeuille, sur un plat garni éventuellement de feuilles de salade.

OMELETTE AUX TRUFFES

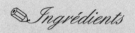

Ingrédients

- 4 œufs,
- 1 belle truffe (20 g),
- 1 cuillère à dessert de graisse d'oie,
- 5 cl de Cognac,
- 5 cl de crème fraîche,
- sel, poivre.

Assez facile

Pour **2** personnes

Temps de préparation : **10** mn

Temps de cuisson : **3** à **5** mn selon goût

Emincer votre truffe préalablement brossée et lavée. La faire macérer une heure dans du Cognac. Réserver quelques beaux morceaux, pour décorer votre omelette.

Casser les œufs en laissant de côté un blanc d'œuf. Battre ce blanc en neige. Mélanger soigneusement avec la crème fraîche, les jaunes et les blancs restants, en les fouettant vivement. Saler, poivrer. Incorporer les lamelles de truffes au blanc battu en neige. Y ajouter une cuillère à dessert du liquide contenu dans le récipient de conservation des truffes.

Faire fondre la graisse d'oie dans une poêle et, lorsqu'elle commence à fumer, y verser les œufs battus auxquels vous aurez mêlé délicatement, au dernier moment, le mélange œufs en neige et truffe. Cuire vivement et servir pliée en portefeuille sur un plat garni de salade verte. Décorer avec les lamelles de truffe réservées à cet effet.

OMELETTE NORMANDE (DU MONT SAINT-MICHEL)

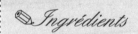

Ingrédients

- 4 œufs,
- 1 cuillère à soupe de crème fraîche,
- 40 g de beurre,
- sel, poivre.

Facile

Pour **2** personnes

Temps de préparation : **5** mn

Temps de cuisson : **3** à **5** mn selon goût

Vin conseillé : **Saint-Véran**

Séparer les jaunes et les blancs des œufs. Battre chaque élément séparément. Saler et poivrer.

Dans une poêle, faire blondir 20 g de beurre. Y verser d'abord les jaunes et faire prendre, en tournant doucement. Lorsque les jaunes sont pris tout en restant baveux, étaler la crème fraîche, puis recouvrir avec les blancs battus. Laisser prendre sans tourner. Plier l'omelette et la servir sur un plat chaud arrosée de beurre fondu (20 g). Vous pouvez ajouter, à votre gré, entre les deux faces, des fines herbes, des champignons étuvés ou du jambon.

OMELETTE DU PÊCHEUR

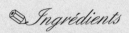

Ingrédients

- 4 œufs,
- 2 sardines, grillées et épluchées,
- 1 oignon haché,
- 1 échalote hachée,
- 20 g de beurre,
- 1 cuillère à soupe d'huile d'arachide.

Facile

Pour **2** personnes

Temps de préparation : **10** mn

Temps de cuisson : **3** à **5** mn selon goût

Vin conseillé : **Muscadet sur Lie**

Piler la chair des sardines et la mélanger à l'oignon et à l'échalote hachés. Mettre à cuire doucement dans une poêle, avec le beurre et l'huile.

Verser par dessus les œufs, que vous aurez au préalable cassés, battus vivement, salés et poivrés.

Servir l'omelette, baveuse et légèrement dorée.

OMELETTE AUX MORILLES

Ingrédients

- 4 œufs,
- 200 g de morilles, petites et pointues de préférence,
- 1 cuillère à dessert de graisse d'oie (remplacer éventuellement la graisse d'oie par du beurre ou de l'huile d'arachide),
- 10 g de beurre,
- 5 cl de crème fraîche,
- sel, poivre.

Facile

Pour **2** personnes

Temps de préparation : **10** mn

Temps de cuisson : **3** à **5** mn selon goût

Vin conseillé : **Saint-Emilion**

Laver soigneusement vos morilles dans de l'eau légèrement vinaigrée et les couper selon grosseur, dans le sens de la longueur. Casser les œufs, en laissant de côté un blanc d'œuf. Battre ce blanc en neige. Mélanger soigneusement avec la crème fraîche les jaunes et les blancs restants, en les fouettant vigoureusement. Saler, poivrer, incorporer les morilles au blanc d'œuf battu en neige.

Faire fondre la graisse d'oie dans une poêle et, lorsqu'elle commence à fumer, y verser les œufs battus auxquels vous aurez mêlé délicatement, au dernier moment, le mélange œufs en neige et morilles. Cuire à feu vif et servir pliée en portefeuille sur un plat. Vous pouvez éventuellement remplacer les morilles par des girolles ou autres champignons sauvages.

OMELETTE AU LARD

Ingrédients

- 4 œufs,
- 1 tranche de lard fumé, coupée en petits dés,
- 1 oignon haché,
- 20 g de beurre,
- 1 cuillère à soupe d'huile d'arachide.

Facile

Pour **2** personnes

Temps de préparation : **5** mn

Temps de cuisson : **3** à **5** mn selon goût

Vin conseillé : **Beaujolais**

Dans une poêle, faire revenir les lardons dans un mélange de beurre et d'huile. Ajouter l'oignon haché. Entre temps, casser les œufs, les battre vivement, les saler et les poivrer. Dès que les oignons commencent à dorer, verser les œufs battus dans la poêle. Cuire à feu moyen et servir l'omelette baveuse et légèrement dorée sur un plat, éventuellement garni de feuilles de salade.

OMELETTE AUX POINTES D'ASPERGES

Ingrédients

- 4 œufs,
- 1 botte de 400 g d'asperges sauvages,
- 5 cl de crème fraîche,
- 10 g de beurre,
- 1 cuillère à soupe d'huile d'arachide,
- 1 filet de citron,
- 1 râpure de noix de muscade,
- 1 pincée de thym effeuillé,
- sel, poivre.

Facile

Pour **2** personnes

Temps de préparation : **20** mn

Temps de cuisson : **3** à **5** minutes

Vin conseillé : **Sylvaner**

Dans une jatte, battre les œufs en omelette. Y incorporer, peu à peu, la crème fraîche, la râpure de noix de muscade, le sel, le poivre et la pincée de thym effeuillé. Couvrir d'un torchon et garder à température ambiante pendant dix minutes.

Durant ce laps de temps, faire cuire les asperges sauvages dans de l'eau bouillante salée, poivrée et additionnée d'un filet de citron. Les égoutter et ne conserver que les pointes. Mettre à chauffer le beurre et l'huile dans une poêle. Mêler aux œufs battus les pointes d'asperges, découpées en petits tronçons. Battre le tout soigneusement quelques instants et verser ce mélange dans la poêle.

Cuire à feu vif, en remuant à l'aide d'une spatule en bois, afin d'éviter que l'omelette n'attache. Servir l'omelette baveuse.

OMELETTE AUX POMMES DE TERRE

Ingrédients

- 4 œufs,
- 2 pommes de terre,
- 1 tranche de lard fumé, découpée en petits dés,
- 1 oignon, découpé en lamelles,
- 1 gousse d'ail,
- 2 branches de persil,
- 2 cuillères à soupe de graisse d'oie,
- 5 cl de lait,
- sel, poivre.

Facile

Pour **2** personnes

Temps de préparation : **10** mn

Cuisson des pommes de terre : **15** mn

Cuisson de l'omelette : **3** à **5** mn

Vin conseillé : **Beaujolais**

Cuire les pommes de terre, pendant quinze minutes, dans de l'eau bouillante salée. Les éplucher et les couper en rondelles. Entre-temps, battre les œufs avec le sel , le poivre et le lait. Faire revenir les rondelles de pommes de terre dans une poêle avec la graisse d'oie. Dès qu'elles commencent à dorer, ajouter les lamelles d'oignon, l'ail et le persil hachés.

Cuire encore quelques instants avant d'y verser au dessus les œufs battus. Faire prendre les œufs, à feu vif, en remuant avec une spatule en bois. Servir l'omelette baveuse sur un plat garni de salade verte.

OMELETTE À LA MENTHE

Ingrédients

- 4 œufs,
- 8 feuilles de menthe,
- 2 cuillères à soupe d'huile d'olive,
- sel et poivre.

Facile

Pour **2** personnes

Temps de préparation : **5** mn

Temps de cuisson : **3** à **5** mn

Vin conseillé : **Tavel**

Emincer finement les feuilles de menthe. Casser les œufs, les battre vivement avec une cuillère à soupe d'huile d'olive. Saler et poivrer.

Mettre une poêle à chauffer avec la deuxième cuillère à soupe d'huile d'olive et y verser les oeufs battus Y répartir rapidement les feuilles de menthe émincées et les noyer dans l'omelette. Cuire à feu moyen. Servir l'omelette baveuse et légèrement dorée.

OMELETTE À LA BROUSSE DE BREBIS ET AU BASILIC

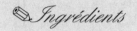

Ingrédients

- 4 œufs,
- 100 g de brousse de brebis,
- 4 feuilles de basilic,
- 2 cuillères à soupe d'huile d'olive,
- 1 pincée de thym effeuillé,
- sel et poivre.

Facile

Pour **2** personnes

Temps de préparation : **5** mn

Temps de cuisson : **3** à **5** mn

Vin conseillé :

Figari blanc (Corse)

Casser les œufs et les battre soigneusement. Saler et poivrer. Mettre les œufs battus dans la poêle chauffée au préalable avec l'huile d'olive. Répartir, au dessus des œufs, des petits dés de brousse de brebis et des feuilles de basilic réduites en lanières. Cuire à feu doux jusqu'à obtention de la consistance voulue (baveuse ou à point). Plier l'omelette en chausson. Servir sur des assiettes garnies de salade.

OMELETTE AU BROCCIU

Ingrédients

- 4 œufs,
- 150 g de brocciu (fromage Corse) bien écrasé en crème avec une fourchette,
- quelques feuilles de menthe ou de basilic,
- 2 cuillères à soupe d'huile d'olive,
- sel et poivre.

Facile

Pour **2** personnes

Temps de préparation : **5** mn

Temps de cuisson : **3** à **5** mn

Vin conseillé :

Figari blanc (Corse)

Casser les œufs, les battre vivement avec le brocciu écrasé. Saler et poivrer. Ajouter la menthe ou le basilic haché. Mettre une poêle à chauffer avec l'huile d'olive. Y verser le mélange d'œufs battus et de brocciu. Cuire à feu moyen et servir l'omelette baveuse et légèrement dorée.

SOUFFLÉ AU BROCCIU

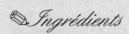

Ingrédients

- 70 g de beurre,
- 50 g de farine,
- 25 cl de lait,
- 5 jaunes d'œufs,
- 6 blancs d'œufs montés en neige,
- 100 g de brocciu (fromage Corse) finement écrasé à la fourchette,
- 2 gouttes de liqueur de myrte,
- set et poivre.

Assez facile

Pour **6** personnes

Temps de préparation : **15** mn

Temps de cuisson : **25** mn

Vin conseillé :

Patrimonio blanc (Corse)

Faire bouillir le lait. Entre temps, faire ramollir dans une casserole 50 g de beurre et y ajouter en pluie la farine, sans cesser de tourner avec une spatule en bois. Mettre à feu doux et lorsque le mélange de beurre et de farine commence à mousser, verser dessus, en fouettant, le lait bouillant. Porter à ébullition sans cesser de fouetter ; puis, couper les feux dès épaississement.

Lorsque le mélange a légèrement refroidi, incorporer les jaunes d'œufs ainsi que le brocciu écrasé. Assaisonner de sel et de poivre et ajouter 2 gouttes de liqueur de myrte. Mettre de côté, le temps de monter les blancs en neige ferme et de beurrer copieusement jusqu'au bord supérieur, un moule à soufflé. Mêler délicatement les blancs d'œufs à l'appareil à soufflé. Verser le tout dans le moule, jusqu'au trois quart de sa hauteur.

Cuire vingt cinq minutes, à feu modéré, pour permettre au soufflé de prendre toute son ampleur. Servir immédiatement.

SOUFFLÉ AU FROMAGE

Ingrédients

- 70 g de beurre,
- 50 g de farine,
- 25 cl de lait,
- 5 jaunes d'œufs,
- 6 blancs d'œufs, montés en neige,
- 2 râpures de noix de muscade,
- 100 g de comté, râpé très fin,
- sel, poivre.

Assez facile

Pour **6** personnes

Temps de préparation : **15** mn

Temps de cuisson : **30** mn

Vin conseillé : **Saint-Véran**

Faire bouillir le lait. Entre temps, faire ramollir dans une casserole 50 g de beurre et y ajouter en pluie la farine sans cesser de tourner avec une spatule en bois. Mettre à feu doux et lorsque le mélange beurre farine commence à mousser, verser dessus, en fouettant, le lait bouillant.

Porter à ébullition (sans cesser de fouetter), puis couper les feux, dès épaississement.

Lorsque le mélange a légèrement refroidi, incorporer les jaunes d'œufs ainsi que le comté. Assaisonner de sel et de poivre et des râpures de noix de muscade. Mettre de côté, le temps de monter vos blancs en neige ferme et de beurrer copieusement un moule à soufflé jusqu'au bord supérieur. Mêler délicatement les blancs d'œufs à l'appareil à soufflé. Verser le tout dans le moule, jusqu'au trois quarts de sa hauteur.

Cuire vingt à vingt cinq minutes, à feu modéré, pour permettre au soufflé de prendre toute son ampleur. Servir immédiatement. Le comté peut être remplacé par d'autres fromages (roquefort, gruyère ou cantal).

D'autres soufflés, notamment aux fruits de mer ou aux champignons, peuvent être réalisés avec la même recette de base.

SOUFFLÉ DE TRUITES À LA PÉRIGOURDINE

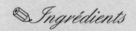

Ingrédients

- 70 g de beurre,
- 50 g de farine,
- 25 cl de lait,
- 5 jaunes d'œufs,
- 6 blancs d'œufs, montés en neige,
- 100 g de truite fumée, réduite en crème au pilon,
- 2 râpures de noix de muscade,
- 1 pincée de thym effeuillé,
- sel, poivre.

Assez facile

Pour **6** personnes

Temps de préparation : **20** mn

Temps de cuisson : **30** mn

Vin conseillé : **Entre-Deux-Mers**

Faire bouillir le lait. Entre-temps, faire ramollir le beurre dans une casserole et y ajouter en pluie la farine, sans cesser de tourner avec une spatule en bois. Mettre à feu doux et, lorsque le mélange beurre et farine commence à mousser, verser dessus le lait bouillant. Porter à nouveau à ébullition (sans cesser de fouetter), puis couper les feux dès épaississement. Le mélange ayant légèrement refroidi, incorporer les jaunes d'œufs ainsi que la crème de truite fumée. Assaisonner de sel, de poivre, d'une pincée de thym effeuillé et de deux râpures de noix de muscade.

Mettre de côté, le temps de monter les blancs en neige ferme et de beurrer copieusement un moule à soufflé jusqu'au bord supérieur. Mêler ensuite les blancs d'œufs en neige à l'appareil à soufflé. Verser le tout dans le moule, jusqu'au trois quarts de sa hauteur. Cuire vingt à vingt cinq minutes, à feu modéré, pour permettre au soufflé de prendre toute son ampleur. Servir immédiatement.

ŒUFS MIMOSA

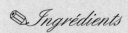

Ingrédients

- 9 œufs entiers,
- 1 jaune d'œuf,
- 200 g de chair de crabe,
- 1 cuillère à café de moutarde,
- 15 cl d'huile,
- 1 cuillère à café de vinaigre de vin,
- quelques feuilles de laitue.
- quelques olives noires,
- sel, poivre.

Facile

Pour **6** personnes

Temps de préparation : **10** mn

Temps de cuisson des œufs : **11** mn

Faire cuire les neuf œufs entiers, onze minutes, dans de l'eau bouillante afin qu'ils deviennent durs. Dès qu'ils ont légèrement refroidi, ôter les coquilles et couper les oeufs en deux dans le sens de la longueur. Retirer les jaunes et les réduire en poudre avec un râpe à fromage. Dans un bol, préparer une mayonnaise avec le jaune d'œuf (non cuit), la cuillère à café de moutarde, l'huile, le vinaigre, le sel et le poivre. Réserver un peu de mayonnaise à part pour la décoration. Incorporer la chair de crabe dans le bol à mayonnaise, en tournant avec une spatule en bois et remplir les blancs d'œufs durs avec ce mélange. Les disposer sur un plat, garni de feuilles de laitue et les saupoudrer de jaunes d'œufs durs hachés. Ajouter au dessus, un peu de la mayonnaise réservée à cet effet et éventuellement quelques olives noires.

CRUSTACÉS
MOLLUSQUES
COQUILLAGES
ESCARGOTS
GRENOUILLES

PLATEAU DE FRUITS DE MER

Vin conseillé : **Muscadet sur Lie** ou **Entre-Deux-Mers**

La composition du plateau de fruits de mer varie, selon les régions, les saisons et les arrivages. C'est la raison pour laquelle le mode de préparation des éléments qui le composent vous est donné ci-après séparément.

Il convient impérativement, dans un premier temps, pour l'ensemble des coquillages et crustacés, de les rincer et de les brosser dans de l'eau de mer ou de l'eau salée, pour ôter toutes éventuelles impuretés (sable, vase, etc...)

Préparation des coquillages et fruits de mer qui se mangent crus

On peut citer, parmi ceux-ci, les huîtres (belons ou portugaises), les praires, les palourdes, les amandes de mer, les coques, les clams, les moules et les oursins.

Ouverture des coquillages

• Huîtres : utiliser un couteau de mareyeur (lame de huit centimètres, arrondie, rétrécie à son extrémité et relativement tranchante d'un côté).

• Huîtres plates (généralement Belons) : introduire la pointe de la lame dans la charnière postérieure. Faire levier pour soulever le couvercle, puis faire progresser la lame du couteau entre les deux valves, pour couper le pied. Jeter le couvercle et nettoyer éventuellement le corps de l'huître des morceaux de coquille, sable ou dépôts de vase pouvant s'y trouver. Disposer sur un plat de service.
Accompagnement : filet de citron ou sauce à l'échalote.

• Huîtres creuses : tenir le coquillage dans la main gauche, munie d'une protection, la pointe de l'huître orientée vers vous. Introduire la lame du couteau, côté tranchant orienté également vers vous, sur le côté du coquillage aux deux tiers éloigné (au niveau du pied). Trancher le pied, en ramenant la lame vers vous, soulever et jeter le couvercle. Nettoyer et disposer sur le plat de service.
Accompagnement : filet de citron ou sauce à l'échalote.

• Praires, palourdes, amandes de mer, coques et moules : utiliser un solide couteau, à lame large et plate. Placer et tenir fermement le coquillage dans le creux de la main protégée. Introduire en force le côté fin de la lame du couteau dans le coquillage, pour les mollusques ronds et par le milieu du haut de la coquille pour les moules.

Tourner le coquillage sur la longueur de la lame pour trancher les attaches qui retiennent les valves fermées. Rassembler la totalité de la chair sur l'une des valves et jeter l'autre.

Accompagnement :un filet de citron.

• Les clams : ces coquillages s'ouvrent normalement au couteau de mareyeur (plus solide que le couteau plat utilisé pour les mollusques ronds). Toutefois, compte tenu de la difficulté d'ouverture, la manière la plus simple consiste à tenir le clam dans le creux de la main et de donner un coup sec au milieu de la coquille avec le manche du couteau de mareyeur tenu par la lame. La coquille supérieure se brisera alors en deux ou plusieurs morceaux, que vous enlèverez soigneusement, en rassemblant la chair sur la coquille intacte.

Accompagnement : un filet de citron.

• Oursins : couper les oursins, au deux tiers de leur hauteur, autour de la partie buccale, à l'aide de forts ciseaux. Jeter cette partie, rincer soigneusement l'intérieur. Ne conserver que les parties oranges qui, seules, sont véritablement comestibles.

Préparation des crustacés et coquillages qui se mangent cuits

Un même type de court bouillon peut être utilisé pour l'ensemble, mais ne jamais mettre à cuire en même temps, dans la même marmite, crustacés et gastéropodes.

COURT BOUILLON

 *Ingrédients*

- 10 litres d'eau de mer ou d'eau salée, à 20 g par litre (gros sel de mer naturel),
- 75 cl de Muscadet ou Gros Plant,
- 10 cl de vinaigre de vin,
- 1 tomate,
- 2 oignons,
- 1 gousse d'ail,
- 1 bouquet garni (thym, laurier, persil, criste-marino),
- éventuellement 1 poignée de fucus (ou algue brune), bien frais, soigneusement lavé.

Très facile

Temps de préparation : **5** mn

Mettre tous les ingrédients dans un grand faitout, porter à ébullition et laisser frémir dix minutes.

Cuisson des coquillages

• Bigorneaux : prélever deux litres du court bouillon dans une casserole. Porter à ébullition et y plonger les bigorneaux, soigneusement triés et lavés. Laisser frémir quinze minutes après reprise de l'ébullition. Sortir les bigorneaux, les égoutter et les servir froids.

• Bulots : procéder de la même manière que pour les bigorneaux, mais laisser frémir vingt à vingt cinq minutes, selon grosseur (mais surtout pas plus car ils deviendront caoutchouteux). Sortir les bulots et les égoutter. Les servir froids.
Accompagnement : mayonnaise, très légèrement relevée d'ail.

Cuisson des crustacés

• Crevettes : prélever deux litres de court bouillon dans une casserole. Mettre à bouillir vivement et y plonger les crevettes, préalablement triées et rincées. Cuire cinq minutes, lorsque l'ébullition a repris. Egoutter et placer au frais les crevettes.

Pour les autres crustacés, les cuire directement dans le court bouillon du faitout, dans l'ordre suivant :

• Langoustines : vérifier que le court bouillon soit frémissant. Oter le bouquet garni et les algues. Y plonger les langoustines et laisser cuire cinq à dix minutes, selon grosseur. Les sortir à l'écumoire. Les égoutter et les servir froides, mais non glacées.
Accompagnement : sauce mayonnaise, sans ail.

• Etrilles : si vous utilisez le même court bouillon, l'écumer soigneusement et y ajouter un litre d'eau, non salée, pour éviter une trop grande concentration de sel. Porter à nouveau à ébullition. Rincer et brosser les étrilles (attention aux pinces). Les plonger dans le court bouillon et les cuire huit à douze minutes, après reprise de l'ébullition. Les sortir et les égoutter.
Accompagnement : sauce mayonnaise sans ail.

• Araignées et tourteaux : procéder de la même manière que pour les étrilles, mais le temps de cuisson est de dix à quinze minutes selon grosseur.
Accompagnement : sauce mayonnaise ou sauce douce de Bretagne.

• Langoustes et homards : même cuisson que pour les araignées et tourteaux, sauf taille exceptionnelle. En ce cas, la cuisson pourra être prolongée jusqu'à trente minutes (pour ceux dont le poids est supérieur à 1,5 kg).
Accompagnement : sauce mayonnaise ou sauce douce de Bretagne.

Sauces d'accompagnement

VINAIGRETTE À L'ÉCHALOTE

- 15 cl de vinaigre de vin,
- 1 cuillère à soupe d'huile,
- 2 grosses échalotes, hachées finement
  (mais pas en purée),
- sel, poivre.

Réunir en saucière les ingrédients et laisser reposer, de préférence quelques heures, à température ambiante.

MAYONNAISE

- 2 jaunes d'œufs
  (à température ambiante),
  2 cuillères à soupe de moutarde,
- 50 cl d'huile d'arachide,
- 1 filet de vinaigre de vin,
- 1 gousse d'ail,
- sel, poivre.

Dans un petit saladier ou dans un bol à mixer, placer les jaunes d'œufs et la moutarde. Verser, peu à peu, l'huile, en tournant vivement et régulièrement. Lorsque vous aurez utilisé la moitié de la quantité d'huile voulue, incorporer le filet de vinaigre. Saler et poivrer. Continuer à monter la mayonnaise en tournant jusqu'à épuisement de l'huile. Séparer la mayonnaise en deux saucières. Dans l'une d'elle vous pourrez incorporer la gousse d'ail, finement hachée.

SAUCE DOUCE DE BRETAGNE

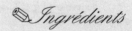

- 4 jaunes d'œufs,
- 1 verre à moutarde de court bouillon,
  passé au chinois et très froid,
- 1 cuillère à soupe de vinaigre de vin,
- 1 cuillère à café de fines herbes,
  finement hachées et pilées au mortier
  (ciboulette, cerfeuil, estragon,
  criste-marine),
  .../...

Placer une petite casserole à sauce, de préférence en cuivre étamé, au bain marie. Y verser en premier le court bouillon. Ajouter, en fouettant vivement, les jaunes d'œufs, le vinaigre, le sel et le poivre, jusqu'à obtention d'une consistance mousseuse. Incorporer, peu à peu, les morceaux de beurre.

Lorsqu'ils sont à moitié incorporés, ajouter les fines herbes hachées. Finir d'incorporer

- 150 g de beurre, réduit en petits
  morceaux (à température ambiante),
- sel, poivre.

le beurre, en tournant régulièrement et sans arrêt. La sauce doit prendre rapidement une consistance crémeuse. Ne pas laisser dans la casserole, mais dans une saucière bien froide. Cette sauce peut également accompagner, avec succès, des filets de poissons, simplement pochés au court bouillon.

ECREVISSES À LA PÉRIGOURDINE

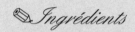 *Ingrédients*

- 1 cuillère à café de persil haché,
- 60 belles écrevisses,
- 1 litre de vin blanc sec ou de verjus,
- 40 cl de crème fraîche,
- 1 bouquet garni (thym, persil, laurier),
- 1/2 verre de Cognac,
- 2 cuillères à soupe de graisse d'oie,
- 3 échalotes,
- 1 gousse d'ail,
- 1 carotte, coupée en petits dés,
- 1 petite tranche de lard fumé,
  hachée très fin,
- 1 cuillère à soupe de pelures de truffe,
- sel , poivre.

Assez difficile

Pour **6** personnes

Temps de préparation : **30** mn

Temps de cuisson : **30** mn

Vin conseillé :

Entre-Deux-Mers ou **Barsac**

Laver soigneusement vos écrevisses. Les châtrer, c'est à dire ôter le boyau noir et amer, en arrachant l'écaille centrale de la queue. Dans une sauteuse, faire revenir les échalotes hachées et les petits dés de carottes avec la graisse d'oie. Ajouter les écrevisses et les faire rougir à feu vif, en prenant soin toutefois de ne pas brûler les échalotes et les carottes.

Lorsque les écrevisses sont toutes uniformément rouges, arroser de Cognac et flamber. Saler, poivrer et mouiller de vin blanc sec ou de verjus. Adjoindre le bouquet garni et l'ail haché et porter à ébullition dix minutes.

Baisser les feux, incorporer la crème fraîche, les pelures de truffe, le persil et la tranche de lard fumé hachée. Rectifier l'assaisonnement. Porter doucement à ébullition, couvrir et laisser mijoter, à tout petit bouillon, pendant vingt minutes. Oter le bouquet garni et servir chaud. Ces écrevisses peuvent s'accompagner de pommes de terre ou mieux, de truffes cuites sous la cendre.

ECREVISSES SAUCE ROUGE

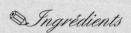

Ingrédients

- 60 écrevisses,
- 6 échalotes,
- 3 gousses d'ail,
- 1 bouquet garni (thym, laurier, romarin),
- 2 branches de persil,
- 175 g de beurre,
- 10 cl d'huile d'arachide,
- 1 kg de tomates bien mûres, pelées et épépinées,
- 50 cl de vin de Bordeaux blanc,
- 1/2 verre de Cognac,
- 1 pincée de Cayenne,
- sel, poivre

Assez difficile

Pour **6** personnes

Temps de préparation : **40** mn

Temps de cuisson : **35** mn

Vin conseillé : **Graves blanc**

Laver soigneusement vos écrevisses. Les châtrer, c'est à dire ôter le boyau noir et amer, en arrachant l'écaille centrale de la queue. Dans une sauteuse, faire chauffer l'huile avec 50 g de beurre. Y faire revenir ensemble les écrevisses, les échalotes et l'ail hachés jusqu'à ce que les écrevisses aient rougi. Evacuer l'excédent de graisse. Déglacer et flamber la sauteuse avec le cognac en tournant vivement, pour ne pas griller les écrevisses. Mouiller de vin blanc. Incorporer les tomates en purée et le bouquet garni. Saler, poivrer.

Couvrir et laisser cuire vingt minutes, à feu doux, en tournant à plusieurs reprises. Découvrir et sortir les écrevisses. Les réserver au chaud sur le plat de service. Faire réduire en casserole, si besoin est, le contenu liquide de la marmite, après l'avoir passé au chinois. Incorporer alors le beurre émietté, en fouettant vivement. Rectifier l'assaisonnement (sel, poivre et piment de Cayenne).

Verser la sauce brûlante sur les écrevisses. Les saupoudrer de persil haché avant de les servir accompagnées, soit d'un riz blanc cuit à l'eau, avec une gousse de vanille, soit de petites pommes de terre cuites à l'eau.

GRATIN DE QUEUES D'ÉCREVISSES À LA NANTUA

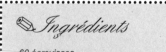

Ingrédients

- 60 écrevisses,
- 2 oignons blancs émincés,
- 2 échalotes émincées,
- 2 gousses d'ail émincées,

.../...

Difficile

Pour **6** à **8** personnes

Temps de préparation : **45** mn

Temps de cuisson : **40** mn

Vin conseillé :

Vin jaune du **Jura** ou **Rully blanc**

- 2 branches de persil,
- 1 pincée de thym effeuillé,
- 1/2 verre de Cognac,
- 10 cl de crème fraîche,
- 3 cuillères à soupe d'huile d'arachide,
- 300 g de beurre (dont 200 g pour la sauce),
- 250 g de gruyère râpé,
- 1 pointe de cayenne,
- 3 cuillères à soupe de farine,
- 1 l de lait,
- sel, poivre.

Laver soigneusement vos écrevisses. Les châtrer, c'est à dire ôter le boyau noir et amer en arrachant l'écaille centrale de la queue. Dans une sauteuse, faire revenir dans le mélange de beurre et d'huile, les oignons blancs, les gousses d'ail et les échalotes émincés, jusqu'à ce que les oignons deviennent transparents. Incorporer les écrevisses. Saupoudrer de persil haché et de thym effeuillé. Saler, poivrer. Ajouter une pointe de poivre de Cayenne. Faire rougir à feu vif les écrevisses, en prenant soin de ne pas brûler les condiments.

Lorsque les écrevisses sont toutes uniformément rouges, les retirer du feu et séparer les queues des têtes. Garder au chaud les queues des écrevisses avec la moitié des têtes (le reste des têtes pouvant être utilisé pour faire une bisque d'écrevisses).

Préparation de la sauce

Préparer une béchamel (celle-ci s'obtient en réalisant un roux blond, auquel est ajouté le lait chaud, une réduction de quelques minutes permettant d'obtenir une consistance lisse et crémeuse, sans grumeaux, rendue parfaite par un passage au tamis). Cette sauce de base étant prête, piler les queues et les carapaces des têtes d'une dizaine d'écrevisses, avec un poids égal de beurre réduit en pommade. Passer au tamis très fin pour ôter tous morceaux de carapace.

Ajouter à la béchamel dix centilitres de crème fraîche et éventuellement, une petite tomate pelée et épépinée, réduite en fine purée. Rectifier l'assaisonnement : sel, poivre. Déglacer la sauteuse dans laquelle ont été cuites les écrevisses avec le Cognac et incorporer le contenu dans la sauce Nantua, en fouettant vivement.

En napper les queues d'écrevisses disposées régulièrement sur un plat allant au four, saupoudrer légèrement de gruyère râpé et laisser gratiner vingt minutes, à four moyen, afin d'obtenir une couleur blond doré.

ENCORNETS À LA TOMATE

⬙ *Ingrédients*

- 1,200 kg d'encornets (ou calmars),
- 4 grosses tomates pelées et épépinées,
- 1 gros oignon rose,
.../...

Assez facile

Pour **4** personnes

Temps de préparation : **20** mn

Temps de cuisson : **30** mn

Vin conseillé : **Graves blanc**

- 3 gousses d'ail,
- 1 petit piment rouge,
- 5 cl d'huile d'olive,
- 3 cl de pastis,
- 1 bouquet garni (thym, laurier, romarin),
- sel et poivre.

Préparation des encornets

Séparer la tête du manteau des encornets. Enlever les yeux et le bec corné et ne garder que les tentacules. Vider l'intérieur des entrailles et de la partie cornée. Laver à grande eau et sécher.

Cuisson des encornets

Dans une grande poêle, faire revenir quelques instants, avec de l'huile d'olive, l'oignon et l'ail hachés. Incorporer les encornets et faire réduire dix minutes, à feu vif, en tournant à l'aide d'une cuillère en bois. Flamber hors du feu au pastis. Ajouter les tomates, le bouquet garni et le petit piment rouge. Saler et poivrer. Laisser cuire quinze à vingt minutes (selon la grosseur des encornets) en tournant régulièrement. Servir accompagné de riz

SALADE DE CALMARS

✎ *Ingrédients*

- 600 g de petits calmars nettoyés.

Court bouillon
- 2 litres d'eau,
- 20 cl de vin blanc sec,
- 1 oignon,
- 1 gousse d'ail,
- 1 bouquet garni (thym, laurier),
- le jus d'un citron,
- sel et poivre.

Sauce
- 5 cl d'huile d'olive,
- le jus de 2 citrons,
- 5 cl de crème fraîche,
- 1 cuillère à soupe de moutarde,
- 2 pincées de thym effeuillé,
- sel et poivre.

.../...

Facile

Pour **4** personnes
Préparation : 20 mn
Cuisson : **10** mn

(Préparer **1** heure avant de servir)

Préparation du court bouillon

Mettre dans une casserole les ingrédients du court-bouillon et porter à ébullition. Y plonger les calmars et laisser frémir dix minutes lorsque l'ébullition a repris. Sortir les calmars et les égoutter. Laisser refroidir à l'abri de l'air.

Préparation de la sauce

Dans un bol, mélanger la moutarde et la crème fraîche, délayer avec l'huile. Ajouter le jus de deux citrons, le sel, le poivre et le thym effeuillé. Fouetter vivement afin d'obtenir un mélange homogène.

Salade
- *10 olives noires,*
- *1/2 poivron vert coupé en lamelles,*
- *1/2 poivron rouge coupé en lamelles,*
- *1/2 petit citron vert,*
- *1/2 citron jaune (non traité) coupé en lamelles,*
- *1 oignon blanc haché grossièrement.*

Préparation de la salade

Disposer dans un saladier les calmars, les lamelles de poivron rouge, de poivron vert, de citron jaune et de citron vert, l'oignon blanc haché et les olives noires. Les napper de sauce et bien mélanger. Garder au frais environ une heure avant de servir en les tournant deux fois.

HOMARD À LA CRÈME

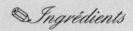

- *3 homards, de 600 g environ,*
- *1,500 kg de moules de bouchot,*
- *5 échalotes,*
- *3 gousses d'ail,*
- *1 bouquet garni (thym, laurier, passe pierre),*
- *3 branches de persil,*
- *40 cl de crème fraîche,*
- *50 g de beurre,*
- *1 cuillère à soupe d'huile d'arachide,*
- *1 l de cidre,*
- *50 cl de vin blanc sec (Muscadet ou Gros Plant),*
- *10 cl de Calvados,*
- *sel, poivre.*

Assez facile

Pour **6** personnes

Temps de préparation : **30** mn

Temps de cuisson : **20** mn

Vin conseillé :

Muscadet sur Lie
ou **Sancerre blanc**

Préparation du fumet de la sauce

Laver et gratter soigneusement les moules et les placer dans une casserole, dans laquelle vous aurez versé et fait frémir un demi litre de cidre et un quart de litre de vin blanc. Hacher ensemble les échalotes, l'ail et le persil et répartir le tout sur les moules. Saler et poivrer, assez copieusement. Couvrir la casserole et cuire, à feu vif, pendant dix minutes, en secouant plusieurs fois.

Lorsque la cuisson est terminée, sortir les moules avec une écumoire et préserver le jus. Décortiquer les moules (en garder quelques unes en coquille pour la décoration) et les conserver au chaud.

Découpe des homards

Couper les homards vivants de la manière suivante :

a) Les tuer en fendant leur coffre en deux dans le sens de la longueur. Prendre soin de laisser les pinces attachées à chaque moitié de coffre. Retirer la poche à gravier et réserver la matière molle (corail).

b) Faire éclater la carapace des pinces, sans toutefois en séparer les éléments.

c) Couper la queue en tronçons réguliers, dans le sens de la largeur.

Cuisson des homards

Dans une cocotte en fonte, faire fondre le beurre et l'huile. Y faire rougir les morceaux de homard, à feu doux, pendant dix minutes, puis flamber, hors du feu, avec le Calvados. Recouvrir les homards avec le reste du cidre et de vin blanc et ajouter le jus des moules, passé au chinois. Incorporer le bouquet garni et faire réduire le mélange, des deux tiers, à feu moyen. Ajouter la crème (mélangée au corail) puis les moules décortiquées, et laisser épaissir quelques minutes. Oter le bouquet garni. Reconstituer les homards sur le plat de service et disposer autour, sur la crème, les moules que vous avez conservées dans leur coquille.

HOMARD À L'ARMORICAINE

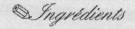 **Ingrédients**

- 3 homards, de 600 g environ,
- 3 échalotes,
- 2 gousses d'ail,
- 500 g de tomates bien mûres,
  épépinées, pelées et réduites en purée,
- 300 g de beurre,
- 5 cl d'huile d'arachide,
- 10 cl de lambig (eau de vie de cidre),
- 75 cl de Muscadet,
- 1 bouquet garni (thym, laurier, persil),
- 1 pincée de cayenne,
- sel, poivre.

Assez facile

Pour **6** personnes
Temps de préparation : **30** mn
Temps de cuisson : **20** mn
Vin conseillé :

Muscadet sur Lie ou Barsac

Préparation des homards

Tuer les crustacés en fendant leur tête, d'un seul coup, dans le sens de la longueur. Séparer les deux parties de celle-ci. Oter la poche à gravier et réserver le corail (substance molle et crémeuse se trouvant dans la tête). Découper ensuite, en médaillons, la queue du homard. Briser légèrement les pinces pour que la chair puisse être baignée de sauce à la cuisson.

Cuisson des homards

Lorsque les homards sont tous détaillés, faire revenir les morceaux en cocotte, à feu vif, dans un mélange de beurre (50 g) et d'huile. Dès que les morceaux ont rougi et que la chair commence à dorer légèrement, flamber avec le lambig. Incorporer l'échalote et l'ail hachés ainsi que les tomates réduites en purée. Saler, poivrer copieusement. Mouiller de Muscadet et ajouter le bouquet garni.

Couvrir et laisser mijoter quinze minutes à feu doux. Préparer entre-temps, le beurre de liaison en coupant celui-ci en menus morceaux. Ouvrir la cocotte, sortir les morceaux de homard et les garder au chaud, à couvert sur le plat de service. Incorporer en fouettant, dans la sauce restant dans la cocotte, le beurre de liaison et le corail. Rectifier l'assaisonnement (sel, poivre) et ajouter la pincée de Cayenne.

Faire réduire la sauce, trois minutes à feu doux, sans cesser de fouetter. En napper ensuite les morceaux de homard, juste avant de servir.

HOMARD À LA NAGE

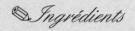 **Ingrédients**

- 6 homards d'environ 400 g.

Bouillon
- 1 gros oignon,
- 1 gousse d'ail,
- 1 carotte,
- 1 tomate,
- 2 blancs de poireaux,
- 1 bouquet garni (thym, laurier, persil),
- 1 branche de fenouil,
- 1/2 citron, non traité,
- 1 pincée de poivre de Cayenne,
- 1 pincée de paprika.
- 75 cl de vin blanc sec (Muscadet ou Gros Plant).
- 1, 5 litre d'eau,
- sel, poivre.

Facile

Pour **6** personnes

Temps de préparation : **10** mn

Temps de cuisson : **42** mn

Vin conseillé : **Gros Plant**

Préparation du bouillon

Réunir dans une grande marmite, les ingrédients du court bouillon. Porter à ébullition et laisser frémir trente minutes. Oter le bouquet garni et la branche de fenouil. Vérifier l'assaisonnement. Plonger les homards dans le bouillon et accélérer la cuisson pendant douze minutes à feu moyen.

Les servir dans le bouillon de cuisson en mettant à la disposition de vos convives, un ravier contenant du persil simple haché très fin et une saucière de beurre demi sel fondu. Ces homards peuvent également être servis froids accompagnés de sauce mayonnaise , sauce aurore ou sauce verte.

HOMARD GRILLÉ

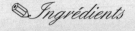 **Ingrédients**

- 3 homards de 600 g à 800 g,
- 20 cl de crème fraîche,
- 1 pincée de thym effeuillé,
- 1 petit oignon blanc,
- 1 pointe de piment de Cayenne,
- 1 cuillère à café de moutarde,
- 5 cl de lambig (ou de Calvados),
- sel, poivre.

Assez facile

Pour **6** personnes

Temps de préparation : **10** mn

Temps de cuisson : **10** mn

Vin conseillé : **Muscadet sur Lie**

Fendre en deux les homards, dans le sens de la longueur. Oter la poche à graviers de chaque homard et la jeter.

Prélever le corail (glande grise et crémeuse se trouvant dans la tête) et le disposer dans un mortier. Piler le corail avec l'oignon. Ajouter, peu à peu, la crème fraîche, la moutarde, le thym, la pointe de Cayenne et le lambig. Fendre les pinces des homards. Saler, poivrer modérément les faces internes des crustacés et les recouvrir d'une fine couche du mélange crémeux préparé.

Préchauffer le four dix minutes avant d'y introduire les homards (face interne vers le haut) puis, griller environ dix minutes (position gril), jusqu'à ce que la couche d'assaisonnement commence à dorer sans toutefois brûler.

LANGOUSTE GRILLÉE

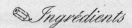 *Ingrédients*

- 4 langoustes d'environ 400 g chacune,
- 8 cuillères à café de crème fraîche,
- 1 pincée de thym effeuillé,
- 1 petite échalote hachée,
- 1 pointe de piment de Cayenne,
- 1 cuillère à café de moutarde,
- 1 cuillère à café de liqueur de myrte (ou du Cognac),
- 1 pincée de graines de fenouil,
- sel et poivre.

Assez facile

Pour **4** personnes

Temps de préparation : **15** mn

Temps de cuisson : **15** mn

Vin conseillé :

Muscadet sur Lie
ou **Figari blanc**

Sur une planche, ouvrir les langoustes dans le sens de la longueur, en commençant par faire pénétrer d'un coup sec la lame d'un solide couteau au milieu du coffre de l'animal afin de le tuer instantanément.

Oter la poche à gravier et prélever le corail et les œufs ; les réserver dans un grand bol. Saler et poivrer légèrement les demi langoustes. Mélanger la crème fraîche, la moutarde et l'échalote hachée au corail et aux œufs dans le bol. Ajouter la cuillère à café de myrte, les pincées de thym effeuillé, les graines de fenouil et la pointe de piment de Cayenne. Fouetter vivement et répartir ce mélange sur les demi langoustes que vous disposerez sur un plat allant au four.

Mettre à cuire à four chaud dix minutes, puis en position gril cinq minutes environ jusqu'à ce que les langoustes deviennent dorées.

SALADE AUX QUEUES DE LANGOUSTINES

✎ *Ingrédients*

- 1 cœur de laitue,
- 24 langoustines,
- 2 œufs durs entiers,
- 1 jaune d'œuf dur,
- 1 cuillère à café de câpres bien égouttées,
- 6 cuillères à soupe d'huile de pépins de raisin,
- 2 cuillères à soupe de vinaigre de cidre,
- 1 cuillère à soupe de moutarde de Meaux,
- éventuellement quelques gouttes de jus de truffe,
- sel et poivre.

Court bouillon
- 3 litres d'eau,
- 20 cl de vin blanc sec,
- 1 oignon,
- 1 gousse d'ail,
- 1 bouquet garni (thym, laurier),
- sel et poivre.

Facile

Pour **4** personnes

Temps de préparation : **20** mn

Temps de cuisson : **12** mn

Vin conseillé **Gros Plant**

Macération : **2** heures

Préparation du court bouillon

Mettre dans une grande casserole, les ingrédients du court bouillon (eau, vin blanc sec, oignon, ail, bouquet garni, sel et poivre) et porter à ébullition. Y plonger les langoustines et laisser frémir cinq à dix minutes (selon grosseur) lorsque l'ébullition a repris.

Sortir les langoustines, bien les égoutter et en prélever les queues. Faire macérer les queues décortiquées deux heures dans un mélange d'huile de pépins de raisin, de moutarde de Meaux et éventuellement de jus de truffe. Laver et sécher les feuilles de laitue et les disposer dans un saladier.

Préparation de la sauce

Placer dans un bol le jaune d'œuf dur écrasé. Incorporer petit à petit le mélange d'huile de pépins de raisin et de moutarde de Meaux dans lequel ont macéré les queues de langoustines. Ajouter le vinaigre, le sel et le poivre. Verser la sauce sur la salade et mélanger délicatement.

Disposer dessus les queues de langoustines. Décorer juste avant de servir avec les quartiers d'œufs durs et les câpres.

MOULES MARINIÈRES

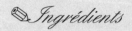 *Ingrédients*

- 3 kg de moules de bouchot, grattées et lavées avec soin,
- 6 gousses d'ail,
- 3 échalotes,
- 2 oignons,
- 3 branches de persil,
- 1 bouquet garni (thym, laurier, estragon),
- 50 g de beurre demi-sel,
- 75 cl de vin blanc sec (Muscadet ou Gros Plant),
- sel, si nécessaire,
- poivre.

Facile

Pour **6** personnes

Temps de préparation : **15** mn

Temps de cuisson : **10** mn

Vin conseillé : **Muscadet**
ou **Gros Plant**

Placer les moules dans un grand faitout. Les poivrer copieusement et éventuellement les saler légèrement. Les saupoudrer d'ail et d'échalotes, d'oignons et de persil (le tout ayant été au préalable finement haché). Ajouter le bouquet garni. Verser le vin blanc. Couvrir et laisser cuire, à feu vif, pendant huit minutes, puis incorporer le beurre en petits morceaux. Replacer, à feu vif, pendant cinq minutes encore. Retirer le bouquet garni et servir les moules, avec leur jus, dans des assiettes creuses, préalablement chauffées.

MOULES DIEPPOISES

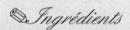 *Ingrédients*

- 2,5 kg de moules de bouchot, soigneusement lavées et grattées,
- 8 gousses d'ail,
- 2 échalotes,
- 1 petit bouquet de persil,
- 1 bouquet garni (thym, laurier, estragon),
- 75 cl de vin blanc sec (Muscadet ou Gros Plant),
- 25 cl de cidre,
- 20 cl de crème fraîche,
- 150 g de beurre,
- 6 tranches de pain de mie, coupées en deux,
- sel, poivre.

Assez facile

Pour **6** personnes

Temps de préparation : **20** mn

Temps de Cuisson : **15** mn

Vin conseillé **Muscadet**
ou **Gros Plant**

Verser, dans une grande casserole, le vin et le cidre. Ajouter l'ail, les échalotes, le persil (le tout haché finement), le bouquet garni et 50 g de beurre. Poivrer copieusement et saler modérément (l'eau de mer contenue dans les moules étant déjà salée). Porter à ébullition et laisser frémir cinq minutes.

Entre temps, faire tiédir la crème pour la liquéfier et faire dorer les croûtons dans une poêle, avec le reste du beurre. Les cinq minutes étant écoulées, verser les moules dans la casserole, couvrir puis bien secouer pour bien mélanger celles ci à l'assaisonnement.

Cuire, à feu vif, pendant cinq minutes, puis ajouter la crème et secouer à nouveau. Replacer à feu vif pendant encore cinq minutes. Retirer le bouquet garni et servir, dans son jus, avec, en garniture, les demi-tranches de pain de mie dorées et un demi-citron ciselé.

Cassolette de Saint-Jacques à la normande

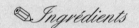

Ingrédients

- 2 coquilles Saint - Jacques, bien pourvues de corail,
- 12 moules de bouchot, soigneusement lavées et grattées,
- 20 crevettes grises décortiquées,
- 40 g de beurre,
- 1 échalote,
- 1 gousse d'ail,
- 1 pincée de thym effeuillé,
- 1 cuillère à café de Calvados,
- 1 cuillère à soupe de crème fraîche,
- 1 tranche de pain de mie.

Assez facile

Pour **1** personne

Temps de préparation : **15** mn

Temps de cuisson : **10** mn

Vin conseillé : **Muscadet** ou **Entre-Deux-mers**

Faire ouvrir à feu doux environ cinq minutes les moules en casserole et garder leur jus. Bien nettoyer les coquilles Saint-Jacques, en ne gardant que le muscle blanc et le corail. Emincer les muscles, dans l'épaisseur. Faire fondre 20 g de beurre dans une poêle et y placer les morceaux de coquilles Saint-Jacques avec l'échalote hachée et la pointe d'ail.

Cuire à feu très doux six minutes, sans laisser se colorer. Flamber avec le Calvados, puis ajouter le jus des moules, les crevettes, la pincée de thym effeuillé. Saler, poivrer. Laisser réduire à feu moyen, trois minutes. Lier à la crème fraîche, ajouter les moules et servir dans un caquelon de terre très chaud avec une rondelle de citron et une tranche de pain de mie frite, au préalable, dans du beurre.

COQUILLES SAINT-JACQUES
À LA PARISIENNE

Ingrédients

- 18 coquilles Saint-Jacques,
- 500 g de moules de bouchot, soigneusement lavées et grattées,
- 150 g de crevettes grises, décortiquées,
- 350 g de petits champignons de Paris, coupés en deux,
- 3 gousses d'ail,
- 2 échalotes,
- 2 branches de persil,
- 150 g de beurre,
- 10 cl d'huile d'arachide,
- 15 cl de crème fraîche,
- 3 cuillères à soupe de farine,
- 20 cl de vin blanc sec,
- 1 verre de lait,
- 150 g de chapelure,
- le jus d'un citron,
- sel, poivre.

Assez facile

Pour **6** personnes

Temps de préparation : **30** mn

Temps de cuisson : **20** mn

Vin conseillé : **Muscadet**
ou **Saint-Véran**

Faire ouvrir les moules, en marinière, dans une casserole. Les parsemer d'échalotes, d'ail et de persil hachés et les saupoudrer légèrement de sel et de poivre. Les mouiller de vin blanc, additionné de jus de citron. Ajouter dix centilitres de crème fraîche et un gros morceau de beurre. Les moules ainsi parées seront cuites six minutes à feu vif, en les retournant deux fois. Les décortiquer et les garder au chaud. Passer le jus au chinois et le réserver. Bien nettoyer les coquilles, en ne conservant que le pied et le corail. Conserver six coquillages pour la présentation.

Dans une poêle creuse, faire revenir les coquilles Saint-Jacques dans un mélange de beurre et d'huile, avec les champignons de Paris. Saler, poivrer, saupoudrer d'ail, d'échalote et de persil hachés. Lorsque le tout commence à dorer, mouiller de 5 cl de jus de cuisson des moules. Couvrir et laisser mijoter, à feu très doux, pendant environ cinq minutes.

Préparation de l'enrobage

Dans une casserole, réaliser un roux blanc avec la farine et 100 g de beurre. Lorsque le mélange a moussé quelques minutes, mouiller avec 20 cl de jus de cuisson des moules, en veillant à ce qu'il ne soit pas trop salé. Ajouter un verre de lait et incorporer le reste de la crème fraîche.

Vous obtiendrez alors une sauce ayant l'apparence d'une béchamel. La laisser épaissir quelques minutes, à feu très doux.

Préparation finale

Répartir régulièrement, dans les six coquillages réservés à cet effet, les Saint-Jacques et les champignons, soigneusement dégraissés (à l'aide de papier absorbant), les crevettes décortiquées et les moules. Il est également possible d'ajouter quelques rondelles de quenelles de poisson. Vérifier la consistance de la sauce et son assaisonnement et en napper les coquilles. Saupoudrer de chapelure fine et mettre au réfrigérateur, au moins une heure. Placer ensuite à four chaud et faire gratiner, environ vingt minutes, jusqu'à obtention d'une belle couleur blonde.

COQUILLES SAINT-JACQUES
À LA PROVENÇALE

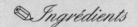

Ingrédients

- 18 coquilles Saint-Jacques,
- 2 grosses tomates pelées,
  épépinées et pilées,
- 2 gousses d'ail,
- herbes de Provence (thym, romarin),
- 15 cl d'huile d'olive,
- 5 cl de pastis,
- sel, poivre.

Facile

Pour **6** personnes

Temps de préparation : **10** mn

Temps de cuisson : **20** mn

Vin conseillé : **Côtes de Provence**

Bien nettoyer les coquilles, en ne gardant que le muscle blanc et le corail. Réserver six coquillages pour la présentation. Faire sauter les coquilles à feu vif, avec de l'huile d'olive, quelques minutes, dans une poêle creuse. Lorsque celles-ci sont dorées, jeter l'excédent d'huile, flamber avec le pastis, puis incorporer les tomates pilées et l'ail haché. Saler, poivrer. Couvrir et laisser mijoter cinq minutes. Ajouter ensuite les herbes de Provence et faire réduire de moitié, avant de servir dans les coquillages réservés à cet effet.

COQUILLES SAINT-JACQUES
À LA BRESTOISE

Ingrédients

- 18 coquilles Saint-Jacques avec corail,
- 2 échalotes,
- 1 oignon blanc,
- 2 gousses d'ail,
- 2 branches de persil,
  .../...

Facile

Pour **6** personnes

Temps de préparation : **20** mn

Temps de cuisson : **20** mn

Vin conseillé : **Muscadet sur Lie**

- 1 pincée de thym effeuillé,
- 1 feuille de laurier,
- 100 g de beurre,
- 2 cuillères à soupe de crème fraîche,
- 1 verre de vin blanc sec,
- 1 verre d'eau,
- 5 cl de lambig (ou de Calvados),
- chapelure fine,
- sel, poivre.

Ouvrir les coquilles. Prélever les noix (muscle blanc) et le corail. Réserver les barbules (branchies) et les nettoyer soigneusement. Garder six coquillages vides, pour la présentation. Placer ensuite les barbules dans une casserole avec le vin blanc et l'eau, l'oignon blanc, une gousse d'ail, une échalote coupée en quatre, le thym et le laurier. Saler et poivrer.

Laisser frémir et réduire vingt minutes. Passer le jus obtenu au chinois et le réserver. Dans une petite poêle, faire revenir vivement, avec du beurre, les noix et le corail des coquillages. Saler et poivrer modérément.

Lorsque les noix commencent à blondir, flamber avec le lambig, puis répartir le contenu de la poêle dans les coquillages vides, réservés à cet effet. Hacher l'ail, le persil, et l'échalote restants. En saupoudrer le contenu des coquilles. Ajouter une noix de beurre. Mouiller chaque coquille de deux cuillères à soupe du jus préparé précédemment. Mettre à four chaud dix minutes. Sortir et répartir à la surface la crème fraîche. Saupoudrer d'un peu de chapelure.

Remettre, à four chaud, quelques minutes, jusqu'à ce que la chapelure commence à blondir.

BROCHETTES DE COQUILLES SAINT-JACQUES

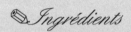 *Ingrédients*

- 24 coquilles Saint-Jacques,
- 4 tomates pas trop mûres,
- 2 poivrons verts,
- 1 poivron rouge,
- 3 gros oignons,
- 1 tranche de lard fumé, coupée en lamelles d'un demi centimètre d'épaisseur,
- thym effeuillé,
- huile d'olive,
- un demi citron,
- sel et poivre.

Facile

Pour **6** personnes

Temps de préparation : **10** mn

Temps de cuisson : **10** mn

Vin conseillé : **Entre-deux-Mers**

Bien nettoyer les coquilles, en ne gardant que le muscle blanc et le corail. Couper en gros morceaux les oignons, les tomates et les poivrons. Utiliser de préférence des brochettes à section aplatie pour faciliter les retournements.

Enfiler en premier un morceau d'oignon, puis un lardon, une noix de coquille Saint-Jacques et son corail, un morceau de tomate, un morceau de poivron vert ou rouge. Recommencer l'opération et terminer la brochette avec un solide morceau d'oignon.

Lorsque les brochettes sont prêtes, les badigeonner d'huile d'olive, les humecter d'un filet de citron, les saler, les poivrer, les saupoudrer légèrement de thym effeuillé et les disposer sur un plat de service.

Faire griller les brochettes, de préférence sur des braises (ou à défaut au gril du four) dix minutes en les retournant plusieurs fois pour assurer une cuisson régulière de tous côtés. Servir les brochettes accompagnées d'un riz blanc.

COQUILLES SAINT-JACQUES
AUX POIVRONS

Facile

Pour **6** personnes

Temps de préparation : **10** mn

Temps de cuisson : **10** mn

Vin conseillé : **Côtes de Provence**

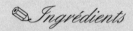

Ingrédients

- 18 coquilles Saint-Jacques,
- 1 belle tomate pelée et épépinée,
- 1/2 poivron rouge,
- 1/2 poivron vert,
- 2 gousses d'ail,
- thym effeuillé,
- huile d'olive,
- sel et poivre.

Bien nettoyer les coquilles en ne gardant que le muscle blanc et le corail. Faire sauter les coquilles à feu vif, avec de l'huile d'olive quelques minutes à la poêle. Lorsque celles-ci sont dorées, incorporer les poivrons coupés en gros morceaux, puis les tomates également coupées en gros morceaux et l'ail haché.

Saler, poivrer. Couvrir et laisser mijoter cinq minutes. Saupoudrer légèrement de thym effeuillé et laisser réduire quelques instants.

PALOURDES FARCIES

Assez facile

Pour **6** personnes

Temps de préparation : **30** mn

Temps de cuisson : **10** mn

Vin conseillé : **Gros Plant**

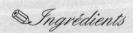

Ingrédients

- 6 douzaines de palourdes, de belle taille,
- 300 g de beurre demi-sel (à température ambiante),
- 1 échalote,
- 3 gousses d'ail,
- 2 branches de persil,
- 1/2 verre de vin blanc sec,
- sel, poivre.

Dans le mortier où vous aurez pilé ensemble l'échalote et l'ail, ajouter le beurre, le vin blanc, le persil haché, le sel et le poivre. Battre soigneusement à la fourchette jusqu'à absorption totale du vin blanc. Votre farce est prête. Ouvrir les palourdes crues, les égoutter. Farcir la valve conservant la chair avec le mélange préparé ci-dessus. Placer, à four chaud, dans un plat pendant environ dix minutes.

Servir dès que la farce est en ébullition. Cette recette peut être utilisée pour la préparation de praires, amandes de mer, moules, pétoncles, etc.

ESCALOPES D'ORMEAUX DE SAINT-BRIAC

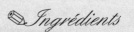

Ingrédients

- 1 douzaine d'ormeaux, de taille moyenne,
- 1 gousse d'ail,
- 1 échalote,
- 1 branche de persil,
- 1 pincée de thym effeuillé,
- 1 cuillère à soupe de Lambig.
- 1 cuillère à soupe de crème fraîche,
- 20 g de beurre,
- 1 cuillère à soupe d'huile,
- sel, poivre.

Assez facile

Pour **6** personnes

Temps de préparation : **20** mn

Temps de cuisson : **20** mn

Vin conseillé : **Muscadet sur Lie**

Séparer les ormeaux de leurs coquilles, avec un couteau bien aiguisé à bout rond. Oter la partie molle pour ne conserver que le pied. Tels quels, les ormeaux sont immangeables. Il convient de les attendrir. Pour ce faire, poser les ormeaux, à plat sur une planche de cuisine et les battre consciencieusement, sur toute leur surface avec, soit un maillet de bois, soit le chant (côté le plus étroit) d'une autre petite planche de cuisine.

Lorsque les ormeaux sont bien aplatis et que leurs bords commencent légèrement à se déchirer, ils sont prêts à cuisiner. Les faire alors revenir, dans un mélange d'huile et de beurre, jusqu'à ce qu'ils se mettent à dorer. Incorporer l'ail, l'échalote et le persil, hachés très fin. Réduire en crème quelques instants à feu doux. Mouiller de Lambig, flamber vivement et ajouter la crème fraîche, du sel, du poivre et la pincée de thym effeuillé.

Laisser frémir légèrement et servir, de préférence, sur des croûtons grillés frottés d'ail.

ESCARGOTS À L'ALSACIENNE

 *Ingrédients*

- 6 douzaines d'escargots.

Court bouillon
- 2 litres d'eau,
- 75 cl de vin d'Alsace (Riesling),
- 2 carottes,
- 1 oignon piqué d'un clou de girofle,
- 2 échalotes coupées en deux,
- 1 bouquet garni (thym, laurier, persil),
- sel, poivre.

Beurre d'escargot
- 300 g de beurre,
- 3 gousses d'ail pilées,
- 2 échalotes pilées,
- 2 branches de persil hachées,
- sel, poivre.

Assez facile

Pour **6** personnes

Temps de préparation : **1** h

Temps de cuisson : **1** h

Vin conseillé : **Riesling**

Faire jeûner les escargots une semaine. Les laver et les placer dans un large récipient. Les saupoudrer abondamment de gros sel et de farine pour les faire dégorger. Bien les laver ensuite, jusqu'à ce que toute matière gluante ait disparu. Faire bouillir quatre litres d'eau salée, y plonger les escargots, laisser reprendre l'ébullition, puis couper les feux et laisser blanchir huit minutes. Sortir à l'écumoire. Plonger dans l'eau froide et égoutter. Sortir les escargots de leur coquille avec une pique à deux dents (fourchette à escargot).

Préparation du court bouillon

Mettre les ingrédients du court-bouillon dans un faitout. Porter à ébullition, y plonger les escargots vidés de leur coquille et laisser frémir quarante cinq minutes en écumant régulièrement. Entre temps, laver et sécher soigneusement les coquilles.

Préparation du beurre d'escargot

Bien mélanger tous les éléments constituant le beurre d'escargot dans un mortier. Rectifier l'assaisonnement selon goût.

Préparation des escargots

Bien égoutter les escargots et les sécher au torchon. Prendre une coquille, introduire au fond un peu de court-bouillon, puis un peu de beurre d'escargot. Remettre dans sa coquille l'escargot et obturer avec du beurre d'escargot. Procéder ainsi pour chaque coquille. Disposer sur un plat à escargots et mettre à four chaud. Servir dès que le beurre devient mousseux.

ESCARGOTS DE BOURGOGNE

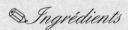

Ingrédients

- 6 douzaines d'escargots.

Court bouillon
- 3 litres d'eau,
- 65 cl de vin de Bourgogne aligoté,
- 2 carottes,
- 1 oignon,
- 1 échalote,
- 1 bouquet garni (thym, laurier, persil),
- sel, poivre.

Beurre d'escargot
- 300 g de beurre,
- 4 gousses d'ail pilées,
- 1 échalote pilée,
- 3 branches de persil hachées,
- 5 cl de Bourgogne aligoté,
- poivre.

Assez facile

Pour **6** personnes

Temps de préparation : **1** h

Temps de cuisson : **1** h

Vin conseillé **Saint-Véran**

Faire jeûner les escargots une semaine. Les laver et les placer dans un récipient avant de les saupoudrer abondamment de gros sel et de farine pour les faire dégorger. Bien les laver ensuite jusqu'à ce que toute matière gluante ait disparu. Faire bouillir trois litres d'eau salée. Y plonger les escargots, laisser reprendre l'ébullition, puis couper les feux et laisser blanchir huit minutes. Sortir à l'écumoire. Plonger dans l'eau froide et égoutter. Sortir les escargots de leur coquille avec une pique à deux dents (fourchette à escargot).

Préparation du court bouillon

Mettre les ingrédients du court-bouillon dans un faitout. Porter à ébullition, y plonger les escargots séparés de leur coquille et laisser frémir quarante-cinq minutes, en écumant régulièrement. Entre temps, laver et sécher soigneusement les coquilles.

Préparation du beurre d'escargot

Bien mélanger tous les éléments constituant le beurre d'escargot dans un mortier. Rectifier l'assaisonnement selon goût.

Préparation des escargots

Bien égoutter les escargots et les sécher au torchon. Prendre les coquilles, une à une, introduire au fond une grosse noisette de beurre d'escargot, puis l'escargot lui-même et obturer copieusement la coquille avec du beurre d'escargot. Procéder ainsi pour chaque coquille. Les disposer sur un plat à escargots. Mettre à four chaud et servir dès que le beurre devient mousseux et commence à fumer.

CARGOLADE

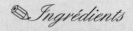

Ingrédients

- 9 douzaines de petits escargots (petits gris ou, escargots blancs corses de préférence),
- 3 tomates, bien mûres,
- 2 gousses d'ail,
- 1 gros oignon doux,
- 1 morceau de fenouil, détaillé en lamelles,
- 2 branches de persil hachées,
- 3 pincées de thym effeuillé,
- 5 à 6 petites feuilles de laurier,
- 3 pincées de piment de Cayenne,
- 1 litre de vin blanc sec,
- 1 verre d'huile d'olive,
- sel, poivre.

Facile

Pour **6** personnes

Temps de préparation : **10** mn

Temps de cuisson : **30** mn

Vin conseillé : **Figari blanc**
ou **Chablis**

(prévoir de faire jeûner les escargots
pendant une semaine et
de les faire baver 12 h)

Faire jeûner une semaine les escargots. Douze heures avant de commencer à les préparer, les saupoudrer de sel fin et de farine pour les faire baver. Les remuer plusieurs fois pendant ces douze heures puis les rincer et les brosser soigneusement à l'eau courante. Egoutter et sécher au torchon.

Préparation des escargots

Dans une grande poêle creuse, mettre à chauffer l'huile d'olive dans laquelle vous plongerez vos escargots en coquille. Saler, poivrer, puis ajouter dans l'ordre : l'oignon et l'ail hachés grossièrement, le fenouil réduit en menues lamelles, le persil , les tomates et les épices proprement dites (thym, laurier piment de Cayenne). Mouiller de vin blanc sec. Couvrir et laisser mijoter trente minutes, à feu moyen, en tournant plusieurs fois. Servir les escargots accompagnés d'un vin blanc sec (Corse de préférence). Prévoir des fourchettes à escargots.

PERSILLADE DE CUISSES DE GRENOUILLES

Facile

Pour **6** personnes

Temps de préparation : **10** mn

Temps de cuisson : **15** mn

Vin conseillé : **Sancerre blanc**

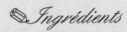

Ingrédients

- 4 douzaines de paires de cuisses de grenouilles,
- 2 gousses d'ail, hachées finement,
- 4 branches de persil,
- 1 tomate, bien mûre, pelée, épépinée et réduite en purée,
- 1 pincée de Cayenne, si vous aimez les plats épicés,
- huile d'arachide,
- sel, poivre.

Laver et sécher soigneusement les cuisses de grenouilles. Faire chauffer l'huile, dans une poêle creuse, sans toutefois qu'elle fume. Y faire revenir à feu moyen les cuisses de grenouilles. Lorsqu'elles commencent à blondir, ajouter l'ail et le persil hachés. Les retourner pendant quelques minutes délicatement, pour ne pas détacher la chair des os, puis incorporer la tomate pilée. Saler, poivrer et épicer selon goût. Ajouter un demi verre d'eau. Couvrir et laisser mijoter à feu doux dix minutes. Servir sur un plat chaud, accompagné de toasts grillés. Déguster, selon goût, avec quelques gouttes de citron.

POISSONS

ANGUILLES GRILLÉES À LA PÉRIGOURDINE

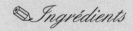

Ingrédients

- 2 anguilles de 500 g,
- 4 échalotes,
- 1 gousse d'ail,
- 10 cl d'huile,
- 10 cl de vin blanc sec,
- 50 g de farine,
- 2 branches de persil,
- sel, poivre.

Assez facile

Pour **6** personnes

Temps de préparation : **10** mn

Temps de cuisson : **10** mn

Vin conseillé **Entre-Deux-Mers**

ou **Barsac**

Oter la peau des anguilles et les vider. Les couper en petits tronçons. Les essuyer avec un papier absorbant et les fariner. Faire chauffer l'huile dans une poêle et y mettre à frire les morceaux d'anguilles environ cinq minutes. Saler et poivrer le poisson et le saupoudrer de persil, d'ail et d'échalotes hachés. Mouiller de vin blanc sec et prolonger la cuisson encore cinq minutes environ sans cesser de tourner jusqu'à évaporation presque totale du liquide dans la poêle. Servir avec des croûtons de pain grillé, frottés à l'ail.

FRITURE D'ANGUILLES

Ingrédients

- 3 anguilles de 500 g,
- 20 cl d'huile d'olive,
- herbes : thym, romarin, marjolaine, fenouil,
- 150 g de farine,
- 2 œufs,
- 10 cl de lait,
- 4 citrons,
- sel et poivre.

Assez facile

Pour **6** personnes

Temps de préparation : **15** mn

Temps de cuisson : **8** mn

(laisser macérer **4** h)

Vin conseillé : **Muscadet sur Lie**

ou **Saint-Véran**

Oter la peau des anguilles, les vider, les laver et les sécher soigneusement avec du papier absorbant. Les couper en petits tronçons et les disposer dans une terrine. Saler, poivrer et saupoudrer d'herbes. Mouiller avec l'huile d'olive et le jus de deux citrons. Garder au frais environ quatre heures.

Dans une autre terrine, mêler délicatement la farine, les œufs et le lait. Saler et poivrer légèrement. Au moment de cuire les poissons, les sortir de leur terrine et les laisser égoutter quelques minutes sur un papier absorbant. Rouler chaque tronçon d'anguille dans la pâte que vous avez préparée et les mettre à dorer dans un bain de friture chaud sans qu'ils ne se touchent. Les retourner pour qu'ils dorent sur toutes leurs faces.

Lorsqu'ils sont bien dorés, les retirer de la friture et les faire égoutter sur un papier absorbant. Les servir accompagnés des citrons restants et éventuellement d'une mayonnaise aux câpres et au persil.

Brochet au beurre blanc

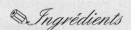 **Ingrédients**

-1 brochet de 2kg.

Court bouillon
- 20 g par litre de sel de mer, dans 7 litres d'eau,
- 75 cl de vin blanc sec (Muscadet),
- 10 cl de vinaigre de cidre,
- 1 oignon,
- 2 carottes émincées,
- 1 bouquet garni (thym, laurier, estragon),
- 1 morceau de sucre,
- poivre.

Beurre blanc
- 5 cl de vinaigre de cidre,
- 2 jaunes d'œufs,
- 1 échalote hachée,
- 2 branches de persil émincées,
- 2 branches d'estragon hachées,
- 250 g de beurre,
- 2 cuillères à soupe de crème fraîche.

Assez difficile

Pour **6** personnes

Temps de préparation : **25** mn dont

15 mn pour le beurre blanc

Temps de cuisson : **30** mn

Vin conseillé : **Muscadet sur Lie** ou **Saumur blanc**

Court bouillon et cuisson du poisson

Réunir, dans une grande marmite, les ingrédients du court bouillon et porter à ébullition. Entre temps, vider soigneusement le poisson, en prenant soin d'éliminer les laitances et les œufs. L'envelopper dans un linge et le placer dans une poissonnière. Le recouvrir de court bouillon et le mettre à four moyen. à couvert environ trente minutes.

Préparation du beurre blanc

Mélanger dans une casserole, le vinaigre, l'échalote, l'estragon et le persil. Laisser réduire, des deux tiers, à feu doux. Passer au chinois pour recueillir l'exsudat (jus de cuisson réduit des aromates). Mélanger, hors du feu, cet exsudat avec le beurre réduit en morceaux, sans cesser de tourner. Placer la casserole au bain marie et ajouter, petit à petit, les jaunes d'œufs, en battant au fouet continuellement, jusqu'à obtention d'une crème onctueuse. Le beurre blanc ainsi obtenu est prêt. Le conserver au bain marie, à peine frémissant.

Sortir le poisson et le dérouler de son torchon sur une grande planche. Oter la peau et les arêtes externes.

Disposer le brochet sur un plat et le servir avec la sauce, à laquelle vous aurez ajouté au dernier moment la crème fondue. Accompagner ce plat de petites pommes de terre cuites à l'eau.

QUENELLES DE BROCHET

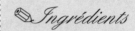 *Ingrédients*

Quenelle
- *200 g de farine,*
- *80 g de beurre,*
- *5 jaunes d'œufs,*
- *25 cl de lait chaud,*
- *1 râpure de noix de muscade,*
- *sel, poivre blanc.*

Poisson
- *300 g de chair de brochet, sans arêtes,*
- *150 g de beurre,*
- *6 œufs entiers,*
- *sel, poivre.*

Assez difficile

Pour **6** personnes
Temps de préparation (varie selon la sauce d'accompagnement)
Temps de cuisson : **15** mn
Laisser reposer au réfrigérateur **12** h.
Vin conseillé : **Muscadet sur Lie**
ou **Vin Jaune du Jura**
(sauce Nantua)

Préparation de la pâte à quenelle

Mélanger la farine, les jaunes d'œufs, le lait chaud, le beurre, le sel, le poivre et la râpure de noix de muscade. Chauffer jusqu'à ébullition en tournant sans arrêt, puis laisser cinq minutes à feu doux pour rendre la pâte plus sèche. Mettre à refroidir au réfrigérateur quelques heures.

Préparation du poisson

Piler la chair de brochet, jusqu'à obtention d'une pâte lisse. Ajouter peu à peu le beurre, réduit en pommade, pour obtenir un mélange homogène. Incorporer, un à un, les œufs entiers, pour réaliser une consistance crémeuse épaisse. Saler et poivrer légèrement. Mêler le tout à la pâte à quenelle refroidie. Passer l'appareil obtenu au tamis fin, puis répandre sur un plat une couche de pâte d'environ deux centimètres. Placer au réfrigérateur douze heures.

Confection de quenelles

Sur une planche farinée, rouler les morceaux de pâte en forme de quenelle. Pocher celles-ci, à l'eau faiblement bouillante et salée, environ huit minutes, jusqu'à obtention d'une consistance ferme.

Assaisonnement des quenelles

Celles-ci peuvent être préparées avec différentes sauces et plus particulièrement avec la sauce Nantua, le beurre cardinal, la sauce à la crème et la sauce à la tomate ou sauce Aurore.

En vue de la préparation de ces sauces, réaliser d'abord comme sauce de base une béchamel.

- SAUCE BÉCHAMEL

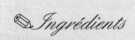

Ingrédients

- 125 g de beurre,
- 2 cuillères à soupe de farine,
- 1 litre de lait.

Avec le mélange beurre et farine, réaliser un roux blond et y ajouter, peu à peu, le lait chaud. Faire réduire à feu doux quelques minutes afin d'obtenir une consistance lisse et crémeuse, sans grumeaux, rendue parfaite par un passage au tamis fin. Cette sauce de base étant prête, vous trouverez, ci-après, les éléments de chaque sauce.

- SAUCE NANTUA

Prévoir dix huit écrevisses, rougies au beurre. Utiliser la chair et la carapace de dix écrevisses. Peser l'ensemble et piler, à froid, avec une quantité égale de beurre en pommade. Passer au tamis très fin, pour ôter tous morceaux de carapace. Ajouter la béchamel, dix centilitres de crème fraîche et, éventuellement, une petite tomate pelée et épépinée, réduite en fine purée. Rectifier l'assaisonnement (sel, poivre, paprika, filet de cognac). Bien fouetter l'ensemble.

Garnir avec les écrevisses entières restantes et napper les quenelles avec la crème obtenue. Vous pouvez, selon goût, les passer au four, telles quelles ou saupoudrées de chapelure ou de gruyère râpé fin. Gratiner légèrement.

- SAUCE BEURRE CARDINAL

Il s'agit de la même préparation que celle de la sauce Nantua, mais les écrevisses sont remplacées par une quantité égale de homard .

- SAUCE À LA CRÈME

On ajoute seulement, à la béchamel, vingt cinq centilitres de crème fraîche et, éventuellement, des champignons de Paris sautés au beurre et dégraissés, du sel, du poivre et un filet de cognac.

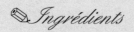

- SAUCE À LA TOMATE OU SAUCE AURORE

On y retrouve les mêmes ingrédients que dans la sauce Nantua ou la sauce beurre cardinal, la différence résidant dans une présence de tomates pilées plus importante et l'adjonction d'un bouquet garni (thym, laurier et romarin).

FILETS DE SANDRE AUX AMANDES

Assez facile

Pour **6** personnes

Temps de préparation : **20** mn

Temps de cuisson : **10** mn

Vin conseillé : **Riesling**

(Laisser reposer **30** mn avant cuisson)

✎ *Ingrédients*

- 2 sandres d'1 kg chacun,
- 25 cl de vin d'Alsace (Riesling),
- 150 g de beurre,
- 3 cuillères à soupe d'huile d'arachide,
- 10 cl de lait,
- le jus d'un citron,
- 1 citron, découpé en rondelles,
- 200 g d'amandes effilées,
- sel, poivre.

Vider et écailler soigneusement les poissons. Lever les filets et les couper en deux. Tasser les filets dans une petite terrine et les arroser avec le Riesling et le lait. Laisser reposer au frais une demi-heure. Bien égoutter les filets sur un torchon. Saler et poivrer. Dans une grande poêle, faire mousser un mélange de cent grammes de beurre et d'huile. Disposer dans cette poêle les filets de sandre. Laisser blanchir cinq minutes, à petit feu (le beurre ne devant jamais roussir).

Retourner les filets et les cuire encore deux minutes. Placer les filets dans un plat en terre bien beurré et les conserver au chaud. Entre temps, dans la poêle de cuisson des filets, ajouter le reste de beurre. Y faire revenir les amandes effilées, arrosées du jus de citron. Lorsque celles-ci commencent à dorer, les répartir sur les filets de sandre. Napper du beurre de cuisson et décorer de rondelles de citron ciselées. Servir accompagné de pommes de terre cuites à l'eau.

MATELOTE AU RIESLING

Moins facile

Pour **6** à **8** personnes

Temps de préparation : **30** mn

Temps de cuisson : **1** h

(marinade : **12** h)

Vin conseillé **Riesling**

✎ *Ingrédients*

- 500 g de brochet,
- 300g de perche,
- 300 g de tanche,
- 300 g de tronçons d'anguille,
...\...

150

Préparation de la marinade

Ecailler, vider, laver les poissons (conserver les parures, c'est à dire, les têtes, les queues et les arêtes).

- 300 g de sandre,
- 1 bouquet garni (thym, laurier, estragon, persil),
- 1 gousse d'ail,
- 1 oignon, piqué d'un clou de girofle,
- 1 pincée de muscade râpée,
- 1 carotte, détaillée en rondelles,
- 50 g de beurre,
- 300 g de champignons de Paris ou de girolles,
- 30 cl de crème fraîche,
- 30 cl de vin d'Alsace (Riesling),
- 2 jaunes d'œufs,
- sel, poivre.

Placer les morceaux de poissons dans une terrine. Ajouter l'oignon, l'ail, la carotte, le bouquet garni et la muscade. Mouiller de Riesling, jusqu'à ce que les poissons soient recouverts. Saler et poivrer. Couvrir et laisser macérer douze heures.

Cuisson des poissons

Oter soigneusement les poissons de la marinade. Verser la marinade et les ingrédients qu'elle contient dans une casserole. Ajouter les parures, que vous avez conservées. Couper d'un volume égal d'eau, puis porter à ébullition quinze minutes.

Placer dans une terrine les morceaux de poissons égouttés et, lorsque le court bouillon obtenu précédemment est prêt, verser celui-ci sur les poissons en les recouvrant légèrement. Fermer la terrine et la mettre, à four chaud, vingt minutes (en profiter pour faire blanchir les champignons, détaillés en petits morceaux, un quart d'heure à l'eau bouillante salée). Lorsque les poissons sont cuits, les sortir du court bouillon et les garder au chaud, sur le plat de service.

Entre-temps, faire réduire le court bouillon (passé au chinois) pendant dix minutes, puis y ajouter, hors du feu, les jaunes d'œufs et la crème. Réchauffer, en tournant sans arrêt, jusqu'à obtention d'une consistance crémeuse. Incorporer les champignons.

Napper les poissons de la sauce obtenue et servir sur assiettes chaudes avec des spätzele ou des pommes de terre cuites à l'eau.

TRUITES AU BLEU

 *Ingrédients*

- 6 truites, fraîchement assommées.

Court bouillon
Voir ingrédient du court-bouillon p147.
Recette du Brochet au beurre blanc
.../...

Facile

Pour **6** personnes

Temps de préparation : **10** mn

Temps de cuisson : **30** mn

dont **20** mn pour le court bouillon

Vin conseillé : **Sylvaner**

Préparation du court bouillon

Placer les ingrédients dans un faitout. Porter à ébullition et laisser cuire vingt minutes à petit feu.

Préparation des truites

Pendant la cuisson du court bouillon, vider soigneusement les truites, en les tenant par les ouïes afin de préserver la pellicule gluante, qui recouvre la peau et qui deviendra bleue à la cuisson. Lorsque le court bouillon est à point, y plonger les truites et laisser frémir dix minutes environ.

Sauce
- 125 g de beurre,
- jus d'un citron,
- 1 pincée de thym effeuillé,
- 1 cuillère à café de crème fraîche,
- sel, poivre.

Préparation de la sauce d'accompagnement

Faire fondre doucement le beurre, détaillé en petits morceaux, jusqu'à ce que sa surface devienne mousseuse. Incorporer alors le jus de citron, le thym, le sel et le poivre. Fouetter vivement à feu doux.

Disposer les truites égouttées sur un plat et servir avec la sauce précédemment préparée et battue avec la crème fraîche, ajoutée au dernier moment. Accompagner de Riesling ou de Sylvaner, selon le vin que vous aurez utilisé pour le court bouillon.

TRUITES AUX AMANDES

Ingrédients

- 6 truites,
- 150 g de beurre,
- 2 cuillères à soupe d'huile d'arachide,
- le jus d'un citron,
- 1 citron, coupé en rondelles,
- 150 g d'amandes effilées,
- sel, poivre.

Facile

Pour **6** personnes

Temps de préparation : **10** mn

Temps de cuisson : **8** mn

Vin conseillé : **Riesling**

ou **Saint-Véran**

Vider soigneusement les truites, les laver et les sécher au torchon. Faire fondre, dans une poêle, 100 g de beurre, additionné de 2 cuillères à soupe d'huile. Laisser blondir à feu moyen. Placer alors les truites dans la poêle. Les faire dorer vivement (environ quatre minutes de chaque côté). Saler et poivrer modérément. Disposer ensuite les truites sur un plat de service et les conserver au chaud. Entre-temps, dans la poêle de cuisson des truites, ajouter le reste du beurre. Y faire revenir les amandes effilées, arrosées du jus de citron. Lorsque celles-ci commencent à dorer, les répartir sur les truites. Napper du beurre de cuisson et décorer de rondelles de citron ciselées. Servir de préférence avec des pommes de terre cuites à l'eau.

TRUITES MEUNIÈRES

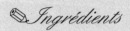

Ingrédients

- 6 truites,
- 150 g de beurre,
- 2 cuillères à soupe d'huile d'arachide,
- 150 g de farine,
- 1 bouquet de persil haché,
- 2 citrons,
- sel, poivre.

Facile

Pour **6** personnes

Temps de préparation : **10** mn

Temps de cuisson : **8** mn

Vin conseillé : **Muscadet**

ou **Chablis**

Vider soigneusement les truites, les laver et les sécher au torchon avant de les fariner légèrement. Dans une poêle, faire fondre 100 g de beurre, additionné de deux cuillères à soupe d'huile d'arachide et laisser blondir, à feu moyen. Mettre ensuite les truites dans la poêle. Les faire dorer vivement, environ quatre minutes de chaque côté. Saler, poivrer modérément.

Les placer ensuite sur un plat de service chaud. Saupoudrer chaque truite de persil haché. Les agrémenter d'une rondelle de citron et disposer, à chaque extrémité du plat, deux demi citrons ciselés. Ajouter le reste du beurre dans la poêle chaude. Le faire blondir légèrement et en napper les truites, après avoir ôté les impuretés du beurre brûlant, en le passant au préalable au chinois. Vous obtiendrez ainsi une belle présentation bien mousseuse, la réaction du beurre chaud, au contact du persil, provoquant une mousse parfumée.

TRUITES AU VERJUS

Ingrédients

- 6 truites,
- 150 g de beurre,
- 3 cuillères à soupe d'huile,
- 1 cuillère à soupe de crème fraîche,
- 150 g de farine,
- 200 g d'oseille,
- 2 branches de persil haché,
- 2 échalotes hachées,
- 1 gousse d'ail hachée,

.../...

Facile

Pour **6** personnes

Temps de préparation : **15** mn

Temps de cuisson : **10** mn

Vin conseillé : **Bergerac blanc**

Vider soigneusement les truites, les laver et les sécher au torchon. Préparer la farce de garniture des truites de la manière suivante : froisser et déchirer les feuilles d'oseille avec les mains, après les avoir

> - 1 pincée de thym effeuillé,
> - 2 citrons,
> - 2 verres de verjus,
> - sel, poivre.

lavées à l'eau vive et séchées. Oter les côtes des feuilles d'oseille. Y adjoindre ensuite, l'échalote émincée, le persil haché , la pincée de thym effeuillé et la crème fraîche. Saler, poivrer. Bien mélanger le tout et en garnir l'intérieur des truites. Brider avec une ficelle à gigot.

Fariner légèrement les truites et les mettre à cuire, dans une poêle, dans un mélange de beurre et d'huile. Les faire dorer environ quatre minutes de chaque côté. Saler, poivrer modérément.

En fin de cuisson, les disposer sur un plat de service et les conserver au chaud. Verser dans la poêle, après avoir ôté l'excédent de graisse, le verjus (ou éventuellement du vin blanc sec, additionné d'un filet de citron). Faire réduire à feu doux. Parsemer les truites de persil et d'ail hachés et les napper de verjus brûlant, juste avant de servir. Décorer avec des rondelles de citron ou des citrons ciselés.

TRUITES AU VIN

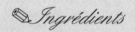 *Ingrédients*

- 4 truites,
- 75 cl de vin rouge,
- 20 cl de vinaigre de vin,
- 4 gousses d'ail,
- 1 petit oignon blanc,
- 1 bouquet garni (thym, laurier, romarin, sauge),
- 1 cuillère à café (bombée) de farine,
- 75 cl d'eau,
- 2 cuillères à soupe d'huile d'olive,
- 1 piment,
- sel et poivre.

Facile

Pour **4** personnes

Temps de préparation : **15** mn

Temps de cuisson : **15** mn

Vin conseillé : **Patrimonio**

ou **Figari rouge**

Préparation des truites

Vider les truites en les tenant par les ouïes. Laver seulement l'intérieur afin de préserver la pellicule gluante qui recouvre la peau et qui deviendra bleue à la cuisson. Disposer ensuite les poissons dans un plat creux et les arroser avec le vinaigre. Les réserver au frais en attendant la préparation du court bouillon.

Préparation du court bouillon

Dans une sauteuse, assez large pour immerger totalement les truites, verser le vin, l'eau, deux gousses d'ail, le piment et le bouquet garni. Saler, poivrer et porter à ébullition. Faire réduire le liquide des deux tiers et y plonger en les disposant côte à côte les truites. Laisser frémir durant dix minutes (si les poissons ne sont pas totalement immergés, les retourner au bout de cinq minutes et laisser cuire encore cinq minutes). En fin de cuisson disposer les truites sur un plat de service et les réserver au chaud. Garder un verre de court bouillon passé au chinois pour la sauce.

Préparation de la sauce

Dans une petite casserole, faire revenir avec de l'huile d'olive, l'oignon blanc et les deux gousses d'ail restantes hachés jusqu'à ce qu'ils blondissent légèrement. Ajouter la farine et tourner vivement deux minutes. Mouiller avec le verre de court bouillon et laisser réduire quelques instants.

Servir les truites accompagnées de la sauce brune obtenue et de pommes de terre cuites à l'eau.

TRUITES À L'AGLIOTU

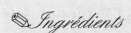

Ingrédients

- 4 truites,
- 2 cuillères à soupe de farine,
- 10 cl d'huile d'olive
  sel et poivre,

Sauce
- 1 petite tête d'ail entière pelée,
- 10 cl d'huile d'olive,
- 25 cl de vinaigre de vin,
- 1 bouquet garni (thym, laurier, romarin, persil plat),
- 1 petit piment,
- 2 clous de girofle,
- quelques grains de poivre,
- 10 cl de vin blanc moelleux,
- sel et poivre.

Facile

Pour **4** personnes

Temps de préparation : **15** mn

Temps de cuisson : **15** mn

Vin conseillé : **Patrimonio blanc**

Préparation des poissons

Vider et sécher soigneusement les truites. Les fariner légèrement. Faire chauffer l'huile d'olive dans une sauteuse de taille appropriée pour y faire cuire ensemble les quatre truites. Y faire dorer les poissons, au préalable salés et poivrés, cinq à six minutes de chaque côté selon grosseur. Les sortir, en fin de cuisson, de la sauteuse et les disposer tête bêche sur un plat de service. Jeter l'huile de friture.

Préparation de la sauce

Verser dix centilitres d'huile d'olive au fond de la sauteuse dans laquelle vous aviez fait cuire les poissons et y faire dorer très légèrement l'ail émincé, puis mouiller avec le verre de vin blanc et le vinaigre. Incorporer le bouquet garni, les clous de girofle, le poivre en grains, le petit piment. Porter à ébullition et laisser réduire la sauce de moitié à petits bouillons. Rectifier l'assaisonnement et verser cette sauce bouillante sur les truites. Recouvrir le plat d'un torchon et le disposer vingt quatre heures au frais avant se servir.

Ce plat se mange le plus souvent froid, mais peut aussi être servi chaud avec des pommes de terre cuites à l'eau (la préparation froide peut se conserver quatre à cinq jours).

ESTOUFFADE DE THON

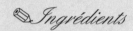 *Ingrédients*

- 1,500 kg de thon blanc
  (germon, de préférence),
- 250 g de champignons de Paris,
- 1 pied de porc,
- 1 carotte, coupée en rondelles,
- 2 oignons, coupés en lamelles,
- 1 gousse d'ail,
- 1 bouquet garni (thym, laurier, romarin,
  fenouil),
- 2 blancs de poireaux (dont un pour
  le bouillon et un pour l'estouffade),
- 2 branches de persil (dont une pour
  le bouillon et une pour l'estouffade),
- 6 tomates pelées et épépinées,
- 1 tranche de lard fumé, coupée
  en petits dés,
- 75 cl de vin blanc sec,
- 1 pincée de sel de céleri,
- 1 cuillère à soupe de farine,
- le jus d'un demi citron,
- 100 g de beurre,
- 2 cuillères à soupe d'huile d'arachide,
- sel, poivre.

Assez facile

Pour **6** personnes

Temps de préparation : **30** mn

Temps de cuisson : **1** h **30** mn

dont **1** h pour le bouillon

Vin conseillé **Entre-Deux-Mers**
ou **Côtes de Blaye blanc**

Préparation du bouillon

Dans un faitout ou dans un autocuiseur, mettre le pied de porc et le couvrir d'eau, jusqu'à deux centimètres au dessus de sa surface. Saler, poivrer. Ajouter la carotte, un oignon, un blanc de poireau, coupé en deux, le bouquet garni, une branche de persil, les petits lardons et deux tomates. Laisser cuire une heure en faitout ou trente minutes en autocuiseur.

Préparation de l'estouffade

Faire revenir en cocotte, dans un mélange de beurre et d'huile, les lardons et les oignons. Saler, poivrer les morceaux de thon, découpés en cubes d'environ cent grammes, les saupoudrer de thym effeuillé et d'une pincée de sel de céleri. Dès que les oignons commencent à suer et devenir transparents, mettre les morceaux de thon dans la cocotte et les faire également revenir quelques minutes. Ajouter le blanc de poireau restant, coupé en tronçons d'un centimètre.

Lorsque le thon est doré, le saupoudrer d'une cuillère de farine, mettre à roussir quelques instants, en retournant les morceaux de poisson. Hacher l'ail et l'ajouter en tournant vivement avec une cuillère en bois. Mouiller avec le vin blanc, à mi hauteur des morceaux de thon. Rajouter deux louches de bouillon de cuisson du pied de porc avec quelques rondelles de carotte. Incorporer le bouquet garni et les épices, puis le jus d'un demi citron.

Couvrir et laisser mijoter dix minutes. Ajouter les tomates et les champignons coupés en morceaux. Cuire vingt minutes. Rectifier l'assaisonnement à mi cuisson et servir avec des pommes de terre en robe des champs.

THON RÔTI AUX HERBES

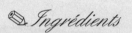 *Ingrédients*

- 1 tranche de thon rouge d'1 kg,
- 3 gousses d'ail découpées en lamelles,
- 10 cl d'huile d'olive,
- 2 tranches de pain blanc rassis, émiettées finement,
- 1 pincée de thym effeuillé,
- sel et poivre.

Sauce aux herbes
-20 cl d'huile d'olive,
-2 jaunes d'œufs,
-1 œuf dur,
-1 cuillère à soupe de moutarde,
-1 cuillère à soupe de câpres,
-1 petit oignon blanc haché,
-1 petite gousse d'ail hachée,
-1 cornichon découpé en tout petits dés,
-3 branches de persil ciselées,
-2 branches d'estragon ciselées,
-3 feuilles de basilic ciselées,
-1 pincée de piment de Cayenne,
-sel et poivre.

Facile

Pour **4** personnes

Temps de préparation : **15** mn

Temps de cuisson : **20** mn

Vin conseillé . **Bergerac blanc**

Préparation du thon

Verser la moitié de l'huile dans un plat allant au four. Badigeonner d'huile la tranche de thon préalablement essuyée. Saler, poivrer et saupoudrer de thym effeuillé ses deux faces. La disposer dans le plat. Répartir, sur le dessus, l'ail émincé et saupoudrer de pain émietté.

Mouiller au pinceau la panure avec le reste de l'huile d'olive et mettre à rôtir, à four très chaud, vingt minutes en arrosant plusieurs fois la croûte qui se sera formée et qui devra être dorée sans toutefois noircir.

Préparation de la sauce aux herbes

Préparer une mayonnaise bien relevée avec les jaunes d'œufs, la moutarde, l'huile d'olive, le sel, le poivre et la pincée de piment de Cayenne. Ecraser finement l'œuf dur et l'ajouter à la sauce en même temps que les herbes fraîches de saison ciselées, l'oignon et l'ail hachés ainsi que les petits dés de cornichon et les câpres.

Présentation : lorsque le thon est cuit, retirer la peau avec une lame effilée. Couper la tranche en quatre parts égales en ôtant délicatement l'arête centrale. Reconstituer la tranche sur une planche et la servir tiède accompagnée de sauce aux herbes et de pommes de terre cuites à l'eau.

FRITURE D'ÉPERLANS

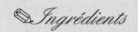 *Ingrédients*

- 1 kg d'éperlans,
- 200 g de farine,
- huile de friture,
- sel, poivre.

Facile

Pour **6** personnes

Temps de préparation : **10** mn

Temps de cuisson : **5** mn

Vin conseillé : **Muscadet sur Lie**

Presser le ventre des éperlans avec l'ongle, pour extraire le boyau terminal. Les rincer et les sécher soigneusement. Dans une assiette creuse, mélanger la farine à une demi cuillère à café de sel fin et deux pincées de poivre. Rouler les éperlans dans la farine. Les secouer pour ôter l'excédent de farine et les mettre à cuire dans la friture chaude.

Lorsqu'ils commencent à dorer, les égoutter soigneusement et les servir sur un plat garni de papier absorbant (pour ôter tout éventuel excédent d'huile), accompagnés de citron. Rectifier l'assaisonnement selon goût (sel, poivre, etc).

FRITURE DE LANÇONS

 *Ingrédients*

- 1kg de lançons,
- 1 œuf entier battu,
- 200 g de farine,
- huile de friture,
- sel, poivre.

Facile

Pour **6** personnes

Temps de préparation : **10** mn

Temps de cuisson : **5** mn

Vin conseillé : **Gros Plant**

Vider, laver et sécher soigneusement les lançons. Les tremper dans l'œuf battu avant de les rouler dans la farine et de les mettre à cuire dans la friture bien chaude.

Lorsqu'ils commencent à dorer, les égoutter soigneusement et les servir, sur un plat garni de papier absorbant (pour ôter tout éventuel excédent d'huile), accompagnés de citron.

Rectifier l'assaisonnement, selon goût (sel, poivre, etc).

BAR AU SEL

Ingrédients

- 1 bar (1,500 kg),
- 3 kg de gros sel de mer (gris de Guérande),
- 80 g de beurre,
- 1 bouquet de persil,
- 1 cuillère à café d'estragon haché,
- 3 gousses d'ail,
- poivre,
- sel de mer fin.

Assez facile

Pour **4** personnes

Temps de préparation : **15** mn

Temps de cuisson : **35** mn

Vin conseillé : **Muscadet sur Lie**

Préparer le poisson (l'écailler, le vider et le laver, tout en préservant les laitances et les œufs). Bien essuyer chaque élément. Réaliser une farce avec le beurre, les laitances ou les œufs, le persil, l'estragon et l'ail, le tout haché. Saler, poivrer copieusement. Farcir votre poisson et recoudre la partie ventrale. Positionner votre poisson " en colère ", c'est à dire, joindre la tête à la queue, en faisant passer une ficelle à gigot à travers les ouïes et un trou, pratiqué au milieu de la partie charnue de la queue.

Dans une cocotte ronde, disposer environ trois centimètres d'épaisseur de gros sel gris. Poser le poisson (sur le dos), sur ce lit de sel et l'enfouir totalement avec le sel restant (aucune partie du bar ne doit être visible). Placer la cocotte, à four très chaud, pendant trente cinq minutes.

La sortir avec précaution (chaleur intense), puis la retourner sur une planche en bois. Tapoter le fond énergiquement, pour faire détacher le bloc de sel contenant le poisson. Casser délicatement ce bloc de sel , avec un maillet de cuisine, pour dégager le bar qui apparaîtra alors cuit à point, savoureux et aucunement trop salé. Oter la peau du poisson et disposer, dans chaque assiette préalablement chauffée, un morceau de filet de poisson et une cuillère à soupe de farce.

Accompagner de pommes de terre cuites à l'eau ou de riz légèrement relevé de safran.

BEIGNETS DE COLINOTS

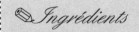

Ingrédients

- 6 colinots (de 150 g environ chacun
  sans la tête),
- 300 g de farine,
- 2 œufs entiers,
- 10 g de levure de boulanger,
- 1 pincée de sucre en poudre,
- huile de friture,
- sel, poivre.

Assez facile

Pour **6** personnes

Temps de préparation : **15** mn

Temps de cuisson : **5** mn

Vin conseillé : **Muscadet sur Lie**

N.B : Prévoir de préparer la pâte une bonne heure avant la cuisson.

Dans une terrine, mélanger les œufs, la farine, le sel, le sucre et la levure délayée avec quelques gouttes d'eau tiède. Mélanger jusqu'à obtention d'une pâte lisse et crémeuse. Laisser reposer à température ambiante une heure à une heure et demie environ. Entre temps, vider, laver et sécher les poissons. Les saupoudrer de sel fin et les garder au frais jusqu'à utilisation. Faire chauffer la friteuse (170°), puis y plonger un par un les poissons soigneusement enduits de pâte. Lorsqu'ils ont pris une belle couleur blonde, les servir saupoudrés de sel fin, accompagnés de jus de citron ou d'un coulis de tomate bien relevé et de pommes de terre cuites à l'eau.

DAURADE AU FOUR

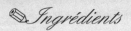

Ingrédients

- 1 daurade de 1,500 kg,
- 100 g de champignons de Paris,
- 1 tranche de pain de mie, trempée dans
  du lait,
- 1 oignon,
- 1 gousse d'ail,
- 1 branche de persil,
- 1 jaune d'œuf,
- 4 échalotes,
- 2 verres de Muscadet,
- 100 g de beurre demi sel,
- 1 cuillère à soupe d'huile d'arachide,
- sel, poivre.

Facile

Pour **4** à **6** personnes

Temps de préparation : **10** mn

Temps de cuisson : **45** mn

Vin conseillé : **Muscadet sur Lie**
ou **Entre-Deux-Mers**

Préparer le poisson (l'écailler, le vider et le laver). Bien l'essuyer. Réaliser une farce avec de la mie de pain, trempée dans le lait, des champignons de Paris coupés en menus morceaux, de l'oignon, de l'ail et du persil hachés, le tout mélangé avec un jaune d'œuf. Saler et poivrer copieusement.

Farcir le poisson et recoudre la partie ventrale. Disposer le poisson et les échalotes hachées sur un grand plat huilé, pouvant aller au four. Mouiller avec les verres de Muscadet. Laisser cuire à four chaud, quarante cinq minutes environ.

Arroser durant la cuisson, à plusieurs reprises, de Muscadet. Servir avec le jus de cuisson, agrémenté de beurre fondu.

Denti au four

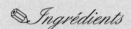

Ingrédients

- 1 denti de 1,500 kg,
- 2 tomates,
- 1 oignon rose,
- 1 gousse d'ail,
- herbes : thym, romarin, fenouil,
- 10 cl d'huile d'olive,
- 20 cl de muscat du Cap Corse,
- sel et poivre.

Facile

Pour **4** à **6** personnes

Temps de préparation : **10** mn

Temps de cuisson : **35** mn

Vin conseillé : **Patrimonio blanc**

Préparer le poisson (l'écailler, le vider et le laver). Bien sécher l'intérieur et y disposer les tomates coupées en petits carrés, l'oignon et l'ail émincés. Saler, poivrer et saupoudrer d'herbes hachées. Recoudre la partie ventrale du poisson et le disposer sur un grand plat allant au four. Badigeonner l'extérieur du poisson d'huile d'olive. Saler, poivrer et répartir le reste de l'huile d'olive dans le plat. Mettre à cuire, à four chaud, quinze minutes.

Retourner le denti et arroser le d'un verre de muscat du Cap Corse. Poursuivre la cuisson vingt minutes encore. Arroser, durant la cuisson, à plusieurs reprises de jus de cuisson.

Servir avec des petites pommes de terre cuites à l'eau.

Filets de barbue à la bretonne

Ingrédients

- 850 g de barbue.

Court bouillon
- 1 gros oignon,
- 1 gousse d'ail,
- 1 carotte, coupée en rondelles,
- 1 tomate bien mûre,

.../...

Assez facile

Pour **6** personnes

Temps de préparation : **20** mn

Temps de cuisson : **15** mn

Vin conseillé : **Muscadet sur Lie**

Préparation du court bouillon

Placer les ingrédients, ci-dessus énumérés, dans une poissonnière. Porter à ébullition et laisser frémir quinze minutes.

- *1 bouquet garni (thym, laurier, persil, criste marine),*
- *1 verre de Muscadet,*
- *3 litres d'eau,*
- *sel, poivre.*

Sauce
- *1 verre de court bouillon, prélevé avant la cuisson du poisson et refroidi dans une bouteille, passée sous l'eau froide,*
- *4 jaunes d'œufs,*
- *1 cuillère à soupe de vinaigre de vin blanc,*
- *1 cuillère à café de fines herbes, finement hachées et pilées au mortier (ciboulette, cerfeuil, estragon, criste marine),*
- *150 g de beurre, réduit en petits morceaux (à température ambiante),*
- *sel, poivre.*

Cuisson du barbue

Disposer un filet de poisson dans le sens de la largeur d'un torchon. Replier ce filet sur lui-même avec le torchon. Placer un deuxième filet et replier une fois encore. Procéder ainsi jusqu'à ce que tous les filets soient placés entre deux épaisseurs de torchon. Plonger le tout dans le court bouillon et laisser pocher quinze minutes, à compter de la reprise des frémissements. Sortir avec précaution. Laisser égoutter et dérouler le torchon sur la table de travail, pour récupérer un à un les filets, qui doivent rester intacts. Pendant la cuisson des filets, préparer la sauce.

Préparation de la sauce

Placer une petite casserole à sauce au bain-marie. Y verser en premier le court bouillon refroidi. Ajouter, en fouettant vivement les jaunes d'œufs, le vinaigre, le sel et le poivre, jusqu'à obtention d'une consistance mousseuse. Incorporer, peu à peu, les morceaux de beurre. Dès qu'ils sont à moitié incorporés, adjoindre les fines herbes hachées. Finir d'ajouter le beurre, en tournant régulièrement et sans arrêt. La sauce doit reprendre rapidement une consistance crémeuse. Ne pas laisser dans la casserole, mais répartir en saucière bien froide. En napper les filets de poisson.

LAMPROIE BORDELAISE

Ingrédients

- *1 kg de lamproie dépouillée,*
- *1,5 litre de vin de Bordeaux rouge,*
- *2 oignons blancs,*
- *2 gousses d'ail,*
- *2 échalotes,*
- *1 bouquet garni (thym, laurier, persil, sauge),*
- *2 cuillères à soupe de farine,*

.../...

Assez facile

Pour **6** personnes

Temps de préparation : **20** mn

Temps de cuisson : **25** à **30** mn

Vin conseillé : **Côtes de Blaye**

Faire pocher, cinq minutes, les morceaux de lamproie (salés et poivrés une demi heure avant) dans une grande cocotte contenant le vin frémissant. Sortir

> - 250 g de beurre,
> - 150 g de lard fumé,
> - sel , poivre.

les morceaux de poisson avec une écumoire et les préserver au chaud. Ajouter, dans la cocotte contenant le vin, les oignons blancs, les échalotes et les gousses d'ail hachés, ainsi que les lardons et le bouquet garni. Laisser frémir jusqu'à réduction de la moitié du liquide.

Pendant ce temps, manier 125 g de beurre avec la farine. Incorporer alors au liquide contenu dans la cocotte le beurre manié. Porter à petits bouillons trois minutes environ. Passer la sauce au chinois et la remettre dans la cocotte. Y replacer les morceaux de poisson et laisser mijoter à feu très doux, pendant un quart d'heure.

Disposer les morceaux de lamproie sur un plat de service chaud. Incorporer en fouettant vivement le reste du beurre à la sauce. Rectifier l'assaisonnement et ôter le bouquet garni. Napper le poisson avec la sauce et le servir accompagné de pommes de terre cuites à l'eau.

LOTTE À LA PROVENÇALE

✎ Ingrédients

- 1,200 kg de lotte,
- 2 échalotes,
- 3 gousses d'ail,
- 1 gros oignon émincé,
- 400 g de petites courgettes, découpées en rondelles,
- 300 g d'aubergine coupées en petits dés,
- 1 poivron rouge, découpé en lanières,
- 1 poivron vert, découpé en lanières,
- 10 petites tomates,
- 12 petites pommes de terre épluchées,
- 1 bouquet garni (thym, laurier, romarin, persil),
- 1 pied de fenouil,
- 1 pincée d'herbes de Provence,
- 20 cl de vin rosé de Provence,
- 1 morceau de sucre,
- Le jus d'un citron,
- 15 cl d'huile d'olive,
- sel, poivre,
- piment de Cayenne.

Facile

Pour **6** personnes

Temps de préparation : **15** mn

Temps de cuisson : **25** mn à **30** mn

Vin conseillé :

Rosé de Provence ou **Tavel**

Découper la lotte, au préalable épluchée, en morceaux de 200 g environ. Les saler et les poivrer. Faire chauffer l'huile dans une cocotte et y faire revenir dans l'ordre : la lotte jusqu'à ce qu'elle commence à dorer, puis l'aubergine, les courgettes, le pied de fenouil découpé en huit, les poivrons, les pommes de terre, les gousses d'ail, les échalotes, l'oignon et enfin les tomates. Laisser prendre couleur quelques instants, puis mouiller avec le vin rosé. Incorporer le bouquet garni, les herbes de Provence, le jus de citron, le sel, le poivre et la pointe de Cayenne.

Couvrir et cuire à feu doux vingt cinq minutes, en tournant plusieurs fois et en surveillant la présence constante de liquide au fond de la cocotte. Servir le poisson sur un plat, entouré des légumes de cuisson.

LOTTE AUX PETITS LÉGUMES

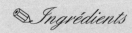 *Ingrédients*

- *1 kg de petites queues de lotte,*
- *1 céleri - rave,*
- *12 petites pommes de terre grattées,*
- *150 g de navets,*
- *150 g de carottes,*
- *3 échalotes,*
- *200 g de petits pois,*
- *100 g de lard fumé coupé en petits dés,*
- *50 g de beurre demi sel,*
- *2 cuillères à soupe d'huile,*
- *20 cl de crème fraîche,*
- *25 cl de vin blanc sec (Muscadet),*
- *sel, poivre.*
- *fumet de poisson.*

Fumet
- *têtes et laitances de lottes,*
- *300 g de merlan,*
- *150 g de sardine,*
- *1 carotte,*
- *1 navet,*
- *3 tomates pelées et épépinées,*
- *1 oignon,*
- *1 clou de girofle,*
- *1 gousse d'ail,*
- *1 bouquet garni (thym, laurier, persil),*
- *20 cl de vin blanc sec (Muscadet),*
- *1 litre d'eau,*
- *1 pincée de Cayenne,*
- *sel, poivre.*

Assez facile

Pour **6** personnes

Temps de préparation : **30** mn

Temps de cuisson : **1** h

dont **40** mn pour le fumet

Vin conseillé **Muscadet sur Lie**

Préparation du fumet

Dans une grande marmite, disposer le bouquet garni, les parures de lottes (têtes, queues, peaux et abats de poissons) et les divers poissons vidés. Les arroser avec le vin blanc, puis compléter jusqu'à couverture avec de l'eau. Y ajouter finement hachés, navet, carotte, tomates, oignon et ail.. Saler, poivrer et rectifier l'assaisonnement avec une pincée de Cayenne et un clou de girofle. Porter à ébullition et laisser frémir trente minutes. Oter le bouquet garni. Sortir les poissons, les légumes et les parures. Les égoutter et les piler au mortier. Les passer ensuite au chinois en mouillant avec le jus. Chauffer le mélange ainsi obtenu et laisser réduire dix minutes à feu doux. Le fumet est prêt.

Préparation de la lotte

Peler et couper en petits carrés les carottes et les navets. Eplucher le céleri et le couper en huit. Hacher grossièrement les échalotes. Dans une casserole, faire rissoler dans un mélange de beurre et d'huile les poissons légèrement salés et poivrés, les lardons et les légumes jusqu'à ce que les échalotes soient devenues transparentes.

Disposer les queues de lottes au centre d'un plat pouvant aller au four et garnir le pourtour avec les légumes. Déglacer la casserole avec le vin blanc. Compléter avec le fumet. Faire réduire le tout dix minutes à feu doux.

Verser la moitié du consommé obtenu sur les poissons (garder au chaud l'autre moitié). Cuire vingt-cinq minutes à four chaud. Arroser fréquemment avec le consommé contenu dans le plat.

Lorsque la lotte et les légumes sont cuits, incorporer la crème fraîche au consommé restant. Rectifier l'assaisonnement et napper le contenu du plat avec ce mélange avant de servir.

LOTTE À L'ARMORICAINE

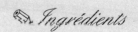

Ingrédients

- 1,500 kg de lotte épluchée,
- 3 échalotes,
- 2 gousses d'ail,
- 4 tomates pelées, épépinées et réduites en purée,
- 1 bouquet garni (thym, laurier, persil),
- 1 pincée de poivre de cayenne,
- 1 pincée de paprika,
- 200 g de beurre,
- 5 cl d'huile d'arachide,
- 5 cl de lambig,
- 50 cl de vin blanc sec (Muscadet),
- sel, poivre.

Assez facile

Pour **6** personnes

Temps de préparation : **20** mn

Temps de cuisson : **30** mn

Vin conseillé : **Muscadet sur Lie** ou **Gros Plant**

Découper la lotte en morceaux d'environ cent cinquante grammes. Les saler et les poivrer. Les mettre à revenir en cocotte, avec l'huile et cinquante grammes de beurre.

Lorsqu'ils ont pris une couleur dorée, vider l'excédent de graisse et déglacer la cocotte, en flambant avec le lambig. Ajouter alors les tomates réduites en purée, les échalotes et les gousses d'ail hachées ainsi que le bouquet garni. Mouiller avec le vin blanc. Rectifier l'assaisonnement (sel, poivre, paprika, Cayenne). Couvrir et laisser mijoter à feu doux vingt minutes environ.

Pendant ce temps, réduire en menus morceaux le beurre de liaison. Au bout des vingt minutes, ouvrir la cocotte, sortir les morceaux de lotte, les disposer sur un plat creux et les garder au chaud. Faire réduire d'un tiers, à feu doux, la sauce de la cocotte, puis lier celle-ci, en fouettant avec les petits morceaux de beurre préalablement préparés.

Lorsque la sauce devient crémeuse, vérifier à nouveau l'assaisonnement et en napper les morceaux de lotte. Servir avec, soit un riz blanc parfumé à la vanille, soit des petites pommes de terre cuites à l'eau.

LOUP GRILLÉ AU FENOUIL

Facile

Pour **4** à **6** personnes

Temps de préparation : **10** mn

Temps de cuisson : **20** mn

Vin conseillé : **Figari blanc**

ou **Entre-Deux-mers**

✎ Ingrédients

- 2 loups d'1 kg environ,
- 2 branches de fenouil,
- quelques graines de fenouil,
- 2 gousses d'ail,
- 2 blancs de poireaux,
- 1 branche de persil,
- 1 oignon blanc haché,
- 5 cl d'huile d'olive,
- 2 noisettes de beurre
- sel et poivre.

Préparer les poissons (les écailler, les vider et les laver, tout en préservant les laitances ou les œufs). Bien les essuyer. Garnir l'intérieur de chaque poisson avec les branches de fenouil émincées, les graines de fenouil, le persil, l'oignon et l'ail hachés, les laitances ou les œufs, une noisette de beurre et les blancs de poireaux. Saler, poivrer, puis recoudre soigneusement les ventres des poissons. Badigeonner l'extérieur d'huile d'olive, les saler et les poivrer.

Cuisson des poissons

a) Si vous possédez un gril extérieur, dont on peut régler la distance entre les braises et la grille qui supporte les poissons, procéder de la manière suivante : griller les loups rapidement sur les deux faces, le plus près possible des braises sans toutefois les toucher. Lorsque les deux côtés sont bien saisis et dorés, éloigner les poissons des braises et les laisser cuire dix minutes de chaque côté en les arrosant régulièrement de quelques gouttes d'huile d'olive parfumée avec quelques graines de fenouil.

b) Si vous n'avez à votre disposition qu'un four domestique, inverser le mode de cuisson, c'est à dire : placer en papillote (rouler dans du papier d'aluminium) les loups et les cuire environ vingt minutes, à four chaud. Sortir les poissons, les faire rouler délicatement de la feuille d'aluminium sur la grille de votre four. Allumer le gril et griller les poissons environ cinq minutes de chaque côté. Servir les loups accompagnés de pommes de terre cuites à l'eau.

MAQUEREAUX MARINÉS AU MUSCADET

Ingrédients

- 12 petits maquereaux de ligne (ou lisettes) vidés, étêtés et essuyés,
- 1 citron,
- 1 gros oignon,
- 1 branche de thym,
- 3 feuilles de laurier,
- 1 carotte, coupée en rondelles,
- 1 petite tomate, coupée en lanières,
- graines de moutarde,
- grains de poivre.
- 1 petite pincée de Cayenne,
- 75 cl de Muscadet,
- 5 cl de vinaigre,
- 30 g de beurre,
- sel, poivre.

Facile

Pour **6** personnes

Temps de préparation : **10** mn

Temps de cuisson : **40** mn

Vin conseillé **Muscadet sur Lie**

Préparation de la terrine

Dans une terrine pouvant aller au four, disposer un lit de très fines lamelles d'oignon, quelques rondelles de carotte, quelques grains de poivre. Ordonner au dessus une couche de filets de poissons. Les saler, les poivrer copieusement, Les recouvrir d'oignon, carotte, tomate, citron et épices et d'une autre couche de filets. Mettre au dessus le reste des ingrédients (lamelles d'oignon, rondelles de carotte, laurier, thym, rondelles de citron, lanières de tomate, graines de moutarde, grains de poivre, une pincée de cayenne et un morceau de beurre). Mouiller avec le Muscadet, le vinaigre et le jus du morceau de citron restant.

Cuisson de la terrine

Quarante minutes à four doux préalablement chauffé à 180 °.

BRANDADE DE MORUE

Ingrédients

- 1 kg de filets de morue salée,
- 2 grosses gousses d'ail,
- 20 cl de lait,
- 20 cl d'huile d'olive,
- poivre,
- 1 pincée de thym effeuillé,
- 1 grosse pomme de terre cuite à l'eau et épluchée.

Facile

Pour **6** personnes

Temps de préparation : **20** mn

Temps de cuisson : **10** mn

Vin conseillé : **Muscadet sur Lie** ou **Chablis**

Faire dessaler les filets de morue pendant douze heures à l'eau froide en renouvelant cette eau plusieurs fois.

Bien les égoutter, les disposer dans une casserole et les recouvrir d'eau froide. Porter doucement à ébullition et laisser pocher, à feu doux, douze minutes. Egoutter à nouveau les filets, les émietter et en retirer les arêtes restantes éventuelles. Piler la chair de la morue dans un mortier (ou dans un mixer réglé à petite vitesse) avec les gousses d'ail et la pomme de terre. Faire chauffer le lait dans une casserole. Lorsque celui-ci est proche de bouillir, ajouter peu à peu le mélange morue, ail et pomme de terre et l'huile d'olive jusqu'à obtention d'une purée homogène souple mais pas liquide (arrêter l'addition d'huile d'olive dès que celle-ci commence à éclaircir).

Cette "brandade" peut être servie gratinée (nature ou avec un fromage de votre choix) ou en beignets. Dans ce dernier cas, laisser refroidir, faire des petites boules, les tremper dans une pâte à beignets et les frire rapidement.

MORUE FÉCAMPOISE

 *Ingrédients*

- 1 kg de filet de morue (demi sel),
- 1 l de moules de bouchot,
- 4 carottes coupées en rondelles,
- 6 pommes de terre,
- 2 oignons blancs coupés en deux,
- 3 gousses d'ail, dont une hachée,
- 5 échalotes hachées et pilées,
- 2 branches de persil,
- 1 bouquet garni (thym, laurier, fenouil),
- 1 l de cidre,
- 1 l de lait,
- 25 cl d'eau,
- 30 cl de crème fraîche,
- 100 g de beurre,
- 1 petit verre de Calvados,
- 1 rondelle de citron,
- quelques olives noires,
- 3 tranches de pain de mie,
- poivre.

Assez facile

Pour **6** personnes

Temps de préparation : **30** mn

Temps de cuisson : **40** mn

(dont **20** mn pour le court bouillon)

Vin conseillé : **Chablis**

(prévoir d'acheter la morue **24** h à l'avance).

Préparation du poisson

Faire dessaler la morue douze heures, dans cinq litres d'eau (renouveler l'eau dans laquelle vous faites tremper la morue, au moins une fois). Bien la rincer, puis la laisser macérer deux heures dans un litre de lait, poivré mais non salé. Faire ouvrir les moules, cinq minutes dans une casserole à feu doux, les retirer des coquilles et garder le jus.

Préparer un court bouillon avec le cidre, l'eau (vingt cinq centilitres), le jus des moules, les oignons, les gousses d'ail, les rondelles de carottes, le bouquet garni et y ajouter les pommes de terre dans leur peau. Porter à ébullition et laisser frémir vingt minutes. Lorsque la morue est prête à cuire, la plonger dans le court bouillon frémissant et la pocher pendant vingt minutes.

Préparation de la sauce

Dans une poêle, faire revenir avec trente grammes de beurre, les échalotes, la gousse d'ail et le persil hachés, sans laisser colorer. Hors du feu, ajouter le Calvados et flamber. Prendre un verre de court bouillon et le verser dans la poêle. Saler très légèrement et poivrer. Faire réduire des deux tiers, puis ajouter la crème et le thym effeuillé. Laisser épaissir, à feu très doux, en tournant fréquemment.

Entre temps, faire dorer les carrés de pain de mie dans le reste du beurre. La cuisson des poissons étant terminée, égoutter les filets, les émietter sur le plat de service et les conserver au chaud. Retirer les rondelles de carottes du court bouillon et les conserver pour la décoration du plat. Lorsque la sauce a pris une consistance crémeuse, y ajouter les moules décortiquées.

Napper le poisson avec la sauce, puis disposer au centre la rondelle de citron, et tout autour, les croûtons, les olives et les rondelles de carottes. Servir avec des pommes de terre cuites à l'eau.

Morue à la portugaise

Ingrédients

- 1 kg de morue séchée (bacalao),
- 20 petites pommes de terre à chair ferme cuites à l'eau,
- 15 cl d'huile d'olive,
- 10 cl de vinaigre de vin blanc ou de Porto,
- 2 gros oignons blancs ciselés,
- 1 belle gousse d'ail rouge ciselé,
- jus de 2 gros citrons,
- 5 branches de persil plat,
- 3 cuillères à soupe de crème fraîche,
- sel et poivre.

Facile

Pour **6** personnes

Temps de préparation : **20** mn

Temps de cuisson de la morue : **15** mn

Cuisson des pommes de terre : **25** mn

(ou **12** mn à l'autocuiseur).

Vin conseillé : **rosé de Provence** ou **Entre-Deux-Mers**

Trempage de la morue : **24** h.

Préparation de la morue

Faire tremper la morue à l'eau froide pendant 24 heures. Disposer les morceaux de morue dans une grande casserole d'eau froide. Porter à ébullition et faire pocher, hors du feu, pendant 10 minutes à couvert. Lorsque la morue est cuite, l'égoutter et l'arroser de 5 cl de vinaigre. Laisser reposer 5 minutes, puis la faire sauter à la poêle dans 5 cl d'huile d'olive. La disposer dans un plat creux entourée des pommes de terre.

Préparation de la sauce

Mélanger dans un bol l'huile, 5 cl de vinaigre, la crème fraîche, l'ail, un oignon, le persil haché, le sel et le poivre. Napper de sauce la morue et les pommes de terre.

MURÈNE À LA BONIFACIENNE

Ingrédients

-1 kg de murène de taille moyenne,
-100 g de raisins secs,
-1 petite branche de fenouil,
-3 gousses d'ail émincées,
-2 branches de persil,
-2 tomates pelées et épépinées,
-1 bouquet garni (romarin,
 thym et laurier),
-1 oignon rose (ou blanc) émincé,
-15 cl d'huile d'olive,
-10 cl d'eau,
-10 cl de vin blanc moelleux,
-1 cuillère à café d'alcool de myrte,
-2 cuillères à soupe de farine,
-sel et poivre.

Facile

Pour **4** personnes

Temps de préparation : **20** mn

Temps de cuisson : **30** mn

Vin conseillé :

Muscat du Cap Corse

Couper la murène à quinze centimètres de la queue et de la tête et ne conserver que le centre (la tête et la queue peuvent servir pour une soupe de poisson). La détailler en tronçons de huit à dix centimètres de long en conservant la peau. Les laver, les sécher soigneusement et les rouler rapidement dans la farine.

Faire chauffer l'huile d'olive dans une sauteuse et y faire revenir les morceaux de murène jusqu'à ce qu'ils commencent à dorer. Ajouter l'ail et l'oignon émincés ainsi que le fenouil et le persil hachés. Incorporer les tomates et le bouquet garni. Saler et poivrer. Mouiller avec l'eau et le vin blanc.

Laisser mijoter vingt minutes. Ajouter les raisins secs et l'alcool de myrte et laisser réduire dix minutes. Servir, selon goût, soit avec des pommes de terre cuites à l'eau, soit avec du riz.

RAIE AU BEURRE NOISETTE

Ingrédients

- 2 kg de raie bouclée,
- 200 g de beurre demi sel,
- 15 cl de vinaigre,
- 60 g de câpres,
- 1 grosse carotte,
- 1 gros oignon, piqué de deux
 clous de girofle,
- 2 gousses d'ail,
- 1 tomate, pelée et épépinée,
...../...

Assez facile

Pour **6** personnes

Temps de préparation : **15** mn

Temps de cuisson : **20** mn

Vin conseillé : **Entre-deux-Mers**

Préparation du cour bouillon

Verser trois litres d'eau et un litre de vin blanc dans une grande marmite. Ajouter la carotte, découpée en rondelles, l'oignon, l'ail, la tomate, le blanc de poireau et le

- 1 blanc de poireau,
- 1 bouquet garni (thym, laurier, persil),
- 1 litre de vin blanc sec,
- 3 litres d'eau,
- gros sel de mer et poivre.

bouquet garni. Saler, poivrer. Porter à ébullition et laisser frémir dix minutes.

Préparation de la raie

Rincer, brosser et essuyer soigneusement la raie, afin de la débarrasser de la matière gluante qui la recouvre. La plonger dans le court bouillon frémissant. Porter de nouveau à ébullition, puis, laisser cuire, à feu doux, quinze à vingt minutes. Egoutter la raie (préserver 15 centilitres de court bouillon), la débarrasser de sa peau et la conserver au chaud, dans le plat de présentation.

Faire fondre et roussir, dans une poêle, deux cents grammes de beurre. Dès que le beurre commence à fumer, retirer la poêle du feu et y verser, loin de toute flamme, en trois ou quatre fois, le vinaigre.

Lorsque celui-ci a été entièrement versé dans la poêle, ajouter les câpres et les quinze centilitres de court bouillon. Remettre la poêle sur le feu et porter à ébullition, pendant deux minutes. Rectifier l'assaisonnement, puis verser le tout sur la raie. Accompagner ce plat de pommes de terre cuites à l'eau.

SALADE DE RAIE AUX CÂPRES

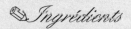
Ingrédients

- 1 aile de raie (500g),
- 250 g de frisée,
- 2 cuillères à soupe de petites câpres.
- 1 oignon,
- 1 gousse d'ail,
- 1 carotte coupée en rondelles,
- 1 bouquet garni (thym, laurier),
- 1 verre de vin blanc,
- sel et poivre.

Sauce
- 8 cuillères à soupe d'huile d'arachide,
- 3 cuillères à soupe de vinaigre de vin blanc,
- 1/2 cuillère à café de moutarde,
- sel et poivre.

Assez facile

Pour **4** personnes

Temps de préparation : **20** mn

Temps de cuisson : **20** mn

Vin conseillé :

Muscadet sur Lie

Cuisson de la raie

Cuire la raie au court bouillon, dans une grande casserole d'eau frémissante, contenant les ingrédients précités, pendant 20 minutes après reprise de l'ébullition. Sortir la raie de l'eau. Oter la peau du poisson et séparer la chair des parties cartilagineuses.

Préparation de la sauce

Placer dans un saladier l'huile, le vinaigre, la moutarde, le sel et le poivre. Fouetter vivement afin d'obtenir un mélange homogène. Disposer dans le saladier la frisée au préalable lavée et séchée et mélanger délicatement.

Préparation de la salade

Effilocher la moitié de la chair de raie et la placer au milieu d'un plat de service rond et creux. Parsemer le dessus de la moitié des câpres. Recouvrir avec le reste de la chair de raie effilochée. Oter la frisée du saladier et la disposer autour de la raie. Ajouter à la sauce restant dans le saladier l'autre cuillère à soupe de câpres et bien mélanger.

Répartir ce mélange sur la raie avant de servir.

ROUGETS GRILLÉS

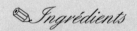 *Ingrédients*

- 6 rougets barbet d'environ 300 g,
- 1 pincée de thym effeuillé,
- 1 pincée de romarin effeuillé,
- huile d'olive,
- 30 g de beurre,
- sel, poivre.

Facile

Pour **6** personnes

Temps de préparation : **10** mn

Temps de cuisson : **8** mn

Vin conseillé : **Tavel**

Vider et écailler les poissons, en réservant les foies que vous mettrez de côté. Ne pas laver les poissons, mais les essuyer soigneusement, intérieurement et extérieurement au torchon. Les badigeonner d'huile d'olive. Saler, poivrer, saupoudrer de thym et de romarin, le tout également intérieurement et extérieurement. Placer sur le gril (les braises ou la source de chaleur devant être, de préférence, sous les poissons). Griller chaque côté environ quatre minutes. Lorsque vous aurez retourné les poissons, disposer sur chacun un foie préalablement épicé.

Si vous ne disposez pas d'un barbecue ou d'un gril, chauffer dans une poêle de l'huile d'olive et y mettre à cuire les rougets, quatre minutes de chaque côté. Les disposer sur un plat de service chaud. Vider l'huile restante et déglacer la poêle avec un morceau de beurre fondu dans lequel vous faites revenir en les écrasant les foies épicés que vous avez réservés.

Répartir le tout sur chaque poisson et servir chaud, avec de préférence des tranches de pain, frites à l'huile d'olive et légèrement frottées d'ail.

ROUGETS À LA BONIFACIENNE

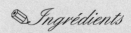

Ingrédients

- 8 rougets de taille moyenne,
- 8 filets d'anchois,
- 1 bouquet de persil,
- 1 petite tête d'ail rouge,
- 2 grosses tomates pas trop mûres, pelées et épépinées,
- 10 cl d'huile d'olive,
- 1 pincée de graines de fenouil,
- 1 pincée de thym effeuillé,
- 1 grosse tranche de pain de ménage rassis, frottée d'ail et réduite en très petits croûtons,
- sel et poivre.

Facile

Pour **4** personnes

Temps de préparation : **15** mn

Temps de cuisson : **15** mn

Vin conseillé : **Blanc de Figari**

Préparation des poissons

Ecailler soigneusement les poissons, les vider par les ouïes en ouvrant latéralement les rougets, sur leur face ventrale, à hauteur des nageoires pectorales (proches des ouïes). Jeter les intestins et réserver les foies. Laver à l'eau courante l'intérieur des poissons et les essuyer soigneusement.

Préparation du lit d'aromates

Hacher le persil et les tomates pelées et épépinées en menus morceaux. Piler la tête d'ail au mortier. Mettre le tout dans un bol. Saler et poivrer modérément. Incorporer la pincée de thym effeuillé, les graines de fenouil. Mouiller de cinq centilitres d'huile d'olive et mêler intimement l'ensemble. Préserver huit cuillères à café de ce mélange et répartir le reste sur le fond d'un plat allant au four.

Cuisson des poissons

Huiler, saler et poivrer les poissons. Introduire à l'intérieur de chaque rouget, une cuillère à café rase d'aromates, réservée à cet effet, un filet d'anchois roulé et un foie. Disposer les poissons tête bêche sur le plat afin de gagner de la place. Répartir la tranche de pain badigeonnée d'huile d'olive et réduite en tout petits croûtons sur le plat. Mettre, à four chaud, dix minutes, puis prolonger la cuisson au gril cinq minutes.

SALADE AUX FILETS DE ROUGETS

Ingrédients

- 300 g de salade mélangée
  (scarole, trévise, frisée...)
- 350 g de filets de rouget barbet,
- 1 tomate pelée et épépinée réduite
  en purée,
- 1 gousse d'ail,
- 2 pincées de thym,
- 8 cuillères à soupe d'huile d'olive
  (dont 4 pour la sauce),
- 2 cuillères à soupe de vinaigre de
  vin blanc,
- 1 cuillère à café de moutarde,
- 6 olives vertes dénoyautées
  et découpées,
- 12 olives noires entières,
- 1 feuille de laurier,
- romarin,
- sel et poivre.

Facile

Pour **4** personnes

Temps de préparation : **20** mn

Temps de cuisson : **6** mn

Vin conseillé :

Muscadet sur Lie

Préparation de la sauce vinaigrette

Placer dans un bol la moutarde, l'huile, le vinaigre, le sel, le poivre et une pincée de thym. Fouetter vivement afin d'obtenir un mélange bien homogène.

Préparation de la salade

Faire chauffer 4 cuillères à soupe d'huile d'olive dans une poêle. Lorsque la poêle est bien chaude, y baigner les filets de rouget, légèrement farinés, salés, poivrés et saupoudrés de thym effeuillé, du côté peau. Les faire revenir une minute et demie de chaque côté.

Dans une autre poêle, faire revenir la tomate réduite en purée avec une gousse d'ail hachée, une pincée de thym effeuillé, une feuille de laurier, du romarin, du sel et du poivre. Mélanger délicatement avec une cuillère en bois. Laisser cuire encore environ une minute. Incorporer les morceaux d'olives et laisser à feu très doux 2 minutes encore.

Mettre dans un saladier les feuilles de salade lavées et séchées et les mélanger avec les 3/4 de la sauce vinaigrette. Disposer au dessus de la salade, le coulis de tomates, les filets de poisson en étoile et les recouvrir d'un peu de jus de cuisson et du reste de la sauce vinaigrette. Décorer avec les olives entières et éventuellement une rondelle de citron. Servir immédiatement.

Saint-Pierre à l'oseille

Ingrédients

- 1 Saint-Pierre d'1,500 kg,
- 500 g d'oseille,
- 2 échalotes,
- 2 oignons,
- 6 tranches de pain de mie,
- 100 g de beurre demi sel,
- 20 cl de crème fraîche,
- 25 cl d'eau,
- 25 cl de cidre,
- 15 cl de vin blanc sec,
- 1 bouquet garni (thym, laurier, persil),
- sel, poivre.

Facile

Pour **4** personnes

Temps de préparation : **15** mn

Temps de cuisson : **35** mn

dont **15** mn pour le court bouillon

Vin conseillé : **Chablis**

Vider et laver le poisson. Préparer dans une casserole un court bouillon, de la manière suivante :

Verser le cidre, le vin blanc et l'eau dans la casserole. Ajouter une poignée d'oseille, les échalotes hachées et le bouquet garni. Saler et poivrer. Porter à ébullition pendant un quart d'heure, puis passer au chinois. Disposer le Saint-Pierre dans une sauteuse basse et le recouvrir avec le bouillon obtenu. Chauffer jusqu'à frémissement et laisser cuire vingt minutes à feu doux. Lorsque la cuisson est terminée, sortir le poisson, enlever la peau et lever les filets que vous garderez au four dans le plat de service.

Préparation de la crème d'oseille

Dans une poêle, faire fondre trente grammes de beurre et y faire revenir l'oseille restante, soigneusement équeutée et hachée. Dès obtention d'une purée crémeuse, verser sur l'oseille dix centilitres de court bouillon, puis ajouter vingt centilitres de crème fraîche. Poivrer et saler. Faire réduire le mélange d'un tiers et le verser autour des filets de Saint-Pierre. Servir avec des tranches de pain de mie, frites au beurre et frottées d'oignon blanc.

Saumon

À la sauce douce de Bretagne

Ingrédients

- 6 darnes de saumon,
- 1 bouquet d'aneth,
- thym effeuillé.
- huile,
- sel,
- poivre.

Sauce douce de Bretagne
- 2 jaunes d'œufs,
- 1 cuillère à soupe de vinaigre,
- 1 cuillère à café de fines herbes
  hachées (ciboulette, estragon),
- 100 g de beurre,
- 10 cl de court bouillon de poisson,
- sel, poivre.

Assez facile

Pour **6** personnes

Temps de préparation : **15** mn

Temps de cuisson : **10** mn

Vin conseillé : **Sancerre blanc**

Préparation des darnes de saumon

Huiler les darnes de saumon, les saler, les poivrer et les saupoudrer de thym effeuillé et de quelques pincées d'aneth, finement ciselée aux ciseaux à sec. Les disposer en papillote dans un papier d'aluminium. Les mettre à cuire, à four chaud, cinq minutes environ de chaque côté.

Préparation de la sauce douce de Bretagne

Placer dans une casserole, au bain-marie, les jaunes d'œufs, le vinaigre, les fines herbes, le court bouillon de poisson, le sel et le poivre. Fouetter le tout vivement, jusqu'à obtention d'une consistance mousseuse. Incorporer, petit à petit, le beurre détaillé en petits morceaux, tout en continuant à battre doucement. Lorsque la sauce a pris une consistance bien crémeuse, en napper les darnes de saumon.

Saumon à l'oseille

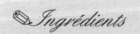

Ingrédients

- 1 saumon de 1,500 kg environ,
- 350 g d'oseille,
- 20 cl de crème fraîche,
- 50 g de beurre,
- 1 citron,
- 1 échalote,
- 1 gousse d'ail,
- 1 branche de persil,

.../...

Facile

Pour **6** personnes

Temps de préparation : **10** mn

Temps de cuisson : **30** mn

Vin conseillé : **Bergerac blanc**

Préparation de la farce à l'oseille

Oter les queues de l'oseille. La froisser et l'émietter dans un bol, y ajouter

- 2 pincées de thym effeuillé,
- quelques gouttes de Cognac,
- sel, poivre.

l'échalote, l'ail et le persil hachés, le thym, le sel, le poivre et quelques gouttes de Cognac. Bien mélanger le tout. Votre farce est prête.

Préparation et cuisson du poisson

Vider le poisson, le laver et le sécher soigneusement. Saler et poivrer l'intérieur du saumon et le remplir de la farce précédemment préparée. Brider et badigeonner l'extérieur du poisson, avec du beurre fondu. Le saler, le poivrer et le saupoudrer de thym effeuillé.

Mettre le saumon à cuire à four chaud, pendant environ trente minutes, enveloppé dans deux épaisseurs de papier d'aluminium. Le retourner une fois à mi - cuisson. Servir, de préférence, accompagné d'une crème d'oseille (cf. recette du Saint-Pierre à l'oseille).

SALADE AU SAUMON FRAIS ET TAGLIATELLE

Ingrédients

- 300 g de darnes de saumon,
- 250 g de tagliatelle,
- 4 branches de basilic,
- 15 cl de crème fraîche,
- 5 cl d'huile d'arachide,
- le jus d'un citron,
- 1 pincée de thym effeuillé,
- 10 g de beurre,
- sel et poivre.

Facile

Pour **4** personnes

Temps de préparation : **30** mn

Temps de cuisson : **15** mn

Vin conseillé : **Tavel**

ou **Rosé de Provence**

Cuisson du saumon

Saler et poivrer les darnes de saumon. Les placer en papillote dans du papier d'aluminium après les avoir garnies d'un petit morceau de beurre et de deux feuilles de basilic. Les cuire à four chaud pendant 15 minutes. Sortir du four, mettre à refroidir et ôter la peau et les éventuelles arêtes du poisson. Prélever la chair du poisson et la couper en gros morceaux.

Cuisson des tagliatelle

Plonger les tagliatelle dans une casserole d'eau bouillante modérément salée et les laisser cuire jusqu'à ce qu'elles soient "al dente".

Préparation de la sauce

Placer la crème dans un bol, délayer petit à petit avec l'huile. Saler et poivrer et ajouter le jus de citron et la pincée de thym effeuillé.

Préparation de la salade

Dresser les tagliatelle dans un plat de service creux. Disposer sur le dessus à intervalles réguliers des morceaux de saumon et des feuilles de basilic. Napper de sauce et mélanger au moment de servir.

SARDINES CRUES CONFITES AU CITRON

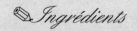
Ingrédients

- 6 belles sardines (ou 12 petites),
- 3 rondelles de citron,
- Jus de 2 citrons,
- 1 oignon blanc,
- thym effeuillé,
- aneth ciselé,
- 1 clou de girofle,
- huile d'olive,
- quelques rondelles de cornichons, émincés très fin,
- quelques graines de moutarde,
- sel, poivre.

Facile

Pour **6** personnes

Temps de préparation : **10** mn

Vin conseillé : **Gros Plant**

(Laisser confire **12** h avant de servir)

Ecailler et vider les sardines. Ne pas les laver, mais les essuyer au torchon (ou papier absorbant). Les placer dans une terrine, les saler et les poivrer. Les parsemer de thym effeuillé et d'aneth ciselé. Ajouter l'oignon blanc, émincé finement, quelques graines de moutarde, les rondelles de cornichons et un clou de girofle. Les arroser du jus de deux citrons entiers.

Les recouvrir d'huile d'olive et les laisser confire, au moins douze heures, en les retournant une fois. Les décorer de rondelles de citron avant de servir.

SARDINES GRILLÉES À LA MOUTARDE

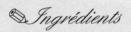
Ingrédients

- 3 ou 4 sardines par personne (selon grosseur),
- 1 cuillère à soupe de moutarde forte,
- 10 cl d'huile,
- herbes de Provence,
- sel, poivre.

Très facile

Temps de préparation : **5** mn

Temps de cuisson : **10** mn

Vin conseillé : **Gros Plant**

Ecailler, vider et essuyer les sardines.

Préparation de la sauce

Dans un bol, placer la moutarde. Incorporer, petit à petit, l'huile jusqu'à obtention d'une consistance crémeuse. Saler, poivrer et ajouter des herbes de Provence. Badigeonner au pinceau les sardines avec cette sauce et les mettre à griller, environ 5 minutes de chaque côté (de préférence sur un barbecue).

SARDINES FARCIES AU BROCCIU ET AUX BLETTES

Ingrédients

- 12 belles sardines,
- 200 g de brocciu,
- 200 g de vert de blettes,
- 2 branches de persil,
- 2 gousses d'ail rouge,
- 1 œuf,
- 10 cl d'huile d'olive,
- thym effeuillé,
- 1 filet de citron,
- 1 tranche de pain de ménage rassis, frottée d'ail et coupée en tout petits croûtons,
- sel et poivre.

Assez facile

Pour **4** personnes

Temps de préparation : **30** mn

Temps de cuisson : **20** mn

Vin conseillé **Figari blanc**

Préparation des sardines

Ecailler les sardines, couper leur tête et ouvrir leur face ventrale jusqu'à la queue. Couper l'arête centrale au niveau de la queue et la retirer. Laver rapidement les sardines à l'eau courante et les sécher à plat entre deux torchons.

Préparation de la farce

Laver le vert de blettes, le détailler en fines lamelles et le blanchir trois minutes à l'eau frémissante. Le rincer rapidement à l'eau froide et l'égoutter soigneusement.

Extraire l'excédent d'eau en le pressant à la main. Le placer dans une terrine et le mêler doucement au brocciu. Incorporer peu à peu l'ail et le persil hachés ainsi que l'œuf entier. Saler, poivrer, saupoudrer de thym effeuillé et arroser d'un filet de citron.

Cuisson des sardines

Répartir la farce préparée précédemment sur l'avant de la face ventrale de chaque poisson puis les rouler de la tête à la queue. Disposer les sardines sur un plat allant au four au préalable badigeonné d'huile d'olive. Saupoudrer d'un peu de thym effeuillé. Saler, poivrer et répartir sur le plat des petits croûtons imbibés d'huile d'olive. Mettre à cuire à four moyen dix minutes et prolonger la cuisson dix minutes au gril.

SOLES NORMANDES

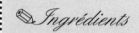 *Ingrédients*

- 3 grosses soles,
- 1 l de moules de bouchot, lavées et grattées,
- 1 douzaine de crevettes roses,
- 25 cl de vin blanc sec,
- 50 cl de cidre brut,
- 1 carotte en rondelles,
- 2 oignons hachés,
- 1 bouquet garni (thym, laurier, persil).

Sauce
- 20 g de beurre,
- 40 cl de crème fraîche,
- 500 g de champignons de Paris,
- 1 échalote pilée et hachée,
- 5 cl de Calvados,
- 1 pincée de thym effeuillé,
- 1 demi citron ciselé,
- poivre.

Assez facile

Pour **6** personnes
Temps de préparation : **30** mn
Temps de cuisson : **25** mn
dont **15** mn pour le court bouillon
Vin conseillé : **Muscadet sur Lie**
ou **Entre-Deux-Mers**

Préparation des poissons

Lever les filets des soles, les rouler et les fixer, en les traversant avec des piques à apéritif. Faire ouvrir les moules trois minutes à four chaud. Les sortir de leur coque et les garder au chaud. Conserver le jus de cuisson. Verser ce jus dans une poêle. Y ajouter le vin, le cidre, les oignons, les rondelles de carotte et le bouquet garni. Poivrer légèrement. Porter à ébullition et laisser frémir quinze minutes.

Lorsque le court bouillon est prêt et toujours frémissant, disposer les filets roulés dans la poêle et les pocher dix minutes. Sortir ensuite les filets, les dresser sur un plat de service, disposer les crevettes et les moules de bouchot sur le pourtour du plat et conserver au chaud.

Préparation de la sauce

Dans une poêle, faire revenir l'échalote dans du beurre, sans laisser se colorer. Ajouter le Calvados et flamber, hors du feu. Mouiller d'un verre de court bouillon et laisser réduire des deux tiers. Verser ensuite la crème et la pincée de thym. Faire réduire, à feu doux, en incorporant petit à petit les champignons étuvés. Rectifier l'assaisonnement, puis napper les filets avec la sauce et servir avec le demi citron ciselé au centre.

TRUITE DE MER EN PAPILLOTE

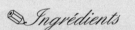 *Ingrédients*

- 1 truite de mer de 1,500 kg environ,
- 1 bouquet d 'estragon,
- 2 branches de persil,
- 2 échalotes,
- 1 gousse d'ail,
- 50 g de beurre,
- 1 pincée de thym effeuillé,
- sel, poivre.

Sauce
- 100 g de beurre,
- 1 petit bouquet d 'estragon haché,
- 1 échalote hachée,
- 1 cuillère à soupe de crème fraîche,
- Jus d'un demi citron,
- 1 pincée de thym effeuillé,
- sel, poivre.

Facile

Pour **6** personnes

Temps de préparation : **10** mn

Temps de cuisson : **30** mn

Vin conseillé :

Vin de Savoie blanc
ou **Saint-Véran**

Préparation de la truite

Vider et laver le poisson. Bien l'essuyer. Réaliser une farce, en mélangeant le beurre avec le persil, l'estragon, l'ail et les échalotes hachés. Saler et poivrer copieusement. Farcir l'intérieur du poisson et recoudre sa partie ventrale. Envelopper le poisson dans deux épaisseurs de papier d'aluminium et le mettre à cuire, à four chaud, environ trente minutes. Le retourner à mi-cuisson. Servir avec une sauce au beurre maniée à l'estragon.

Préparation de la sauce

Dans une petite casserole, faire fondre doucement le beurre, détaillé en petits morceaux, jusqu'à ce que la surface devienne mousseuse. Incorporer alors le jus de citron, l'estragon et l'échalote hachés, le thym, le sel et le poivre. Fouetter vivement sur feu doux. Ajouter la crème fraîche, en fouettant, au moment de servir.

CHAPON FARCI AU BROCCIU

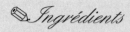
Ingrédients

Préparation du Chapon
- 1 chapon de 1,500 kg,
- 10 cl d'huile d'olive,
- sel et poivre.

Préparation de la farce
- 300 g de brocciu,
- 250 g de vert de blettes,
- 1 pincée de thym effeuillé,
- quelques graines de fenouil,
- 1 œuf entier,
- 1 cuillère à soupe de farine,
- 1 oignon blanc haché,
- sel et poivre.

Assez facile

Pour **6** personnes
Temps de préparation : **10** mn
Temps de cuisson : **20** mn
Vin conseillé : **Figari** blanc

Préparation du poisson

Vider et écailler le chapon en ne coupant pas la tête. Prendre soin de bien couper les épines du poisson autour de sa tête et d'enlever les nageoires dorsales et pectorales qui pourraient vous blesser. Badigeonner d'huile d'olive. Saler et poivrer l'intérieur et l'extérieur du poisson.

Préparation de la farce

Dans une casserole d'eau bouillante salée, faire blanchir trois minutes les feuilles vertes de blettes coupées en lamelles. Les sortir rapidement et les rincer à l'eau froide pour qu'elles restent fermes. Bien les essorer, avant de les mélanger avec le brocciu émietté et l'oignon haché. Saler, poivrer et saupoudrer de thym effeuillé et de graines de fenouil. Incorporer l'œuf entier pour lier l'ensemble. Former une boule, la rouler dans la farine et en garnir l'intérieur du poisson. Recoudre soigneusement la partie ventrale du chapon et le disposer dans un plat allant au four, badigeonné avec le reste d'huile d'olive.

Cuisson du chapon

Cuire le poisson vingt minutes de chaque côté en l'arrosant régulièrement de jus de cuisson. Rectifier l'assaisonnement (sel et poivre) au moment de retourner le poisson. Servir le chapon avec des boules de farce au brocciu et des pommes de terre cuites à l'eau.

VIANDES

Bœuf

BŒUF BOURGUIGNON

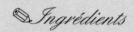

Ingrédients

- 1 kg de tranche maigre ou de gîte
  à la noix,
- 12 petits oignons,
- 2 échalotes,
- 2 gousses d'ail,
- 2 clous de girofle,
- 1 bouquet garni (thym, laurier),
- grains de poivre.
- sel de céleri,
- 1 litre de vin de Bourgogne rouge,
- 40 g de beurre,
- 2 cuillères à soupe de farine,
- huile,
- sel, poivre.

Assez facile

Pour **6** personnes

Temps de préparation : **10** mn

Temps de cuisson : **1** h **35** mn

Vin conseillé : **Santenay**

ou **Gevrey-Chambertin**

Faire revenir, dans un mélange de beurre et d'huile, les oignons et les morceaux de viande, préalablement salés et poivrés. Laisser dorer, puis ajouter deux cuillères à soupe de farine. Faire blondir la farine en tournant les morceaux de viande. Ajouter le vin et laisser bouillonner deux minutes. Verser la même quantité d'eau. Incorporer le bouquet garni, les clous de girofle, le sel de céleri, les grains de poivre, les échalotes et les gousses d'ail hachées. Couvrir et cuire quatre vingt minutes. Ouvrir la cocotte, verser si besoin un verre d'eau, selon l'épaisseur de la sauce obtenue et prolonger la cuisson de quinze minutes. Servir, soit avec du riz blanc, soit avec des pommes vapeur.

BŒUF EN DAUBE

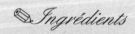

Ingrédients

- 750 g de tranche maigre,
- 750 g de jarret de bœuf,
- 2 os à moelle (salés à leurs extrémités),
- 1 carotte coupée en rondelles,
- 2 gros oignons piqués chacun d'un clou
  de girofle,
- 1 bouquet garni (thym, laurier, romarin,
  persil),
  .../...

Assez facile

Pour **6** personnes

Temps de préparation : **10** mn

Temps de cuisson : **1** h **20** mn

Marinade : **24** h

Vin conseillé : **Mâcon rouge**

Faire mariner vingt quatre heures, les viandes au préalable salées et poivrées, dans le vin rouge, avec le bouquet garni,

- 1 gousse d'ail,
- 75 cl de vin de Bourgogne rouge,
- 2 cuillères à soupe de farine,
- 40 g de beurre,
- 3 cuillères à soupe d'huile d'arachide,
- grains de poivre,
- sel, poivre.

les oignons, l'ail, les rondelles de carotte et les grains de poivre. Sortir les viandes, les égoutter et les sécher. Les faire revenir dans un mélange de beurre et d'huile quelques minutes.

Lorsqu'elles commencent à dorer, ajouter les oignons, les carottes et l'ail de la marinade et les os à moelle. Laisser rissoler quelques instants. Saupoudrer de farine. Tourner à feu vif encore trois minutes, puis mouiller du vin de la marinade, allongé de deux grands verres d'eau. Incorporer le bouquet garni, déjà utilisé dans la marinade. Couvrir et laisser mijoter une heure, en surveillant que les viandes n'attachent pas.

Sortir les viandes et les disposer sur le plat de service. Faire éventuellement réduire la sauce quelques instants, pour qu'elle prenne une consistance crémeuse. Rectifier l'assaisonnement. Oter le bouquet garni. Napper les viandes de sauce. Servir, soit avec des pâtes, soit des pommes de terre cuites à l'eau

CONTRE FILET SAUCE PÉRIGUEUX

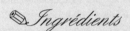 *Ingrédients*

- 200 g, de contre filet persillé par personne.

Sauce
- 80 g de beurre,
- 1 petite échalote, hachée finement,
- 10 cl de madère,
- 15 cl d'eau,
- 1 filet de Cognac.
- 2 cuillères à soupe de farine tamisée,
- 30 g de morceaux de truffes avec leur jus,
- 1 petite pincée de thym effeuillé,
- sel, poivre.

Facile

Temps de préparation : **15** mn

Temps de cuisson : **5** mn pour la viande

Vin conseillé : **Saint-Emilion**

ou **Margaux**

Préparation de la sauce

Faire fondre doucement le beurre dans une casserole. Ajouter la farine en tournant et laisser mijoter, jusqu'à obtention d'un roux brun. Mouiller d'un seul coup avec le madère, l'eau et le filet de Cognac. Incorporer l'échalote hachée, puis les morceaux de truffes et la pincée de thym effeuillé. Poivrer. Saler modérément. Réduire au bain-marie, à feu doux, jusqu'à consistance voulue.

Préparation de la viande

Saler, poivrer les contre filets. Les faire revenir à feu vif, dans une poêle graissée avec du lard demi sel. Conserver au chaud et napper de sauce, lorsque celle-ci est prête.

CÔTE DE BŒUF À LA MOELLE

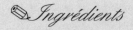

Ingrédients

- 1 côte de bœuf bien persillée de
  1,400 kg,
- 3 gros os à moelle de veau,
- huile d'arachide (pour badigeonner
  au pinceau),
- sel, poivre.

Assez facile

Pour **6** personnes

Temps de préparation : **5** mn

Temps de cuisson : **20** mn à **30** mn

Vin conseillé : **Côtes de Bourg**
ou **Brouilly**

Préparation de la viande

Badigeonner d'huile, au pinceau, les deux faces de la côte de bœuf. Les saler et les poivrer. Allumer le gril du four (préchauffage dix minutes) et griller la viande environ douze à quinze minutes de chaque côté. La conserver au chaud.

Préparation de la moelle

Placer les os à moelle (salés copieusement aux deux extrémités), dans une casserole d'eau bouillante salée, pendant une dizaine de minutes, pour ramollir la moelle. Sortir la moelle des os et la couper en lamelles, d'un centimètre d'épaisseur, que vous réserverez au chaud (sans excès, pour ne pas la faire fondre) dans l'attente de la cuisson de la viande. Lorsque vous avez sorti la viande du four, placer, quelques instants, les lamelles de moelle dans le jus de la lèchefrite (plat placé sous le gril) et les verser sur la côte de bœuf. Servir immédiatement, la côte de bœuf accompagnée, éventuellement, de pommes allumettes ou de haricots verts.

CHATEAUBRIANT AUX POMMES

Ingrédients

- 1 morceau de 200 g de cœur de filet
  par personne,
- 6 belles pommes de terre,
- 1 botte de cresson,
- 6 tomates,
- chapelure,
- sel, poivre.

Facile

Temps de préparation : **2** mn

Temps de cuisson :
4 à **5** mn pour la viande

Vin conseillé : **Fleurie**
ou **Beaujolais Villages**

Cuisson au gril

Badigeonner d'huile les morceaux de viande. Les saler et les poivrer. Les mettre à griller sur une plaque bien chaude. Au bout d'une minute, retourner les viandes une première fois, en leur faisant faire un quart de tour sur le plan horizontal. Laisser cuire encore une minute, puis retourner à nouveau, sans imprimer de rotation.

Pour la cuisson finale, effectuer un nouveau quart de tour horizontal, en retournant les morceaux de viande. Vous aurez ainsi obtenu des pièces de viande, grillées sur chaque face et décorées d'un joli quadrillage, correspondant aux lignes de contact de la viande et du gril.

Cuisson à la poêle

Graisser la poêle chaude avec le suif de bœuf. Placer les morceaux de viande dans la poêle et les laisser griller à feu vif, de chaque côté. Si la viande est épaisse, il convient de répéter deux fois l'opération.

Le châteaubriant se sert généralement accompagné de pommes pont neuf ou de pommes soufflées. Garnir le plat de service, de cresson et de demi tomates, panées et retournées quelques instants sur le gril ou la poêle. On peut également agrémenter ces pièces de bœuf d'un beurre maître d'hôtel ou d'une sauce béarnaise.

Entrecôte marchand de vin

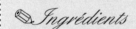 *Ingrédients*

- 2 entrecôtes, bien persillées, de 500 g chacune (ou 3 de 350 g)
- 25 cl de vin de Bordeaux rouge,
- 1 cuillère à soupe de farine,
- 100 g de beurre,
- 1 échalote, réduite en pommade au pilon,
- 1 bouquet garni (thym, laurier),
- sel, poivre.

Assez facile

Pour **6** personnes

Temps de préparation : **10** mn

Temps de cuisson : **6** mn

Vin conseillé : **Graves rouge**

Préparation de la sauce

Mettre le beurre dans une poêle creuse. Saupoudrer de farine et chauffer doucement, en tournant avec une cuillère en bois jusqu'à obtention d'un roux brun léger, puis mouiller d'un seul coup avec le vin. Ajouter l'échalote et le bouquet garni. Saler, poivrer. Tourner quelques instants, à feu vif, puis laisser mijoter cinq minutes à feu doux, à couvert.

Cuisson de la viande

Pendant que votre sauce mijote, saler et poivrer les entrecôtes. Faire chauffer une poêle à griller et la graisser avec un morceau de suif (gras) de la viande. Griller vivement les entrecôtes, trois minutes de chaque côté, de manière à obtenir une viande bien saisie, saignante et chaude à cœur.

Disposer en fin de cuisson les entrecôtes sur un plat de service et les napper de sauce, dont vous aurez au préalable ôté le bouquet garni. Les entrecôtes marchand de vin peuvent être accompagnées, soit de pommes pont neuf, soit de petites pommes de terre à l'eau.

ONGLET À L'ÉCHALOTE

Ingrédients

- 6 morceaux d'onglet de 150 g,
- 2 échalotes,
- 1 cuillère à dessert de farine,
- 70 g de beurre,
- 1 pincée de thym effeuillé,
- 1 cuillère à soupe d'huile d'arachide,
- 10 cl de Porto,
- sel, poivre.

Facile

Pour **6** personnes

Temps de préparation : **10** mn

Temps de cuisson : **4** mn

Vin conseillé : **Beaujolais Village**

Préparation de la sauce

Mettre 50g de beurre dans une poêle creuse. Saupoudrer de farine et chauffer doucement en tournant avec une cuillère en bois, jusqu'à obtention d'un roux brun clair. Lorsque la couleur souhaitée est obtenue, mouiller d'un seul coup avec le Porto. Ajouter les échalotes hachées finement, quelques pincées d'épices (sel, poivre, thym effeuillé). Couvrir et faire réduire, à feu doux, pendant la cuisson de la viande.

Préparation de la viande

Saler et poivrer les morceaux de viande. Mettre à chauffer une poêle à griller, graissée avec un mélange de vingt grammes de beurre et d'une cuillère d'huile. Saisir à feu vif et cuire deux minutes de chaque côté. Disposer les morceaux de viande sur chaque assiette individuelle, au préalable chauffée et les napper de sauce qui, entre temps, aura réduit de moitié.

Accompagner de pommes rissolées ou pommes pont neuf et salade verte.

PAVÉS AU ROQUEFORT

Ingrédients

- 6 pavés de rumsteak, de 150 g à 200 g,
- 150 g de beurre,
- 1 cuillère à dessert d'huile d'arachide,
- 120 g de roquefort bien bleu,
- sel, poivre.

Facile

Pour **6** personnes

Temps de préparation : **5** mn

Temps de cuisson : **6** mn

Vin conseillé : **Bergerac**

Chauffer la poêle à griller, graissée avec un mélange de trente grammes de beurre et d'une cuillère d'huile. Saler et poivrer les pavés de rumsteak. Les saisir vivement, trois minutes de chaque côté. Pendant la cuisson de la viande, mélanger à la fourchette, le reste du beurre et le roquefort.

Poivrer légèrement ce mélange, mais sans le saler, le fromage étant lui-même salé. Placer sur chaque morceau de viande une rondelle de beurre manié au roquefort au moment de servir. Accompagner, soit de pommes pont neuf, soit de haricots verts frais.

PAVÉS AUX CHAMPIGONS

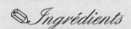 *Ingrédients*

- 6 pavés de rumsteak de 150 g à 200 g,
- 100 g de beurre,
- 1 cuillère à soupe d'huile,
- 2 cuillères à soupe de farine,
- 1 échalote, hachée finement,
- 15 cl de madère,
- 15 cl d'eau,
- 1 filet de Cognac,
- 300 g de cornes d'abondance
  (ou trompettes de la mort),
- sel, poivre.

Assez facile

Pour **6** personnes
Temps de préparation : **10** mn
Temps de cuisson : **8** mn
Vin conseillé : **Saint-Emilion**

Préparation de la sauce

Faire fondre 80 g de beurre dans une casserole. Saupoudrer de farine et chauffer doucement en tournant avec une cuillère en bois, jusqu'à obtention d'un roux brun. Lorsque la couleur souhaitée est obtenue, mouiller d'un seul coup avec le madère, l'eau et le filet de Cognac. Ajouter l'échalote hachée, puis les champignons, revenus au préalable cinq minutes dans une poêle avec de l'huile.

Saler, poivrer. Couvrir et laisser réduire, à feu doux, pendant la cuisson de la viande.

Préparation de la viande

Faire chauffer la poêle à griller. La graisser avec un mélange de 20g de beurre et d'une cuillère à soupe d'huile. Saler et poivrer les pavés de rumsteak et les faire saisir à feu vif trois à quatre minutes de chaque côté. Les servir sur assiettes chaudes, nappés de la sauce.

STEAK AU POIVRE

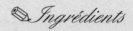 **Ingrédients**

- 6 morceaux d'aiguillette de 150 g,
- 20 g de poivre concassé,
- 25 g de beurre,
- 1 cuillère à soupe d'huile d'arachide,
- 1 filet de Cognac,
- 1 oignon,
- sucre en poudre,
- 20 cl de crème fraîche.
- sel.

Facile

Pour **4** personnes

Temps de préparation : **10** mn

Temps de cuisson : **6** mn

Vin conseillé :

Bordeaux rouge (Médoc)

Saler les morceaux de viande. Les rouler ensuite, un à un, dans le poivre disposé sur une assiette (conserver le poivre qui restera dans l'assiette).

Dans une poêle graissée avec un mélange de beurre et d'huile, faire revenir l'oignon coupé en lamelles. Y saisir les morceaux de viande, à feu vif, trois minutes de chaque côté, dès que l'oignon commence à blondir. Les sortir ensuite de la poêle et les placer avec les lamelles d'oignon sur des assiettes chaudes, que vous conserverez au four.

Dans la poêle, hors du feu, mettre une pincée de sucre et déglacer en flambant avec le Cognac. Y verser la crème fraîche et le poivre resté dans l'assiette. Porter à feu vif et faire réduire la sauce quelques instants, à gros bouillons, jusqu'à légère caramélisation.

Napper la viande de sauce et servir avec des pommes de terre frites.

STEAK TARTARE

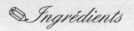 **Ingrédients**

- 600 g de tranche grasse de bœuf hachée,
- 3 cuillères à soupe bombée de persil haché,
- 100 g d'oignon (blanc de préférence) haché,
- 3 cuillères à soupe de coulis de tomate,
- 2 cuillères à soupe de moutarde forte,
- 1 cuillère à soupe de câpres,
- 2 jaunes d'œufs,
- sel, poivre,
- éventuellement quelques gouttes de tabasco.

Très facile

Pour **4** personnes

Temps de préparation : **5** mn

Vin conseillé : **Beaujolais Village**

Placer la viande hachée sur une grande assiette. Creuser en son centre une fontaine et y placer les jaunes d'œufs dans leur demi coquille. Disposer autour en étoile les condiments d'accompagnement. Saler, poivrer et mélanger le tout avec une fourchette.

TOURNEDOS QUERCYNOIS

- 6 tournedos de filet de tranche
  de 150 g,
- 250 g de foie gras truffé,
- 30 g de graisse d'oie,
- sel, poivre.

Facile

Pour **6** personnes

Temps de préparation : **5** mn

Temps de cuisson : **6** à **8** mn

Vin conseillé :

Grand Bordeaux rouge

(St Emilion)

Faire chauffer une poêle à griller et la garnir copieusement de graisse d'oie. Saisir les tournedos, à feu vif et les cuire trois minutes de chaque côté (en les retournant deux fois). Les disposer sur des assiettes chaudes, garnies de salade et de pommes rissolées. Placer sur les tournedos, au moment de servir, une tranche de foie gras d'un centimètre d'épaisseur.

T-BONE STEAK
BEURRE MAÎTRE D'HÔTEL

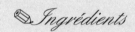

- 800 g de T-bone steak,
- huile d'olive,
- thym effeuillé,
- sel et poivre.

Beurre maître d'hôtel
- 50 g de beurre,
- 1 gousse d'ail,
- 3 branches de persil hachées,
- 1 pincée de paprika (éventuellement),
- sel et poivre.

Facile

Pour **4** personnes

Temps de préparation : **5** mn

Temps de cuisson : **20** mn

Vin conseillé : **Saumur rouge**

ou **Champigny rouge**

Préparation de la viande

Enduire la viande d'huile d'olive. Saler et poivrer selon goût. Saupoudrer très légèrement de thym effeuillé et saisir à four chaud dix minutes environ de chaque côté.

Préparation du beurre maître d'hôtel

Mêler intimement les éléments et servir en ravier en même temps que la viande.

SALADE DE QUEUE DE BŒUF

📝 *Ingrédients*

- 1 kg de pommes de terre à chair ferme cuites à l'eau,
- 1 kg de queue de bœuf.

Pour la cuisson de la queue de bœuf
- 1 gros oignon piqué d'un clou de girofle,
- 1 carotte coupée en rondelles,
- 1 gousse d'ail,
- 1 petit navet nouveau,
- 1 bouquet garni (thym, laurier, romarin),
- 1 verre de vin blanc sec,
- sel et poivre.

Sauce
- 10 cl d'huile d'arachide,
- 5 cl de vinaigre de vin,
- 1 cuillère à soupe de moutarde,
- 1 oignon blanc ciselé,
- 1 gousse d'ail hachée,
- 3 branches de persil plat ciselées,
- 1 cuillère à café de graines de moutarde,
- sel et poivre.

Facile

Pour **6** personnes

Temps de préparation : **15** mn

Cuisson de la queue de bœuf : **1** h

(ou **30** mn en autocuiseur)

Cuisson des pommes de terre : **30** mn

(ou **15** mn en autocuiseur)

Vin conseillé : **Beaujolais**

ou **Gamay**

Cuisson de la queue de bœuf

Mettre dans une grande casserole 3 litres d'eau. Ajouter l'oignon, la carotte coupée en rondelles, la gousse d'ail entière, le navet, le bouquet garni, le vin blanc, le sel et le poivre. Porter à ébullition. Y plonger la queue de bœuf. Laisser cuire une heure (ou 30 minutes s'il s'agit d'un autocuiseur).

Préparation de la sauce

Placer dans un bol la moutarde. Délayer petit à petit avec l'huile. Ajouter le vinaigre, l'oignon blanc ciselé, la gousse d'ail hachée, le persil ciselé, les graines de moutarde, le sel et le poivre. Bien mélanger le tout.

Préparation de la salade

Disposer dans un saladier, les rondelles de pommes de terre cuites à l'eau. Sortir la queue de bœuf cuite de la casserole et prélever la viande. Incorporer les morceaux de viande dans le saladier. Y verser la sauce et bien mélanger le tout avant de servir.

Agneau et Chevreau

SAUTÉ D'AGNEAU À LA PROVENÇALE

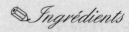 *Ingrédients*

- 750 g d'épaule (ou de collier) d'agneau,
- 1 tranche de lard fumé, coupée en petits dés,
- 4 tomates,
- 4 oignons,
- 2 gousses d'ail,
- 1 bouquet garni (thym, laurier, persil, sauge),
- 5 cl de madère,
- beurre,
- huile,
- un demi paquet de haricots (cocos ou lingots),
- sel, poivre.

Facile

Pour **4** personnes

Temps de préparation : **10** mn

Temps de cuisson : **25** mn

Vin conseillé : **Rosé de Provence**
ou **Tavel**

Laisser tremper les haricots, pendant une heure. Faire revenir en cocotte les morceaux de viande, au préalable salés et poivrés, dans un mélange de beurre et d'huile. Laisser dorer.

Ajouter alors l'ail, les oignons, les lardons et les aromates, puis faire blondir, à feu doux.

Couper les tomates en deux et les laisser frissonner deux minutes. Verser un litre d'eau, puis incorporer les haricots. Saler avec une demi cuillère de gros sel. Cuire à couvert, vingt minutes, à feu moyen. Ouvrir la cocotte et faire réduire la sauce, à feu vif, avec le madère. Servir parsemé de persil haché.

CARRÉ D'AGNEAU GRILLÉ

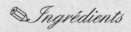 *Ingrédients*

- 1 carré d'agneau d'1 kg,
- 2 gousses d'ail,
- thym effeuillé.
- herbes de Provence.
- huile,
- sel, poivre.

Facile

Pour **6** personnes

Temps de préparation : **5** mn

Temps de cuisson : **20** mn à **30** mn

Vin conseillé : **Beaujolais blanc (St Véran)** ou **Chiroubles**

Piquer le carré d'agneau de quelques petits morceaux d'ail effilés. Le badigeonner d'huile au pinceau. Le saler, le poivrer et le saupoudrer de thym effeuillé et d'herbes de Provence, selon goût. Griller, soit à four chaud vingt minutes (en le retournant une fois), soit sur une broche au barbecue, une demi-heure (avec une rotation permanente).

Servir accompagné de pommes de terre cuites sous la cendre, de haricots verts ou de flageolets nouveaux en persillade.

Gigot d'agneau à la bretonne

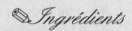 *Ingrédients*

- 1 gigot de pré salé de 2 kg,
- 1 kg de haricots blancs (cocos bretons ou lingots de Paimpol),
- 2 gros oignons,
- 2 échalotes,
- 3 gousses d'ail,
- 1 grosse tomate,
- 1 bouquet garni (persil, thym, laurier),
- 1 branche de persil,
- 2 pincées de thym effeuillé,
- 8 petites pommes de terre, coupées en deux,
- 150 g de beurre demi sel (dont 100 g de beurre fondu),
- 5 cl de lambig,
- sel, poivre.

Assez facile

Pour **6** à **8** personnes

Temps de préparation : **15** mn

Temps de cuisson des haricots : **40** mn

à **2** h selon la sorte de haricots utilisés

Temps de cuisson de la viande : **45** mn

Vin conseillé : **Saumur**

ou **Champigny**

Cuisson des haricots

a) haricots secs : faire tremper douze heures à l'avance. Mettre à l'eau froide salée avec le bouquet garni. Porter à ébullition et cuire deux à trois heures. Ajouter, une demi-heure avant la fin de cuisson, une échalote, deux oignons, une tomate et une gousse d'ail. Poivrer légèrement.

b) haricots frais : ne pas faire tremper. Mettre à l'eau froide salée, avec le bouquet garni. Porter à ébullition et cuire quarante minutes. Ajouter, une demi-heure avant la fin de cuisson, une échalote, deux oignons, une tomate et une gousse d'ail. Poivrer légèrement.

Cuisson du gigot

Préparer quatre demi gousses d'ail épluchées et les piquer dans le gigot. Avec une pointe de couteau, tracer sur la partie charnue de la viande un quadrillage. Enduire le gigot de beurre fondu et le saupoudrer de thym effeuillé. Saler et poivrer.

Graisser, avec un peu de beurre fondu, un grand plat et y placer le gigot. Dans un bol, contenant le reste du beurre fondu, baigner les petites pommes de terre épluchées et coupées en deux. Les saler, les poivrer et ajouter une pincée de thym effeuillé. Disposer les pommes de terre ainsi préparées autour du gigot.

Mettre au four et laisser cuire quarante cinq minutes (en retournant deux fois). Retirer les pommes de terre dès qu'elles sont bien dorées et les conserver au chaud. Lorsque la cuisson des haricots est terminée, les égoutter, ôter le bouquet garni et préserver l'échalote, les oignons et la tomate.

Faire revenir dans une petite cocotte avec un morceau de beurre, la seconde échalote crue, puis ajouter l'échalote, les oignons et la tomate cuits avec les haricots, ainsi que le lambig. Chauffer doucement, en fouettant, jusqu'à obtention d'une sauce onctueuse. Y mélanger les haricots et garder au chaud.

Dresser le gigot sur un plat de service et disposer autour les haricots et les pommes de terre, celles-ci étant agrémentées de quelques pincées de persil haché.

COLLIER D'AGNEAU AUX PETITS POIS

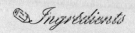

Ingrédients

- 1,500 kg de collier d'agneau,
- 80 g de beurre,
- 3 cuillères à soupe d'huile d'arachide,
- 12 petits oignons blancs,
- 500 g de pommes de terre,
- 1 kg de petits pois,
- 500 g de carottes,
- 1 botte de petits navets ronds,
- 2 gousses d'ail,
- 10 cl de Muscadet,
- 1 bouquet garni (thym, laurier, persil),
- sel, poivre.

Facile

Pour **6** personnes

Temps de préparation : **15** mn

Temps de cuisson : **1** h

Vin conseillé : **Muscadet**

ou **Brouilly**

Faire revenir, en cocotte, avec le beurre et l'huile, les colliers coupés en rondelles d'environ deux centimètres d'épaisseur. Lorsque les morceaux de viande sont bien dorés, jeter la moitié de la graisse de cuisson. Ajouter alors les petits oignons et une gousse d'ail émincée.

Mouiller avec le Muscadet et un verre d'eau. Incorporer le bouquet garni et cuire, à feu doux, quinze minutes. Ajouter ensuite, les carottes et les navets. Laisser mijoter quinze minutes encore. Mettre enfin à cuire les petits pois, les pommes de terre et la deuxième gousse d'ail. Poursuivre la cuisson trente minutes. Oter le bouquet garni et servir très chaud en cocotte.

SELLE D'AGNEAU FARCIE

Ingrédients

- 1 selle d'agneau (pourvue de ses flancs) de 1,500 kg,
- 350 g de chair de veau hachée,
- 250 g de chair de porc hachée,
- 1 grosse tomate, réduite en purée,
- 1 gros oignon haché,
- 1 gousse d'ail hachée,
- 1 pincée de paprika,
- 1 pincée de thym effeuillé,
- 5 cl d'huile d'olive.
- sel, poivre.

Assez facile

Pour **6** personnes

Temps de préparation : **10** mn

Temps de cuisson : **25** mn

Vin conseillé :

Bourgogne rouge (Chiroubles)

Saler et poivrer extérieurement et intérieurement la selle d'agneau, y compris les flancs. La placer sur le dos et remplir la face interne d'une farce, composée du mélange de chair de veau, de chair de porc, d'oignon, d'ail et de tomate. Saupoudrer de sel, poivre, paprika et thym effeuillé. Refermer les flancs sur cette farce et ficeler soigneusement. Badigeonner l'extérieur d'huile d'olive et saupoudrer à nouveau des mêmes épices. Cuire à four chaud (au préalable chauffé dix minutes) pendant vingt cinq minutes, en retournant la selle deux fois. Servir avec des pommes de terre rissolées, parsemées de persil haché.

EPAULE D'AGNEAU FARCIE
À LA PÉRIGOURDINE

Ingrédients

- 1 épaule d'agneau désossée de 1,500 kg,
- 10 oignons blancs,
- 4 cuillères à soupe de graisse d'oie,
- 20 cl de vin blanc sec,
- 1 petit verre de Cognac,
- 1 bouquet garni (thym, laurier),
- cèpes,
- 1 branche de persil,
- 1 gousse d'ail,
- sel, poivre.

.../...

Assez facile

Pour **6** personnes

Temps de préparation : **30** mn

Temps de cuisson : **1** h

Vin conseillé : **Bergerac**

ou **Saint-Emilion**

Préparation de la farce

Réunir les ingrédients de la farce dans un mortier. Les piler et bien mélanger le tout.

Farce
- 300 g de chair à saucisse,
- 50 g de foie gras,
- 1 œuf battu,
- mie de pain,
- 5 cl de lait,
- 5cl de cognac,
- 1 gousse d'ail hachée,
- 2 cèpes hachés,
- 2 branches de persil hachées,
- sel, poivre.

Préparation de l'épaule farcie

Placer l'épaule désossée sur un plan de travail, la garnir de farce et la rouler autour de cette farce. La ficeler, en prenant soin que la farce ne puisse en sortir pendant la cuisson. Saler et poivrer l'extérieur et saupoudrer de thym effeuillé.

Cuisson de l'épaule

Faire chauffer la graisse d'oie dans une cocotte et y faire dorer l'épaule roulée. Ajouter les oignons et le bouquet garni. Mouiller du vin blanc sec et du Cognac. Laisser mijoter, à couvert, environ une heure, à feu doux. Accompagner cette épaule farcie de champignons (cèpes de préférence) que vous aurez incorporés dans la cocotte, trente minutes avant la fin de cuisson de la viande, en les saupoudrant d'ail et de persil hachés.

CÔTES D'AGNEAU
AUX HARICOTS ROUGES

Ingrédients

- 8 côtes d'agneau secondes
  ou découvertes,
- 1 kg de haricots rouges frais écossés,
- 2 gousses d'ail,
- 4 petites tomates bien fermes,
- 4 oignons blancs,
- 1 bouquet garni (thym, laurier),
- 10 cl d'huile d'olive,
- 1 verre de vin blanc,
- 2 verres d'eau,
- 1 tranche de panzetta (ou de lard fumé)
  coupée en petits dés,
- sel et poivre.
  (si vous utilisez des haricots rouges
  secs, prévoir de les faire tremper
  le temps nécessaire selon leur dureté).

Facile

Pour **4** personnes

Temps de préparation : **10** mn

Cuisson des haricots : **30** mn

Cuisson de la viande : **8** à **10** mn

Vin conseillé : **Cahors**

ou **Bergerac**

Cuisson des haricots

Dans une cocotte, faire revenir avec de l'huile d'olive, les dés de panzetta, les oignons et l'ail épluchés, puis les haricots pendant cinq minutes en tournant avec une cuillère en bois. Mouiller avec le vin blanc et l'eau. Incorporer le bouquet garni et les tomates entières (sans la queue). Saler et poivrer. Couvrir et cuire à feu moyen trente minutes en vérifiant de temps en temps que les haricots n'attachent pas et qu'il reste un peu de liquide au fond de la cocotte.

Cuisson de la viande

Saler, poivrer et saupoudrer de thym effeuillé les côtes d'agneau. Dix minutes avant la fin de cuisson des haricots, faire revenir, à feu vif, les côtelettes quatre à cinq minutes de chaque côté, dans une poêle, avec cinq centilitres d'huile d'olive. Les côtelettes doivent être ainsi bien dorées à l'extérieur, mais pas trop cuites à l'intérieur.

Présentation : disposer les haricots dans un plat de service, placer les côtes d'agneau au dessus et les arroser de leur jus de cuisson.

Gigot d'agneau à la Corse

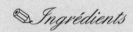

Ingrédients

- 1 gigot d'agneau de 2 kg,
- 1 tranche de coppa coupée en petits dés,
- 20 petits oignons,
- 3 gousses d'ail,
- 2 pincées de thym effeuillé,
- 2 cuillères à soupe d'huile d'olive,
- 1 bouquet garni (thym, laurier romarin),
- sel et poivre.

Facile

Pour **6** à **8** personnes

Temps de préparation : **5** mn

Temps de cuisson : **45** mn

Vin conseillé : **Vin Corse rouge**

(Patrimonio)

Piquer régulièrement, dans le gigot, des demi gousses d'ail épluchées et des petits dés de coppa. Avec une pointe de couteau, tracer sur la partie charnue de la viande un quadrillage. Enduire le gigot d'huile d'olive, le saler, le poivrer et le saupoudrer de thym effeuillé.

Le disposer dans un plat allant au four avec le bouquet garni. Mettre à cuire à four chaud quarante cinq minutes en retournant deux fois le gigot et en arrosant régulièrement de jus de cuisson. Incorporer les petits oignons épluchés, dans le plat autour du gigot, quinze minutes avant la fin de cuisson.

Servir le gigot accompagné de petites pommes de terre sautées ou de haricots verts.

RAGOÛT D'AGNEAU
AUX POMMES DE TERRE

Ingrédients

- 1 kg d'épaule d'agneau, désossée
  et coupée en gros morceaux,
- 1 kg de petites pommes de terre,
- 1 tranche de coppa (ou de lard fumé)
  coupée en petits dés,
- 12 oignons blancs,
- 3 gousses d'ail,
- 3 grosses tomates pelées et épépinées,
- 1 bouquet garni (thym, laurier, romarin,
  sauge),
- 20 cl de vin rouge (ou éventuellement
  de rosé),
- 20 cl d'eau,
- 10 cl d'huile d'olive,
- sel et poivre.

Facile

Pour **6** personnes

Temps de préparation : **15** mn

Temps de cuisson : **50** mn

Vin conseillé : **Mâcon rouge**

Faire revenir les morceaux de viande, au préalable salés et poivrés, dans une cocotte avec de l'huile d'olive pendant dix minutes.

Lorsque les morceaux de viande sont dorés, ajouter les pommes de terre épluchées, lavées et séchées ainsi que les oignons entiers épluchés et les dés de coppa.

Laisser encore revenir cinq minutes. Mouiller avec le vin et l'eau. Incorporer le bouquet garni, l'ail épluché et pilé ainsi que les tomates coupées en petits morceaux.

Couvrir et laisser mijoter quinze minutes. Ouvrir la cocotte et remuer avec une cuillère en bois. Rectifier l'assaisonnement si besoin et laisser mijoter à feu moyen quinze minutes encore, en veillant à ce que le liquide contenu dans la cocotte ne réduise pas trop.

CHEVREAU RÔTI

Ingrédients

- 1/2 chevreau,
- 1 gousse d'ail,
- 1 pincée de thym effeuillé,
- 1 bouquet garni (thym, laurier, romarin),
- 5 cuillères à soupe d'huile d'olive,
- sel et poivre.

Facile

Pour **6** personnes

Temps de préparation : **5** mn

Temps de cuisson : **30** mn

Vin conseillé : **Chablis**
ou **Sancerre blanc**

Piquer régulièrement le chevreau de pointes d'ail. Le badigeonner d'huile. Le saler, le poivrer et le saupoudrer de thym effeuillé. Le placer sur un plat allant au four avec le bouquet garni. Laisser cuire trente minutes, à four chaud, en retournant le demi chevreau à mi cuisson.

EPAULE DE CABRI FARCIE

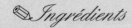

Ingrédients

- 1 épaule de cabri désossée d'1 kg,
- 1 feuille de laurier,
- 1 bouquet de romarin,
- 1 feuille de sauge,
- 1 oignon,
- huile d'olive,
- thym effeuillé,
- sel et poivre.

Farce
- foie du cabri,
- 150 g de chair de porc hachée,
- 150 g de blanquette de veau sans os
  hachée,
- 200 g d'épinards,
- 1 cuillère à soupe de liqueur de myrte,
- 1 oignon blanc,
- 1 échalote,
- 2 gousses d'ail,
- thym effeuillé,
- 1 tranche de lard fumé hachée,
- sel et poivre.

Assez facile

Pour **4** personnes

Temps de préparation : **20** mn

Temps de cuisson : **40** mn

Vin conseillé : **Figari blanc**

Préparation de la farce

Réunir les ingrédients de la farce dans un mortier. Les piler et bien mélanger le tout.

Préparation de l'épaule farcie

Placer l'épaule désossée sur un plan de travail, la garnir de farce et la rouler autour de cette farce. La ficeler en prenant soin que la farce ne puisse en sortir pendant la cuisson. Enduire l'extérieur de l'épaule d'huile d'olive. Saler et poivrer et saupoudrer de thym effeuillé.

Cuisson de l'épaule

Disposer l'épaule dans un plat allant au four. Ajouter un oignon et le bouquet garni (thym, romarin, sauge et laurier) et la faire cuire vingt minutes de chaque côté.

LA MIGISCIA

Vin conseillé : **Patrimonio blanc**

La migiscia est une préparation carnée à base de viande de chèvre aromatisée et séchée au soleil. Elle est composée d'un filet de chèvre découpé en lamelles mises à macérer vingt quatre heures, dans du vinaigre aromatisé. Ces lamelles sont ensuite soigneusement égouttées et séchées au torchon, frottées d'ail et de romarin pilés, salées, poivrées, enfilées sur des brochettes et mises à sécher au soleil.

La migiscia peut être cuisinée soit en ragoût, soit en grillade.

Migiscia en ragoût

Ingrédients

- 800 g de migiscia,
- 1 poivron rouge,
- 2 grosses tomates pelées et épépinées,
- 50 cl de vin rouge,
- 2 gousses d'ail écrasées,
- 1 bouquet garni (thym, laurier, romarin),
- 5 cl d'huile d'olive,
- sel et poivre.

Assez facile

Pour **4** personnes

Temps de préparation : **10** mn

Temps de cuisson : **1** h **30** mn

Faire revenir dans une casserole, les lamelles de chèvre avec de l'huile d'olive. Lorsqu'elles sont dorées, ajouter l'ail pilé, les tomates pelées et épépinées, le poivron rouge épépiné et coupé en lamelles et le bouquet garni. Verser le vin rouge et compléter avec de l'eau jusqu'à ce que les lamelles de viande soient recouvertes. Porter à ébullition à feu vif, puis laisser mijoter, à feu doux, pendant une heure et demie en surveillant qu'il reste suffisamment de liquide pour que la viande n'attache pas.

Servir soit avec du riz, soit avec des pommes de terre cuites à l'eau.

Migiscia en grillade

Ingrédients

- 800 g de migiscia,
- 8 tranches de pain,
- 3 gousses d'ail.

Facile

Pour **4** personnes

Temps de préparation : **5** mn

Temps de cuisson : **10** mn

Enfiler les lamelles de chèvre sur des brochettes. Les faire rôtir au dessus d'un feu de bois sur lequel vous aurez disposé une lèchefrite garnie de tranches de pain frottées d'ail pour recueillir le jus de la viande. Servir les lamelles de chèvre sur les tranches de pain.

Veau

BLANQUETTE DE VEAU

 Ingrédients

- 1, 500 kg de veau (tendron, poitrine, haut de jarret),
- 2 os à moelle,
- 3 carottes,
- 2 oignons,
- 2 gousses d'ail,
- 2 cuillères à soupe de farine,
- 20 cl de crème fraîche,
- 150 g de beurre,
- 3 cuillères à soupe d'huile,
- 3 jaunes d'œufs,
- 1 bouquet garni (thym, laurier, sauge),
- 50 cl de vin blanc sec,
- sel, poivre.

Assez facile

Pour **6** personnes

Temps de préparation : **15** mn

Temps de cuisson : **1** h

Vin conseillé : **Bourgueil**

Dans une cocotte, faire revenir, dans un mélange de 50 g de beurre et d'huile, les morceaux de veau, au préalable salés et poivrés, avec les carottes, les oignons et les gousses d'ail. Dès qu'ils commencent à dorer, mouiller avec le vin blanc et deux verres d'eau. Ajouter le bouquet garni et laisser mijoter trente minutes, à feu doux.

Avec le reste du beurre et la farine, préparer dans une casserole un roux (cf petit lexique des termes culinaires) blond. Le mouiller d'une partie du bouillon de cuisson. Incorporer ce roux blond dans la cocotte, laisser frémir dix minutes. Ajouter la crème fraîche. Faire réduire à feu doux quinze minutes. Lier la sauce, quelques instants avant de servir, avec les jaunes d'œufs, hors du feu. Rectifier l'assaisonnement et servir avec du riz blanc, légèrement vanillé.

ESCALOPES PANÉES

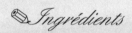 Ingrédients

- 6 escalopes de veau de 150 g chacune,
- 1 œuf battu, salé et poivré,
- 40 g de beurre,
- 1 cuillère à soupe d'huile d'arachide,
- chapelure,
- sel, poivre.

Facile

Pour **6** personnes

Temps de préparation : **5** mn

Temps de cuisson : **6** mn

Vin conseillé : **Sancerre rouge**

Faire chauffer dans une poêle, le mélange de beurre et d'huile. Saler et poivrer les escalopes. Remplir une assiette de chapelure. Tremper une à une les escalopes dans l'œuf battu, puis les retourner dans la chapelure. Les cuire, à feu moyen, trois minutes de chaque côté. Les servir dorées, de préférence avec des pâtes fraîches et les arroser éventuellement d'un filet de jus de citron.

ESCALOPES VALLÉE D'AUGE

Ingrédients

- 6 escalopes de veau de 150 g chacune,
- 500 g de champignons de Paris émincés,
- 3 oignons,
- 1 gousse d'ail,
  20 cl de crème fraîche,
- 40 g de beurre,
- 2 cuillères à soupe d'huile d'arachide,
- 25 cl de lait,
- 25 cl de cidre,
- 1 bouquet garni (thym, laurier, persil),
- 1 demi citron pressé,
- sel, poivre.

Assez facile

Pour **6** personnes

Temps de préparation : **20** mn

Temps de cuisson : **10** mn

Vin conseillé : **Fleurie**

Verser le lait dans un plat creux. Saler et poivrer. Plonger les escalopes dans le lait. Les laisser macérer, pendant une heure environ, en les retournant une fois. Préparer deux poêles.

Dans la première, faire fondre à feu doux vingt grammes de beurre, additionné d'une cuillère à soupe d'huile d'arachide et y verser les champignons. Saler légèrement et couvrir. Lorsque les champignons ont rendu leur eau, ajouter l'oignon, l'ail et le persil (le tout haché finement). Arroser du jus d'un demi citron. Poivrer légèrement et laisser mijoter, à feu doux, pendant la cuisson de la viande.

Dans la deuxième poêle, faire fondre également vingt grammes de beurre, avec une cuillère à soupe d'huile d'arachide. Faire revenir les escalopes, à feu moyen, jusqu'à formation d'un léger caramel blond au fond de la poêle. Retirer les escalopes et les préserver au chaud, au four, sur un plat recouvert d'une feuille d'aluminium.

Dans la poêle encore chaude, verser le cidre et faire dissoudre, à l'aide d'une spatule en bois, le caramel adhérant aux parois et au fond. Ajouter le bouquet garni et faire réduire le mélange des deux tiers, à feu vif. Retirer la poêle du feu quelques instants et ôter le bouquet garni, puis incorporer la crème fraîche. Faire épaissir, à feu doux, sans trop laisser la crème se colorer.

Lorsque la consistance voulue est obtenue, baigner les escalopes dans cette sauce sur leurs deux faces et les disposer au centre d'un plat, préalablement chauffé. Mélanger soigneusement les champignons à la crème restante et les disposer autour des escalopes. Accompagner ce plat de riz ou de pommes de terre cuites à l'eau.

Variantes : on peut remplacer les champignons de Paris par des girolles.

ESCALOPES DE VEAU
À LA FONDUE D'ÉCHALOTE

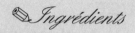

Ingrédients

- 6 escalopes de veau de 150 g chacune,
- 500 g de champignons de Paris,
- 150 g d'échalotes,
- 1 tomate,
- 2 branches de persil hachées,
- 2 pincées de thym effeuillé,
- 1 citron,
- 1 cuillère à soupe de farine,
- 4 cuillères à soupe de graisse d'oie,
- 40 g de beurre,
- 20 cl de verjus (vin blanc aigre et fort),
- sel, poivre.

Assez facile

Pour **6** personnes

Temps de préparation : **10** mn

Cuisson du beurre d'échalotes : **15** mn

Temps de cuisson de la viande : **6** mn

Vin conseillé : **Cahors**

Préparation du beurre d'échalotes

Faire fondre, dans une casserole, deux cuillères à soupe de graisse d'oie. Y placer la tomate coupée en rondelles, les échalotes et les champignons émincés. Saler, poivrer et saupoudrer de thym effeuillé. Ajouter le persil haché et le jus d'un citron. Mélanger le tout avec une cuillère en bois. Faire revenir à feu doux cinq minutes. Ajouter, en pluie, la farine. Tourner le tout quelques instants. Mouiller de verjus et laisser mijoter dix minutes, à feu doux.

Cuisson des escalopes

Faire fondre, dans une poêle, le reste de la graisse d'oie avec le beurre. Y saisir vivement, sur chaque côté, les escalopes (au préalable salées et poivrées), puis les cuire à feu plus doux six minutes (trois minutes sur chaque face). Les disposer sur un plat et les napper de beurre d'échalotes.

BOULETTES À LA VIANDE

Ingrédients

- 400 g d'épaule de veau,
- 150 g de coppa,
- 150 g de mie de pain,
- 2 branches de persil,
- 3 gousses d'ail,
- 2 pincées de thym,

.../...

Assez facile

Pour **4** personnes

Temps de préparation : **40** mn

Temps de cuisson : **15** mn

Vin conseillé : **Tavel**

ou **Figari rosé**

- 1/2 oignon rose (150 g),
- 2 œufs,
- 2 cuillères à soupe de farine,
- 5 cl de lait,
- sel et poivre.

Sauce
- 6 tomates bien mûres pelées
  et épépinées,
- 1 oignon rose moyen,
- 1 échalote,
- 1 branche de persil,
- 1 branche de basilic,
- 4 gousses d'ail,
- 3 feuilles de laurier,
- 1 branche de romarin,
- 1 branche de thym,
- 1 verre de vin rosé,
- 5 cuillères à soupe d'huile d'olive,
- sel et poivre.

Préparation des boulettes

Faire tremper la mie de pain dans du lait. Hacher le veau, la coppa, l'ail, l'oignon et le persil et les mettre dans une terrine avec la mie de pain essorée. Ajouter du thym, du sel et du poivre et les œufs entiers. Bien mélanger les ingrédients et former des boulettes de quatre à cinq centimètres de diamètre.

Préparation de la sauce

Concasser, l'ail, l'oignon, le persil, l'échalote, le basilic et les tomates. Les mettre à cuire doucement dans une casserole dans laquelle vous aurez fait frémir l'huile d'olive. Ajouter les feuilles de laurier, la branche de thym et celle de romarin, le verre de vin, le sel et le poivre. Laisser mijoter à feu doux vingt minutes.

Cuisson des boulettes

Mettre à chauffer, dans une poêle creuse, six centilitres d'huile d'olive et trois centilitres d'huile d'arachide et mettre à frire les boulettes environ quinze minutes. Servir celles-ci accompagnées de la sauce.

SAUTÉ DE VEAU À LA PROVENÇALE

 Ingrédients

- 1,300 kg de flanchet, de plat de côte
  ou de tendron de veau,
- 6 os à moelle de veau,
- 1 tranche de lard fumé, coupée en
  petits dés,
- 6 gros oignons blancs ou vingt grelots,
- 6 tomates,
- 1 gousse d'ail,
- 2 carottes, coupées en rondelles,
- grains de poivre noir,
- 1 bouquet garni
  (thym, laurier, romarin),
                                    .../...

Facile

Pour **6** personnes

Temps de préparation : **15** mn

Temps de cuisson : **40** mn

Vin conseillé : **Rosé de Provence**

Faire revenir, dans une cocotte, avec un mélange de beurre et d'huile, les morceaux de veau (au préalable salés, poivrés et saupoudrés de paprika). Lorsque la viande est bien dorée, ajouter les oignons, les lardons et les rondelles de carottes. Faire revenir encore cinq minutes. Mouiller d'un verre de

- 1,500 kg de petits pois frais ou 1kg de petites pommes de terre,
- 50 g de beurre,
- 3 cuillères à soupe d'huile d'olive,
- 1 morceau de sucre,
- 1 verre de vin blanc sec,
- sel, poivre, paprika.

vin blanc sec et compléter d'eau, jusqu'à couvrir au deux tiers les morceaux de viande. Incorporer les tomates, coupées en quatre, les petits pois ou les pommes de terre entières, le bouquet garni, la gousse d'ail, les grains de poivre et le morceau de sucre.

Couvrir et laisser mijoter dix minutes. Entre temps, saler copieusement chaque extrémités des os à moelle. Après les dix premières minutes de cuisson, placer les os à moelle dans la cocotte. Laisser mijoter à feu doux vingt minutes encore. Rectifier l'assaisonnement (sel, poivre). Oter le bouquet garni et servir dans le récipient de cuisson, accompagné de toasts grillés pour la dégustation de la moelle. On peut éventuellement ajouter, en cours de cuisson, des olives noires ou vertes.

Osso-bucco

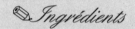 *Ingrédients*

- 1,500 kg de jarret de veau avec os, coupé en tranches de 2 à 3 cm d'épaisseur,
- 1 tranche de coppa (ou de lard fumé),
- 1 gros oignon,
- 1 gousse d'ail,
- 3 grosses tomates bien mûres,
- 5 cuillères à soupe d'huile d'olive,
- 25 cl de vin rosé,
- 1 bouquet garni (thym, laurier, romarin, persil),
- sel et poivre.

Facile

Pour **6** personnes

Temps de préparation : **15** mn

Temps de cuisson : **45** mn

Vin conseillé : **Bourgueil**

Faire revenir en cocotte les morceaux de viande, salés et poivrés, dans de l'huile d'olive, jusqu'à ce qu'ils deviennent bien dorés. Ajouter l'oignon coupé en lamelles, la coppa détaillée en petits dés, le thym, le laurier, le romarin et le persil. Laisser blondir quelques instants les nouveaux éléments ajoutés, puis incorporer les tomates et la gousse d'ail.

Mouiller jusqu'à mi hauteur avec de l'eau. Verser le vin rosé, couvrir et laisser mijoter de trente à quarante minutes selon l'épaisseur des morceaux de viande. Servir de préférence avec des petites pommes de terre cuites à l'eau.

JARRET DE VEAU À L'ANCIENNE

Ingrédients

- 1 jarret de veau de 1,5 kg (dont l'os central laisse apparaître la moelle à chaque extrémité),
- 2 gousses d'ail (rose de préférence),
- 5 cl de graisse d'oie fondue,
- 1 botte de petits oignons blancs,
- thym effeuillé,
- sel, poivre.

Assez facile

Pour **6** personnes

Temps de préparation : **10** mn

Temps de cuisson : **1** h

Vin conseillé : **Saint-Amour**

Piquer régulièrement la viande de gousses d'ail. Injecter en plusieurs endroits du jarret la moitié de la graisse d'oie fondue, salée et poivrée. En badigeonner l'extérieur avec le reste de la graisse d'oie. Saler et poivrer assez copieusement. Saupoudrer de thym effeuillé.

Disposer le jarret debout, dans un plat en terre, après avoir obturé de sel fin les deux extrémités de l'os à moelle. Le mettre à four chaud, entouré éventuellement de quelques petits os à moelle de veau salés également à leurs extrémités, pendant une heure en arrosant la viande à plusieurs reprises avec la moelle fondue dans le plat.

Quinze minutes avant la fin de cuisson, faire rissoler dans le jus de cuisson les petits oignons blancs. Servir éventuellement avec un gratin dauphinois.

SAUTÉ DE VEAU AUX OLIVES

Ingrédients

- 1,200 kg de tendrons de veau,
- 500 g de tomates,
- 1 échalote,
- 1 gros oignon coupé très fin,
- 6 cuillères à soupe d'huile d'olive,
- 6 cuillères à soupe d'huile d'arachide,
- 1 branche de fenouil,
- 20 olives noires,
- 1 tranche de coppa (1cm d'épaisseur),
- 1 bouquet garni (laurier, romarin),
- 2 pincées de thym effeuillé,
- 1 verre de vin rosé,
- sel et poivre.

Facile

Pour **6** personnes

Temps de préparation : **15** mn

Temps de cuisson : **40** mn

Vin conseillé : **Rosé de Provence**

Faire revenir, dans une cocotte, avec le mélange d'huile d'olive et d'huile d'arachide, les morceaux de viande, au préalable salés, poivrés et légèrement saupoudrés de thym effeuillé, jusqu'à ce qu'ils commencent à dorer.

Ajouter l'oignon et l'échalote coupés très fin ainsi que la coppa coupée en petits dés. Laisser encore dorer trois minutes, puis incorporer les tomates, le fenouil, le romarin et la feuille de laurier. Mouiller avec 25 cl d'eau et le verre de rosé.

Couvrir et laisser mijoter vingt minutes. Rectifier l'assaisonnement si besoin est et ajouter les olives de préférence dénoyautées. Faire réduire, à feu doux, quinze minutes avant de servir.

POITRINE DE VEAU FARCIE

Assez facile

Pour **6** personnes

Temps de préparation : **20** mn

Temps de cuisson : **45** mn

Vin conseillé : **Saint-Emilion**

Ingrédients

- 1,500 kg de poitrine de veau maigre désossée,
- 350 g de chair de veau hachée,
- 250 g de chair de porc hachée,
- 1 grosse tomate, pelée, épépinée et hachée,
- 1 oignon blanc haché,
- 1 gousse d'ail hachée,
- 2 branches de persil hachées,
- 2 pincées d'herbes de Provence,
- 5 cl d'huile d'arachide,
- sel, poivre.

Saler et poivrer, extérieurement et intérieurement, la poitrine de veau maigre. Placer la face extérieure sur la planche. Confectionner la farce avec les chairs de veau et de porc hachées, additionnées des épices, de l'oignon, de l'ail et de la tomate. Saler et poivrer. Répartir régulièrement cette farce sur toute la surface apparente de la poitrine de veau. Rouler celle-ci sur elle-même et ficeler serré. Badigeonner l'extérieur d'huile d'arachide et saupoudrer à nouveau des mêmes épices (sel, poivre, herbes de Provence).

Rôtir à four moyen, pendant quarante cinq minutes, en tournant deux fois. Ne pas omettre de préchauffer le four dix minutes à l'avance. Servir avec des pommes de terre rissolées et des haricots verts frais parsemés de persil haché.

ROGNONNADE DE VEAU AUX CAROTTES

Assez facile

Pour **6** personnes

Temps de préparation : **15** mn

Temps de cuisson : **1** h

Vin conseillé : **Fleurie**

Ingrédients

- 1,500 kg de rôti de veau, préparé en rognonnade,
- 100 g de poitrine fumée, coupée en petits dés,

.../...

- 1 kg de carottes,
- 20 oignons grelots,
- 1 gousse d'ail,
- 3 petites tomates,
- 1 bouquet garni (thym, laurier, sauge),
- grains de poivre noir,
- 2 cuillères à soupe de crème fraîche,
- 40 g de beurre,
- 2 cuillères à soupe d'huile d'arachide,
- 5 cl de Cognac,
- sel, poivre.

Saler et poivrer le rôti et le faire revenir, à feu vif, en cocotte, quinze minutes, dans un mélange de beurre et d'huile.

Ajouter les petits oignons, ainsi que les lardons, au bout de cinq minutes.

Oter le rôti et les oignons et les préserver au chaud sur un plat. Déglacer la cocotte avec le Cognac et incorporer la crème fraîche. Replacer le rôti dans la cocotte, accompagné des carottes et des oignons. Incorporer les tomates et les grains de poivre.

Couvrir avec de l'eau, jusqu'à mi - hauteur de la viande. Ajouter la gousse d'ail et le bouquet garni. Laisser mijoter quarante cinq minutes, en tournant deux fois. Rectifier l'assaisonnement (sel, poivre).

Oter le bouquet garni et la gousse d'ail avant de servir sur un plat chaud.

VEAU ORLOFF

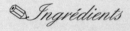 *Ingrédients*

- 1 morceau d'1,500 kg d'épaule de veau, ficelée en rôti cylindrique régulier,
- 500 g de champignons de Paris ou mieux de morilles ou de girolles,
- 1 gros oignon haché finement,
- 1 gousse d'ail hachée finement,
- 1 pincée de noix de muscade en poudre,
- 2 œufs,
- le jus d'un citron,
- 50 g de beurre,
- 2 cuillères à soupe d'huile d'arachide,
- thym effeuillé,
- sel et poivre,

pour réaliser une sauce béchamel
- 30 g de farine,
- 30 g de beurre,
- 20 cl de lait,
- 1 bouquet garni (thym, laurier).

Assez facile

Pour **6** personnes

Temps de préparation : **20** mn

Temps de cuisson : **1** h

Vin conseillé : **Rully** ou **Barsac**

Faire rôtir le morceau d'épaule, au préalable huilé, salé, poivré et saupoudré légèrement de thym effeuillé, pendant quarante cinq minutes à four moyen.

Entre temps, éplucher et laver les champignons dans une eau citronnée, puis les émincer.

Faire revenir, à feu doux, ces champignons, légèrement salés et poivrés, dans un mélange de beurre et d'huile pendant dix minutes, sans couvrir, pour permettre l'évaporation de l'eau qu'ils contiennent.

Pendant la cuisson des champignons, préparer, à feu doux, dans une casserole en acier ou anti-adhésive, une béchamel avec trente grammes de beurre, trente grammes de farine et vingt centilitres de lait. Pour la réaliser, ajouter la farine lorsque le beurre est fondu et laisser mousser, sans roussir, deux minutes, puis mouiller avec le lait. Ajouter alors la purée d'oignon et d'ail, le bouquet garni, la pincée de muscade et deux jaunes d'œufs.

Lorsque le mélange a épaissi (sans trop), prélever dix centilitres de cette préparation. Réserver le reste au chaud et y incorporer les champignons dégraissés dès qu'ils ont fini de cuire.

Sortir le rôti du four en fin de cuisson et le découper en tranches régulières et pas trop fines.

Enduire chacune des tranches de béchamel aux champignons et reconstituer le rôti. Ficeler celui-ci avec deux tours de ficelle à gigot et le disposer dans un plat à gratin bien beurré.

Battre les blancs d'œufs en neige et les mélanger délicatement avec les dix centilitres de béchamel que vous avez prélevés et le jus de cuisson du rôti.

Recouvrir le rôti de cet appareil et le mettre à gratiner à four bien chaud quinze minutes.

Porc

PORC SAINT-GERMAIN

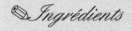 *Ingrédients*

- 500 g de travers de poitrine de porc demi sel,
- 200 g de lard fumé,
- 2 queues de porc,
- 1 oreille de porc,
- 500 g de pois cassés,
- 1 gros oignon, piqué d'un clou de girofle,
- 1 gousse d'ail,
- 1 bouquet garni (thym, laurier),
- sel, poivre.

Assez facile

Pour **6** personnes

Temps de préparation : **20** mn

Temps de cuisson : **3** h

Vin conseillé : **Juliénas**

Mettre dans un faitout cinq litres d'eau salée et poivrée. Y laisser tremper les pois cassés quelques heures. Renouveler ensuite l'eau et porter à ébullition après avoir ajouté le lard fumé, le travers, les queues et l'oreille de porc. Laisser cuire en frémissant pendant trois heures, sans omettre d'incorporer, à mi-cuisson, les condiments (l'oignon, l'ail et le bouquet garni).

Ecumer régulièrement. En fin de cuisson, les pois cassés seront réduits en purée et seront servis en accompagnement des morceaux de viande.

RÔTI DE PORC AUX PRUNEAUX

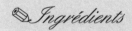 *Ingrédients*

- 1,500 kg de rôti de porc, de préférence dans l'échine,
- 400 g de pruneaux d'Agen,
- 100 g de lard fumé, coupé en petits dés,
- 20 petits oignons grelots,
- 1 gousse d'ail,
- 1 bouquet garni (thym, laurier),
- grains de poivre,
- 40 g de beurre,
- 2 cuillères à soupe d'huile d'arachide,
- 75 cl de vin de Bourgogne aligoté,
- 5 cl de marc de Bourgogne,
- sel, poivre.

Facile

Pour **6** personnes

Temps de préparation : **15** mn

Temps de cuisson : **1** h **45** mn

Vin conseillé : **Côtes de Bourg**

A l'aide d'un couteau bien pointu, pratiquer une fente au centre du rôti de porc, dans laquelle vous ferez pénétrer alternativement, les pruneaux dénoyautés et les petits dés de lard fumé. Garnir ainsi l'intérieur du rôti sur toute sa longueur. Saler et poivrer l'extérieur du rôti et le saupoudrer de thym effeuillé.

Le faire revenir en cocotte pendant dix minutes à feu vif, dans un mélange de beurre et d'huile, jusqu'à obtention d'une belle couleur dorée. Ajouter alors les petits oignons, que vous laisserez dorer trois minutes. Retirer le rôti et les oignons de la cocotte et les réserver au chaud sur un plat.

Déglacer la cocotte avec le marc de Bourgogne. Replacer le rôti et les oignons dans cette dernière. Ajouter la gousse d'ail, le bouquet garni et les grains de poivre. Mouiller, jusqu'à mi - hauteur, de Bourgogne aligoté.

Laisser mijoter une heure trente, à feu moyen, en tournant deux fois. Rectifier l'assaisonnement à mi - cuisson et ajouter alors, en garniture, le reste des pruneaux dénoyautés. Oter le bouquet garni et la gousse d'ail avant de servir. Dresser le rôti sur un plat de service, entouré des pruneaux. Réduire la sauce si besoin est, et en napper le rôti.

Présenter le reste en saucière. Ce plat peut être accompagné de riz blanc à la vanille ou de pommes de terre en robe des champs.

CÔTES DE PORC CHARCUTIÈRES

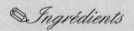

Ingrédients

- 6 côtes de porc secondes ou échine,
- 1 os à moelle,
- 1 pied de veau,
- 50 de lard fumé, coupé en petits dés,
- 1 kg de petites tomates, pelées
  et épépinées,
- 1 gros oignon émincé,
- 1 gousse d'ail hachée,
- 200 g d'olives vertes dénoyautées,
  dont 50 g concassées,
- 3 cornichons, coupés en fines
  rondelles,
- 2 verres de vin blanc sec (Sancerre),
- 40 g de beurre,
- 2 cuillères à soupe d'huile,
- 1 bouquet garni (thym, laurier),
- sel, poivre.

Assez difficile

Pour **6** personnes

Préparation de la sauce : **15** mn

Cuisson de la sauce : **2** h **15** mn

Cuisson de la viande : **20** mn

Vin conseillé :

Beaujolais Village

Préparation de la sauce

Dans une petite casserole, faire revenir l'oignon, le lard et la gousse d'ail, dans un mélange de beurre et d'huile, pendant trois minutes, en évitant de noircir.

Ajouter les tomates coupées en morceaux. Faire revenir encore trois minutes, en tournant avec une cuillère en bois. Mouiller avec le vin blanc. Ajouter le bouquet garni, puis les rondelles de cornichons, les olives entières et celles concassées. Rectifier l'assaisonnement (sel, poivre). Incorporer le pied de veau, que vous aurez, au préalable, fait blanchir dix minutes dans de l'eau bouillante et enfin, l'os à moelle. S'assurer, en ajoutant éventuellement de l'eau, que tous les ingrédients sont couverts. Laisser mijoter deux heures, à feu très doux.

Cuisson de la viande

Saler, poivrer et saupoudrer de thym effeuillé les côtes de porc. Huiler légèrement la poêle et mettre à cuire dix minutes de chaque côté, à feu moyen. Les disposer sur un plat de service chaud.

Déglacer la poêle avec un filet de vin blanc sec et verser le liquide obtenu dans la sauce, dont vous aurez retiré l'os à moelle et le pied de veau.

Fouetter vivement cette sauce et en napper les côtes de porc. Servir le reste en saucière.

PORC AU CARAMEL

 *Ingrédients*

- 400 g d'échine de porc, désossée et coupée en morceaux (de 3 à 4 centimètres),
- 2 cuillères à café de graines de moutarde,
- 2 cuillères à café de graines de sésame,
- 2 cuillères à soupe de caramel liquide,
- 4 cuillères à soupe d'huile d'arachide (ou de tournesol ou de soja),
- 1 pincée de thym effeuillé,
- 1 pointe d'échalote hachée,
- sel et poivre.

Facile

Pour **4** personnes

Temps de préparation : **10** mn

Temps de cuisson : **10** mn

Faire chauffer l'huile dans une poêle. Y faire revenir à feu vif trois minutes, les morceaux de viande au préalable salés, poivrés et saupoudrés de thym effeuillé. Ajouter la pointe d'échalote hachée et laisser dorer deux minutes encore. Verser le caramel liquide dans la poêle. Lorsque le caramel commence à se stabiliser, incorporer les cuillères à café de graines de moutarde, puis les cuillères à café de graines de sésame. Tourner à l'aide d'une cuillère en bois quelques instants et servir chaud accompagné de riz.

SALADE MEXICAINE AU PORC

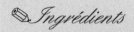

Ingrédients

- 600 g d'échine de porc,
- 3 cuillères à soupe d'huile d'arachide,
- 300 g de haricots rouges cuits au naturel,
- 300 g de maïs en grains,
- 1 petit piment rouge en fines lamelles,
- 1 petit piment vert en fines lamelles,
- 1 gros oignon ciselé grossièrement,
- 1/2 poivron rouge en lanières,
- 1/2 poivron vert en lanières,
- 4 petites tomates épépinées et coupées en huit,
- 1 cuillère à café de sucre roux,
- 1 gousse d'ail hachée finement,
- sel et poivre.

Sauce
- 15 cl d'huile de maïs ou de pépins de raisin,
- le jus de 2 citrons verts,
- 1 pincée de Cayenne,
- 2 cl de tequila (alcool de cactus) éventuellement,
- sel et poivre.

Assez facile

Pour **6** personnes

Temps de préparation : **15** mn

Temps de cuisson : **12** mn

(Préparer de préférence **2** heures avant de servir).

Cuisson du porc

Couper en petits carrés l'échine de porc. Saler et poivrer. Faire revenir (environ 8 à 10 minutes) dans une poêle avec un peu d'huile et quelques rondelles d'oignon jusqu'à ce que les morceaux de viande commencent à dorer. Saupoudrer avec le sucre roux. Laisser caraméliser quelques instants (environ 3 minutes) dans la poêle. Egoutter l'excédent d'huile et laisser refroidir.

Préparation de la sauce

Mettre dans un saladier l'huile, le jus de citron, la pincée de cayenne, la tequila, le sel, le poivre et tourner. Incorporer dans le saladier en mélangeant à la sauce les morceaux de porc, les haricots rouges, le maïs, l'oignon, les piments, les tomates, l'ail et les poivrons. Bien tasser les éléments au fond du saladier et placer au frais quelques heures avant de servir.

Triperie

ANDOUILLETTE SAUCE MOUTARDE

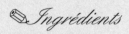

Ingrédients

- 4 andouillettes portions,
- 2 cuillères à soupe de moutarde (bombées),
- 2 cuillères à soupe de crème fraîche (bombées),
- 2 cuillères à café (rases) de graines de moutarde,
- 1 petite échalote hachée,
- 5 cl de vin blanc sec,
- 1 cuillère à soupe d'huile d'arachide,
- 1 pincée de thym effeuillé,
- sel et poivre.

Facile

Pour **4** personnes

Temps de préparation : **10** mn

Temps de cuisson : **10** mn

Vin conseillé : **Châblis**

Piquer les andouillettes à l'aide d'une fourchette.

Les faire revenir à feu doux, dans une poêle avec de l'huile, jusqu'à ce qu'elles soient bien grillées en les retournant régulièrement. Les sortir de la poêle et les réserver au chaud. Jeter l'excédent de graisse contenue dans la poêle et déglacer celle-ci avec le vin blanc. Y ajouter la moutarde, la crème fraîche, l'échalote hachée, les graines de moutarde et la pincée de thym effeuillé.

Faire réduire trois minutes à feu doux jusqu'à obtention d'une consistance crémeuse. Rectifier l'assaisonnement (sel et poivre). Remettre les andouillettes deux minutes dans la poêle et servir chaud.

BOUDIN AUX POMMES

Ingrédients

- 1 litre de sang de porc, additionné d'1 filet de vinaigre, pour éviter une coagulation trop rapide,
- 300 g de lard gras, bien blanc, 1 gros oignon,
- 1 demi pomme, réduite en compote,
- 1 pincée de thym effeuillé,
- 1 boyau de porc, bien lavé et ramolli,
- 1 petit verre de Calvados,
- sel, poivre.

.../...

Facile (si le boudin est déjà préparé par votre charcutier)

Pour **6** personnes

Temps de préparation : **10** mn

Temps de cuisson : **6** mn

Vin conseillé : **Beaujolais Villages**

Vous pouvez, soit acheter le boudin, préparé par les soins de votre charcutier, soit le faire vous même si vous habitez à proximité d'un abattoir porcin.

Préparation du boudin : (dans le cas où vous le faites vous même).

Brasser ensemble les éléments et en garnir l'intérieur du boyau, dont vous aurez pris soin, au préalable, de nouer l'extrémité opposée. Tasser modérément et ligaturer l'autre bout de la chaussette ainsi formée. Cuire une demi-heure, dans une casserole d'eau bouillante salée, additionnée d'un petit verre de Calvados et d'un bouquet garni (thym, laurier). Après la cuisson, laisser refroidir quelques heures, afin que le boudin durcisse et se tienne en forme.

Cuisson du boudin

Le mettre à chauffer sur le gril ou dans une poêle, après l'avoir piqué avec une fourchette.

Compote de pommes
- *1,500 kg de pommes (acides et pas trop mûres),*
- *5 morceaux de sucre,*
- *50 g de beurre,*
- *sel, poivre.*

Préparation de la compote de pommes

Peler les pommes et les détailler en petits morceaux dans une casserole. Ajouter le sucre, le sel et le poivre, puis mouiller d'un verre d'eau. Tourner avec une spatule en bois et incorporer un bon morceau de beurre. Cuire environ vingt minutes, à feu doux, jusqu'à obtention d'une belle compote blonde. Garder au chaud, le temps de griller votre boudin.

BROCHETTES DE FOIE

Facile

Pour **6** personnes

Temps de préparation : **10** mn

Temps de cuisson : **12** mn

Vin conseillé : **Rosé de Provence**

✍ Ingrédients

- *600 g de foie de veau ou d'agneau, détaillé en gros dés,*
- *4 gros oignons,*
- *4 tomates, pas trop mûres,*
- *2 tranches (1 cm d'épaisseur) de lard fumé, coupées en gros dés,*
- *2 gros épis de maïs, coupés en rondelles (2cm d'épaisseur),*
- *4 chipolatas, sectionnées en morceaux (5 cm),*
- *thym effeuillé,*
- *1 gousse d'ail hachée,*
- *persil haché,*
- *huile d'arachide,*
- *sel, poivre.*

Utiliser, de préférence des brochettes à section aplatie, de manière à faciliter les retournements. Enfiler d'abord un morceau d'oignon, puis un morceau de tomate, un lardon, un morceau de foie, un morceau de maïs et enfin un morceau de chipolata. Recommencer l'opération, jusqu'à ce que la brochette soit remplie et terminer avec un morceau d'oignon ou de maïs. Badigeonner d'huile, saler, poivrer assez copieusement. Saupoudrer de thym effeuillé.

Griller, de préférence, sur des braises (ou à défaut au gril du four) douze minutes, en retournant plusieurs fois, pour assurer une cuisson régulière de tous côtés. Lors des derniers retournements, parsemer d'ail et de persil hachés. Servir les brochettes, accompagnées de riz ou de pommes de terre cuites au four ou sous la cendre.

BROCHETTES DE RIS DE VEAU

✎ Ingrédients

- 600 g de ris de veau,
- 2 tranches (1cm d'épaisseur)
  de lard fumé, coupé en gros dés,
- 4 oignons,
- 4 tomates, pas trop mûres,
- 2 carottes, coupées en rondelles
  épaisses,
- 1 aubergine, pelée, coupée en
  rondelles épaisses,
- thym effeuillé,
- huile d'arachide,
- 5 cl de Cognac,
- sel, poivre.

Facile

Pour **6** personnes

Temps de préparation : **15** mn

Temps de cuisson : **12** mn

Vin conseillé : **Chablis**

Faire pocher les ris de veau à l'eau bouillante, légèrement vinaigrée, cinq minutes. Oter soigneusement leur peau et les escaloper en morceaux de deux centimètres d'épaisseur.

Réalisation des brochettes

Enfiler successivement, sur chaque brochette, une rondelle de carotte, un morceau d'oignon, un morceau de tomate, un morceau de ris de veau, un lardon, une rondelle d'aubergine. Recommencer l'opération, jusqu'à ce que la brochette soit remplie et la terminer par une solide rondelle de carotte. Badigeonner d'huile, saler, poivrer et saupoudrer de thym effeuillé. Dorer de préférence sur des braises (ou à défaut au gril du four), dix à douze minutes, en retournant plusieurs fois pour obtenir une cuisson régulière de tous côtés. Arroser chaque brochette, un peu avant la fin de cuisson, hors du feu, de quelques gouttes de Cognac. Servir les brochettes accompagnées de riz ou de petites pommes de terre, cuites au four ou sous la cendre.

BROCHETTES DE ROGNONS D'AGNEAU

✎ Ingrédients

- 12 rognons d'agneau,
- 2 tranches (d'1cm d'épaisseur)
  de lard fumé, coupées en gros dés,
  .../...

Facile

Pour **6** personnes

Temps de préparation : **20** mn

Temps de cuisson : **10** mn

Vin conseillé : **Saumur-Champigny**

Oter la peau des rognons avec la pointe d'un couteau. Les ouvrir en deux, dans le

- 4 gros oignons,
- 4 tomates pas trop mûres,
- 2 poivrons verts,
- 1 poivron rouge,
- 1 épi de maïs, bouilli et coupé
  en rondelles,
- huile,
- herbes de Provence,
- sel, poivre.

sens de la longueur et enlever, sur chaque côté, la partie filandreuse plus claire. Couper en gros morceaux les oignons, les tomates et les poivrons. Utiliser, de préférence, des brochettes à section aplatie pour faciliter les retournements. Enfiler d'abord un morceau d'oignon, puis un lardon, un morceau de tomate, un morceau de poivron vert ou rouge et enfin un demi rognon, replié en deux.

Recommencer l'opération, jusqu'au milieu de la brochette où vous placerez la rondelle de maïs. Terminer la brochette avec un solide morceau d'oignon.

Badigeonner légèrement d'huile, saler, poivrer assez copieusement et saupoudrer d'herbes de Provence. Griller, de préférence sur des braises (ou à défaut au gril du four), dix minutes, en retournant plusieurs fois pour assurer une cuisson régulière de tous côtés. Servir les brochettes, accompagnées d'une salade de riz à la tomate et aux olives.

FOIE AUX RAISINS

Facile

Pour **6** personnes

Temps de préparation : **10** mn

Temps de cuisson : **17** mn

Vin conseillé : **Mâcon rouge**

Ingrédients

- 900 g de foie d'agneau, bien clair,
- 1 tranche de lard fumé, coupée
  en petits dés,
- 10 cl de crème fraîche,
- 40 g de beurre,
- 2 cuillères à soupe d'huile d'arachide,
- 20 petits oignons,
- 1 gousse d'ail hachée,
- 1 pincée de thym effeuillé,
- 5 cl de Porto,
- 1 belle grappe de raisins frais blancs
  (Italia de préférence) ou 3 cuillères à
  soupe de raisins de corinthe, mis à
  tremper, au préalable, dans du Porto.

Saler et poivrer le foie, assez copieusement, sur ces deux faces et le saupoudrer légèrement de thym effeuillé. Piquer régulièrement la surface du foie, avec la pointe d'un couteau, des deux côtés. Faire fondre le beurre avec l'huile, dans une poêle creuse. Y faire revenir quelques instants les petits oignons.

Lorsqu'ils commencent à blondir, saisir le foie, à feu vif, deux minutes de chaque côté. Baisser les feux, ajouter le lard, la gousse d'ail hachée et les raisins (coupés en deux et épépinés dans le cas de raisins frais). Laisser mijoter trois minutes. Verser le porto, puis flamber. Adjoindre la crème fraîche. Rectifier l'assaisonnement.

Cuire, à couvert, à feu doux, dix minutes, en retournant une fois. Découper le foie en aiguillettes. Servir dans des assiettes individuelles, avec des raisins, des lardons et napper de sauce. Accompagner de riz ou de petites pommes de terre à l'eau.

CERVELLES AU BEURRE NOISETTE

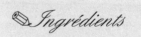

Ingrédients

- 6 cervelles d'agneau,
- 150 g de beurre,
- 1 branche de persil hachée,
- 1 blanc de poireau,
- 1 gros oignon blanc,
- 1 carotte,
- 1 bouquet garni (thym, laurier, persil),
- 1 petit verre de câpres,
- 10 cl de vinaigre,
- sel, poivre.

Facile

Pour **6** personnes

Temps de préparation : **10** mn

Temps de cuisson : **20** mn

Vin conseillé : **Sancerre blanc**

Laver et sécher soigneusement les cervelles. Porter à ébullition une casserole d'eau salée, poivrée et légèrement vinaigrée, dans laquelle vous aurez mis un blanc de poireau, un gros oignon blanc, une carotte émincée et un bouquet garni. Laisser bouillir dix minutes avant d'y pocher les cervelles, à feu doux, dix minutes encore. Les égoutter avec soin.

Entre-temps, faire fondre le beurre dans une poêle et le chauffer jusqu'à obtention d'une belle couleur blonde dorée. Hors du feu, ajouter, avec précaution, le vinaigre, puis les câpres et un demi verre de bouillon de cuisson.

Disposer les cervelles dans la poêle. Replacer celles-ci sur le feu et faire réduire la sauce d'un tiers, à feu vif, en arrosant continuellement les cervelles.

Servir sur des assiettes chaudes avec des petites pommes de terre à l'eau. Agrémenter de persil haché et napper de beurre noisette aux câpres.

CERVELLES MEUNIÈRES

Ingrédients

- 6 cervelles d'agneau,
- 125 g de beurre,
- 2 cuillères à soupe de farine,
- 1 branche de persil hachée,
- 1 filet de vinaigre,
- sel, poivre.

Facile

Pour **6** personnes

Temps de préparation : **5** mn

Temps de cuisson : **8** mn

Vin conseillé : **Sancerre blanc**

Laver et sécher soigneusement les cervelles. Porter à ébullition une casserole d'eau, salée et légèrement vinaigrée. Y plonger les cervelles et laisser frémir trois minutes, à feu doux. Egoutter les cervelles. Faire chauffer la poêle avec le beurre, jusqu'à obtention d'une couleur blond clair. Saler, poivrer les cervelles. Les rouler dans la farine et les mettre à rissoler dans le beurre blond, pendant cinq minutes. Servir sur assiettes chaudes. Agrémenter de persil haché et napper chaque cervelle d'une cuillère à soupe de beurre de cuisson, éventuellement allongé de beurre frais.

LANGUE DE VEAU SAUCE PIQUANTE

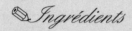 **Ingrédients**

- 2 langues de veau,
- 2 oignons,
  piqués chacun d'un clou de girofle,
- 2 carottes,
- 1 navet,
- 2 blancs de poireaux,
- 1 tomate,
- 1 bouquet garni (thym, laurier, romarin),
- 1 branche de persil,
- 1 branche de céleri,
- 10 cl de vinaigre,
- 12 pommes de terre,
- sel, poivre.

Assez facile

Pour **6** personnes

Temps de préparation : **15** mn

Temps de cuisson : **1**h **45** mn

Vin conseillé : **Beaujolais Villages**

Faire blanchir les langues de veau dans de l'eau bouillante, salée et additionnée d'un filet de vinaigre, pendant quinze minutes. Les égoutter et les placer dans un faitout. Les recouvrir de dix centimètres d'eau. Saler et poivrer. Porter à ébullition et laisser bouillir vingt minutes, en écumant régulièrement. Ajouter ensuite les légumes (carottes, navet, blancs de poireaux, tomate, persil, céleri, bouquet garni).

Cuire à feu moyen pendant une heure. Incorporer les pommes de terre à mi-cuisson. Piquer les langues avec une fourchette, afin de vérifier que la cuisson est à cœur. Egoutter à nouveau. Oter la peau rugueuse des langues.

Sauce piquante
- 3 cuillères à soupe de farine,
- 125 g de beurre,
- 10 cl de vinaigre,
- 5 cl de madère,
- 100 g de cornichons, coupés en fines rondelles,
- 25 cl du bouillon de cuisson des langues,
- 150 g de carottes du bouillon,
- 1 pointe de piment de Cayenne,
- 1 sucre,
- sel, poivre.

Préparation de la sauce piquante

Dans une poêle creuse, réaliser un roux (pas trop foncé) avec le mélange de beurre et de farine. Déglacer, à feu doux, avec le madère, puis le vinaigre. Ajouter vingt cinq centilitres de bouillon de cuisson, d'un seul coup. Incorporer alors les langues, coupées en tranches et le morceau de sucre. Parsemer de rondelles de cornichons et de carottes. Rectifier l'assaisonnement (sel, poivre, piment de cayenne) et laisser mijoter, à feu doux, pour bien imprégner la viande de sauce. Servir les langues chaudes, accompagnées de pommes de terre à l'eau épluchées.

RIS DE VEAU À L'ANCIENNE

Ingrédients

- 1 kg de ris de veau,
- 40 cl de crème fraîche,
- 50 g de beurre,
- 2 cuillères à soupe d'huile d'arachide,
- 1 oignon haché,
- 1 gousse d'ail, hachée,
- 1 pincée de thym effeuillé,
- 1 cuillère à soupe de farine,
- 10 cl de Cognac,
- 6 tranches de pain de mie,
- 300 g de champignons de Paris émincés,
- sel, poivre.

Assez facile

Pour **6** personnes

Temps de préparation : **30** mn

Temps de cuisson : **30** mn

Vin conseillé : **Rully blanc**

(Laisser dégorger **4** h)

Mettre les ris de veau à dégorger dans de l'eau légèrement vinaigrée, pendant environ quatre heures. Les placer ensuite dans une casserole d'eau froide salée et porter à ébullition. Les égoutter et les rafraîchir sous l'eau froide. Bien ôter les parties filandreuses et éventuellement les cartilages. Les couper en morceaux réguliers.

Faire revenir, dans une poêle, avec un mélange de beurre et d'huile, l'oignon blanc et l'ail hachés, jusqu'à ce que l'oignon soit transparent. Ajouter alors les ris de veau et laisser rissoler quelques instants, sans toutefois dorer. Saupoudrer de la cuillère de farine. Mouiller de Cognac et flamber. Saler, poivrer. Ajouter un verre d'eau et une pincée de thym. Couvrir et laisser cuire doucement vingt minutes.

Sortir les ris de veau et les égoutter. Les conserver au chaud, sur un plat garni d'un couvercle. Entre-temps, faire réduire d'un tiers le jus de cuisson contenu dans la poêle. Passer ce jus au chinois, avant d'y mêler la crème fraîche et les champignons de Paris émincés, revenus au préalable dans un peu de beurre et égouttés. Replacer les ris de veau dans la poêle avec ce mélange.

Réduire, à feu moyen, quelques instants et rectifier l'assaisonnement, avant de servir sur des tranches de pain de mie frites au beurre. Accompagner de riz, légèrement vanillé.

RIS DE VEAU AUX PETITS LÉGUMES

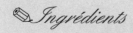

Ingrédients

- 1 kg de ris de veau,
- 50 g de lard fumé, coupé en petits dés,
- 10 petits oignons,
- 1 gousse d'ail,
- 500 g de petits pois,
- 3 carottes, coupées en petits dés,
- 1 grosse pomme de terre, coupée en petits dés,
- 1 tomate épépinée,
- 6 petits navets,
- 100 g de céleri-rave,
- 1 feuille de laitue,
- 1 bouquet garni (thym, laurier, persil),
- 1 cuillère à soupe de moutarde,
- 50 g de beurre,
- 2 cuillères à soupe d'huile d'arachide,
- 5 cl de Cognac,
- sel et poivre.

Assez facile

Pour **6** personnes

Temps de préparation : **30** mn

Temps de cuisson : **30** mn

Vin conseillé : **Saint-Véran**

(Laisser dégorger **4** h)

Mettre les ris de veau à dégorger dans de l'eau, légèrement vinaigrée, pendant environ quatre heures. Les placer ensuite dans une casserole d'eau froide salée et porter à ébullition. Les égoutter et les rafraîchir sous l'eau froide. Bien ôter les parties filandreuses et éventuellement les cartilages. Les couper en morceaux réguliers.

Faire revenir, dans une poêle, avec un mélange de beurre et d'huile, les oignons blancs, les petits lardons et les ris de veau, saupoudrés de thym effeuillé, jusqu'à ce que l'ensemble commence à dorer. Mouiller de Cognac et flamber. Ajouter alors les légumes, saler, poivrer et laisser rissoler encore quelques instants. Diluer la moutarde dans un verre d'eau tiède et l'incorporer au tout. Y adjoindre le bouquet garni et l'ail.

Couvrir et laisser mijoter trente minutes, à feu doux, en tournant de temps en temps. Ouvrir pour vérifier que le jus de cuisson a pratiquement totalement disparu. Rectifier l'assaisonnement et servir dans le récipient de cuisson.

ROGNONS BORDELAISE

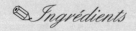

Ingrédients

- 1 kg de rognons de génisse, bien clairs,
- 100 g de lard fumé, coupé en petits dés,
- 2 oignons hachés,

.../...

Facile

Pour **6** personnes

Temps de préparation : **15** mn

Temps de cuisson : **20** mn

Vin conseillé : **Saint-Emilion**

- 1 gousse d'ail hachée,
- 2 cuillères à soupe de farine,
- 50 g de beurre,
- 3 cuillères à soupe d'huile d'olive,
- 1 bouquet garni (thym, laurier, persil),
- 75 cl de vin de bon Bordeaux rouge,
- sel, poivre, paprika.

Couper les rognons (en carrés de 3 cm x 3 cm). Enlever le blanc et les filandres. Saler et poivrer les morceaux de rognons et les saupoudrer de paprika. Les faire revenir, cinq minutes, dans une poêle creuse, dans un mélange de beurre et d'huile. Lorsqu'ils commencent à dorer, ajouter les oignons et l'ail et cuire doucement encore trois minutes. Saupoudrer de farine et mélanger le tout deux minutes, à feu vif. Mouiller, d'un seul coup, avec le vin. Ajouter le bouquet garni et laisser mijoter, à couvert, quinze minutes. Découvrir, rectifier l'assaisonnement et faire réduire, jusqu'à obtention d'une consistance crémeuse. Servir avec du riz blanc, légèrement vanillé.

ROGNONS D'AGNEAU FLAMBÉS À LA CRÈME

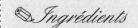
Ingrédients

- 12 rognons d'agneau,
- 20 petits oignons,
- 1 gousse d'ail hachée,
- 1 pincée de thym effeuillé,
- 1 pointe de paprika,
- 25 g de beurre,
- 10 cl de crème fraîche,
- 2 cuillères à soupe d'huile d'arachide,
- 10 cl de Cognac,
- sel, poivre.

Facile

Pour **6** personnes

Temps de préparation : **10** mn

Temps de cuisson : **20** mn

Vin conseillé : **Fleurie**

Oter la pellicule blanche qui recouvre les rognons avec la pointe d'un couteau. Ouvrir en deux les rognons, dans le sens de la longueur et enlever, sur chaque côté, la partie filandreuse plus claire. Les saler et les poivrer légèrement.

Mettre à fondre le beurre, dans une poêle creuse, avec l'huile d'arachide. Y faire revenir quelques instants, les petits oignons. Dès qu'ils commencent à dorer, disposer les rognons dans la poêle, tous sur une même face, de manière à être certain qu'ils aient tous eu le même temps de cuisson. Rissoler doucement cinq minutes, puis les retourner. Ajouter l'ail et les cuire encore cinq minutes. Verser le Cognac dans la poêle, puis flamber. Incorporer la crème fraîche, rectifier l'assaisonnement (sel, poivre, paprika et thym effeuillé).

Laisser épaissir, à feu doux et à couvert, pendant cinq minutes. Servir les rognons dans la poêle de cuisson, accompagnés de riz blanc légèrement vanillé.

ROGNONS SAUCE MADÈRE

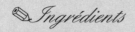
Ingrédients

- 900 g de rognons de génisse,
- 8 oignons blancs,
- 1 gousse d'ail,
- 1 bouquet garni (thym, laurier, romarin, persil),
- grains de poivre,
- 10 cl de madère,
- 25 g de beurre,
- 3 cuillères à soupe d'huile d'olive,
- sel, poivre, paprika, piment de Cayenne.

Facile

Pour **6** personnes

Temps de préparation : **15** mn

Temps de cuisson : **20** mn

Vin conseillé : **Côtes Rôties**

Couper les rognons (en carrés de 3cm x 3 cm). Enlever le blanc et les filandres. Saler et poivrer les morceaux de rognons et les saupoudrer de paprika.

Mettre dans une casserole l'huile d'olive et le beurre. Lorsque les graisses sont chaudes, faire dorer les oignons blancs émincés. Incorporer les morceaux de rognons et les grains de poivre. Dès que les rognons rendent leur eau, ajouter l'ail et le bouquet garni et mouiller avec le madère. Saupoudrer de thym et de persil et laisser réduire, jusqu'à ce que les morceaux de rognons affleurent à la surface de la sauce.

Rectifier l'assaisonnement (sel, poivre, paprika, Cayenne). Servir avec du riz blanc, légèrement vanillé ou des pommes de terre cuites à l'eau.

ROGNONS DE VEAU SAUCE MOUTARDE

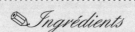
Ingrédients

- 3 rognons de veau de 300 g chacun,
- 1 pincée de thym effeuillé,
- 25 g de beurre,
- 1 cuillère à soupe d'huile d'arachide,
- sel et poivre.

.../...

Facile

Pour **6** personnes

Temps de préparation : **20** mn

Temps de cuisson : **15** mn

Vin conseillé : **Chablis**

Préparation des rognons

A l'aide d'un couteau pointu, ôter la graisse et les vaisseaux sanguins des rognons par l'intérieur. Saler, poivrer et saupoudrer de thym effeuillé les rognons. Les faire revenir, dans une poêle, environ sept minutes de chaque côté, avec un mélange de beurre et d'huile, jusqu'à ce qu'ils deviennent dorés.

Sauce moutarde
- 2 cuillères à soupe de moutarde,
- 2 cuillères à soupe de farine,
- 40 g de beurre,
- 15 cl de crème fraîche,
- 10 cl de Muscadet,
- 1 filet de Calvados,
- 1 échalote hachée,
- 1 bouquet garni (thym, laurier),
- sel et poivre.

Préparation de la sauce moutarde

Dans une casserole ou un saucier, réaliser un roux blond avec le beurre et la farine en tournant avec une cuillère en bois. Déglacer ensuite avec le Calvados et mouiller de Muscadet. Ajouter en tournant, la moutarde et la crème fraîche. Incorporer l'échalote hachée et le bouquet garni. Rectifier l'assaisonnement (sel, poivre). Adjoindre, juste avant de servir, le jus de cuisson des rognons. Napper les rognons d'une partie de cette sauce, après avoir ôté le bouquet garni. Servir le reste de la sauce en saucière.

TÊTE DE VEAU SAUCE GRIBICHE

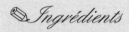 *Ingrédients*

- 1 tête de veau de 2 kg,
- 2 oignons, piqués chacun de clous de girofle,
- 2 carottes,
- 1 navet,
- 2 blancs de poireaux,
- 1 tomate,
- 1 bouquet garni (thym, laurier, persil),
- 1 branche de céleri,
- 12 pommes de terre,
- 5 cl de vinaigre,
- sel, poivre.

Assez facile

Pour **6** personnes

Temps de préparation : **15** mn

Temps de cuisson : **1**h **35** mn

Vin conseillé :

Saumur-Champigny

Préparation de la tête de veau

Faire blanchir la tête de veau dans de l'eau bouillante, salée et additionnée d'un filet de vinaigre, pendant quinze minutes. L'égoutter, la placer dans un faitout et la recouvrir de dix centimètres d'eau. Saler et poivrer. Porter à ébullition et faire bouillir vingt minutes, en écumant régulièrement. Ajouter ensuite les carottes, le navet, les oignons, les blancs de poireaux, la tomate, la branche de céleri et le bouquet garni. Cuire à feu moyen pendant une heure. Incorporer les pommes de terre à mi - cuisson. Servir la tête de veau entourée de pommes de terre et accompagnée de sauce gribiche.

Sauce gribiche
- 2 jaunes d'œufs durs,
- 2 blancs d'œufs durs, hachés finement,
- 1 cuillère à soupe de moutarde,

.../...

Préparation de la sauce gribiche

Réduire en purée lisse les jaunes d'œufs durs. Les mêler avec la moutarde et monter le tout en une sorte de mayonnaise, en ajoutant l'huile peu à peu. Agrémenter

- 15 cl d'huile d'arachide,
- 1 cuillère à soupe de vinaigre,
- 1 branche de persil hachée,
- 1 branche d'estragon hachée,
- 1 petite échalote,
- 1 pincée de paprika,
- sel, poivre.
- 1 cuillère à soupe de câpres.

d'un filet de vinaigre, puis incorporer les herbes (persil, estragon), l'échalote hachée, le hachis de blanc d'œufs et les câpres.

Rectifier l'assaisonnement (sel, poivre, paprika).

La tête de veau peut être également servie avec une mayonnaise, relevée d'ail et de tomate, une vinaigrette à l'oignon blanc et ciboulette, agrémentée de moutarde ou une sauce verte, aux câpres, légèrement pimentée.

TRIPES À LA MODE DE CAEN

 *Ingrédients*

- 1 kg de gras double, blanchi et coupé en petits carrés,
- 2 pieds de veau, fendus et coupés,
- 6 oignons,
- 3 carottes, coupées en rondelles,
- 1 bouquet garni (thym, laurier, persil),
- 2 gousses d'ail,
- 1 litre de cidre brut,
- 10 cl de Calvados,
- 100 g de farine,
- 4 clous de girofle,
- 3 cuillères à soupe d'huile d'arachide,
- Quelques pincées de "quatre épices",
- sel, poivre.

Assez difficile

Pour **6** personnes

Temps de cuisson : **2**h

Vin conseillé : **Muscadet sur Lie**
ou **Sancerre blanc**

Faire revenir les oignons et l'ail haché, puis les carottes, en cocotte, dans l'huile. Dès que les oignons deviennent transparents, ajouter le gras double et les pieds de veau en remuant, avec une cuillère en bois, pour bien répartir les morceaux. Saler et poivrer, puis incorporer les clous de girofle, le bouquet garni et les pincées de "quatre épices". Arroser de Calvados et flamber. Recouvrir de cidre.

Bien remuer, à feu doux, jusqu'à ébullition et laisser frémir cinq minutes environ.

Réaliser une pâte épaisse avec de la farine et de l'eau, couvrir la cocotte et sceller le couvercle avec cette pâte. Placer la cocotte, au four, à feu doux, pendant huit heures.(ou seulement deux heures, si vous avez utilisé du gras double déjà cuit). En fin de cuisson, ôter les os et le bouquet garni et servir dans des assiettes très chaudes.

TRIPETTE

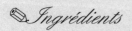
Ingrédients

- 1,500 kg de tripes de brebis ou de bœuf
  (les tripes sont constituées par le
  bonnet, la caillette, le feuillet et la panse
  d'animaux ruminants. Pour faciliter les
  choses, il est préférable d'acheter un
  morceau de gras double étuvé qui
  contient tous ces constituants),
- 2 gros oignons,
- 5 gousses d'ail,
- 4 grosses tomates pelées et épépinées,
- 25 cl de vin rosé (ou blanc),
- 1 petit oignon piqué de 3 clous de
  girofle,
- 1 bouquet garni (thym, laurier, persil,
  romarin),
- 4 cuillères à soupe de saindoux,
- sel et poivre.

Assez facile

Pour **6** personnes

Temps de préparation : **10** mn

Temps de cuisson : **1** h **40** mn

Vin conseillé : **Patrimonio blanc**

Dans une grande marmite, faire revenir
avec du saindoux, les oignons émincés et
l'ail pilé. Lorsque les oignons deviennent
transparents, ajouter les tripes coupées en
fines lamelles et les faire sauter, à feu vif,
dix minutes en tournant régulièrement.
Incorporer les tomates, au préalable
écrasées au mortier et le bouquet garni.
Saler, poivrer abondamment. Mouiller de
vin et d'un verre d'eau. Adjoindre le petit
oignon piqué des clous de girofle. Couvrir
et laisser mijoter, à feu doux, une heure
et demie en surveillant qu'il y ait suffisamment de liquide pour que les tripes n'attachent
pas. Servir celles-ci avec des pommes de terre à l'eau.

GRAS DOUBLE À LA LYONNAISE

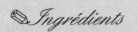

Ingrédients

- 1 kg de gras double (déjà cuit mais non assaisonné),
- 5 oignons émincés,
- 40 g de beurre,
- 3 cuillères à soupe d'huile,
- 1 cuillère à café de vinaigre,
- 1 branche de persil,
- sel, poivre.

Assez facile

Pour **6** personnes

Temps de préparation : **10** mn

Temps de cuisson : **10** mn

Vin conseillé : **Chiroubles**

Dans une poêle, faire revenir, dans le mélange d'huile et de beurre, les oignons émincés jusqu'à ce qu'ils deviennent transparents. Dans une autre poêle, faire chauffer un mélange de beurre et d'huile et y saisir le gras double, coupé en petits morceaux. Saler et poivrer. Laisser rissoler, à feu vif, quelques instants et ajouter les petits oignons. Lorsque la couleur du gras double est devenue blonde, le parsemer de persil haché. Le sortir de la poêle et le garder au chaud sur un plat. Verser, avec précaution et hors du feu, le vinaigre dans la poêle brûlante et en arroser le gras double. Rajouter du persil haché frais et servir aussitôt sur assiettes chaudes.

Volailles et gibiers

CAILLES AUX RAISINS

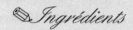

Ingrédients

- 6 belles cailles, plumées et vidées (foies et gésiers conservés),
- 1 tranche de lard fumé, coupée en petits dés,
- 1 botte d'oignons blancs,
- 1 gousse d'ail,
- 1 carotte, coupée en fines rondelles,
- 1 bouquet garni (thym, laurier),
- quelques grains de poivre noir,
- 15 cl de crème fraîche,
- 50 g de beurre,
- 3 cuillères à soupe d'huile d'arachide,
- 10 cl de marc de Bourgogne,
- 500 g de raisins frais ou 250 g de raisins secs (mis au préalable à tremper dans un mélange d'eau et de marc de Bourgogne),
- 250 g de champignons (girolles ou rosés des prés),
- sel, poivre.

Assez facile

Pour **6** personnes

Temps de préparation : **20** mn

Temps de cuisson : **30** mn

Vin conseillé : **Chiroubles**

Saler et poivrer intérieurement et extérieurement les cailles. Garnir l'intérieur avec les abats de chacune, une noisette de beurre et plusieurs grains de raisins.

Brider et mettre à rissoler en cocotte, dans un mélange de beurre et d'huile, préalablement chauffé.

Lorsque les cailles commencent à blondir de tous côtés, ajouter les lardons et les petits oignons. Continuer à rissoler les cailles et leur accompagnement, jusqu'à ce que les oiseaux prennent une couleur bien dorée. Déglacer avec le marc de Bourgogne et flamber.

Incorporer les champignons, soigneusement lavés et coupés en morceaux, le bouquet garni, la gousse d'ail entière, les rondelles de carotte et le reste des raisins. Parsemer de quelques grains de poivre. Rectifier l'assaisonnement et mouiller, à mi-hauteur, les cailles avec de l'eau. Couvrir et laisser mijoter, à feu moyen, de quinze à vingt minutes selon la grosseur des cailles.

Ouvrir et faire réduire la sauce. Oter le bouquet garni et la gousse d'ail. Ajouter la crème fraîche, hors du feu, en mélangeant avec soin. Replacer la cocotte, à feu doux, jusqu'à léger frémissement de la sauce. Disposer les cailles sur un plat de service et les napper de la sauce obtenue. Les entourer de raisins et de champignons. Accompagner de riz blanc ou de petites pommes de terre à l'eau.

CAILLES FORESTIÈRE

Ingrédients

Farces
- 250 g de chair à galantine,
- 100 g de mie de pain, trempée dans du lait,
- 1 boîte de pelure de truffes,
- 5 cl de Cognac,
- sel, poivre.

Cailles
- 12 petites cailles, plumées et vidées,
- 2 tranches très fines de lard de poitrine fumé maigre,
- 1 tranche de lard fumé, coupée en petits dés,
- 12 petits oignons,
- 1 gousse d'ail,
- 50 g de beurre,
- 1 cuillère à soupe d'huile d'arachide,
- 15 cl de crème fraîche,
- 500 g de girolles ou de champignons de Paris,
- 5 cl de Cognac,
- 12 tranches de pain de mie,
- sel, poivre.

Assez facile

Pour **6** personnes

Temps de préparation : **20** mn

Temps de cuisson : **30** mn

Vin conseillé : **Graves**

Préparation de la farce

Dans un mortier, mêler intimement la chair à galantine, la mie de pain et les pelures de truffes. Mouiller avec le Cognac. Saler et poivrer.

Préparation et cuisson des cailles

Flamber les cailles, les farcir et les brider. Les entourer d'une mince tranche de lard fumé et les ficeler. Les faire revenir en cocotte dans un mélange de beurre et d'huile avec les petits dés de lard, les oignons et l'ail. Entre-temps faire blanchir les champignons cinq minutes à l'eau bouillante salée. Lorsque les cailles sont bien dorées, déglacer la cocotte avec le Cognac et flamber. Ajouter les champignons. Mouiller d'un verre d'eau et du jus des truffes. Saler, poivrer. Laisser mijoter dix minutes à feu moyen. Ouvrir la cocotte, incorporer la crème fraîche et faire épaissir à feu doux quelques minutes. Servir, sur des assiettes chaudes, les cailles disposées sur des canapés de pain de mie, frits au beurre.

CANARD AU SANG À LA ROUENNAISE

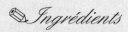

Ingrédients

Canard
- 1 canard de 1,800 kg (le commander à l'avance, de manière à pouvoir obtenir son sang),
- 1 tranche de lard fumé, coupée en petits dés,
- 2 oignons, hachés grossièrement,
- 2 gousses d'ail, hachées grossièrement,
- 1/2 tomate,
- 1 bouquet garni (thym, laurier, romarin, persil),
- thym effeuillé,
- romarin effeuillé,
- 75 g de beurre,
- sel, poivre.

Sauce
- foie, gésier et cœur du canard,
- le sang du canard, additionné d'une cuillère à soupe de vinaigre, afin d'éviter sa coagulation,
- 75 g de beurre,
- 1 échalote, hachée et pilée,
- 1 oignon, haché et pilé,
- 1 gousse d'ail, hachée et pilée,
- 1 bouquet garni (thym, laurier, romarin, persil),
- 15 cl de cidre,
- 10 cl de Calvados,
- 40 cl de crème fraîche,
- sel, poivre.

Assez difficile

Pour **6** personnes

Temps de préparation : **30** mn

Temps de cuisson : **1** h

Vin conseillé : **Margaux**

Préparation du canard

Faire vider le canard. Réserver le foie, le cœur et le gésier. Placer à l'intérieur cinquante grammes de beurre, le bouquet garni, une demi tomate, les oignons et l'ail et quelques dés de lard. Saler et poivrer l'intérieur. Brider le canard et l'enduire de vingt cinq grammes de beurre fondu. Saler, poivrer et saupoudrer de thym et de romarin l'extérieur du canard. Mettre à four chaud et laisser cuire cinquante minutes à soixante minutes, en le retournant à mi cuisson.

Préparation de la sauce

Hacher finement le foie, le gésier et le cœur. Faire fondre soixante quinze grammes de beurre dans une casserole. Y faire blanchir l'oignon, l'ail et l'échalote. Ajouter le foie, le gésier et le cœur hachés et faire revenir trois minutes à feu doux. Flamber, hors du feu, avec le Calvados. Incorporer le bouquet garni et le verre de cidre. Saler, poivrer. Couvrir et laisser mijoter vingt cinq minutes à feu doux. Passer ensuite ce mélange au chinois et garder au chaud.

Lorsque le canard est à point, prélever son jus de cuisson et l'ajouter à la sauce. Incorporer la crème fraîche. Faire réduire quelques minutes, à feu moyen, puis ajouter, en fouettant vivement, le sang du canard. Chauffer à feu doux, en tournant, jusqu'à frémissement et servir en saucière avec le canard. Les légumes conseillés sont les petites pommes de terre cuites à l'eau ou mieux, sous la cendre.

CANARD À L'ORANGE

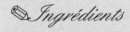

Ingrédients

- 1 caneton nantais de 2 kg,
- 50 g de lard fumé, coupé en petits dés,
- 5 oignons blancs,
- 1 bouquet garni (thym, laurier),
- 1,500 kg d'oranges (de préférence maltaises de Tunisie, non traitées),
- 60 g de beurre,
- 3 cuillères à soupe d'huile d'arachide,
- 5 cl de liqueur d'orange,
- 15 cl de vin blanc doux,
- 20 cl de jus d'oranges pressées,
- 5 cuillères à café de vinaigre,
- 5 morceaux de sucre,
- sel, poivre.

Assez facile

Pour **6** personnes

Temps de préparation : **20** mn

Temps de cuisson : **1** h

Vin conseillé : **Saumur-Champigny**

Faire vider votre caneton, en réservant le foie, le cœur et le gésier. Le flamber, puis l'ébarber soigneusement. Saler, poivrer copieusement l'extérieur et l'intérieur du caneton, dans lequel vous aurez glissé une branche de thym, une feuille de laurier, un petit oignon, vingt cinq grammes de beurre, les abats et un quart d'orange avec son zeste, détaillée en menus morceaux. Brider le caneton et le faire dorer de tous côtés dans une cocotte avec le beurre restant et l'huile. Le sortir de la cocotte et le garder au chaud. Déglacer la cocotte avec la liqueur d'orange, flamber et mouiller de vin blanc doux et de dix centilitres de jus d'orange. Replacer la volaille dans la cocotte, couvrir et laisser mijoter cinquante minutes environ, en retournant deux fois le caneton. La cuisson peut être considérée comme terminée lorsque le liquide de cuisson a pratiquement disparu.

Pendant la cuisson du canard, préparer le fond de sauce suivant : Placer les morceaux de sucre, légèrement mouillés avec le vinaigre, dans une casserole. Réaliser un caramel blond et l'allonger de dix centilitres de jus d'orange. Y ajouter le zeste blanchi d'une demi orange. Porter à ébullition dix minutes et conserver au chaud.

Lorsque le caneton est cuit, le disposer sur un plat de service. Garnir de demi rondelles d'orange ciselées le plat et le canard. Réduire le jus de la cocotte, jusqu'à obtention d'une couleur blonde. Le mouiller du fond de sauce préparé. Fouetter vivement pour obtenir un liquide brun doré. Réduire encore quelques instants. Rectifier l'assaisonnement (sel, poivre) et passer au chinois, afin d'ôter toutes les impuretés de cuisson. En napper le caneton avant envoi et servir le reste en saucière.

CANARD AU POIVRE VERT ET AUX NAVETS

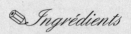 **Ingrédients**

- 1 canard de Barbarie de 2 kg,
- 1 tranche de lard fumé de 200 g,
- 1,500 kg de navets blancs longs
  ou jaunes ronds,
- 3 petits oignons,
- 1 gousse d'ail,
- 1 bouquet garni (thym, romarin,
  estragon, persil),
- 4 cuillères à soupe de poivre vert,
- 25 cl de crème fraîche,
- 50 g de beurre,
- huile d'olive,
- 5 cl de madère,
- sel, poivre.

Assez facile

Pour **6** personnes

Temps de préparation : **20** mn

Temps de cuisson : **1** h

Vin conseillé : **Chablis**

Faire vider le canard. Réserver le foie et le gésier. Rouler le beurre dans le mélange suivant avant d'en garnir l'intérieur de la volaille : thym, romarin, estragon, sel, poivre, ail et oignons hachés et deux cuillères à soupe de poivre vert. Ajouter les abats et brider le canard. Couper un tiers du lard fumé en fines lamelles et en piquer le canard. Enduire l'extérieur de la volaille, au pinceau, avec de l'huile d'olive, la saler, la poivrer et la saupoudrer de thym et de romarin.

Mettre à cuire à four chaud une heure, en retournant quatre fois. Transpercer le canard en fin de cuisson pour récupérer le jus que vous utiliserez pour la cuisson des navets. Blanchir les navets dix minutes à l'eau bouillante salée et les égoutter. Faire revenir en cocotte le reste du lard fumé, coupé en petits dés, dans le jus du canard, incorporer les navets et les laisser blondir, puis déglacer la cocotte avec le madère et flamber.

Verser la crème fraîche et deux cuillères à soupe de poivre vert. Saler, poivrer et relever d'une pointe d'ail et d'épices (thym, romarin). Faire réduire la sauce et servir chaud.

CANARD FARCI

AUX CHAMPIGNONS SAUVAGES

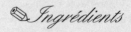 **Ingrédients**

- 1 canard de Barbarie de 1,800 kg,
- 200 g de foie de volaille,
- 2 fines tranches de lard fumé,
- 1 kg de champignons sauvages
  (girolles, trompettes de la mort, cèpes,
  pleurotes ou rosés des prés),

.../...

Assez facile

Pour **6** personnes

Temps de préparation : **20** mn

Temps de cuisson : **1** h

Vin conseillé : **Cahors** ou **Bergerac**

Faire vider le canard. Réserver le foie et le gésier. Hacher les abats avec les foies

- 1 gousse d'ail,
- 1 branche de persil,
- 1 branche de fenouil,
- 2 cuillères à soupe d'huile d'arachide,
- 50 g de beurre,
- 20 cl de crème fraîche,
- 10 cl de Cognac,
- sel, poivre.

de volailles supplémentaires. Les saler, les poivrer et les arroser de cognac. Garder au frais vingt quatre heures.

Garnir abondamment l'intérieur du canard avec un mélange de champignons, de beurre, de lardons et d'abats hachés dont vous aurez rectifié l'assaisonnement (thym effeuillé, sel, poivre, gousse d'ail et branche de persil). Brider le canard après l'avoir salé et poivré.

Badigeonner l'extérieur d'huile. Saler, poivrer et saupoudrer de thym effeuillé. Envelopper le canard dans du papier d'aluminium et le mettre à four chaud vingt minutes. Le mettre ensuite à dorer dans son jus, en cocotte, trente minutes environ.

Le dresser sur le plat de service et conserver au chaud. Déglacer la cocotte avec le reste de Cognac, puis incorporer la crème fraîche pour obtenir une sauce d'accompagnement.

Faire réduire la sauce d'un tiers et servir avec une persillade des mêmes champignons que ceux utilisés pour la farce.

CANARD AUX GRIOTTES

✐ Ingrédients

- 6 cuisses de canard,
- 1 tranche de lard fumé, coupée en petits dés,
- 1 kg de cerises (griottes) dénoyautées,
- 2 cuillères à soupe de crème fraîche,
- 60 g de beurre,
- 3 cuillères à soupe d'huile,
- 1 bouquet garni (thym, laurier),
- 1 morceau de sucre,
- 10 cl de kirsch,
- sel, poivre.

Facile

Pour **6** personnes

Temps de préparation : **20** mn

Temps de cuisson : **25** mn

Vin conseillé :

Chatillon en Diois rouge

Saler et poivrer les cuisses de canard. Les faire revenir en cocotte, dans un mélange de beurre et d'huile. Dès qu'elles sont bien dorées, vider la graisse de la cocotte et déglacer avec cinq centilitres de kirsch et un petit verre d'eau. Incorporer la moitié des cerises, le thym, le laurier et les petits dés de lard.

Laisser mijoter à couvert environ dix minutes. Réduire en purée le reste des griottes dénoyautées. Les mouiller avec le reste de kirsch et les adjoindre aux cuisses de canard dans la cocotte.

Ajouter le morceau de sucre et la crème fraîche. Saler, poivrer, si besoin est, et laisser réduire quelques instants. Servir les cuisses de canard, nappées de sauce, sur assiettes chaudes.

CANARD NANTAIS AUX PETITS POIS

Ingrédients

- 1 canard Nantais de 2kg,
- 1 tranche de lard fumé, coupée en petits dés,
- 1,500 kg de petits pois frais,
- 10 petits oignons blancs,
- 2 gousses d'ail,
- 3 carottes, détaillées en rondelles,
- 1 bouquet garni (thym, laurier, romarin, sauge, persil),
- 1 pincée de thym effeuillé,
- 2 feuilles de laitue,
- 100 g de beurre,
- 5 cl d'huile,
- 20 cl de vin blanc sec (Muscadet),
- sel, poivre.

Assez facile

Pour **6** personnes

Temps de préparation : **20** mn

Temps de cuisson : **1** h

Vin conseillé : **Saint-Véran** ou **Muscadet**

Faire vider le canard en conservant ses abats (foie, gésier). Flamber et ébarber au besoin la volaille. Saler et poivrer copieusement l'intérieur et y introduire un petit morceau de beurre (20 g), 4 petits oignons blancs, une gousse d'ail, quelques lardons et une pincée de thym effeuillé. Brider le canard. Dans une grande cocotte, faire revenir la volaille dans un mélange de beurre (50g) et d'huile, jusqu'à ce qu'elle soit uniformément dorée. Retirer ensuite le canard de la cocotte.

Jeter la graisse de cuisson. Mettre dans la cocotte le beurre restant et y faire revenir, à feu vif, en tournant cinq minutes, les petits pois, les rondelles de carottes, les petits oignons, la gousse d'ail et les lardons restants. Lorsque les petits oignons commencent à se colorer, mouiller avec le Muscadet et un verre d'eau. Disposer le canard au milieu des petits pois, ajouter le bouquet garni et les feuilles de laitue, saler et poivrer.

Fermer la cocotte et laisser mijoter, à feu doux, cinquante minutes environ, en tournant deux fois et en vérifiant qu'il reste suffisamment de sauce pour que les petits pois ne brûlent pas.

Servir le canard, entouré de ses légumes.

CANARD AUX OIGNONS

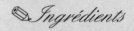

Ingrédients

- 1 canard de Barbarie de 1,800 kg,
- 1 tranche de lard fumé, coupée en dés,
- 20 petits oignons grelots,
- 2 tomates,
- 1 bouquet garni (thym, laurier, romarin, persil),
- 50 g de beurre,
- 2 cuillères à soupe d'huile d'arachide,
- 5 cl de Calvados,
- paprika,
- sel de céleri,
- sel, poivre.

Facile

Pour **6** personnes

Temps de préparation : **10** mn

Temps de cuisson : **1** h

Vin conseillé : **Saint-Emilion**

Couper la volaille en morceaux et la débarrasser de son croupion. Faire revenir, en cocotte, les morceaux de canard, préalablement salés et poivrés et légèrement saupoudrés de sel de céleri et de paprika, dans un mélange de beurre et d'huile. Dès que ceux-ci commencent à dorer, ajouter les oignons et les lardons. Les laisser blondir quelques instants et incorporer les tomates. Lorsque le tout est bien doré, déglacer la cocotte avec le Calvados et flamber. Verser ensuite deux verres d'eau. Incorporer le bouquet garni et couvrir. Au bout d'environ vingt minutes, retourner la volaille. Laisser cuire encore vingt minutes, la sauce devant réduire d'un tiers.

MAGRETS DE CANARD AU VINAIGRE

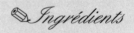

Ingrédients

- 3 magrets de canard, d'environ 300 g,
- 2 échalotes hachées,
- 2 pincées de thym effeuillé,
- 50 g de beurre,
- 1 cuillère à soupe d'huile d'arachide,
- 5 cl d'Armagnac,
- 10 cl de vinaigre de vin vieux ou de framboises,
- poivre concassé,
- 1 cuillère à café de sucre en poudre,
- sel.

Assez facile

Pour **6** personnes

Temps de préparation : **10** mn

Temps de cuisson : **10** mn

Vin conseillé : **Fleurie**

Faire revenir le beurre, additionné d'huile, dans une poêle creuse. Y faire suer (c'est à dire rendre transparentes) les échalotes, puis rissoler les magrets, au préalable salés, parsemés de poivre concassé et de thym effeuillé, jusqu'à ce qu'ils soient légèrement dorés sur chaque face (l'intérieur des magrets devant rester rosé). Pour ce faire, les piquer et vérifier qu'il en sort une goutte de lymphe de couleur blanc rosé. Sortir les magrets et les conserver au chaud. Déglacer la poêle avec l'Armagnac. Flamber, ajouter le sucre, puis le vinaigre. Faire réduire d'un tiers et verser la sauce ainsi obtenue sur les magrets. Les servir, accompagnés de petites pommes de terre cuites à l'eau.

MAGRETS DE CANARD AUX GIROLLES

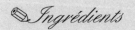

Ingrédients

- 3 magrets de canard, d'environ 300 g,
- 1 échalote hachée,
- 1 gousse d'ail hachée,
- 1 branche de persil hachée,
- 2 pincées de thym effeuillé,
- 50 g de beurre,
- 1 cuillère à soupe d'huile d'arachide,
- 10 cl de crème fraîche,
- sel, poivre.

Assez facile

Pour **6** personnes

Temps de préparation : **15** mn

Temps de cuisson : **10** mn

Vin conseillé : **Bergerac**

Faire revenir les magrets, préalablement salés, poivrés et saupoudrés de thym effeuillé, dans une poêle légèrement huilée, jusqu'à ce qu'ils soient dorés de chaque côté, l'intérieur des magrets devant rester rosé. Les préserver au chaud.

Entre-temps, faire revenir, dans une autre poêle, avec un mélange de beurre et d'huile, les girolles, salées et poivrées, jusqu'à ce qu'elles rendent leur eau. Ajouter alors, l'échalote, l'ail et le persil hachés. Saupoudrer de thym effeuillé. Oter la graisse de la poêle, incorporer la crème fraîche et servir les magrets, accompagnés de girolles, sur assiettes chaudes.

CONFIT D'OIE (OU DE CANARD)

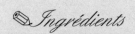

Ingrédients

- 1 oie ou 1 canard gras,
- 1 bouquet garni (thym, laurier),
- 1 pincée de thym effeuillé,
- 1 truffe bien brossée, débitée en lamelles,
- sel, poivre.

Assez difficile

Pour **6** personnes

Temps de préparation : **1** h

Temps de cuisson : **4** h

Vin conseillé : **Cahors**

NB. Confire veut dire cuire dans sa graisse, à petit feu et très longtemps.

Démembrer la volaille. Lever les filets (ou magrets) et les frotter de sel et d'épices (thym effeuillé, sel, poivre) Disposer les morceaux de viande dans une jatte et bien les tasser. Laisser au frais quelques heures. Entre-temps, ôter la peau, la graisse et la viande restante de la carcasse et détailler le tout en petits dés. Mettre à fondre, à feu doux, dans un chaudron.

Lorsque toute la graisse est fondue et frémissante, en prélever et passer au chinois, la quantité voulue pour réaliser vos confits. La maintenir au chaud dans une marmite plus petite, le temps de finir la cuisson des fritons (petits morceaux de viande et de peau) qui restent dans le chaudron. Les fritons sont cuits, lorsqu'ils ont l'apparence de petits morceaux de couenne dorée.

Passer l'huile de votre chaudron. Les fritons doivent être égouttés longuement sur un papier absorbant. La graisse, ainsi récupérée, devra être filtrée plusieurs fois avant d'être mise en bocaux et stérilisée.

Remettre dans le chaudron la quantité de graisse, réservée pour les confits et y plonger les morceaux de viande, préalablement mis à saler dans la jatte. Cuire trois heures, à feu doux. Incorporer la truffe, coupée en lamelles, quinze minutes avant la fin de cuisson du confit. Répartir les morceaux de viande et de truffe dans les bocaux (la graisse devant recouvrir largement le tout). Fermer et stériliser.

La stérilisation n'est nécessaire que pour une conservation de longue durée, le confit pouvant parfaitement se conserver trois mois sans cette opération, pourvu que les viandes soient toujours recouvertes de graisse. Servir avec des pommes de terre sautées à l'ail ou une persillade de cèpes.

COU D'OIE FARCI

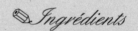
Ingrédients

- 1 cou d'oie,
- 350 g de chair à saucisse fine (mélange porc et veau),
- chutes de foie gras,
- 1 truffe, bien brossée et réduite en petits dés,
- 1 pincée de thym effeuillé,
- 1 râpure de noix de muscade,
- 10 cl d'Armagnac,
- sel, poivre.

Assez difficile

Pour **4** à **6** personnes (en entrée)

Temps de préparation : **30** mn

Temps de cuisson : **30** mn

Vin conseillé : **Cahors**

Séparer le cou du tronc et de la tête de l'oie par une coupe franche et rectiligne. Récupérer la peau du cou d'oie, en la décollant de la partie osseuse. Pour ce faire, la retourner comme un gant en partant du côté du tronc de l'oie et en vous aidant de quelques petits coups de lame, pour trancher les filaments qui la retiennent attachée. Mettre cette peau à macérer dans l'Armagnac quelques heures.

Entre - temps, mélanger la chair à saucisse, les chutes de foie gras et les petits dés de truffe. Saler, poivrer, ajouter la pincée de thym effeuillé, la râpure de noix de muscade et un filet d'Armagnac. Laisser reposer au frais quelques temps.

Coudre l'une des extrémités de la peau du cou d'oie. Farcir l'intérieur du manchon obtenu du mélange préparé et fermer en cousant solidement l'autre extrémité. Le cou d'oie se présente alors comme un gros saucisson, que vous pouvez ficeler, à deux ou trois endroits dans sa longueur. Cuire le cou d'oie dans une casserole remplie de graisse de confit , dont vous trouverez la recette ci avant. Le cou d'oie est à point lorsqu'il remonte à la surface de la graisse. Mettre alors le cou d'oie à refroidir dans une terrine. Dès qu'il est bien froid, le recouvrir de la graisse de cuisson. Il pourra ainsi attendre longtemps la gourmandise de vos convives.

Variantes : la truffe peut être remplacée par des girolles, des cornes d'abondance ou des morceaux de cèpes. En ce cas, la quantité de chair à saucisse est à diminuer de moitié. Cette préparation est alors à déguster immédiatement, ces champignons aqueux ne se conservant pas.

COQ AU VIN (BROUILLY)

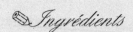
Ingrédients

Marinade
- 1 coq de 2kg, détaillé en 8 à 10 morceaux,
- 1 bouquet garni (thym, laurier, persil, sauge),
- 1 carotte, coupée en rondelles,
- 1 gousse d'ail,
- 1 échalote,
- 4 oignons blancs,
- grains de poivre,
- 5 cl de marc de Bourgogne,
- 5 cl de vinaigre de vin,
- 5 cl d'huile d'arachide,
- 50 cl de Brouilly,
- gros sel.

Assez facile

Pour **6** personnes

Temps de préparation : **30** mn

Temps de cuisson : **1** h

Marinade : **24** h

Vin conseillé : **Brouilly**

Préparation de la marinade

Frotter de gros sel les morceaux de coq, puis les disposer dans un saladier et les laisser reposer une heure. Ensuite, les essuyer soigneusement et les placer dans une terrine avec le bouquet garni, les rondelles de carotte, la gousse d'ail, l'échalote, les oignons blancs émincés, les grains de poivre, le marc de Bourgogne, le vinaigre de vin et l'huile d'arachide. Mouiller de Brouilly, jusqu'à ce que les chairs soient totalement couvertes et laisser mariner au frais (mais pas au réfrigérateur), couvert d'un torchon, pendant vingt quatre heures, en tournant deux fois.

Cuisson
- 50 g de beurre,
- 2 cuillères à soupe d'huile d'arachide,
- 300 g de champignons de Paris,
- 6 oignons blancs,
- 1 tranche de lard fumé, coupée en dés,
- 2 cuillères à soupe de farine,
- 50 cl de Brouilly,
- grains de poivre.

Cuisson

Faire revenir en cocotte les morceaux de coq, égouttés et séchés au torchon, dans un mélange de beurre et d'huile, pendant quelques minutes, à feu vif, jusqu'à ce qu'ils deviennent dorés. Ajouter les oignons blancs entiers et les lardons. Rissoler le tout encore quelques minutes, puis saupoudrer les viandes de farine. Mouiller ensuite avec la marinade, passée au chinois et le Brouilly. Incorporer alors, les rondelles de carotte, la gousse d'ail et le bouquet garni, que vous aurez récupérés dans le chinois. Ajouter les petits champignons de Paris entiers (au préalable lavés et brossés) et quelques grains de poivre noir. Couvrir et laisser mijoter, environ trente minutes, à feu moyen.

Sortir les morceaux de coq, les disposer sur un plat et les garder au chaud. Rectifier éventuellement l'assaisonnement de la sauce. En ôter le bouquet garni et la gousse d'ail. Récupérer les oignons, les lardons, les champignons et les rondelles de carotte et les réserver jusqu'au moment de servir. Passer la sauce au chinois et la remettre quelques instants, à feu doux. Disposer autour des morceaux de volaille, les champignons, les oignons, les carottes, puis napper de la sauce brûlante, qui doit avoir légèrement épaissi. Servir avec des pommes de terre cuites à l'eau.

Coq au Riesling

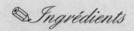
Ingrédients

Marinade
- 1 coq de 2 kg, détaillé en 8 morceaux,
- 1 bouquet garni (thym, laurier, estragon),
- 50 cl de Riesling,
- sel, poivre.

Assez facile

Pour **6** personnes

Temps de préparation : **30** mn

Temps de cuisson : **1** h

Marinade : **24** h

Vin conseillé : **Riesling**

Préparation de la marinade

La veille de la préparation, placer dans une terrine les morceaux de volaille avec le bouquet garni, du sel et du poivre. Mouiller de Riesling jusqu'à ce que les chairs soient totalement recouvertes et laisser mariner vingt quatre heures, en tournant deux fois.

Cuisson
- 100 g de beurre,
- 250 g de petits champignons de Paris,
- 2 échalotes,
- 5 cl de marc de Riesling,
- 50 cl de Riesling,
- 25 cl de crème fraîche,
- jus d'un demi citron,
- sel, poivre.

Cuisson

Faire rissoler, dix minutes, en cocotte les morceaux de coq, égouttés et séchés au torchon, dans soixante dix grammes de beurre, sans laisser dorer. Ajouter les échalotes, détaillées en menus morceaux et cuire encore cinq minutes. Flamber avec le marc de Riesling. Saler et poivrer. Mouiller avec le Riesling. Couvrir et laisser mijoter, environ trente cinq minutes.

Entre-temps, préparer les champignons de Paris (les brosser, les laver et ôter la partie terreuse de la queue) et les faire revenir avec le beurre restant, dans une poêle, en y incorporant le jus d'un demi citron.

En fin de cuisson, égoutter les morceaux de coq et les garder au chaud, sur le plat de service.

Faire réduire d'un tiers la sauce restant dans la cocotte, puis ajouter la crème fraîche. Lier le mélange, à feu doux, cinq minutes environ. Incorporer les champignons, prolonger la cuisson cinq minutes, sans cesser de tourner. Prélever les champignons et les disposer autour des morceaux de coq. Passer la sauce de la cocotte au chinois, puis en napper les viandes. Servir de préférence avec des spätzele ou des pâtes fraîches.

COQ AU MUSCADET

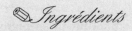 *Ingrédients*

Marinade
- 1 coq de 2 kg, détaillé en 8 morceaux,
- 75 cl de Muscadet,
- 1 bouquet garni (thym, laurier, estragon),
- sel, poivre.

Cuisson
- 80 g de beurre,
- 1 cuillère à soupe d'huile d'arachide,
- 1 tranche de lard fumé, coupée en petits dés,
- 4 échalotes,
- 250 g de champignons de Paris,
- 5 cl de lambig ou Calvados,
- Jus d'un demi citron,
- sel, poivre.

Assez facile

Pour **6** personnes

Temps de préparation : **30** mn

Temps de cuisson : **1** h

Marinade : **24** h

Vin conseillé **Muscadet**

Préparation de la marinade

Mettre dans une terrine, les morceaux de coq, salés et poivrés avec le thym, le laurier et l'estragon. Les recouvrir totalement de Muscadet et les laisser mariner, vingt quatre heures, en les retournant deux fois.

Cuisson

Après les avoir égouttés et séchés, faire dorer légèrement, en cocotte, les morceaux de coq avec cinquante grammes de beurre et une cuillère à soupe d'huile, à feu doux, pendant dix minutes environ. Incorporer les échalotes, réduites en petits morceaux et les lardons et laisser cuire encore cinq minutes.

Flamber avec le lambig. Saler et poivrer modérément. Mouiller avec le Muscadet de la marinade. Laisser mijoter à couvert, pendant environ trente cinq minutes.

Entre-temps, préparer les champignons de Paris (les brosser, les laver et ôter la partie ligneuse de la queue) et les faire revenir avec le beurre restant, dans une poêle, en y incorporant le jus d'un demi citron.

En fin de cuisson, égoutter les morceaux de coq et les garder au chaud, au four, sur un plat de service. Faire réduire d'un tiers la sauce restant dans la cocotte. Adjoindre les champignons de Paris et prolonger la cuisson encore cinq minutes, en tournant régulièrement avec une cuillère en bois.

Retirer du four, au moment de servir, le plat contenant les morceaux de volaille. Disposer autour les champignons de Paris, puis napper le tout de la sauce brûlante passée au chinois, celle-ci devant avoir légèrement épaissi.

COQUELETS AUX GIROLLES

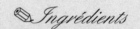 *Ingrédients*

- 3 coquelets de 500 g chacun,
- 60 g de beurre,
- 2 cuillères à soupe d'huile d'arachide,
- 5 cl de cognac,
- 3 cuillères à soupe de crème fraîche,
- 1 échalote hachée,
- 1 gousse d'ail hachée,
- thym effeuillé,
- 3 petits oignons,
- 1 petite tranche de lard fumé coupée en petits dés,
- 500 g de girolles,
- sel et poivre.

Assez facile

Pour **6** personnes

Temps de préparation : **20** mn

Temps de cuisson : **30** mn

Vin conseillé :

Saumur-Champigny

Faire revenir en cocotte, dans un mélange de beurre (40 g) et d'huile, les coquelets, préalablement salés et poivrés et garnis chacun à l'intérieur d'une noix de beurre, d'un petit oignon, d'un dé de lard fumé et d'une pincée de thym effeuillé.

Lorsque les coquelets commencent à dorer, ajouter le reste des lardons, l'échalote hachée. Arroser de cognac et flamber. Mouiller d'un verre d'eau et adjoindre les girolles. Rectifier l'assaisonnement (sel et poivre). Laisser mijoter environ vingt cinq minutes. Retourner les coquelets deux fois en cours de cuisson et ajouter éventuellement de l'eau.

Oter ensuite le couvercle et laisser réduire la sauce d'un tiers. Ajouter la crème fraîche et laisser épaissir quelques instants. Servir les coquelets nappés de sauce sur un plat chaud. Accompagner ce plat soit de riz, soit de petites pommes de terre cuites à l'eau. (les girolles peuvent être remplacées par des trompettes de la mort ou cornes d'abondance).

COQUELETS PAYS D'AUGE

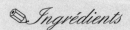
Ingrédients

- 3 coquelets de 600 g chacun,
- 6 grosses pommes (Golden),
- 125 g de beurre,
- 1 cuillère à soupe d'huile d'arachide,
- 50 cl de cidre brut,
- 5 cl de Calvados,
- 15 cl de crème fraîche,
- 3 oignons,
- thym effeuillé,
- sel, poivre.

Facile

Pour **6** personnes

Temps de préparation : **10** mn

Temps de cuisson : **30** mn

Vin conseillé : **Chinon gris**
ou **Muscadet sur Lie**

Faire revenir dans une cocotte, dans un mélange de beurre (40g) et d'huile, les coquelets, préalablement salés et poivrés et garnis chacun, à l'intérieur, d'un petit oignon et d'une pincée de thym effeuillé. Lorsque les coquelets commencent à dorer, incorporer les pommes épluchées (laissées entières mais épépinées). Dès qu'ils deviennent bien dorés, flamber avec le Calvados.

Mouiller de cinquante centilitres de cidre. Rectifier l'assaisonnement (sel, poivre) et laisser cuire, à couvert, environ vingt cinq minutes. Retourner les coquelets deux fois en cours de cuisson. Si les pommes sont cuites plus tôt, les retirer de la cocotte et les réserver au chaud, au four, sur un plat. Les adjoindre aux volailles, en fin de cuisson. Faire réduire des trois quart la sauce restant dans la cocotte. On obtient alors un jus sirupeux et brunâtre. Y incorporer le beurre restant, en fouettant, pour émulsionner le mélange, puis ajouter la crème fraîche. Napper les coquelets et les pommes avec la sauce, passée au chinois.

DINDE FARCIE AUX TRUFFES, ACCOMPAGNÉE DE PURÉE DE MARRONS

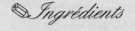
Ingrédients

- 1 dinde de 4 kg environ,
- 750 g de farce fine de porc,
- 300 g de pain de mie,
- 20 g de pelures de truffe ou de morceaux de truffe,
- 1,500 kg de marrons, pelés et épluchés,

.../...

Assez facile

Pour **10** personnes

Temps de préparation : **40** mn

Temps de cuisson : **2**h et **15**mn

Vin conseillé : **Pomerol** ou
Gevrey Chamberlin

Hacher le foie, le gésier et le cœur de la dinde. Les adjoindre à la mie de pain

> - *2 cuillères à soupe de crème fraîche,*
> - *5 cl d'huile d'arachide,*
> - *quelques pistaches (éventuellement),*
> - *thym effeuillé,*
> - *sel, poivre.*

trempée et légèrement essorée. Incorporer à la farce fine de porc et malaxer jusqu'à obtention d'un mélange parfaitement régulier. Ajouter les pelures de truffe et leur jus dans la farce obtenue. Rectifier l'assaisonnement (sel, poivre, une pincée de thym effeuillé et, de préférence, quelques pistaches).

Farcir l'intérieur de la dinde et la brider soigneusement. Enduire l'extérieur, au pinceau, d'huile d'arachide. Saler, poivrer et saupoudrer légèrement de thym effeuillé. Saisir à four chaud quinze minutes, puis continuer la cuisson, à four moyen, pendant deux heures, en l'arrosant régulièrement toutes les quinze minutes de jus de cuisson. Si votre dinde a tendance à dorer trop rapidement, la recouvrir d'un papier d'aluminium épais.

Préparation de la purée de marrons

Prendre de préférence des grosses châtaignes du Périgord ou, à défaut, des marrons d'Italie. Les faire bouillir trente minutes, dans une eau légèrement salée. Les peler et les passer au presse purée ou au mixer, puis au chinois pour obtenir une consistance lisse. Ajouter deux cuillères à soupe de crème fraîche. Vérifier l'assaisonnement, en particulier la salinité et mélanger le tout avec une partie du jus de cuisson de la dinde. Servir les morceaux de dinde, sur assiettes chaudes, accompagnés de farce et de purée de marrons.

FAISAN AU MADÈRE

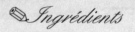 *Ingrédients*

- *1 faisan (de préférence une poule faisane) de 1 kg.*

Farce
- *50 g de lard fumé,*
- *1 tomate,*
- *1 oignon,*
- *1 gousse d'ail,*
- *5 g de pelures de truffe,*
- *3 cl de madère,*
- *1 cuillère à soupe de crème fraîche,*
- *thym effeuillé,*
- *sel, poivre.*
                                    .../...

Assez facile

Pour **4** personnes

Temps de préparation : **20** mn

Temps de cuisson : **30** mn

Vin conseillé : **Cahors**

Préparation de la farce

Hacher ensemble le lard fumé, le foie et le gésier du faisan, la tomate, l'oignon et la gousse d'ail. Mélanger le tout avec la crème fraîche, le madère, les pelures de truffe et deux pincées de thym effeuillé. Saler, poivrer. Farcir la bête du mélange et la brider.

Cuisson du faisan

Faire revenir en cocotte le faisan, dans un mélange de beurre et d'huile avec les oignons, le lard fumé et la tomate, coupés en petits dés. Lorsque le tout est bien doré, ajouter deux verres d'eau, une pincée de sel, le bouquet garni et cinq centilitres de madère. Laisser mijoter, à couvert, vingt minutes à feu doux (la sauce doit réduire des deux tiers). Sortir le faisan, ôter le bouquet garni et le réserver au chaud (couvrir pour éviter le dessèchement).

Déglacer la cocotte avec le reste du madère, retirer du feu et ajouter la crème, en fouettant vivement. Incorporer le morceau de sucre, au préalable mouillé et les pelures de truffes, puis le filet de citron. Remettre à feu doux, fouetter continuellement pendant trois minutes environ. Servir la sauce en saucière et le faisan sur un plat chaud entouré de tranches de pain de mie grillées.

Cuisson
- 50 g de lard fumé coupé en petits dés,
- 30 g de beurre,
- 3 cuillères à soupe d'huile d'olive,
- 15 cl de crème fraîche,
- 10 petits oignons,
- 1 tomate coupée en petits dés,
- 1 bouquet garni (thym, laurier, romarin),
- 5 g de pelures de truffe,
- 10 cl de madère,
- 1 filet de citron,
- 1 morceau de sucre,
- 6 tranches de pain de mie, légèrement frottées d'ail et grillées,
- sel, poivre.

FAISAN AUX CHAMPIGNONS

Ingrédients

- 1 faisan (de préférence une poule faisane) de 1kg,
- 1 tranche de lard fumé, coupée en petits dés,
- 2 tranches fines de lard fumé,
- 15 petits oignons,
- 1 gousse d'ail,
- 1 bouquet garni (thym, laurier, romarin),
- 60 g de beurre,
- 2 cuillères à soupe d'huile,
- 20 cl de crème fraîche,
- 20 cl de Muscadet,
- 5 cl de Cognac,
- 250 g de cornes d'abondance (trompettes de la mort),
- 250 g de girolles,
- sel, poivre.

Assez facile

Pour **4** personnes

Temps de préparation : **30** mn

Temps de cuisson : **30** mn

Vin conseillé : **Cahors**

Garnir l'intérieur du faisan avec deux petits oignons hachés, quelques lardons, les abats (foie et gésier) et une pincée de thym effeuillé. Saler, poivrer et ajouter une noix de beurre. Brider. Badigeonner d'huile l'extérieur du faisan. Le saler, le poivrer et le saupoudrer de thym effeuillé. L'entourer des fines tranches de lard fumé, que vous fixerez avec une ficelle à gigot. Faire revenir le faisan ainsi préparé, en cocotte, dans un mélange de beurre et d'huile avec le reste des oignons et l'ail. Lorsqu'il est doré, vider la moitié de la graisse contenue dans la cocotte avant de flamber avec le Cognac. Mouiller de Muscadet. Incorporer le bouquet garni. Laisser mijoter à couvert et à feu doux pendant trente minutes environ (en retournant le faisan deux fois). Découvrir et faire réduire la sauce, si besoin est.

Entre-temps, laver et sécher les champignons. Les saler, les poivrer et les faire revenir, dans une poêle, avec un peu de beurre, d'huile et de crème fraîche. Les incorporer ensuite dans la cocotte. Rectifier l'assaisonnement. Faire réduire encore la sauce quelques minutes, jusqu'à épaississement. Servir de préférence avec du riz blanc.

FAISAN AU VERJUS

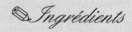 *Ingrédients*

- 1 faisan (de préférence une poule faisane) de 1 kg,
- 100 g de lard fumé,
- 50 g de beurre,
- 5 cl d'huile de noix,
- 20 cl de crème fraîche,
- 1 oignon blanc,
- 1 bouquet garni (thym, laurier, romarin),
- 10 cl d'Armagnac,
- 75 cl de verjus (vin blanc aigre et fort),
- sel, poivre.

Assez facile

Pour **4** personnes

Temps de préparation : **15** mn

Temps de cuisson : **35** mn

Vin conseillé : **Cahors**

Garnir l'intérieur du faisan de l'oignon haché, des abats (foie, gésier) et de quelques dés de lard fumé. Saler, poivrer et ajouter une noix de beurre. Brider et faire revenir le faisan, salé et poivré extérieurement, dans une cocotte avec du beurre et de l'huile de noix. Lorsqu'il est doré, flamber à l'Armagnac, puis mouiller de verjus. Ajouter le bouquet garni. Laisser mijoter trente minutes environ, à couvert et à feu doux. Découvrir et faire réduire, d'un tiers, le jus restant. Incorporer la crème fraîche et laisser épaissir quelques minutes. Servir avec des croûtons frits et des petites pommes de terre, rissolées à la graisse d'oie.

GRIVES AUX RAISINS

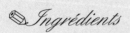

Ingrédients

- 8 grives,
- 8 tranches très fines de panzetta (ou de lard fumé),
- 1 verre de vin blanc moelleux,
- 8 belles feuilles de vigne,
- 16 gros grains de raisins d'Italie (coupés en deux dans le sens de la longueur et épépinés),
- 5 cl d'huile de noix ou d'olive,
- thym effeuillé,
- sel et poivre.

Assez facile

Pour **4** personnes

Temps de préparation : **20** mn

Temps de cuisson : **20** mn

Vin conseillé : **Saint-Véran**

Plumer les oiseaux et les garder au frais deux jours. Ne les vider que juste avant de les mettre à cuire. Conserver les coeurs et les foies. Les flamber rapidement. Saler et poivrer l'intérieur de chaque grive après l'avoir bien essuyé et la garnir d'un demi grain de raisin. Entourer chaque oiseau d'une tranche de panzetta. Les saler, les poivrer, les saupoudrer de thym effeuillé et les envelopper individuellement dans des feuilles de vigne. Faire revenir les grives ainsi préparées en cocotte, à feu doux dans de l'huile, pendant quinze minutes, en tournant régulièrement avec une cuillère en bois.

Disposer les grives sur un plat de service chaud et les garder au four quelques minutes. Entre-temps, déglacer la cocotte avec le vin et y incorporer le reste des raisins. Saler et poivrer modérément. Faire revenir à feu vif trois minutes et verser cette sauce juste avant de servir sur les grives. Accompagner celles-ci de tranches de pain dorées dans un peu d'huile.

MERLES GRILLÉS

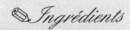

Ingrédients

- 8 merles,
- 8 tranches très fines de panzetta,
- 5 cl d'alcool de genièvre,
- 8 petites tranches de pain,
- 4 tranches de jambon cru,
- thym effeuillé,
- 20 g de beurre,
- sel et poivre.

(La réglementation française actuelle interdit la chasse des merles)

Assez facile

Pour **4** personnes

Temps de préparation : **20** mn

Temps de cuisson : **20** mn

Vin conseillé : **Figari blanc**

Plumer, vider (réserver les coeurs et les foies) et flamber les merles. Saler et poivrer les intérieurs des oiseaux et disposer dans chacun une noisette de beurre et une pincée de thym effeuillé. Barder les merles avec les tranches de panzetta. Les ficeler, les saler, les poivrer extérieurement et les embrocher.

Cette recette peut être réalisée de deux manières en faisant cuire les merles soit au four, soit au feu de bois.

a) Cuisson au four

Faire rôtir les merles vingt minutes au gril en disposant sur la lèchefrite, placée sous les merles, des tranches de pain sur lesquelles auront été étalés un peu de cœur et de foie haché. Ces tranches seront ainsi imprégnées de la graisse des oiseaux lorsqu'elle fondra. Dès que celle-ci aura été totalement absorbée et que les oiseaux seront cuits, disposer chaque merle sur une tranche de pain garnie d'une fine lamelle de jambon cru. Déglacer la lèchefrite avec l'alcool de genièvre et flamber. Recueillir la sauce ainsi obtenue et la servir avec les merles.

b) Cuisson au feu de bois

Procéder de la même manière que précédemment, sans oublier de disposer une lèchefrite étroite sous les merles.

PERDRIX AU POIVRE VERT

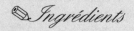

Ingrédients

- 3 perdrix rouges,
- 1 tranche de lard fumé, coupée en petits dés,
- 500 g de cornes d'abondance (trompettes de la mort),
- 20 petits oignons grelots,
- 3 carottes,
- 1 bouquet garni (thym, laurier, estragon),
- 3 branches de thym,
- 3 branches d'estragon,
- 80 g de beurre,
- 30 cl de crème fraîche,
- 3 cuillères à soupe d'huile d'arachide,
- 60 g de poivre vert,
- 20 cl de cidre brut,
- 10 cl de Calvados,
- 1 verre d'eau,
- 1/2 citron,

.../...

Assez facile

Pour **6** personnes

Temps de préparation : **30** mn

Temps de cuisson : **50** mn

Vin conseillé : **Saint-Emilion** ou **Margaux**

Préparation des perdrix

Plumer les perdrix et les passer rapidement sur une flamme, de manière à griller les duvets restants. Vider les volatiles et mettre de côté les abats (coeurs, foies et gésiers). Saler et poivrer l'intérieur de chaque perdrix et le garnir d'une noix de beurre, de quelques lardons, de trois champignons, d'une branche de thym et d'une branche d'estragon. Brider les perdrix et enduire leur extérieur d'huile. Saler et poivrer. Faire dorer les perdrix, en

- quelques branches de cresson,
  éventuellement, pour la décoration,
- quelques tranches de pain de mie,
- sel, poivre.

cocotte, dans un mélange de beurre et d'huile, avec les lardons et les oignons.

Lorsque le tout est bien blond, ajouter le Calvados et flamber hors du feu. Replacer la cocotte, à feu doux et incorporer les champignons, les carottes et les abats.

Saler et poivrer modérément. Dès que les champignons commencent à rendre leur eau, verser le cidre et l'eau, puis ajouter le bouquet garni. Couvrir et laisser mijoter, à feu doux, quarante minutes, en retournant deux fois. Lorsque la cuisson est terminée, sortir les perdrix et les dresser sur un plat de service chaud. Egoutter les légumes et les garder au chaud dans le four.

Préparation de la sauce

Mélanger la crème fraîche et le poivre vert au jus restant dans la cocotte, puis faire réduire la sauce, d'un tiers, à feu moyen. Rectifier l'assaisonnement (sel, poivre, jus de citron). Lorsque la consistance obtenue est satisfaisante (légère crème blonde), mettre de côté deux louches de sauce. Mélanger soigneusement les légumes à la sauce restant dans la cocotte et les disposer autour des perdrix. Napper ces dernières avec la sauce que vous avez réservée à cet effet. Garnir le tour du plat de canapés de pain de mie, frits dans le beurre et éventuellement de branches de cresson pour la décoration.

PIGEONS AUX PETITS POIS

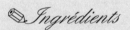 *Ingrédients*

- 6 pigeonneaux,
- 150 g de lard fumé,
- 2 kg de petits pois frais à écosser,
- 1 botte d'oignons blancs,
- 1 carotte, découpée en rondelles,
- 2 feuilles de laitue,
- 1 bouquet garni (thym, laurier, estragon),
- 50 g de beurre,
- 25 cl de crème fraîche,
- 3 cuillères à soupe d'huile d'arachide,
- 1 cuillère à soupe de moutarde,
- 1 morceau de sucre,
- sel, poivre.

Facile

Pour **6** personnes

Temps de préparation : **20** mn

Temps de cuisson : **40** mn

Vin conseillé : **Saint-Amour**

Faire vider les pigeonneaux et réserver le foie, le cœur et le gésier. Flamber les oiseaux. Les badigeonner d'huile. Les saler et poivrer copieusement l'extérieur et l'intérieur dans lequel vous glisserez une pincée de thym effeuillé, une noisette de beurre et les abats respectifs. Les brider.

Dans une grande cocotte, faire dorer de tous côtés les pigeonneaux avec le beurre restant et l'huile. Les sortir de la cocotte et les garder au chaud. Utiliser la même cocotte pour faire revenir ensemble à feu doux, les rondelles de carotte, les lardons, les oignons et les petits pois. Saler, poivrer modérément. Lorsque les oignons deviennent transparents, recouvrir les petits pois avec de l'eau chaude. Ajouter les feuilles de laitue, le morceau de sucre, la cuillère à soupe de moutarde et le bouquet garni. Replacer les pigeonneaux dans la cocotte avec les légumes et porter à ébullition rapidement. Poursuivre la cuisson, à feu doux, pendant environ vingt cinq minutes.

Dès que les oiseaux sont cuits, les dresser sur un plat et les garder au chaud. Faire réduire quelques instants le jus restant avec les légumes, ôter le bouquet garni, puis disposer, au moment de servir, les légumes autour des pigeonneaux.

PIGEONS AUX OLIVES

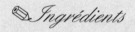 *Ingrédients*

- 3 pigeons ou 6 pigeonneaux,
- 250 g d'olives vertes dénoyautées,
- 10 cuillères à soupe d'huile d'olive,
- 1 gros oignon rose émincé,
- 3 gousses d'ail émincées,
- 20 cl de vin blanc sec,
- 3 tomates bien mûres, pelées et épépinées,
- 1 bouquet garni (thym, laurier sauge),
- sel et poivre.

Facile

Pour **6** personnes

Temps de préparation : **20** mn

Temps de cuisson : **40** mn

Vin conseillé : **Tavel**

ou **Rosé de Provence**

Faire vider les pigeons et réserver le foie, le cœur et le gésier. Flamber les oiseaux pour ôter le duvet restant. Faire blanchir les olives dans une casserole d'eau bouillante pendant deux minutes. Couper les feux, laisser reposer trois minutes et les retirer de l'eau.

Dans une grande cocotte, faire dorer de tous côtés les pigeons avec les six cuillères à soupe d'huile d'olive. Les sortir de la cocotte et les garder au chaud. Vider l'huile restant dans la cocotte. Remettre la cocotte sur le feu avec quatre cuillères à soupe d'huile d'olive. Y faire suer l'oignon et l'ail. Couper les pigeons en deux dans le sens de la longueur au niveau du dos.

Lorsque l'oignon devient transparent, remettre les demi pigeons salés et poivrés sur leur face interne dans la cocotte, faire dorer encore cinq minutes avant d'ajouter le vin blanc sec, les tomates concassées et le bouquet garni. Couvrir et laisser cuire vingt minutes. Retourner les demi pigeons et incorporer les olives, les foies, les coeurs et les gésiers. Poursuivre la cuisson, à feu doux, pendant environ vingt minutes selon la dureté des pigeons (tester la cuisson à la fourchette. Celle-ci sera parfaite lorsqu'un jus rosé clair sortira des piques de la fourchette).

PINTADE AUX MORILLES

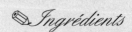

Ingrédients

- 2 pintades de 1kg,
- 1 tranche de lard fumé, coupée en petits dés,
- 500 g de morilles,
- 6 oignons blancs,
- 1 pincée de thym effeuillé,
- 80 g de beurre,
- 20 cl de crème fraîche,
- 2 cuillères à soupe d'huile de noix,
- 1 morceau de sucre,
- 10 cl d'Armagnac,
- sel, poivre.

Assez facile

Pour **6** à **8** personnes

Temps de préparation : **15** mn

Temps de cuisson : **40** mn

Vin conseillé : **Côtes de Bourg**
ou **Fronsac**

Faire vider les pintades et réserver les abats (foies et gésiers) que vous mettrez à macérer dans un peu d'Armagnac. Introduire dans l'intérieur de chaque pintade, une noix de beurre, quelques morceaux de morilles, des petits lardons, un foie et un gésier macérés à l'Armagnac, une pincée de thym, un oignon, du sel et du poivre. Brider soigneusement. Huiler, saler, poivrer et parsemer de thym effeuillé l'extérieur de chaque pintade

Cuisson

Faire revenir les pintades, en cocotte, dans un mélange de beurre et d'huile. Dès qu'elles commencent à dorer, ajouter les lardons et les oignons blancs restants. Quand les oignons deviennent transparents, arroser d'Armagnac et flamber. Mouiller d'un verre d'eau et adjoindre le reste des morilles. Couvrir et laisser mijoter trente minutes environ (retourner les pintades à mi-cuisson). Oter ensuite le couvercle et laisser réduire la sauce d'un tiers. Incorporer le morceau de sucre. Ajouter la crème fraîche et laisser épaissir quelques instants. Servir les pintades, nappées de sauce sur un plat chaud et les entourer de croûtons frits au beurre. Accompagner ce plat soit de riz, soit de petites pommes de terre cuites à l'eau.

POULE AU RIZ

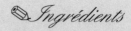

Ingrédients

- 1 poule de 2 kg, découpée en morceaux,
- 3 carottes, coupées en rondelles,
- 2 gros oignons,
- 2 blancs de poireaux,
- 2 gousses d'ail,
- 1 bouquet garni (thym, laurier, sauge),
- 125 g de beurre,
- 20 cl de crème fraîche,
- 2 cuillères à soupe d'huile d'arachide,
- 3 jaunes d'œufs,
- 50 cl de vin blanc sec,
- sel, poivre.

Assez facile

Pour **6** personnes

Temps de préparation : **20** mn

Temps de cuisson : **1**h **20** mn

Vin conseillé : **Rully blanc**
ou **Saumur-Champigny**

Faire revenir en cocotte, dans un mélange de beurre (40 g) et d'huile, les morceaux de poule, au préalable salés et poivrés, avec les rondelles de carottes, les oignons, les blancs de poireaux et les gousses d'ail jusqu'à ce qu'ils commencent à dorer. Mouiller de vin blanc et de trois verres d'eau. Ajouter le bouquet garni et laisser mijoter cinquante minutes environ, à feu doux.

Préparer un roux blond, dans une casserole, avec le reste du beurre et la farine. Le mouiller d'un peu de bouillon de cuisson, puis incorporer ce roux dans la cocotte et laisser frémir quinze minutes. Ajouter la crème fraîche. Faire réduire à feu doux quinze minutes encore, puis quelques instants avant de servir, lier la sauce hors du feu avec les jaunes d'œufs. Rectifier l'assaisonnement si besoin est, et servir avec du riz blanc.

POULET RÔTI

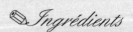

Ingrédients

- 1 poulet de 2 kg,
- 1 petite tomate,
- 1 petit oignon,
- 4 petits lardons,
- thym effeuillé
- huile d'arachide,
- sel et poivre.

Très facile

Pour **6** personnes

Temps de préparation : **10** mn

Temps de cuisson : **1**h

Vin conseillé : **Saint-Amour**

Garnir l'intérieur du poulet d'une petite tomate coupée en quatre, d'un oignon coupé en deux, des petits lardons, des abats (foie et gésier), le saler, le poivrer et le saupoudrer de thym effeuillé. Le brider. Huiler l'extérieur de la volaille au pinceau. Le saler, le poivrer et le saupoudrer de thym effeuillé.

Cuisson à la rôtissoire

Allumer la rôtissoire dix minutes à l'avance. Embrocher le poulet et le mettre à cuire environ une heure. Vérifier la cuisson en piquant légèrement le poulet vers la pliure de la cuisse à l'aide d'un petit couteau : le jus qui sort devra être clair.

Cuisson au four

Allumer le four dix minutes à l'avance. Disposer le poulet dans un plat allant au four et le mettre à cuire environ une heure en le retournant trois à quatre fois en cours de cuisson et en l'arrosant de temps en temps avec le jus de cuisson. De même que pour la cuisson à la rôtissoire, il convient de vérifier si le poulet est bien cuit à l'aide d'un petit couteau ou d'une aiguille à brider.

Cette recette peut également convenir pour un canard ou une pintade.

POULET À L'ESTRAGON

Facile

Pour **6** personnes

Temps de préparation : **10** mn

Temps de cuisson : **1** h

Vin conseillé : **Saint-Véran**

ou **Beaujolais**

Ingrédients

- 1 poulet de 2 kg,
- 1 petit bouquet d'estragon,
- 2 oignons blancs,
- thym effeuillé,
- 20 cl de crème fraîche,
- 50 g de beurre,
- 3 cuillères à soupe d'huile d'arachide,
- 5 cl de Cognac,
- sel, poivre.

Garnir l'intérieur du poulet d'un morceau de beurre, d'un quart du bouquet d'estragon, d'un oignon blanc coupé en morceaux, d'une pincée de thym effeuillé, de sel et de poivre. Huiler l'extérieur de la volaille au pinceau, le saler, le poivrer et le saupoudrer de thym effeuillé. Faire revenir le poulet en cocotte, dans un mélange de beurre et d'huile. Y adjoindre un oignon, lorsque le poulet commence à peine à dorer, puis flamber avec le Cognac dès qu'il devient bien doré. Ajouter deux verres d'eau et le reste de l'estragon.

Laisser cuire quarante minutes environ en retournant deux fois. Sortir le poulet de la cocotte, le découper en huit morceaux. Faire réduire de moitié le jus restant dans la cocotte. Incorporer alors la crème fraîche en fouettant vivement. Replacer les morceaux de poulet dans la cocotte. Laisser mijoter dix minutes à feu doux et servir chaud.

POULET AUX TOMATES ET AUX OLIVES

Ingrédients

- 1 poulet de 2kg environ,
- 2 tranches de lard fumé coupé en petits dés,
- 20 petits oignons grelots,
- 300 g de petits champignons de Paris,
- 250 g d'olives noires et vertes,
- 500 g de tomates pelées et épépinées,
- 750 g de petites pommes de terre,
- 1 bouquet garni (thym, laurier, fenouil, sauge),
- 1 piment doux,
- 5 cl de marc de raisin,
- 75 cl de vin blanc demi sec,
- 10 cl d'huile d'olive,
- 20 g de beurre
- sel, poivre.

Facile

Pour **6** personnes

Temps de préparation : **10** mn

Temps de cuisson : **1** h

Vin conseillé : **Rosé de Provence**

Garnir l'intérieur du poulet d'un morceau de tomate, d'un oignon, de quelques lardons et d'olives. Le brider. Huiler au pinceau l'extérieur du poulet. Le saler, le poivrer et le saupoudrer de thym effeuillé. Faire revenir le poulet, dans une cocotte, avec de l'huile d'olive. Lorsqu'il est bien doré, ajouter le reste de lardons et les oignons ainsi que les petites pommes de terre que vous aurez au préalable fait sauter dans une poêle avec un mélange de beurre et d'huile. Laisser rissoler quelques minutes encore avant de flamber avec le marc de raisin et de mouiller de vin blanc. Incorporer le bouquet garni, les olives, les champignons de Paris, au préalable pelés, lavés et égouttés ainsi que le piment doux. Rectifier l'assaisonnement. Couvrir et laisser mijoter cinquante minutes (en retournant deux fois le poulet). Servir en cocotte.

POULET SAUTÉ AUX CÈPES

Ingrédients

- 1 poulet de 1,800 kg,
- 800 g de cèpes,
- 1 échalote,
- 2 gousses d'ail,
- 5 oignons,
- 3 cuillères à soupe d'huile d'arachide,
- 2 cuillères à soupe de graisse d'oie,
- 1 bouquet garni (thym, laurier),
- 1 petit bouquet de persil,

.../...

Assez facile

Pour **6** personnes

Temps de préparation : **20** mn

Temps de cuisson : **45** mn

Vin conseillé : **Saint-Emilion**

Couper la volaille en huit morceaux. Réserver le foie et le gésier. Faire revenir en cocotte, les morceaux de poulet préalablement salés et poivrés, avec un mélange d'huile et de graisse d'oie.

> - 25 cl de verjus (vin blanc aigre et fort),
> - 5 cl d'Armagnac,
> - sel, poivre.

Lorsque ceux ci commencent à dorer, incorporer l'échalote hachée et les oignons émincés. Les laisser blondir. Quand tout est bien doré, déglacer la cocotte avec l'Armagnac. Mouiller ensuite avec le verjus. Ajouter le bouquet garni et les abats. Couvrir et laisser mijoter trente minutes environ à feu doux.

Préparation des cèpes

Eplucher les cèpes et les couper. Les faire revenir, salés et poivrés dans une poêle avec de l'huile et de la graisse d'oie.

Couvrir et laisser cuire, à feu doux, quinze minutes environ. Oter le couvercle, les saupoudrer d'ail et de persil hachés, puis laisser mijoter encore quelques instants.

Servir les morceaux de poulet entourés de la persillade de cèpes. Napper le tout du jus de cuisson du poulet.

POULET AU CURRY À LA LORIENTAISE

✎ *Ingrédients*

- 1 poulet fermier de 1,800 kg,
- 1 tranche de lard fumé, coupée en petits dés,
- 40 g de beurre,
- 4 cuillères à soupe d'huile d'arachide,
- 1 cuillère à soupe de kari (curry de Madras),
- 20 cl de crème fraîche,
- 2 oignons émincés,
- 5 cl de lambig,
- jus d'un citron,
- sel, poivre.

Assez facile

Pour **6** personnes

Temps de préparation : **15** mn

Temps de cuisson : **50** mn

Vin conseillé : **Barsac** ou

Muscadet sur Lie

Dans une cocotte en fonte, faire revenir dans un mélange d'huile et de beurre, le poulet préalablement salé et poivré et garni à l'intérieur d'un oignon, de quelques lardons, d'une pincée de thym effeuillé et bridé. Lorsque le poulet commence à dorer, incorporer un oignon. Dès qu'il devient bien doré, flamber avec le lambig. Ajouter deux verres d'eau et laisser cuire trente minutes en le tournant deux fois.

Sortir le poulet de la cocotte et le découper en huit morceaux que vous garderez au chaud. Faire réduire de moitié le jus restant dans la cocotte.

Ajouter le kari et porter à ébullition. Incorporer la crème fraîche et le jus d'un demi citron en fouettant vivement.

Replacer les morceaux de poulet dans la cocotte. Laisser mijoter dix minutes à feu doux et servir chaud.

POULET FLAMBÉ AU LAMBIG

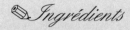

Ingrédients

- 1 poulet de 1,800 kg environ,
- 1 tranche de lard fumé,
- 15 petits oignons grelots,
- 1 verre de lambig,
- 2 verres de cidre,
- 1 bouquet garni (thym, laurier, persil),
- 1 garniture forestière (mélange de champignons sauvages : bolets de pins, pleurotes, cêpes, etc...),
- 40 g de beurre,
- 2 cuillères à soupe d'huile d'arachide,
- 15 cl de crème fraîche,
- sel, poivre.

Assez facile

Pour **6** personnes

Temps de préparation : **15** mn

Temps de cuisson : **45** mn

Vin conseillé : **Chinon gris**

Couper la volaille en huit morceaux. Faire revenir en cocotte les morceaux préalablement salés et poivrés dans un mélange de beurre et d'huile. Lorsque ceux-ci commencent à dorer, ajouter les petits oignons et les lardons. Les laisser blondir. Quand tout est bien doré, déglacer la cocotte avec le lambig et flamber. Incorporer ensuite les champignons. Mouiller de deux verres de cidre. Saler, poivrer, adjoindre le bouquet garni et couvrir.

Au bout de quinze minutes, retourner les morceaux de volaille et laisser cuire encore quinze minutes. Ouvrir la cocotte et faire réduire la sauce d'un tiers. Incorporer la crème fraîche. Faire épaissir à feu doux quelques minutes. Servir sur assiettes chaudes.

POULET À LA SAUGE

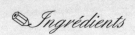

Ingrédients

- 1 poulet de 2 kg environ,
- 6 feuilles de sauge,
- 200 g de mie de pain, trempée dans du lait et essorée,
- 3 petites gousses d'ail,
- 1 petite tranche de coppa hachée,
- 1 bouquet garni (thym, laurier, sauge),
- 5 cl de marc de raisin,
- 75 cl de vin blanc sec,
- 10 cl d'huile d'olive,
- thym effeuillé,
- sel et poivre.

Facile

Pour **6** personnes

Temps de préparation : **15** mn

Temps de cuisson : **1** h

Vin conseillé : **Patrimonio rouge**

Garnir l'intérieur du poulet d'une farce réalisée avec la mie de pain, les feuilles de sauge émiettées, les gousses d'ail écrasées, la coppa hachée, du sel et du poivre. Le brider. Huiler au pinceau l'extérieur du poulet. Le saler, le poivrer et le saupoudrer de thym effeuillé. Faire revenir le poulet dans une cocotte avec de l'huile d'olive. Lorsqu'il est bien doré, réduire le feu et flamber avec le marc de raisin. Mouiller de vin blanc sec.

Incorporer le bouquet garni et rectifier l'assaisonnement. Couvrir et laisser mijoter cinquante minutes (en retournant deux fois le poulet). Découper la volaille en huit morceaux.

Les disposer sur un plat de service chaud et présenter dans un bol, à part, la farce mélangée au jus de cuisson du poulet .

SALADE AMÉRICAINE AU POULET

 *Ingrédients*

- 1 laitue,
- 600 g de blancs de poulet, cuits et effilochés,
- 200 g de maïs en grains,
- 100 g de carotte,
- 100 g de petits pois,
- 1 gros oignon blanc ciselé,
- 1 branche de céleri, coupée en petits tronçons,
- 300 g d'ananas coupé en morceaux,
- 12 petites tomates cerises,
- 10 cl d'huile de maïs,
- 1 jaune d'œuf,
- 1 cuillère à soupe de moutarde,
- 5 cl de vinaigre de cidre,
- 2 cuillères à soupe de crème fleurette,
- 1 cuillère à café de sucre roux,
- sel et poivre.

Facile

Pour **6** personnes

Temps de préparation : **20** mn

Temps de cuisson des légumes : **15** mn

Vin conseillé · **Chablis**

Laver la laitue et l'égoutter soigneusement. Tapisser le fond d'un saladier de belles feuilles vertes. Ciseler les feuilles claires du cœur de laitue. Eplucher les carottes et écosser les petits pois. Les faire étuver dans de l'eau bouillante salée quinze minutes avec une feuille de laitue.

Préparation de la sauce

Placer dans un deuxième récipient le jaune d'œuf et la moutarde. Mélanger avec une cuillère en bois. Ajouter petit à petit l'huile. Incorporer en tournant la crème, puis le vinaigre, le sucre, le sel et le poivre.

Préparation de la salade

Mélanger à la sauce les rondelles de carotte, les petits pois, le maïs, l'oignon, les tronçons de céleri, le morceaux d'ananas, les feuilles de laitue effilochées et la moitié du blanc de poulet (sans peau). Verser les légumes et le poulet assaisonnés dans le saladier contenant les feuilles de laitue. Disposer au centre le reste des blancs de poulet (avec peau) et servir frais.

CUISSOT DE CHEVREUIL FORESTIÈRE

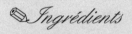

Ingrédients

- Cuissot de chevreuil de 2 kg environ.

Marinade
- 75 cl de vin rouge (Bourgogne),
- 6 cuillères à soupe d'huile (d'olive de préférence),
- 5 cl de vinaigre,
- 2 grosses carottes coupées en rondelles,
- 2 échalotes coupées en deux,
- 2 gousses d'ail,
- 1 bouquet garni (thym, laurier),
- sel, poivre.

assez facile

Pour **6** personnes

Temps de préparation : **20** mn

Temps de cuisson : **45** mn

Marinade : **24** h à **48** h

Vin conseillé : **Chambertin**
ou **Côtes de Nuits**

Préparation de la marinade

Mettre dans une casserole (en inox ou émail), les ingrédients de la marinade. Porter à ébullition, écumer et verser chaud sur le cuissot de chevreuil au préalable piqué régulièrement sur toutes ses faces en profondeur (cette opération ayant pour but de mieux imprégner la viande pendant sa macération). Laisser mariner à température ambiante couvert d'un torchon, pendant vingt quatre à quarante huit heures selon grosseur, en tournant deux fois (par vingt quatre heures).

Cuisson de la viande
- 50 g de beurre,
- 2 cuillères à soupe d'huile d'arachide,
- 200 g de lard fumé, coupé en petits dés,
- 3 oignons blancs,
- 1 pincée de thym effeuillé,
- sel, poivre.

Cuisson de la viande

Sortir la viande de la marinade, l'égoutter et la sécher soigneusement (papier absorbant ou torchon). La badigeonner d'huile, la saler, la poivrer et la saupoudrer de thym effeuillé. La disposer dans un plat en terre allant au four. Beurrer le dessus de la viande. Saisir à four chaud (dix minutes de préchauffage). Incorporer les oignons dans le plat ainsi que les petits lardons. Laisser rôtir à four moyen pendant quarante à cinquante minutes selon grosseur du cuissot, la viande devant être retournée toutes les dix minutes environ, la cuisson étant parfaite, lorsqu'en piquant la viande, il en sort un jus à peine rosé.

Sauce
- 125 g de beurre,
- 4 cuillères à soupe de farine tamisée,
- 10 cl de vin (le même que celui de la marinade),
...//...

Préparation de la sauce

Pendant la cuisson de la viande, préparer un roux brun avec le beurre et la farine en faisant dorer lentement jusqu'à obtention d'une belle couleur

- le bouquet garni de la marinade,
- les rondelles de carottes de la
marinade,
- éventuellement 500 g de champignons
sauvages (girolles).

brune. Mouiller avec le vin et couper d'eau bouillante pour obtenir une consistance crémeuse. Ajouter la marinade passée au chinois, le bouquet garni, les rondelles de carottes récupérées dans celle-ci et éventuellement les champignons sauvages. Laisser cuire, à feu très doux, pendant le temps restant de la cuisson de la viande.

Lorsque la viande est rôtie, la découper et l'installer sur un plat de service chaud en récupérant le jus que vous ajouterez à la sauce en même temps que les lardons et les petits oignons rôtis. Rectifier l'assaisonnement et servir dans une grande saucière.

Fricassée de marcassin à la mode de Paimpont

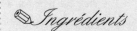 *Ingrédients*

-1,500 kg de sauté de marcassin.

Marinade
-2 gros oignons émincés,
-2 carottes émincées,
-2 gousses d'ail,
-1 bouquet garni (thym, laurier, romarin, sauge et persil),
-1 pincée de piment de Cayenne,
-75 cl de vin rouge,
-5 cl de lambig (ou éventuellement de Calvados),
-1 cuillère à soupe de vinaigre,
-2 cuillères à soupe d'huile d'arachide,
-sel, poivre.
.../...

Assez facile

Pour **6** à **8** personnes

Temps de préparation : **20** mn

Temps de cuisson : **1** h **15** mn

Marinade : **24** h

Vin conseillé : **Beaujolais**

ou **Fleurie**

Préparation de la marinade

Disposer les morceaux de marcassin dans une grande terrine et y ajouter les oignons, les carottes, l'ail, le poivre de Cayenne et le bouquet garni. Saler et poivrer. Mouiller avec le vin rouge, puis le lambig, le vinaigre et enfin l'huile. Recouvrir avec un torchon et laisser mariner, à température ambiante, pendant vingt quatre heures en tournant deux ou trois fois.

Cuisson de la viande

Egoutter les morceaux de marcassin et les faire dorer en cocotte avec le mélange de beurre et d'huile. Flamber ensuite avec le lambig. Mouiller avec le jus de la marinade passé au chinois et vingt cinq centilitres de vin rouge. Ajouter les oignons, l'ail et le

Cuisson
- *30 g de beurre,*
- *1 cuillère à soupe d'huile d'arachide*
- *50 cl de vin rouge (le même que celui de la marinade),*
- *20 cl de crème fraîche,*
- *5 cl de lambig,*
- *le jus de la marinade passé au chinois,*
- *la moitié des oignons de la marinade,*
- *les gousses d'ail de la marinade,*
- *le bouquet garni de la marinade.*

bouquet garni. Laisser mijoter à couvert pendant une heure environ en y incorporant petit à petit le reste du vin. Saler et poivrer.

Sortir les morceaux de marcassin et les préserver au chaud. Incorporer la crème fraîche à la sauce restant dans la cocotte. Bien mélanger avec une cuillère en bois. Laisser épaissir quelques minutes. Verser cette sauce sur les morceaux de viande avant de servir. Cette préparation peut être accompagnée de pommes de terre cuites à l'eau ou d'une purée de marrons.

MARCASSIN EN MARINADE

✎ Ingrédients

Marinade
- *1,500 kg de marcassin ou de jeune sanglier,*
- *2 gros oignons roses émincés,*
- *3 gousses d'ail,*
- *1 bouquet garni (laurier, romarin, sauge),*
- *1 petit piment de Cayenne,*
- *1 l de vin rouge,*
- *5 cl de liqueur de myrte ou de gin,*
- *5 cl de vinaigre,*
- *5 cl d'huile d'olive,*
- *4 baies de genièvre,*
- *6 grains de poivre,*
- *sel et poivre.*

Assez facile

Pour **6** à **8** personnes

Temps de préparation : **20** mn

Temps de cuisson : **1** h **30** mn

(laisser mariner **48** h)

Vin conseillé : **Brouilly**

Préparation de la marinade

Couper la viande en gros morceaux (de 100 g environ). Les saler, les poivrer et les tasser dans une terrine. Verser le vin rouge, la liqueur de myrte et l'huile d'olive dans une casserole. Ajouter le piment de Cayenne, le bouquet garni, les oignons émincés, les gousses d'ail coupées en deux et le vinaigre. Saler, poivrer et incorporer les baies de genièvre et les grains de poivre. Porter doucement à ébullition et verser chaud sur les morceaux de viande. Recouvrir et laisser mariner, à température ambiante, pendant quarante huit heures en tournant quatre fois.

Cuisson de la viande
- *100 g de saindoux,*
- *20 cl d'eau,*

.../...

Cuisson de la viande

Egoutter les morceaux de viande, les sécher au torchon et les faire revenir dans une grande cocotte en fonte avec le

- 2 cuillères à soupe de farine tamisée,
- 50 cl de vin rouge (le même que celui de la marinade),
- le jus de la marinade passé au chinois,
- la moitié des oignons de la marinade,
- les gousses d'ail de la marinade,
- le bouquet garni de la marinade,
- 1 cuillère à soupe bombée de farine,
- 4 belles tomates bien mûres, pelées et épépinées,
- 5 cl d'alcool de genièvre.

saindoux. Lorsque les morceaux sont dorés, les saupoudrer de farine et tourner quelques instants avec une cuillère en bois jusqu'à ce que la farine commence à roussir. Flamber avec l'alcool de genièvre. Mouiller du jus de la marinade passé au chinois. Ajouter les tomates, les oignons, l'ail et le bouquet garni. Couvrir et laisser mijoter à feu doux trente minutes. Verser ensuite le vin et l'eau et bien remuer avec une cuillère en bois. Couvrir à nouveau et laisser encore mijoter une heure en tournant quatre fois et en veillant à ce qu'il reste assez de liquide dans la cocotte afin que la viande n'attache pas. Rectifier l'assaisonnement, si besoin est, et disposer sur un plat chaud. Servir accompagné de pommes de terre cuites à l'eau.

CIVET DE BICHE

 *Ingrédients*

Marinade
- 1 kg d'épaule de biche découpée en morceaux réguliers de 100 g environ,
- 6 cuillères à soupe d'huile (d'olive de préférence),
- 5 cl de vinaigre,
- 3 grosses carottes coupées en rondelles,
- 2 échalotes coupées en deux,
- 2 gousses d'ail,
- 1 gros oignon coupé en morceaux,
- 1 bouquet garni (thym, laurier, romarin),
- 1 morceau de céleri rave,
- 75 cl de vin rouge (Bourgogne),
- sel, poivre.

Cuisson de la viande
- 40 g de beurre,
- 2 cuillères à soupe d'huile d'arachide,
- 1 petite tranche de lard fumé, coupée en petits dés,
- 1 petite botte d'oignons blancs,

.../...

Assez facile

Pour **6** personnes

Temps de préparation : **1** h

Temps de cuisson : **24** h à **48** h

Vin conseillé : **Pomerol**

ou **Santenay**

Préparation de la marinade

Mettre dans une casserole (en inox ou émail) les ingrédients de la marinade. Porter à ébullition, écumer et verser chaud sur les morceaux de biche, au préalable salés et poivrés et disposés bien tassés au fond d'une terrine. Laisser mariner à température ambiante, couvert d'un torchon, pendant vingt quatre à quarante huit heures, selon goût, en tournant deux fois (par vingt quatre heures). Bien tasser à nouveau les morceaux de viande après les avoir retournés.

- 1 bouquet garni - thym, laurier, romarin
- (ne pas utiliser celui de la marinade),
- 1 pincée de piment de Cayenne,
- 30 g de farine,
- 20 cl de vin rouge (le même que celui de la marinade),
- sel, poivre.

Cuisson de la viande

Sortir les morceaux de viande de la marinade, les égoutter et les sécher soigneusement (papier absorbant ou torchon). Réserver les rondelles de carottes de la marinade. Filtrer cette dernière et la conserver dans un récipient.

Dans une cocotte, faire revenir les morceaux de viande dans un mélange de beurre et d'huile, à feu moyen. Lorsqu'ils commencent à dorer, les saupoudrer de farine. Laisser roussir quelques minutes, puis ajouter la marinade filtrée, le bouquet garni, les oignons blancs, les rondelles de carottes de la marinade et le nouveau bouquet garni. Saler, poivrer modérément, la sauce devant réduire quelque peu ultérieurement. Compléter, si besoin est, avec un peu de vin (le même que celui utilisé pour la marinade), afin que les morceaux de viande soient totalement recouverts. Laisser mijoter une heure (ou plus selon l'âge de l'animal). Tourner de temps en temps pour vérifier que la viande n'attache pas.

Rectifier l'assaisonnement (sel, poivre et une pincée de piment de Cayenne) et servir avec des pâtes fraîches ou des spätzele.

LAPIN AU CIDRE

 *Ingrédients*

- 1 lapin de 1,800 kg environ (si possible avec son sang additionné d'une cuillère à soupe de vinaigre).

Marinade
- 2 gros oignons coupés en rondelles,
- 1 carotte émincée dans le sens de la longueur,
- 4 gousses d'ail,
- 1 bouquet garni (thym, laurier, romarin, persil et sauge),
- 1 pincée de piment de Cayenne,
- 2 grains de genièvre,
- 1 litre de cidre brut,
- 5 cl de Calvados,
- 5 cl de vinaigre de vin,
- éventuellement la moitié du sang du lapin,
- 10 cl d'huile d'arachide.

.../...

Assez facile

Pour **6** personnes

Temps de préparation : **30** mn

Temps de cuisson : **1** h

Marinade : **12** h

Vin conseillé :

Saumur-Champigny

Préparation de la marinade

Désarticuler soigneusement le lapin en autant de morceaux que nécessaire (éviter les éclats d'os). Placer les morceaux dans une cocotte en fonte émaillée et y ajouter les rondelles d'oignons, la carotte en morceaux, les gousses d'ail, le bouquet garni, le poivre de cayenne et les grains de genièvre. Saler et poivrer. Mouiller de cidre additionné de vinaigre, du Calvados

Cuisson du lapin
- *1 cuillère à soupe d'huile d'arachide,*
- *50 g de beurre,*
- *30 cl de crème fraîche,*
- *Le jus de la marinade passé au chinois,*
- *les oignons de la marinade,*
- *les gousses d'ail de la marinade,*
- *1 échalote,*
- *50 cl de cidre brut,*
- *5 cl de Calvados,*
- *750 g de petits champignons de Paris,*
- *éventuellement le reste du sang du lapin.*

et éventuellement de la moitié du sang du lapin, puis recouvrir d'huile d'arachide pour préserver de l'oxydation de l'air.

Couvrir et laisser mariner à température ambiante pendant au moins douze heures en retournant une fois.

Cuisson du lapin

Faire revenir en cocotte, dans le mélange de beurre et d'huile, les morceaux de lapin soigneusement égouttés (garder le foie et la tête). Lorsqu'ils sont dorés, flamber avec le Calvados, puis recouvrir avec la moitié du jus de la marinade et le cidre. Incorporer le bouquet garni et la moitié des oignons de la marinade hachés. Fermer la cocotte et laisser mijoter une heure à feu moyen.

Entre-temps, verser le reste de la marinade dans une casserole, puis les champignons (brossés et lavés), le foie et la tête coupée en deux. Ajouter le reste des oignons hachés, l'ail et l'échalote. Couvrir et laisser mijoter quarante cinq minutes.

Lorsque les deux cuissons sont terminées, sortir les morceaux du lapin et le foie. Les dresser sur un plat de service et les garder au chaud recouverts d'un papier d'aluminium. Jeter les moitiés de tête. Verser les champignons et leur jus dans la sauce de cuisson du lapin. Ajouter la crème fraîche et éventuellement le reste du sang. Bien mélanger et laisser épaissir quelques minutes. Rectifier l'assaisonnement, puis retirer les champignons.

Les disposer sur un plat de service chaud et les servir en même temps que les morceaux de lapin nappés de la crème obtenue. Cette préparation peut être accompagnée de riz blanc, de pommes de terre cuites à l'eau ou de pâtes fraîches.

NB: cette recette est aussi utilisable pour accompagner le gibier (garenne, lièvre).

LAPIN AUX PRUNEAUX D'AGEN

Ingrédients

- 1 lapin de 1,800 kg,
- 1 tranche de lard fumé, coupée en petits dés,
- 6 oignons,
- 1 gousse d'ail,
- 25 cl de vin blanc sec,
- 10 cl d'eau,
- 5 cl de Cognac,
- 50 g de beurre,
- 3 cuillères à soupe d'huile d'arachide,
- 2 cuillères à soupe de farine,
- 20 pruneaux d'Agen,
- 1 bouquet garni (thym, laurier, romarin),
- 1 morceau de sucre,
- Sel, poivre.

Facile

Pour **6** personnes

Temps de préparation : **20** mn

Temps de cuisson : **45** mn

Vin conseillé : **Entre-Deux-Mers**

Découper le lapin en morceaux (huit à dix morceaux) et faire revenir ces morceaux salés et poivrés (le foie excepté) dans une cocotte avec du beurre et de l'huile. Ajouter les lardons et les oignons. Dès qu'ils commencent à dorer, les retirer de la cocotte. Saupoudrer les morceaux de lapin de farine et laisser roussir quelques instants. Mouiller avec le vin blanc sec et l'eau. Réincorporer les oignons et les lardons. Ajouter le foie, le bouquet garni et la gousse d'ail écrasée. Saler et poivrer.

Laisser mijoter à couvert trente minutes environ. Pendant ce temps, faire macérer les pruneaux dans un mélange de Cognac et d'eau et les incorporer ensuite avec leur jus et le morceau de sucre dans la cocotte. Porter à ébullition et laisser réduire la sauce quinze minutes environ. Servir de préférence avec des petites pommes de terre cuites à l'eau.

LAPIN SAUTÉ AUX HERBES

Ingrédients

- 1 lapin de 1,800 kg environ,
- 1 tranche de lard fumé, coupée en petits dés,
- 500 g de champignons de Paris, brossés et lavés,
- 15 petits oignons,
- 4 échalotes,
- fines herbes (ciboule, ciboulette),

.../...

Facile

Pour **6** personnes

Temps de préparation : **20** mn

Temps de cuisson : **45** mn

Vin conseillé : **Muscadet sur Lie**

Découper le lapin en morceaux (huit à dix). Les saler, les poivrer et les faire revenir (le foie excepté) dans une cocotte avec du beurre et de l'huile. Ajouter les lardons et les oignons.

- 1 branche de persil hachée,
- 1 gousse d'ail,
- 1 bouquet garni (thym, laurier, romarin),
- 50 cl de Muscadet,
- 50 g de beurre,
- 2 cuillères à soupe d'huile d'arachide,
- jus d'un demi citron,
- sel, poivre.

Dès qu'ils commencent à dorer, incorporer le bouquet garni et les fines herbes. Mouiller avec le Muscadet et laisser mijoter à feu moyen quarante minutes en tournant deux fois.

Entre-temps, faire revenir, dans une poêle en fonte les champignons (préalablement lavés et coupés en morceaux) et le foie du lapin, dans un mélange de beurre et d'huile. Ajouter l'ail et les échalotes hachés. Arroser avec un filet de citron. Couvrir et laisser mijoter trente minutes environ.

Lorsque les deux cuissons sont terminées, sortir les morceaux de lapin, le foie et les dresser sur un plat de service, y adjoindre les champignons. Servir de préférence avec des pommes de terre cuite à l'eau.

LAPIN À LA MOUTARDE

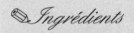
Ingrédients

-1 lapin de 1,800 kg environ.

Marinade
- 1 tranche de lard fumó,
  coupée en petits dés,
- 50 cl de vin rouge (Bordeaux),
- 3 cuillères à soupe d'huile d'arachide
- 1 cuillère à soupe de vinaigre de vin,
- 1 carotte émincée,
- 2 oignons émincés,
- 2 gousses d'ail,
- 1 bouquet garni (thym, laurier, romarin,
  persil),
- quelques grains de poivre,
- sel, poivre.

Cuisson du lapin
- 50 g de beurre,
- 2 cuillères à soupe d'huile d'arachide,
- moutarde,
- thym effeuillé,
- 20 cl de crème fraîche,
- sel, poivre.

Assez facile

Pour **6** personnes

Temps de préparation : **20** mn

Temps de cuisson : **30** mn

Marinade : **24** h

Vin conseillé : **Beaujolais Villages**
ou **Mâcon**

Préparation de la marinade

Mettre dans une casserole (en inox ou émail) les ingrédients de la marinade. Porter à ébullition, écumer et verser chaud sur le lapin piqué régulièrement avec quelques petits lardons. Laisser mariner à température ambiante couvert d'un torchon, pendant vingt quatre heures.

Cuisson du lapin

Sortir le lapin de la marinade, l'égoutter et le sécher soigneusement (papier absorbant ou torchon). Pré-découper le lapin en nombre de morceaux souhaités. Les badigeonner d'huile, les saler et les poivrer. Les enduire de moutarde et de quelques noisettes de beurre. Les saupoudrer de thym effeuillé. Les disposer dans un plat en terre pouvant aller au four. Saisir à four chaud cinq minutes et laisser rôtir à feu moyen pendant environ trente minutes en retournant une fois les morceaux de lapin et en les arrosant du jus de cuisson.

Entre temps faire réduire, des deux tiers, dans une casserole la marinade. La passer au chinois et en arroser les morceaux de lapin. Mêler à la sauce la crème fraîche juste avant de servir.

LAPIN À L'AIL

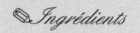

Ingrédients

- 1 lapin de 1,800 kg environ (avec son foie),
- 1 tranche de coppa coupée en petits dés (ou de lard fumé),
- 1 gros oignon rose,
- 1 petite tête d'ail,
- herbes : persil, cerfeuil, estragon, basilic,
- 1 bouquet garni (thym, laurier, romarin),
- 75 cl de vin blanc sec,
- 6 cuillères à soupe d'huile d'olive,
- sel et poivre.

Facile

Pour **6** personnes

Temps de préparation : **15** mn

Temps de cuisson : **45** mn

Vin conseillé : **Saint-Véran**

Découper le lapin en morceaux (huit à dix). Les saler, les poivrer et les faire revenir (le foie excepté) dans une cocotte avec de l'huile d'olive. Ajouter les dés de coppa, les gousses d'ail épluchées et écrasées et l'oignon émincé. Dès que l'oignon commence à dorer, mouiller avec le vin blanc sec, puis incorporer le bouquet garni, les herbes et le foie. Laisser mijoter à feu moyen quarante cinq minutes environ, en retournant deux fois la viande.

Rectifier l'assaisonnement si besoin est. Sortir les morceaux de lapin et le foie de la cocotte et les dresser sur un plat de service. Parsemer de quelques feuilles de basilic ciselées et servir avec des pâtes.

LAPIN DE GARENNE AUX CÈPES

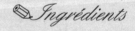

Ingrédients

- 1 lapin de garenne d'environ 1, 500 kg. (avec son sang)

Marinade
- 50 cl de vin blanc sec,
- 4 cuillères à soupe d'huile d'arachide,
- 2 cuillères à soupe de vinaigre,
- 3 cl de Cognac,

.../...

Assez facile

Pour **4** à **6** personnes

Temps de préparation : **30** mn

Temps de cuisson : **45** mn

Marinade : **24** h

Vin conseillé : **Saint-Emilion**
ou **Chiroubles**

Préparation de la marinade

- 2 carottes coupées en rondelles,
- 2 échalotes coupées en deux,
- 1 gousse d'ail,
- 1 oignon,
- 1 bouquet garni (thym, laurier),
- quelques grains de poivre,
- sel, poivre.

Réunir dans une casserole les ingrédients de la marinade, et porter à ébullition. Disposer les morceaux et le foie du lapin dans une grande terrine. Verser la marinade chaude sur les morceaux de lapin. Ajouter le sang du lapin additionné de vinaigre dès que la marinade aura refroidi.

Laisser mariner recouvert d'un torchon, pendant vingt quatre heures.

Cuisson du lapin

Cuisson du lapin

- 2 fines tranches de lard fumé,
- 30 g de beurre,
- 2 cuillères à soupe d'huile d'arachide,
- 4 oignons,
- 5 cl de Cognac.

Egoutter et sécher les morceaux du lapin. Les faire rissoler, dans une cocotte, avec un mélange de beurre et d'huile. Ajouter les tranches de lard fumé et les oignons. Lorsque tout est bien doré, ôter les lardons et les oignons de la cocotte. Faire flamber les morceaux de lapin avec le Cognac. Mouiller avec le jus de la marinade passé au chinois. Récupérer les rondelles de carottes, l'oignon et le foie du lapin et les incorporer dans la cocotte.

Remettre également les oignons dorés. Porter à ébullition. Couvrir et laisser mijoter trente minutes environ en retournant à plusieurs reprises les morceaux de lapin.

Préparation de la persillade de cèpes

Persillade de cèpes

- 800 g de cèpes, (épluchés, lavés à l'eau vinaigrée, émincés et épongés).
- 50 g de beurre,
- 3 cuillères à soupe d'huile d'olive,
- 2 branches de persil hachées,
- 1 gousse d'ail pilée,
- sel, poivre.

Faire sauter, dans une poêle, les cèpes dans un mélange de beurre et d'huile. Saler, poivrer et saupoudrer de persil haché et d'ail pilé.

Incorporer ensuite les cèpes dans la cocotte après les trente minutes de cuisson du lapin. Couvrir et laisser mijoter encore quinze minutes, à feu doux. Servir en cocotte et disposer dans celle ci les tranches de lard dorées juste avant de servir.

CIVET DE LIÈVRE À L'ALSACIENNE

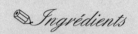

Ingrédients

- 1 lièvre de 2,500 kg,
- 1 tranche de lard fumé, coupée en petits dés,
- 10 petits oignons,
- 2 carottes coupées en rondelles,
- 2 clous de girofle,
- 3 gousses d'ail,
- 1 bouquet garni (thym, laurier, persil),
- 5 cl d'eau de vie de quetsche,
- 1,5 l de Pinot noir,
- 10 cl d'huile,
- 50 g de beurre,
- 250 g de champignons de Paris,
- sel, poivre.

Assez facile

Pour **6** personnes

Temps de préparation : **1** h

Temps de cuisson : **1** h **30** mn

Marinade : **48** h

Vin conseillé : **Pinot Noir**

Préparation de la marinade

Dépouiller le lièvre en conservant le sang (additionné d'une cuillère à soupe de vinaigre pour éviter la coagulation) et le foie débarrassé de la vésicule biliaire.

Couper le lièvre en morceaux et placer ceux ci dans une terrine avec les oignons, les clous de girofle, l'ail, les rondelles de carottes, le lard fumé, le bouquet garni, le sel et le poivre. Mouiller avec l'eau de vie de quetsche. Recouvrir de Pinot noir et terminer par l'huile qui protégera la viande de l'oxydation.

Laisser mariner au frais quarante huit heures en retournant quatre fois les morceaux de lièvre.

Cuisson du lièvre

Faire dorer en cocotte, avec cinquante grammes de beurre les morceaux de lièvre, les lardons et les oignons soigneusement égouttés. Ajouter la marinade passée au chinois et l'ensemble de ses aromates. Cuire, à feu doux, une heure. Ajouter ensuite les champignons que vous aurez au préalable fait blanchir cinq minutes à l'eau bouillante salée. Poursuivre la cuisson encore une demi-heure à feu doux.

Spätzele
- 500 g de farine,
- 4 œufs,
- 80 g de beurre,
- 20 cl d'eau,
- 3 litres d'eau salée à 10 g par litre.

Préparation des spätzele

Disposer la farine en fontaine dans une terrine. Battre les œufs entiers et les verser au centre. Saler, ajouter dix centilitres d'eau. Mélanger grossièrement le tout, puis battre soigneusement la pâte obtenue (avec éventuellement le reste de l'eau) contre les parois de la terrine jusqu'à ce que celle ci devienne homogène et coule facilement entre les doigts.

Porter à ébullition trois litres d'eau salée. Etaler un peu de pâte sur une petite planche, plonger celle ci quelques secondes dans l'eau bouillante, puis détailler avec un couteau souple de petits morceaux de pâte qui en tombant dans l'eau seront cuits lorsqu'ils remonteront à la surface.

Egoutter à l'écumoire, disposer dans une passoire et rincer à l'eau froide. Recommencer l'opération jusqu'à épuisement de la pâte. Réchauffer rapidement les spätzele à la poêle dans du beurre fondu et les servir avec le civet de lièvre.

LIÈVRE RÔTI

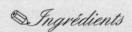 *Ingrédients*

- 1 lièvre de 2 à 3 kg.

Marinade
- 75 cl de vin rouge (Bordeaux de préférence),
- 6 cuillères à soupe d'huile (d'olive de préférence),
- 5 cl de vinaigre,
- 2 grosses carottes coupées en rondelles,
- 2 blancs de poireaux,
- 10 oignons blancs,
- 2 gousses d'ail,
- 1 tranche de 200 g de lard fumé coupée en petits dés,
- quelques grains de poivre,
- sel, poivre.

Cuisson du lièvre
- 60 g de beurre,
- 2 cuillères à soupe d'huile d'arachide,
- 1 pincée de thym effeuillé,
- sel, poivre.

Préparation de la sauce
- 125 g de beurre,
- 4 cuillères à soupe de farine tamisée,
- 20 cl de vin (le même que celui de la marinade),
- éventuellement 500 g de champignons sauvages ou de champignons de Paris.

Assez facile

Pour **6** à **8** personnes

Temps de préparation : **40** mn

Temps de cuisson : **45** mn à **50** mn

Marinade : **48** h

Vin conseillé : **Pomerol** ou **Margaux**

Préparation de la marinade

Mettre dans une casserole (en inox ou émail), les ingrédients de la marinade. Porter à ébullition, écumer et verser chaud sur le lièvre piqué régulièrement avec quelques lardons. Laisser mariner à température ambiante, couvert d'un torchon, pendant au moins quarante huit heures en tournant plusieurs fois.

Cuisson du lièvre

Sortir le lièvre de la marinade, l'égoutter et le sécher soigneusement (papier absorbant ou torchon).

Pré-découper votre lièvre en nombre de morceaux souhaités, en démembrant les cuisses et les pattes avant en évitant de produire des esquilles d'os et tronçonner de même des morceaux réguliers tout au long de la colonne vertébrale. Ces opérations seront faites de préférence sur la face interne de l'animal pour conserver un aspect entier, préservant ainsi la présentation de votre plat.

Badigeonner le lièvre ainsi préparé d'huile. Le saler, le poivrer et le saupoudrer de thym effeuillé. Le disposer dans un plat en terre pouvant aller au four. Beurrer le dessus du lièvre.

Saisir à four chaud cinq minutes (préchauffer le four dix minutes à l'avance). Laisser rôtir à four moyen pendant environ quarante à quarante-cinq minutes minutes en retournant au moins quatre fois le lièvre et en l'arrosant régulièrement de graisse de cuisson et de quelques gouttes de marinade passée au chinois.

Pendant la cuisson du lièvre, préparer un roux brun avec le beurre et la farine, en faisant dorer doucement jusqu'à obtention d'une belle couleur brune. Mouiller avec le vin, puis allonger avec le liquide de la marinade passé au chinois. Ajouter éventuellement un peu d'eau chaude, l'apparence de la sauce devant être celle d'une crème lisse. Récupérer les petits oignons, les rondelles de carottes et le bouquet garni de la marinade et les ajouter à la sauce. Y incorporer éventuellement des champignons. Laisser mijoter à feu doux pendant le temps de cuisson du lièvre.

Lorsque le lièvre est rôti, le présenter entier sur un plat à découper. Adjoindre à la sauce, le jus de cuisson et le sang du lièvre. Rectifier, si besoin est, l'assaisonnement et servir dans une grande saucière.

PLATS
COMPLETS

COTRIADE LORIENTAISE

📝 Ingrédients

- 1 morceau de congre (500g),
- 1 queue de lotte (400g),
- 1 morceau de lieu jaune ou noir (400g),
- 1 petit rouget grondin (300g),
- 1 petit poulpe ou une sèche,
- 1 petite daurade (400g),
- de l'aiguillette (ou à défaut du chinchard) (500g),
- 1 labre rouge (ou vieille) (500g),
- 1 ou 2 maquereaux (600g),
- 2 merlans (600g),
- 5 sardines (200g).

Autres ingrédients
- 100 g de beurre demi sel,
- 5 oignons,
- 3 clous de girofle,
- 1 gousse d'ail,
- 1 bouquet garni (thym, laurier, persil, criste marine),
- 2 kg de pommes de terre,
- 3 tomates bien mûres, pelées et épépinées,
- 1 cuillère à soupe de moutarde pour le bouillon,
- 1 cuillère à café de moutarde pour la vinaigrette,
- 5 cl de vinaigre,
- 20 cl d'huile d'arachide (dont 10 cl pour la vinaigrette),
- 1 pointe de safran,
- 25 cl de Muscadet (ou de cidre).

Assez facile

Pour **8** à **10** personnes

Temps de préparation : **40** mn

Temps de cuisson : **1** h

Vin conseillé : **Muscadet sur Lie**

Les poissons ci-dessus énumérés, sont ceux habituellement utilisés pour la cotriade, mais l'absence de l'un ou l'autre ne portera pas préjudice à la qualité de votre cotriade, qui à l'origine était faite avec la pêche du jour. Tous les poissons devront avoir été écaillés, vidés et lavés.

Dans un grand chaudron, faire revenir dans le beurre additionné d'huile, les oignons découpés en rondelles. Ajouter les pommes de terre épluchées, les morceaux de congre et de poulpe (ou de sèche), la queue de lotte, les tronçons d'aiguillette, les tranches de lieu et éventuellement la daurade, le grondin et le labre découpés en trois ou quatre morceaux. La recette d'origine voudrait que l'on laisse les têtes des poissons achetés entiers.

Rissoler le tout quelques instants. Mouiller de Muscadet ou de cidre, puis couvrir de cinq centimètres d'eau. Saler modérément et poivrer copieusement. Incorporer le bouquet garni, les tomates, la gousse d'ail, la criste marine et la pointe de safran. Porter à ébullition et laisser frémir quinze minutes. Ajouter alors les poissons réputés fragiles (maquereaux, merlans en tronçons et sardines entières). Couvrir et cuire encore cinq minutes après la reprise de l'ébullition.

Retirer délicatement les poissons et les pommes de terre du chaudron et les disposer sur un plat en terre que vous garderez au chaud. Passer le bouillon au chinois et le remettre à feu doux.

Prélever dans le plat deux morceaux de congre, un morceau de maquereau, un morceau de merlan et deux sardines entières ainsi que deux pommes de terre. Piler le tout au mortier en délayant avec un peu de bouillon jusqu'à obtention d'une sorte de crème que vous passerez au tamis. Ajouter celle-ci au bouillon avec la cuillère à soupe de moutarde. Faire réduire cinq à dix minutes à feu vif. Passer une nouvelle fois au chinois.

Servir les poissons accompagnés, selon goût, de croûtons de pain rissolés au beurre, légèrement frottés d'ail et d'une vinaigrette (5 cl de vinaigre, 10 cl d'huile, 5 cl de bouillon, sel, poivre et une cuillère à café de moutarde). Arroser les poissons de bouillon.

BOUILLABAISSE

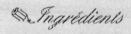

Ingrédients

- 2,500 kg de poissons avec la plus grande variété possible parmi les poissons énumérés ci- après répartis entre poissons à chair ferme et poissons à chair tendre :
- poissons à chair ferme : rascasse, congre, murène, lotte, vive, chapon.
- poissons à chair tendre : serran, merlan, pageot, rouget grondin, saint-pierre, girelle.
- éventuellement cigales ou petites langoustes.

Fumet
- 1 gros oignon,
- 2 gousses d'ail,
- 1 tomate pelée et épépinée,
- 1 bouquet garni (thym, laurier),
- 1 rondelle de citron,
- 1 petite branche de fenouil,
- sel, poivre.

Bouillabaisse
- 2 oignons blancs,
- 2 tomates pelées et épépinées,
- 2 blancs de poireaux,
- 4 gousses d'ail,

.../...

Assez facile
Pour **8** à **10** personnes
Temps de préparation : **40** mn
Temps de cuisson : **30** mn
dont **15** mn pour le fumet
Vin conseillé : **Tavel** ou
Côtes de Provence

Préparation du fumet

Placer dans un grand faitout, les têtes des poissons que vous avez vidés, écaillés et parés pour la bouillabaisse et au besoin quelques parures supplémentaires demandées à votre poissonnier.

Mouiller de quatre litres d'eau. Ajouter les ingrédients (oignon, ail, tomate, bouquet garni, rondelle de citron, fenouil, sel et poivre) et porter à ébullition quinze minutes. Passer le bouillon au chinois et le réserver.

Préparation de la bouillabaisse

Dans une grande casserole en acier pouvant supporter un feu très vif, faire revenir doucement les oignons et les

- 15 cl d'huile,
- 60 g de beurre,
- 1 bouquet garni (thym, laurier, fenouil, sarriette),
- 1 cuillère à café de persil haché,
- 1 pincée d'anis étoilé,
- 1 pincée de safran,
- sel, poivre,
- 10 tranches de pain, grillées et frottées d'ail.

blancs de poireaux finement hachés avec une noisette de beurre et deux cuillères à soupe d'huile d'olive. Lorsque les oignons deviennent transparents, disposer dans la casserole les poissons à chair ferme. Mouiller de fumet (trois litres et demi). Incorporer l'ail, les tomates, le bouquet garni, le persil et les condiments divers (safran, anis étoilé). Saler, poivrer et répartir le beurre en petits morceaux dans le liquide. Ajouter le reste de l'huile. Porter à ébullition pendant six minutes. Incorporer rapidement les poissons à chair tendre et éventuellement les cigales et les langoustes. Continuer l'ébullition huit minutes. Rectifier, si besoin est, l'assaisonnement avant de servir.

Prélever délicatement les poissons du bouillon et les dresser sur un plat chaud. Servir à part la soupe ou bouille, dans un grand plat creux également chaud, sur des tranches de pain grillées et frottées d'ail.

NB. La bouillabaisse doit être servie immédiatement après la fin de cuisson car autrement l'aspect crémeux naturel dû à la liaison du beurre et de l'huile dans le bouillon disparaîtrait rapidement. Elle peut être accompagnée d'une rouille (mayonnaise au coulis de tomate, relevée plus ou moins de poivre de Cayenne selon la force désirée et mêlée au dernier moment d'un peu de bouille).

AZIMINU (BOUILLABAISSE CORSE)

Assez facile

Pour **8** personnes

Temps de préparation : **40** mn

Temps de cuisson : **1** h

Vin conseillé : **Figari blanc**

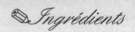

Ingrédients

Fumet
- 1,500 kg de poissons de roche (girelles, sarrans, demoiselles et autres petits poissons côtiers),
- 4 petits crabes,
- 4 petites seiches,
- 250 g d'oignon rose émincé,
- 4 grosses tomates,
- 1 bouquet garni (thym, laurier),
- 1 branche de fenouil (fraîche de préférence ou à défaut 1 cuillère à soupe de pastis),

.../...

Préparation du fumet

Nettoyer les poissons (vider et écailler). Préparer les seiches en ôtant les yeux, le bec corné, l'os et la poche à encre. Couper en quatre les tomates, les épépiner, mais conserver la peau. Brosser les crabes et écraser au pilon leur carapace.

- 2 gousses d'ail écrasées,
- 5 cl d'huile d'olive,
- 2 verres de vin blanc ,
- quelques étamines de safran,
- corail de deux ou trois oursins,
- sel et poivre.

Dans une casserole en acier, faire revenir les oignons, à feu doux, avec de l'huile d'olive jusqu'à ce qu'ils deviennent transparents, sans toutefois blondir. Incorporer les quartiers de tomate, l'ail écrasé, les poissons de roche et les seiches en morceaux ainsi que les crabes. Saler, poivrer, ajouter quelques étamines de safran et éventuellement le corail de deux ou trois oursins. Cuire en tournant régulièrement pendant dix minutes. Mouiller d'un litre d'eau bouillante et de deux verres de vin blanc. Ajouter le bouquet garni et la branche de fenouil. Porter à ébullition et laisser mijoter à petits bouillons pendant trente minutes.

Lorsque la cuisson est terminée, passer le contenu de la casserole au moulin à légumes (grille moyenne) au dessus d'une jatte. Evacuer les arêtes, les morceaux de carapace et le bouquet garni restés dans le moulin à légumes. Repasser le liquide obtenu dans la jatte au moulin à légumes (grille fine) au dessus de la casserole. Ajouter deux litres d'eau bouillante, rectifier l'assaisonnement et porter à nouveau à ébullition. Laisser réduire quinze minutes.

Aziminu
- 3 kg de poissons parmi les
  suivants :congre, murène, denti,
  chapon, rascasse, daurade, mérou,
  loup, vive, grondin, serrans,
  éventuellement quelques petites
  langoustes ou cigales,
- quelques moules,
- 10 cl d'huile d'olive.

Préparation de l'Aziminu

Lorsque la réduction du fumet est obtenue, incorporer, à gros bouillons, les morceaux de poissons (au préalable écaillés vidés et coupés en tronçons) en commençant par ceux ayant la chair la plus ferme : murène, congre, rascasse, denti. Cuire dix minutes, puis ajouter le reste des poissons ayant une chair plus tendre : mérou, loup, vive, grondin, serrans. Adjoindre éventuellement, en même temps, les petites langoustes ou cigales dont il convient d'ôter la poche à graviers et de couper en tronçons. Laisser mijoter encore cinq minutes et incorporer les moules qui seront considérées comme cuites dès qu'elles s'ouvriront.

Répartir le bouillon dans des assiettes chaudes et disposer dessus les morceaux de poissons, de langoustes, de cigales et les moules.

Servir la bouillabaisse, accompagnée de pain de ménage grillé frotté d'ail, de pommes de terre cuites à l'eau et de rouille dont vous trouverez ci-après la recette.

Préparation de la rouille
- 2 gousses d'ail,
- 1 petit piment rouge,
- 1 tranche de mie de pain,
  trempée dans du lait,
  ..../...

Préparation de la rouille

Peler les gousses d'ail. Oter le germe central. Laver le piment et le couper en petits morceaux. Piler ensemble l'ail et les petits morceaux de piment dans un

- 1 jaune d'œuf,
- 20 cl d'huile d'olive,
- 2 cuillères à soupe de bouillon de la bouillabaisse.
- sel et poivre.

mortier. Ajouter la mie de pain essorée et réduire le tout en purée. Incorporer le jaune d'œuf. Ajouter, sans cesser de tourner, l'huile d'olive comme pour une mayonnaise. Délayer la sauce obtenue avec les cuillères à soupe de bouillon de bouillabaisse. Saler et poivrer.

MARMITE DIEPPOISE

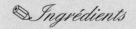 Ingrédients

- 1 sole de 350 g,
- 1 rouget grondin de 300 g,
- 3 rougets barbets de 150 g chacun,
- 1 merlan de 200 g,
- 1 l de moules de bouchot,
- 250 g de crevettes roses (bouquets),
- 1 oignon,
- 2 gousses d'ail,
- 1 blanc de poireau,
- 1 bouquet garni (thym, laurier, romarin, persil)
- 200 g de champignons de Paris,
- 1 l de cidre brut,
- 50 cl de vin blanc sec,
- 10 cl de Calvados,
- 25 cl de crème fraîche,
- 100 g de beurre,
- 2 œufs,
- 2 cuillères à soupe de farine,
- 1 citron,
- 1 pincée de Cayenne,
- sel, poivre.

Assez facile

Pour **6** à **8** personnes

Temps de préparation : **45** mn

Temps de cuisson : **1** h

Vin conseillé : **Muscadet sur Lie**
ou **Saint-Véran**

Préparation du fumet

Laver et vider les poissons. Garder à part les foies de rougets barbets et placer dans une casserole les têtes, les peaux, le merlan en menus morceaux, les carottes, l'oignon piqué de clous de girofle, l'ail et le bouquet garni. Saler, poivrer et relever avec une pincée de poivre de Cayenne. Faire bouillir modérément pendant vingt minutes.

Entre-temps, faire ouvrir les moules au four pendant trois minutes et réserver leur jus de cuisson soigneusement décanté. Lorsque le temps de cuisson du fumet est révolu, le passer et le presser.

Préparation du velouté

Faire fondre 50 g de beurre dans une marmite émaillée. Ajouter cent grammes de champignons hachés, les échalotes et le blanc de poireau le tout également haché. Faire revenir cinq minutes sans laisser se colorer, puis saupoudrer de deux cuillères à soupe de farine tamisée. Bien mélanger à feu doux, puis mouiller avec le fumet. Porter à ébullition et laisser frémir dix minutes. Passer au chinois, puis ajouter le jus de cuisson des moules. Rectifier, si besoin est, la consistance du velouté obtenu avec vingt grammes de beurre manié avec une cuillère à soupe de farine tamisée.

NB. Le velouté doit rester léger pour tenir compte de la réduction qui a lieu pendant la cuisson des poissons.

Cuisson des poissons

Tronçonner les poissons en morceaux de cinq à sept centimètres de longueur, en prenant soin de conserver l'arête centrale pour éviter leur effritement à la cuisson.

Placer les morceaux de poissons et les foies des rougets dans le velouté et faire frémir environ trente minutes à feu moyen.

Entre-temps, décortiquer les moules (en garder quelques unes en coquille pour la décoration du plat).

En fin de cuisson, fouetter la crème fraîche avec le jus d'un demi citron, dix centilitres de Calvados, deux jaunes d'œufs. Ajouter cent grammes de champignons émincés et utiliser ce mélange pour lier le velouté.

Servir sur chauffe plat avec des croûtons frits au beurre, une rondelle de citron, les moules non décortiquées et les crevettes roses préalablement réchauffées au four.

BÄCKEOFE

Ingrédients

Viandes :
- 800 g de poitrine de bœuf,
- 800 g d'épaule d'agneau,
- 800 g d'échine de porc,
- 150 g de poitrine fumée, coupée en petits dés.

Marinade :
- 1 carotte découpée en rondelles,
- 1 gros oignon émincé,
- 1 gousse d'ail,
- 1 bouquet garni (thym, laurier, persil, estragon),
- 2 clous de girofle,
- 1 l de Riesling,
- sel, poivre.

.../...

Assez facile

Pour **8** à **10** personnes

Temps de préparation : **30** mn

Temps de cuisson : **3** h

Marinade : **24** h

Vin conseillé : **Riesling**

Faire mariner les viandes, le lard et les épices indiquées ci dessus dans une grande jatte où vous aurez versé le Riesling, pendant vingt quatre heures en retournant quatre fois les viandes.

Préparation du plat

Utiliser une grande terrine ovale (40 cm de longueur) bien graissée au pinceau avec de l'huile d'arachide ou du beurre fondu.

Légumes :
- 3 kg de pommes de terre,
  coupées en rondelles,
- 500 g d'oignons émincés,

Epices :
- 3 branches de thym,
- 3 feuilles de laurier,
- muscade râpée,
- sel, poivre.
- huile,
- beurre.

Disposer au fond, en un lit régulier, un quart des pommes de terre et des oignons émincés (ajouter à l'ensemble l'oignon de la marinade).

Répartir les lardons de la marinade et placer une branche de thym et une feuille de laurier. Saler et poivrer. Sur ce premier lit de pommes de terre et d'oignons, tasser la viande de porc.

Couvrir d'un deuxième lit de pommes de terre comme ci dessus. Tasser la viande d'agneau. Troisième lit de pommes de terre et d'oignons. Tasser la viande de bœuf. Recouvrir du reste de pommes de terre et d'oignons. Passer la marinade au chinois la verser sur l'ensemble. Fermer la terrine et luter le couvercle avec un peu de farine mêlée d'eau. Cuire trois heures à four doux.

CASSOULET

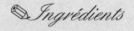
Ingrédients

- 400 g de collier d'agneau,
- 300 g de lard de poitrine maigre,
- 300 g de couenne de porc fraîche,
- 600 g d'échine de porc,
- 400 g de confit d'oie maigre
  et sans os,
- 200 g de saucisson à l'ail,
- 4 gousses d'ail,
- 2 carottes,
- 2 gros oignons piqués chacun d'un clou
  de girofle,
- 1 bouquet garni (thym, laurier, romarin,
  persil),
- 2 tomates pelées, épépinées et pilées
  au mortier,
- 100 g de chapelure blonde,
- 850 g de haricots (michelet de
  préférence),
- sel, poivre.

Assez facile

Pour **8** à **10** personnes

Temps de préparation : **40** mn

Temps de cuisson : **3** h

Vin conseillé : **Cahors**

Faire tremper les haricots (s'ils sont secs) depuis la veille. Les égoutter et les faire revenir doucement dans une grande sauteuse avec le lard de poitrine maigre, la couenne de porc et la graisse d'oie huit à dix minutes. Les remettre ensuite dans une grande terrine. Les recouvrir d'eau froide. Chauffer lentement jusqu'à ébullition, écumer, laisser bouillir cinq minutes et égoutter. Les replacer dans la terrine avec dix grammes de sel, la couenne de porc et le lard de poitrine maigre. Recouvrir de cinq centimètres d'eau froide. Ajouter les carottes, un oignon piqué d'un clou de girofle, deux gousses d'ail et le bouquet garni. Cuire à feu très doux pendant une heure et demie.

Entre-temps, faire rissoler en cocotte à feu doux, dans la graisse du confit, l'échine de porc, le collier d'agneau et le saucisson à l'ail, deux gousses d'ail et l'oignon restant hachés. Ajouter les tomates réduites en purée et vingt centilitres de jus de cuisson des haricots. Laisser mijoter très doucement environ quinze minutes. Lorsque les haricots sont presque cuits, incorporer dans la grande terrine les viandes (l'échine de porc, le collier d'agneau et le saucisson à l'ail) et leur bouillon de cuisson. Rectifier l'assaisonnement (sel, poivre). Fermer la terrine et luter le couvercle avec un peu de farine mêlée d'eau. Placer, à four très doux, pendant deux heures et demie. Ouvrir la terrine, incorporer les morceaux de confit d'oie et saupoudrer légèrement de chapelure. Mettre au four (sans couvercle) à gratiner vingt minutes. Servir en terrine.

COUSCOUS

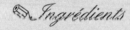
Ingrédients

Légumes et épices :
- 4 tomates mûres, pelées et épépinées,
- 6 petites courgettes à moitié pelées dans le sens de la longueur et coupées en tronçons de 3 cm d'épaisseur,
- 6 navets nouveaux moyens,
- 3 grosses carottes coupées en rondelles d'1 cm d'épaisseur,
- 1 belle aubergine détaillée en gros dés,
- 6 beaux oignons blancs coupés en deux (ou 3 oignons blonds),
- 3 gousses d'ail (rouge de préférence),
- 400 g de fèves fraîches,
- 400 g de pois chiches (mis à tremper la veille),
- 2 poivrons doux verts,
- 2 poivrons doux rouges,
- 3 pincées de poivre de Cayenne,
- 3 pincées de cumin,
- 1 bouquet garni (thym, laurier, romarin),
- sel et poivre,
- 1,500 kg de semoule moyenne de blé dur.

.../...

Assez facile
Pour **8** à **10** personnes
Temps de préparation : **1**h
Temps de cuisson : **1**h **30** mn
Vin conseillé : **Tavel**
ou **rosé de Corse**

NB : se procurer un couscoussier (cf définition au § "préparation de la Marga")

Préparation de la semoule (couscous)
Verser la semoule dans un grand saladier. Arroser une première fois d'un verre d'eau chaude modérément salée (15 cl) et d'une cuillère à soupe d'huile d'olive. Remuer avec deux fourchettes pour que la semoule absorbe, sans coller, l'eau, puis laisser gonfler trente minutes à l'abri d'un torchon. Répéter l'opération une deuxième, puis une troisième fois jusqu'à ce que la semoule soit bien gonflée, sans toutefois attacher ou former de grumeaux (elle doit être fluide entre les doigts).

Viandes :
- *2 kg de collier d'agneau, coupé en demi rondelles ou 1 épaule d'agneau de 2 kg coupée en gros dés,*
- *1 poulet de 2,500 kg (coq de préférence) coupé en gros dés,*
- *10 merguez (frites à part et servies au dernier moment avec la semoule).*

Préparation de la Marga et cuisson du couscous

Dans la partie inférieure du couscoussier (appareil comportant une marmite pour réaliser le bouillon (Marga) et un tamis, placé au dessus, pour cuire la semoule à la vapeur), incorporer les légumes et les épices dans quatre litres d'eau légèrement salée et porter à ébullition.

Entre-temps, faire revenir à l'huile d'olive, dans une grande poêle, les morceaux d'agneau et de poulet, préalablement légèrement salés, poivrés et saupoudrés de thym effeuillé jusqu'à ce qu'ils soient modérément dorés.

Incorporer les viandes (sans leur graisse de cuisson) dans la marmite à marga, où les légumes doivent commencer à bouillir. Lorsque l'ébullition a repris, couvrir et laisser cuire une heure à petits bouillons. Une demi-heure avant la fin de cuisson des légumes et des viandes, mettre la semoule dans le tamis et disposer celui-ci sur la marmite.

Servir à part la semoule, la viande et les légumes qui pourront être arrosés, selon goût de bouillon rehaussé de harissa (purée de tomate et de piment épaisse assaisonnée d'ail, de coriandre et de cumin dont la consistance doit être crémeuse, diluée éventuellement elle même avec un peu de bouillon).

MIQUE LEVÉE

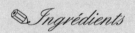
Ingrédients

- *1,500 kg de palette de porc ou de jambonneau,*
- *4 œufs,*
- *1 cœur de chou,*
- *4 carottes,*
- *4 navets,*
- *5 blancs de poireaux,*
- *1 oignon piqué de deux clous de girofle,*
- *8 petites pommes de terre,*
- *1 cuillère à soupe de graisse d'oie,*
- *500 g de farine de froment,*
- *50 g de levure de boulanger,*
- *2 pincées de sel.*

Assez facile

Pour **8** à **10** personnes

Temps de préparation : **45** mn

Temps de cuisson : **1** h **30** mn

Vin conseillé : **Bergerac**

Préparation de la mique

Dans une terrine, disposer en fontaine la farine. Casser les œufs en son centre. Ajouter deux pincées de sel, une cuillère à soupe de graisse d'oie et les cinquante grammes de levure de boulanger délayée dans un peu d'eau tiède. Commencer à mélanger les ingrédients avec une spatule en bois, puis continuer à la main dès qu'une pâte homogène est obtenue au centre de la fontaine. Pétrir vivement pendant vingt minutes, rassembler la pâte en boule, fariner légèrement, puis placer en terrine. Couvrir d'un torchon et laisser lever au chaud pendant au moins quatre heures. Lorsque la pâte est levée correctement, sa surface est toute fendillée et elle a plus que doublé de volume.

Préparation du bouillon

Dans un grand faitout rempli d'eau froide, plonger les viandes (palette de porc demi sel ou jambonneau) bien rincées auparavant. Porter à ébullition et laisser cuire une heure. Ajouter alors les carottes, le cœur de chou, les navets, l'oignon piqué de deux clous de girofle et les blancs de poireaux. Quinze minutes plus tard, introduire la mique qui doit cuire à petits bouillons pendant encore une heure. La retourner à mi-cuisson pour qu'elle cuise également des deux côtés. Lorsque la mique est cuite, la disposer sur un plat de service avec la viande et les légumes et la détailler en morceaux à l'aide de deux fourchettes et jamais avec un couteau. La mique froide peut être réchauffée au beurre et à la poêle et servir de légume d'accompagnement.

CHOUCROUTE À L'ALSACIENNE

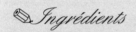 *Ingrédients*

Viandes :
- 1 petite palette de porc fumé demi sel,
- 1 jarret de porc demi sel,
- 500 g de lard fumé maigre en tranche d'un demi centimètre,
- 1 kg de carré de porc demi sel,
- 6 paires de saucisses de Strasbourg
- 150 g de graisse d'oie (ou de saindoux)

Légumes, épices etc. :
- 2 kg de choucroute bien blanchie et pas trop aigre,
- 2 gros oignons dont un piqué de 2 clous de girofle,
- 2 gousses d'ail pilées,
- 10 baies de genièvre pilées,
- 10 baies de genièvre entières,
- 1 crépine de porc bien souple, mise à tremper dans de l'eau additionnée de kirsch quelques heures, puis fruttée de graisse d'oie.
- 50 cl de Riesling,
- 1 petit pochon de toile.

Assez facile

Pour **8** à **10** personnes
Temps de préparation : **30** mn
Temps de cuisson : **3** h
Vin conseillé : **Riesling**

Préparation de la choucroute

Faire dessaler le porc demi sel quelques heures à l'eau froide. Laver à grande eau la choucroute une première fois, dans une grande bassine. Egoutter la soigneusement et la presser pour en extraire le maximum d'eau. Relaver la choucroute, une deuxième fois, avec de l'eau très chaude. L'égoutter, puis la presser fortement.

Cuisson

Prendre de préférence une vaste cocotte en fonte émaillée à fond épais et couvercle à réserve d'eau. Y faire revenir, sans toutefois dorer, un des oignons émincé finement. Répartir ensuite la choucroute dans la cocotte. Placer dans le pochon de toile, l'ail, et le genièvre pilés avec l'oignon garni de clous de girofle. Mouiller à mi-hauteur avec le Riesling coupé d'eau. Poivrer et saler modérément (car les viandes de porc demi-sel restituent du sel). Porter à ébullition, puis régler à four moyen. Enfouir sous la choucroute, la palette, le carré de porc, le jarret et les tranches de lard fumé. Couvrir soigneusement avec la crépine de porc. Fermer la cocotte et laisser cuire une heure, le creux du couvercle devant être toujours rempli d'eau.

Après une heure de cuisson assez vive, baisser les feux, contrôler la présence de liquide au fond de la marmite (veiller à ce qu'il y en ait toujours au moins trois centimètres au fond).

Couvrir et laisser mijoter doucement deux heures. Trente cinq minutes avant la fin de cuisson, ajouter sur le dessus, les pommes de terre afin qu'elles cuisent à la vapeur en s'imprégnant du fumet des viandes et de la choucroute et les dix grains de genièvre qui parfumeront le tout.

Présentation

Lorsque la choucroute est cuite, ôter le pochon de toile. Prélever les viandes et les pommes de terre. Découper en tranches le carré de porc, la palette et le jarret. Egoutter la choucroute et la répartir sur le plat de service très chaud. Dans le jus restant, pocher cinq minutes les saucisses de Strasbourg. Disposer sur la choucroute, les viandes et les saucisses. Garnir le tour avec des pommes de terre. Servir sur chauffe plat (les assiettes doivent également être très chaudes afin d'éviter que les graisses ne figent).

KIG-HA-FARZ DU BOURG-BLANC (FINISTÈRE)

Ingrédients

- 900 g de plat de côtes de bœuf,
- 600 g de poitrine fraîche ou de lard de porc demi sel, dessalés dans de l'eau,
- 600 g de jarret de porc,
- 500 g de gîte - gîte,
- 6 os à moelle de veau,
- 500 g de farine de sarrasin (blé noir),
- 2 œufs entiers,
- 1 cuillère à café de sel fin,
- 20 cl de lait entier,

.../...

Assez facile

Pour **6** à **8** personnes

Temps de préparation : **30** mn

Temps de cuisson : **3** h

Vin conseillé : **Chinon gris**

Dans un grand chaudron, faire chauffer neuf litres d'eau additionnée de deux pincées de sel (plus ou moins importantes selon la salinité des viandes utilisées). Porter à ébullition. Y plonger les légumes épluchés et découpés en morceaux ainsi

- 2 cuillères à soupe de saindoux,
- 1 demi chou vert (frisé de préférence),
- 5 oignons dont 1 piqué de deux clous de girofle,
- 1 petite échalote,
- 4 poireaux,
- 6 navets ronds,
- 500 g de carottes,
- 1 branche de céleri,
- 1 bouquet garni (persil, thym, laurier),
- 1 sac de toile épaisse de 35 cm sur 25 cm.

que le bouquet garni. Chauffer vivement quelques instants. Incorporer la viande de bœuf et laisser frémir deux heures.

Entre-temps, disposer dans une terrine la farine de sarrasin, travailler celle ci avec les œufs entiers préalablement battus, le lait et vingt centilitres de bouillon dans lequel on aura fait dissoudre du saindoux, jusqu'à obtention d'une pâte lisse, mais surtout pas liquide. Laisser reposer la pâte environ une heure et la verser ensuite dans le sac de toile. Fermer soigneusement ce dernier tout en laissant un peu de vide pour permettre au far de gonfler. Plonger le sac dans le bouillon frémissant, lorsque les viandes de bœuf ont déjà cuit deux heures.

Trente minutes plus tard, incorporer dans le bouillon la poitrine ou le lard de porc demi sel (préalablement dessalé) et le jarret de porc qui devront cuire une heure. Rectifier l'assaisonnement, les os à moelle bien salés à leurs extrémités n'étant pour leur part ajoutés dans le bouillon qu'une demi-heure avant la fin de cuisson.

Sortir ensuite le sac du chaudron, le laisser refroidir cinq minutes dans une passoire. Pendant ce temps, extraire les viandes et les os à moelle du chaudron à l'aide d'une écumoire et les disposer au centre d'un plat de service chaud. Dès que le sac a refroidi quelque peu, le rouler plusieurs fois sur une planche de cuisine pour émietter le farz. Ouvrir le sac et faire glisser les miettes de farz autour des viandes. Disposer enfin en couronne les légumes. Servir un peu de bouillon en soupière pour mouiller éventuellement le farz.

Le farz restant, refroidi et compacté naturellement dans le récipient de conservation, sera découpé en petits morceaux. Vous pourrez alors réchauffer ceux-ci dans une poêle où vous aurez fait revenir au préalable, dans du beurre, quelques oignons émincés.

Certaines recettes de Kig-ha-farz incorporent en lieu et place du saindoux, du beurre fondu et de la crème fraîche. Parfois des raisins secs de Corinthe agrémentent le farz en souvenir des anciens comptoirs d'épices.

PAELLA VALENCIANA

Ingrédients

- 500 g de riz long incollable,
- 15 cl d'huile d'olive,
- 2 l de moules d'Espagne,
- 1 kg de calmars ou de blancs de seiche, nettoyés et coupés en morceaux assez gros,
- 20 langoustines,
- 10 noix de Saint-Jacques (éventuellement),
- 10 morceaux de lotte ou autre poisson ferme de 80 g chacun,
- 10 tranches de chorizo,
- 10 morceaux de poulet de 80 g chacun,
- 10 morceaux de lapin de 80 g chacun,
- 10 morceaux d'échine de porc 80 g chacun,
- 4 tomates bien mûres pelées et épépinées,
- 1 carotte coupée en rondelles,
- 1 gros oignon blanc réduit en purée,
- 1 oignon blond,
- 4 gousses d'ail rouge réduites en purée,
- 1 gousse d'ail pelée,
- 3 grosses pincées de safran,
- 4 petits piments rouges ou 1 cuillère à café de tabasco
- 20 olives noires (éventuellement),
- 3 petits bouquets garnis,
- 1 cuillère à café de moutarde forte,
- 50 cl de vin blanc moelleux,
- 50 cl de vin blanc sec,
- sel et poivre.

Assez facile

Pour **8** à **10** personnes

Temps de préparation : **1** h

Temps de cuisson : **1** h

(ce plat nécessite une grande poêle à paella à deux anses, en tôle d'acier)

Vin conseillé : **vin blanc** bien corsé

NB : Pour que la saveur de chaque composant de la Paella soit parfaite, les viandes et les produits de la mer doivent être précuits séparément et à l'avance.

Cuisson des produits de la mer (calamars, langoustines, lotte et éventuellement noix de Saint-Jacques)

Dans un petit faitout, préparer un court bouillon rapide avec trois litres d'eau, cinquante centilitres de vin blanc sec, une carotte coupée en rondelles, un oignon blond coupé en quatre, une gousse d'ail pelée, du sel, du poivre et un bouquet garni. Porter à ébullition et laisser frémir dix minutes. Ajouter alors les calmars, les langoustines et les morceaux de poisson. Faire frémir encore dix minutes après reprise de l'ébullition. Couper les feux et garder les produits au chaud dans le bouillon jusqu'à leur mise en place sur le riz.

Cuisson des viandes (poulet, lapin, porc)

Dans une sauteuse, faire revenir avec un peu d'huile d'olive, les viandes préalablement salées et poivrées. Lorsque les morceaux sont bien dorés, mouiller de vin blanc moelleux et ajouter une cuillère à café d'oignon blanc en purée et une gousse d'ail pelée et écrasée. Incorporer un bouquet garni, rectifier l'assaisonnement et laisser mijoter et réduire vingt minutes. Garder ensuite au chaud, à couvert, jusqu'à la mise en place sur le riz, comme pour les poissons.

Préparation du riz

Dans la poêle à Paella, faire revenir le riz dans de l'huile d'olive chaude jusqu'à ce qu'il devienne opaque. Mouiller alors d'eau (deux litres environ selon la taille de la poêle). Cuire quinze minutes après y avoir incorporé les tomates pelées et épépinées, le safran, le reste d'oignon en purée et d'ail écrasé, un bouquet garni , le poivre et un peu de sel. La première cuisson terminée, ôter le bouquet garni et ajouter sur le riz, les moules crues soigneusement nettoyées et vérifiées (il faut qu'elles résistent à l'ouverture avant cuisson).

Poursuivre la cuisson à feu modéré pendant dix minutes à couvert. Adjoindre ensuite les produits de la mer, les viandes et les rondelles de chorizo en les alternant sur le riz. Laisser cuire encore dix minutes à couvert et à feu très doux (pour que le riz n'attache pas). Servir dans le plat de cuisson posé sur un épais dessous de plat.

POT AU FEU

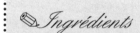

Ingrédients

- 1,200 kg de viande de pot au feu (réparti entre gîte à la noix, plat de côtes et gîte-gîte).
- 1 queue de bœuf,
- 2 os à moelle,
- 4 poireaux,
- 6 carottes,
- 3 navets,
- 1 branche de céleri,
- 2 oignons blancs, piqués chacun d'un clou de girofle,
- 1 gousse d'ail,
- 1 bouquet garni (thym, laurier, romarin),
- 1 branche de persil,
- 12 pommes de terre à chair ferme à ajouter une demi heure avant la fin de cuisson.
- sel, poivre.

Facile

Pour **6** personnes

Temps de préparation : **15** mn

Temps de cuisson : **2** h

Vin conseillé : **Beaujolais**

ou **Fleurie**

Dans un faitout, mettre à bouillir deux litres et demi d'eau salée et poivrée, avec tous les légumes et aromates indiqués ci dessus. Lorsque l'eau commence à bouillir, y plonger les viandes. Mettre un couvercle et laisser bouillir doucement environ deux heures (ou soixante quinze minutes s'il s'agit d'un autocuiseur). Ne pas omettre d'incorporer les pommes de terre et les os à moelle, bien salés à leurs extrémités, trente minutes avant la fin de cuisson (ou douze minutes s'il s'agit d'un autocuiseur).

Égoutter les viandes, les servir entourées des légumes et pommes de terre épluchées accompagnées de gros sel, cornichons et moutarde. Le bouillon peut être servi en soupière et la moelle sur des toasts grillés.

POTÉE AUVERGNATE

Ingrédients

- 1,500 kg de palette de porc demi sel ou d'échine,
- 1 kg de bandes de plat de côtes,
- 1,500 kg de carottes,
- 1 chou vert bien pommé, coupé en quatre et blanchi dix minutes à l'eau bouillante,
- 1 gros navet coupé en huit,
- 2 gros oignons piqués chacun d'un clou de girofle,
- 2 gousses d'ail,
- 3 blancs de poireaux,
- 1 bouquet garni (thym, laurier, persil),
- 12 pommes de terre,
- poivre.

Facile

Pour **6** à **8** personnes

Temps de préparation : **30** mn

Temps de cuisson : **3** h

Vin conseillé :

Saint-Pourçain rouge

S'assurer que la viande à cuire n'est pas trop salée. Dans l'hypothèse où elle le serait, la mettre à tremper à l'eau froide le temps nécessaire indiqué par votre marchand de salaisons.

Dans un grand faitout, émaillé de préférence, placer vos viandes et les recouvrir largement d'eau froide. Porter à ébullition, à feu moyen, et cuire deux heures, à feu doux, en écumant plusieurs fois.

Lorsque le temps de cuisson est écoulé, ajouter les carottes pelées, coupées en deux dans le sens de la longueur et débarrassées des parties ligneuses trop dures, le chou auquel vous aurez retiré les côtes trop épaisses, le bouquet garni, les blancs de poireaux , les morceaux de navets, les gousses d'ail et les oignons piqués chacun d'un clou de girofle. Poivrer. Après trente minutes de cuisson, incorporer les pommes de terre épluchées et coupées en deux.

Poursuivre la cuisson quarante minutes et servir les viandes sur un plat chaud entourées de quelques légumes et le bouillon en soupière avec le reste des légumes. Une soupe agréable peut être réalisée le lendemain en mouillant de bouillon contenant quelques légumes, des tranches de pain grillées disposées dans des assiettes à soupe.

POTÉE QUIMPÉROISE

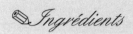

Ingrédients

- 1 demi palette de porc demi sel,
- 1 kg de bandes de plat de côtes,
- 1 saucisson fumé,
- 1 chou vert bien pommé, coupé en quatre et blanchi dix minutes à l'eau bouillante,
- 2 blancs de poireaux,
- 3 carottes,
- 1 gros navet,
- 1 gros oignon, piqué de clous de girofle,
- 8 pommes de terre,
- 1 bouquet garni (thym, laurier, persil),
- poivre.

Facile

Pour **6** à **8** personnes

Temps de préparation : **20** mn

Temps de cuisson : **3** h

Vin conseillé : **Chinon gris**

Dans un grand faitout, placer la palette de porc et les bandes de plat de côtes et les recouvrir d'eau froide. Porter à ébullition et cuire deux heures, à feu moyen, en écumant plusieurs fois. Ajouter ensuite les carottes coupées en deux, le chou, les blancs de poireaux, le navet coupé en quatre, l'oignon, le bouquet garni et le saucisson piqué à la fourchette. Poivrer.

Laisser cuire encore trente minutes, puis incorporer les pommes de terre épluchées. Poursuivre la cuisson environ quarante minutes, puis sortir les viandes et les disposer sur un plat chaud, entourées de quelques légumes. Le bouillon peut être servi à part en soupière avec des légumes.

PETIT SALÉ AUX LENTILLES

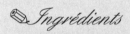

Ingrédients

- 1 demi palette de porc demi sel,
- 750 g de poitrine de porc,
- 1 morceau de lard de poitrine fumée,
- 1 oignon piqué de deux clous de girofle,
- 2 gousses d'ail,
- 3 carottes coupées en quatre,
- 1 bouquet garni (thym, laurier, persil),
- 2 ou 3 petits navets (nouveaux uniquement),
- poivre (et éventuellement sel dans l'hypothèse où les viandes seraient insuffisamment saumurées),
- 500 g de lentilles du Puy.

Facile

Pour **6** personnes

Temps de préparation : **20** mn

Temps de cuisson : **2** h **15** mn

Vin conseillé :

Saint Pourçain rouge

Mettre les viandes à dessaler dans un récipient creux. Les recouvrir abondamment d'eau froide et laisser ainsi le temps qui vous aura été conseillé par votre charcutier pour les dessaler.

Placer ensuite les viandes dans un faitout. Les recouvrir d'un à deux centimètres d'eau froide. Porter à ébullition et laisser bouillir en écumant régulièrement pendant soixante quinze minutes.

Lorsque les viandes sont à moitié cuites, ajouter les lentilles (au préalable triées et trempées pendant le temps de pré-cuisson des viandes), le lard fumé, les carottes, l'oignon, l'ail, les navets et le bouquet garni. Rectifier le niveau d'eau à dix centimètres au dessus des éléments contenus dans le faitout.

Porter à nouveau à ébullition et cuire une heure à feu doux. Vérifier l'assaisonnement et servir entouré de légumes et éventuellement de pommes de terre ajoutées dans le bouillon une demi-heure avant de servir.

SALADE DE LENTILLES
À LA SAUCISSE DE MORTEAU

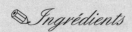
Ingrédients

- 400 g de lentilles du Puy,
- 1 saucisse de Morteau.

Cuisson des lentilles :
- 2 carottes,
- 1 bouquet garni (thym, laurier),
- 1 navet,
- 1 gousse d'ail,
- 1 oignon piqué d'un clou de girofle,
- 1 bouquet garni (thym, laurier),
- sel et poivre.

Facile

Pour **6** personnes

Temps de préparation : **20** mn

Temps de cuisson : **1** h et **30** mn

Vin conseillé : **Beaujolais**

Cuisson des lentilles

Mettre à cuire les lentilles (au préalable triées et trempées pendant une heure et demie) dans une grande casserole d'eau salée et poivrée dans laquelle vous aurez incorporé les carottes coupées en quatre, l'oignon piqué d'un clou de girofle, le navet et le bouquet garni, pendant une heure après reprise de l'ébullition. Mettre la saucisse de Morteau, piquée à la fourchette, à cuire vingt minutes avant la fin de cuisson des lentilles. Egoutter les lentilles et les disposer dans un saladier.

Préparation de la sauce
- 2 branches de persil hachées,
- 1 échalote hachée,
- 8 cuillères à soupe d'huile d'arachide,
- 4 cuillères à soupe de vinaigre de vin blanc,
- sel et poivre.

Préparation de la sauce

Préparer dans un bol une vinaigrette avec l'huile, le vinaigre, l'échalote hachée, le sel et le poivre. Verser la sauce sur les lentilles et mélanger. Incorporer la saucisse de Morteau coupée en rondelles. Tourner délicatement et parsemer de persil haché juste avant de servir.

FONDUE BOURGUIGNONNE

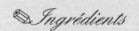 **Ingrédients**

- 200 g par personne de faux filet ou de préférence de tranche grasse, découpé en petits cubes (3x3cm),
- 40 cl d'huile de tournesol aromatisée aux herbes,
- sel, poivre.

Facile

Temps de préparation : **20** mn

Vin conseillé : **Brouilly**

ou **Mâcon rouge**

Faire chauffer doucement sur votre cuisinière, dans un poêlon à fondue, l'huile de tournesol aromatisée aux herbes. Porter à frémissement. Tester la chaleur de l'huile en y plongeant un petit morceau de viande, celui-ci doit provoquer un foisonnement de bulles et être saisi en quelques secondes (dix secondes). Vous pouvez alors transporter votre poêlon sur le réchaud à alcool placé au centre de votre table et inviter chaque convive à cuire individuellement ses morceaux de viande piqués sur les fourchettes adéquates.

Servir avec les sauces d'accompagnement suivantes : aïlloli, crème à l'estragon, sauce au curry, sauce mayonnaise verte, sauce piquante, sauce tartare ou béarnaise dont vous trouverez les recettes à la rubrique sauce.

FONDUE SAVOYARDE

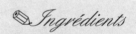 **Ingrédients**

- 500 g de beaufort,
- 500 g de comté,
- 250 g de vacherin,
- 1 gousse d'ail,
- 1 pincée de noix de muscade râpée,
- 6 verres de vin blanc sec de Savoie,
- pain légèrement grillé coupé en gros dés,
- poivre.

Facile

Pour **6** personnes

Temps de préparation : **15** mn

Vin conseillé :

vin blanc sec de Savoie

(Crépy)

Couper les fromages en menus morceaux après en avoir ôté généreusement les croûtes. Frotter un caquelon avec de l'ail. Y placer les morceaux de fromage et verser les verres de vin blanc sec. Poivrer et ajouter la pincée de noix de muscade. Mettre à feu doux et tourner avec une cuillère en bois jusqu'à ce que le fromage soit entièrement fondu et que vous ayez obtenu une pâte homogène et pas trop épaisse.

Allonger au besoin avec un peu de vin blanc préalablement chauffé. Placer le caquelon sur un réchaud à alcool au centre de la table et inviter chaque convive à tremper dans la fondue des morceaux de pain piqués sur des fourchettes adéquates. Accompagner d'un vin blanc sec de Savoie (Crépy).

RACLETTE

- 1 kg de fromage à raclette (Appenzell ou Fontina),
- 1 kg de pommes de terre cuites à l'eau,
- 6 tranches de jambon de pays,
- 6 tranches de jambon blanc,
- 12 rondelles de saucisson sec ,
- cornichons ,
- petits oignons.

Très facile

Pour **6** personnes

Temps de préparation : **10** mn

Vin conseillé :

vin blanc sec de Savoie

(Roussette ou Crépy)

Découper le fromage en lamelles et inviter chaque convive à faire fondre celles-ci dans des petits poêlons individuelles. Recouvrir les pommes de terre avec le fromage fondu.

La charcuterie, les cornichons et les petits oignons accompagneront fort bien ce mets.

TARTIFLETTE

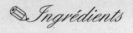

- 1 kg de pommes de terre,
- 3 gousses d'ail,
- 3 oignons,
- 1 bouquet de ciboulette,
- 100 g de lard fumé, coupé en petits dés,
- 1 reblochon (sans la croûte),
- 4 cuillères à soupe d'huile d'arachide,
- 250 g de crème fraîche.

Facile

Pour **6** personnes

Temps de préparation : **10** mn

Temps de cuisson : **20** mn

Vin conseillé :

vin blanc sec de Savoie

(Crépy ou Apremont)

Eplucher les pommes de terre, les laisser entières et les cuire dans de l'eau bouillante légèrement salée pendant dix à quinze minutes. Les égoutter et les réserver au chaud. Emincer les oignons, couper l'ail en très petits morceaux et faire revenir le tout dans une poêle avec de l'huile jusqu'à ce que les oignons soient dorés. Ajouter la ciboulette ciselée.

Couper en rondelles moyennement épaisses les pommes de terre et les incorporer dans la poêle ainsi que les petits dés de lard fumé, la crème fraîche et le reblochon découpé en lamelles. Cuire à feu doux dix minutes. Le fromage doit alors être fondu et recouvrir la préparation. Servir très chaud accompagné d'une salade verte.

GALETTES DE SARRASIN

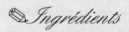

Ingrédients

- 500 g de farine de sarrasin,
- 100 g de farine de froment,
- 3 œufs moyens,
- 150 g de beurre demi-sel, fondu,
- 35 cl de cidre brut,
- 100 g de lard gras demi - sel,
- 1 pichet d'eau froide,
- quelques pincées de sel.

Assez facile

Pour une quinzaine de galettes

Boisson conseillée : **cidre brut**

Préparation de la pâte

Disposer les farines mélangées en fontaine dans une grande terrine. Y casser les œufs. Tourner avec une cuillère en bois et délayer petit à petit avec le cidre et enfin l'eau pour obtenir une pâte fluide et lisse, mais cependant non coulante. Ajouter le beurre fondu et saler selon goût. Laisser reposer la pâte pendant au moins une heure à température ambiante.

Préparation des galettes

Frotter la bilig ou galétoire, préalablement chauffée, avec le lard gras pour empêcher la pâte d'y coller. Prendre à la louche la quantité de pâte nécessaire pour réaliser une galette de la taille de l'ustensile de cuisson employé. Verser au centre de la bilig le contenu de la louche et l'étendre rapidement à l'aide d'un rouable (raclette en bois).

Cuire deux minutes à feu moyen. Décoller au couteau à beurre la galette et la retourner. Parsemer de petits morceaux de beurre et éventuellement garnir une moitié de la galette, selon goût, de jambon, d'oignons émincés précuits, de fromage râpé, d'œufs, de fruits de mer etc ...

Replier la moitié non garnie de la galette sur l'autre. Retourner la galette. Chauffer une ou deux minutes encore et servir avec du cidre brut.

NB. Pour trouver des idées variées de garniture de galettes de sarrasin, voir le livre " Les meilleures crêpes et galettes " de Clémentine Perrin-Chattard paru chez le même éditeur.

SALADE AUX AIGUILLETTES DE POULET

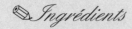

Ingrédients

- 400 g de blancs de poulet rôti avec la peau,
- 400 g de grains de maïs étuvé,
- 200 g de riz long incollable, cuit 17 minutes dans de l'eau bouillante salée,
- 2 tomates moyennes émincées et épépinées,
- 50 g de poivron rouge en lanières,
- 50 g de poivron vert en lanières,
- 300 g de champignons de Paris coupés en lamelles,
- 80 g de haricots verts cuits assez fermes,
- 2 petits oignons blancs hachés,
- 10 cl d'huile d'olive,
- 10 cl d'huile d'arachide,
- 5 cl de vinaigre,
- 4 cuillères à soupe de moutarde,
- 1 pincée de thym effeuillé,
- quelques branches de cerfeuil,
- sel et poivre.

Facile

Pour **6** à **8** personnes

Temps de préparation : : **20** mn

Cuisson du riz : **17** mn

Cuisson des haricots verts : **15** minutes

(ou **6** minutes en autocuiseur).

Disposer dans un saladier les grains de maïs étuvé, le riz cuit, les tomates émincées, les champignons en lamelles, les haricots verts cuits et les oignons blancs.

Préparation de la sauce

Dans un bol, placer la moutarde. Monter en mayonnaise avec l'huile. Ajouter le vinaigre, la pincée de thym effeuillé, le cerfeuil haché, le sel et le poivre.

Verser la sauce dans le saladier et mélanger délicatement avec les ingrédients précités. Incorporer juste avant de servir les aiguillettes de poulet.

SAUCES

SAUCE MAYONNAISE

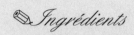

Ingrédients

- 1 jaune d'œuf
  (à température ambiante),
- 1 cuillère à dessert de moutarde forte,
- 20 cl d'huile d'arachide (maximum),
- 1 demi cuillère à café de vinaigre
  de vin,
- 3 pincées de sel,
- poivre.

Facile

Temps de préparation : **5** mn

Mélanger le jaune d'œuf et la moutarde avec une cuillère en bois ou un fouet. Ajouter, sans cesser de tourner, l'huile d'arachide jusqu'à ce que vous ayez obtenu la quantité voulue avec la consistance souhaitée. Incorporer le vinaigre, puis le sel et le poivre. Bien homogénéiser. Conserver au frais mais pas au réfrigérateur.

NB. Cette sauce peut être relevée avec un peu d'ail pour accompagner certains poissons et fruits de mer.

AILLOLI

Ingrédients

- 3 gousses d'ail,
- 1 jaune d'œuf,
- 1 tranche de pain de mie, humidifiée
  au lait,
- 20 cl d'huile d'olive,
- sel, poivre.

Facile

Temps de préparation : **10** mn

Réduire les gousses d'ail en purée, dans un mortier. Ajouter le jaune d'œuf et la tranche de pain de mie, humidifiée au lait. Saler et poivrer. Mêler intimement le tout et ajouter peu à peu l'huile d'olive, en tournant sans arrêt, pour obtenir la consistance d'une mayonnaise.

AGLIOTU (SAUCE À L'AIL CORSE)

Ingrédients

- 1 petite tête d'ail entière pelée,
- 10 cl d'huile d'olive,
- 25 cl de vinaigre de vin,
- 1 bouquet garni (thym, laurier, romarin, persil plat),
- 1 petit piment,
- 2 clous de girofle,
- quelques grains de poivre,
- 10 cl de vin blanc moelleux,
- sel et poivre.

Assez facile

Temps de préparation : **20** mn

Verser dix centilitres d'huile d'olive au fond d'une sauteuse et y faire dorer très légèrement l'ail émincé, puis mouiller avec le verre de vin blanc et le vinaigre. Incorporer le bouquet garni, les clous de girofle, le poivre en grains, le petit piment. Porter à ébullition et laisser réduire la sauce de moitié à petits bouillons. Rectifier l'assaisonnement. Cette sauce accompagne particulièrement bien les truites.

BEURRE MAÎTRE D'HÔTEL

Ingrédients

- 50 g de beurre
- 1 gousse d'ail hachée,
- 3 branches de persil hachées,
- 1 pincée de paprika,
- sel, poivre.

Facile

Temps de préparation : **10** mn

Mêler intimement les éléments et disposer sur la viande au moment de servir.

CRÈME À L'ESTRAGON

Ingrédients

- 3 branches d'estragon hachées finement,
- 1 petite échalote ou un oignon blanc, haché finement,
- 1 pincée de thym effeuillé,
- 1 filet de citron,
- 20 cl de crème fraîche,
- sel, poivre.

Facile

Temps de préparation : **5** mn

Fouetter vivement le tout et garder au frais.

NB. Utiliser une échalote si vous utilisez cette sauce pour accompagner du poisson et de l'oignon blanc pour accompagner de la viande.

SAUCE MAYONNAISE VERTE

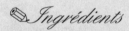

Ingrédients

- 1 jaune d'œuf (à température ambiante),
- 1 cuillère à dessert de moutarde forte,
- 20 cl d'huile d'arachide,
- 1 demi cuillère à café de vinaigre de vin,
- 3 pincées de sel,
- poivre,
- cerfeuil,
- persil,
- estragon,
- câpres.

Facile

Temps de préparation : **8** mn

Piler le cerfeuil, le persil et l'estragon au mortier et mélanger à la sauce mayonnaise préparée comme indiqué précédemment. Ajouter les câpres.

SAUCE AU CURRY

Ingrédients

- 1 jaune d'œuf (à température
  ambiante),
- 1 cuillère à dessert de moutarde forte,
- 20 cl d'huile d'arachide,
- 1 demi cuillère à café de vinaigre
  de vin,
- 1 petite gousse d'ail,
- 1 demi cuillère à café de curry
  de Madras,
- 1 cuillère à soupe de sauce tomate,
- 1 pincée de thym,
- quelques grains do coriandre écrasés,
- 3 pincées de sel,
- poivre.

Facile

Temps de préparation : **10** mn

Mélanger à la sauce mayonnaise, préparée comme indiqué précédemment, une demi cuillère à café de curry de Madras, une cuillère à soupe de sauce tomate, une petite gousse d'ail pilée, une pincée de thym effeuillé et quelques grains de coriandre écrasés.

SAUCE RÉMOULADE

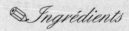

Ingrédients

- 20 cl d'huile d'arachide,
- 2 cuillères à soupe de vinaigre,
- 2 cuillères à soupe de moutarde,
- sel, poivre.

Facile

Temps de préparation : **5** mn

Placer dans un bol à sauce la moutarde. Monter en mayonnaise avec l'huile. Ajouter le vinaigre, le sel, le poivre. Mélanger.

SAUCE TARTARE

Ingrédients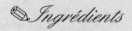

- 1 jaune d'œuf,
- 20 cl d'huile d'arachide,
- jus d'un demi - citron,
- 1 cuillère à soupe de moutarde,
- 2 échalotes,
- cerfeuil,
- estragon,
- 1 pointe de piment de Cayenne,
- sel, poivre.

Facile

Temps de préparation : **10** mn

Mettre dans un bol à sauce un jaune d'œuf et la moutarde. Monter en mayonnaise avec l'huile.

Ajouter le jus d'un demi - citron. Incorporer les herbes et les échalotes soigneusement pilées au mortier. Saler, poivrer et ajouter une pointe de Cayenne.

SAUCE GRIBICHE

Ingrédients

- 2 jaunes d'œufs durs,
- 1 cuillère à soupe de moutarde,
- 20 cl d'huile d'arachide,
- 1 cuillère à soupe de vinaigre,
- 1 branche de persil hachée,
- 1 branche d'estragon hachée,
- 1 petite échalote,
- les blancs d'œufs hachés finement,
- 1 pincée de paprika,
- 1 cuillère à soupe de câpres,
- sel, poivre.

Assez facile

Temps de préparation : **10** mn

Tps de cuisson des œufs durs : **11** mn

Réduire en purée lisse les jaunes d'œufs durcis. Les mêler avec la moutarde et monter le tout en mayonnaise en ajoutant l'huile peu à peu. Agrémenter d'un filet de vinaigre, puis incorporer les herbes (persil, estragon), l'échalote hachée finement et en dernier le hachis de blancs d'œufs et les câpres. Rectifier l'assaisonnement, sel, poivre et paprika.

SAUCE RAVIGOTE

Ingrédients

- 1 cuillère à café de persil haché,
- 1 cuillère à soupe de câpres hachées,
- 1 cuillère à café de cerfeuil,
- 1 cuillère à café d'estragon,
- 1 cuillère à soupe de moutarde,
- 1 oignon blanc moyen haché,
- 6 cuillères à soupe d'huile d'arachide,
- 2 cuillères à café de vinaigre,
- sel, poivre.

Assez facile

Temps de préparation : **10** mn

Fouetter le tout vivement et ajouter cinq centilitres de l'eau de cuisson de la viande à accompagner. Saler et poivrer. Cette sauce convient particulièrement au pot au feu et à la tête de veau.

VINAIGRETTE À L'ÉCHALOTE

Ingrédients

- 15 cl de vinaigre de vin,
- 3 belles échalotes hachées et pilées.
- 1 cuillère à soupe d'huile d'arachide,
- 2 pincées de sel fin,
- poivre.

très facile

Temps de préparation : **3** mn

Bien mélanger au fouet et laisser reposer à température ambiante pour sublimer le parfum de l'échalote.

BEURRE BLANC

Ingrédients

- 5 cl de vinaigre de cidre.
- 2 jaunes d'œufs.
- 1 échalote hachée.
- 2 branches de persil émincées.
- 2 branches d'estragon hachées.
- 250 g de beurre.

Assez difficile

Temps de préparation : **15** mn

Mélanger dans une casserole, le vinaigre, l'échalote, l'estragon et le persil. Laisser réduire des deux tiers, à feu doux. Passer au chinois pour recueillir l'exsudat. Mélanger, hors du feu, cet exsudat avec le beurre réduit en morceaux, sans cesser de tourner. Placer la casserole au bain-marie et ajouter, petit à petit, les jaunes d'œufs, en battant au fouet continuellement, jusqu'à obtention d'une crème onctueuse dont vous relèverez le goût selon vos souhaits.

SAUCE BÉARNAISE

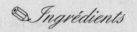

Ingrédients

- 2 grosses échalotes hachées,
- 1 petit bouquet d'estragon haché,
- 2 branches d'estragon, hachées frais (pour ajouter au dernier moment),
- 10 cl de vinaigre de vin vieux,
- 2 jaunes d'œufs,
- 150 g de beurre réduit en petits morceaux,
- sel, poivre.

Assez difficile

Temps de préparation : **15** mn

Placer le vinaigre, les échalotes et le petit bouquet d'estragon hachés, dans une casserole en acier. Laisser réduire jusqu'à affleurement du vinaigre avec les ingrédients eux mêmes réduits par la cuisson. Passer au chinois le mélange pour obtenir l'exsudat de l'ensemble. Remettre cet exsudat dans une autre casserole à sauce et ajouter en fouettant sans arrêt le beurre, puis les jaunes d'œufs. Saler, poivrer et continuer à tourner jusqu'à obtention d'une consistance crémeuse.

Dans l'hypothèse où la liaison viendrait à se défaire, prévoir à vos côtés quelques centilitres d'eau glacée. Pour avoir une certitude de réussite, effectuer la liaison au bain-marie. Ajouter au dernier moment les branches d'estragon hachées que vous aurez conservées à cet effet.

SAUCE BÉCHAMEL

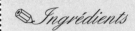

- 125 g de beurre,
- 2 cuillères à soupe de farine,
- 1 l de lait.

Assez facile

Temps de préparation : **15** mn

Réaliser un roux blond. C'est à dire faire fondre doucement le beurre dans une casserole à fond épais et y ajouter petit à petit, lorsqu'il est fondu, la farine en tournant régulièrement avec une cuillère en bois jusqu'à obtention d'une couleur légèrement dorée.

Incorporer, en tournant encore, le lait chaud. Faire réduire à feu doux quelques minutes afin d'obtenir une consistance lisse et crémeuse sans grumeau, rendue parfaite par un passage au tamis très fin, ou à l'étamine.

SAUCE À LA CRÈME

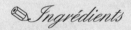

- 125 g de beurre,
- 2 cuillères à soupe de farine,
- 1 l de lait,
- 25 cl de crème fraîche,
- 1 filet de Cognac,
- éventuellement des champignons de Paris,
- sel, poivre.

Assez facile

Temps de préparation : **20** mn

Préparer une béchamel (cf. recette de la sauce béchamel précitée). Y ajouter vingt cinq centilitres de crème fraîche et éventuellement des champignons de Paris, sautés au beurre et dégraissés, du sel, du poivre et un filet de Cognac.

Sauce Nantua

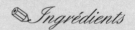

Ingrédients

- 250 g de beurre (dont 125 g pour la béchamel),
- 10 cl de crème fraîche,
- 2 cuillères à soupe de farine,
- 1 l de lait,
- 18 écrevisses,
- 1 petite tomate pelée et épépinée, réduite en fine purée,
- 1 filet de Cognac,
- paprika,
- sel, poivre.

Assez difficile

Temps de préparation : **30** mn

Préparer une béchamel (cf. recette de la sauce béchamel précitée). Cette sauce de base étant prête, piler les queues et les carapaces des têtes d'une dizaine d'écrevisses avec un poids égal de beurre réduit en pommade. Passer au tamis très fin pour ôter tout morceau de carapace. Ajouter à la béchamel avec dix centilitres de crème fraîche et éventuellement une petite tomate pelée et épépinée, réduite en purée très fine. Rectifier l'assaisonnement : sel, poivre, paprika et un filet de Cognac. Incorporer les écrevisses entières restantes.

Sauce beurre cardinal

Assez difficile

Temps de préparation : **30** mn

Il s'agit de la même préparation que celle de la sauce Nantua, mais les écrevisses y sont remplacées par du homard.

Sauce à la tomate ou sauce Aurore

Assez difficile

Temps de préparation : **30** mn

On y retrouve les mêmes ingrédients que dans la sauce Nantua ou la sauce beurre cardinal, cependant la quantité de tomates pilées est plus importante et on y adjoint un bouquet garni (thym, laurier et romarin).

Sauce aux olives

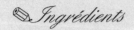

Ingrédients

- 100 g de beurre,
- 3 cuillères à soupe de farine,
- 1 verre de vin rouge,
- 300 g d'olives vertes,
- sel, poivre.

Assez facile

Temps de préparation : **25** mn

Faire fondre le beurre dans une casserole à fond épais. Lorsqu'il est fondu, ajouter la farine. Tourner quelques instants, à feu vif, avec une cuillère en bois, puis baisser les feux.

Lorsque vous aurez obtenu une couleur marron clair, mouiller avec le vin rouge sans cesser de tourner, puis avec l'eau bouillante (préparée à l'avance) afin d'obtenir une bouillie assez épaisse. Laisser mijoter, à feu très doux, au moins une heure en surveillant que la sauce n'attache pas et en ajoutant éventuellement un peu d'eau si celle-ci devenait trop épaisse.

Entre-temps, dénoyauter les olives et les cuire à l'eau bouillante environ quinze minutes en changeant au moins une fois l'eau de cuisson afin d'éviter leur âcreté.

Les égoutter et les incorporer dans le roux préalablement préparé. Ajouter juste avant de servir le jus de cuisson de la viande à accompagner.

Rectifier l'assaisonnement (sel, poivre). Cette sauce accompagne parfaitement un rôti de bœuf.

Sauce Périgueux

Ingrédients

- 80 g de beurre,
- 1 échalote hachée finement,
- 1 pincée de thym effeuillé,
- 10 cl de madère,
- 15 cl d'eau,
- 1 filet de Cognac,
- 2 cuillères à soupe de farine tamisée,
- 30 g de morceaux de truffes avec leur jus,
- sel, poivre.

Assez facile

Temps de préparation : **25** mn

Faire fondre doucement le beurre dans une casserole à fond épais. Ajouter la farine et laisser mijoter jusqu'à obtention d'un beau roux brun. Mouiller d'un seul coup avec le madère, quinze centilitres d'eau et le filet de Cognac. Incorporer l'échalote, puis les morceaux de truffes et la pincée de thym effeuillé. Poivrer selon goût, saler modérément (la sauce devant réduire). Réduire au bain-marie, à feu doux, jusqu'à consistance souhaitée.

SAUCE MADÈRE

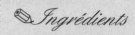

Ingrédients

- 100 g de beurre,
- 2 cuillères à soupe de farine,
- 20 cl de Madère,
- 1 échalote hachée,
- 1 branche de persil hachée,
- 1 bouquet garni (thym, laurier),
- 1 petite gousse d'ail hachée,
- 1 pointe de piment de Cayenne,
- sel, poivre.

Facile

Temps de préparation : **20** mn

Dans une casserole en acier, placer le beurre. Ajouter la farine et laisser mijoter jusqu'à obtention d'un roux brun. Incorporer l'échalote et l'ail. Laisser sur le feu quelques secondes encore, puis mouiller d'un seul coup avec le Madère. Selon la consistance obtenue, allonger d'un peu d'eau ou de vin blanc moelleux. Ajouter le bouquet garni, le persil, le sel, le poivre et la pointe de Cayenne. Laisser mijoter doucement dix minutes en tournant souvent pour éviter que la sauce n'attache. Oter le bouquet garni.

Passer au chinois avant de napper les viandes (jambon, bœuf braisé, rôti de porc ou de veau) auxquelles vous la destinez. Eventuellement, ajouter à votre sauce madère le jus de cuisson des viandes qu'elle accompagne si celles-ci sont rôties.

SAUCE PIQUANTE

Ingrédients

- 3 cuillères à soupe de farine,
- 125 g de beurre,
- 10 cl de vinaigre,
- 10 cl de Madère,
- 20 cl de bouillon de cuisson de la
  viande à accompagner,
- 100 g de cornichons coupés en
  rondelles,
- 150 g de rondelles de carottes ayant
  cuit dans le bouillon de cuisson de la
  viande à accompagner,
- 1 pointe de piment de Cayenne,
- 1 sucre,
- sel, poivre.

Assez facile

Temps de préparation : **20** mn

Dans une grande poêle creuse en fonte, faire un roux avec le mélange de beurre et de farine, celui - ci devant être de couleur ambrée soutenue. Déglacer à feu doux avec le Madère, puis le vinaigre. Ajouter vingt centilitres de bouillon de cuisson d'un seul coup. Incorporer le sucre, les rondelles de cornichons et de carottes. Rectifier l'assaisonnement (sel, poivre, piment de Cayenne) et laisser mijoter quelques minutes à feu doux. Servir chaud.

Sauce mousseline

**Ingrédients**

- 2 cuillères à soupe de vinaigre,
- 1 cuillère à soupe d'eau,
- 3 jaunes d'œufs,
- 1 petite échalote hachée finement,
- 250 g de beurre en pommade,
- 15 cl de crème fraîche,
- sel, poivre.

Assez facile

Temps de préparation : **30** mn

Dans une petite casserole à fond épais, faire réduire le mélange vinaigre et eau additionné de poivre et d'échalote hachée jusqu'à obtention d'un volume égal à celui d'une cuillère à café. Retirer du feu votre casserole et la placer dans un bain-marie très chaud, mais non bouillant. Ajouter les jaunes d'œufs et deux cuillères à soupe d'eau froide. Fouetter vivement le tout sans arrêt, en ayant soin de n'oublier aucune partie du fond de la casserole, afin d'obtenir une consistance crémeuse.

Incorporer alors petit à petit en fouettant vivement le beurre en pommade. Saler légèrement. Il peut arriver que la sauce devienne trop rapidement solide, dans ce cas, ajouter de temps en temps de petits filets d'eau tiède. Continuer l'opération jusqu'à utilisation de la totalité du beurre et l'obtention d'une consistance assez épaisse semblable à celle de la crème fraîche. Relever l'assaisonnement et garder au bain-marie à température modérée.

Dans le cas où par excès de chaleur, la sauce viendrait à se dissocier, ajouter rapidement un filet d'eau glacée qui devrait suffire à la faire reprendre. Si la sauce persistait à vouloir tourner, la reprendre dans une autre casserole, où aura été placée une cuillère à soupe d'eau chaude, en mélangeant au fouet la sauce tournée par petites quantités. Vous obtiendrez l'effet d'une mousseline en mélangeant à la crème obtenue un tiers de son volume de crème fraîche fouettée au moment de servir. Rectifier l'assaisonnement.

SAUCE CHASSEUR

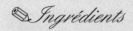

Ingrédients

- 100 g de beurre,
- 2 cuillères à soupe d'huile d'arachide,
- 150 g de champignons de Paris émincés ou de préférence des champignons sauvages (girolles, grisets, pleurotes, ou trompettes de la mort),
- 2 cuillères à soupe de farine,
- 5 cl de Pinot des Charentes,
- 1 échalote,
- 2 tomates pelées épépinées et réduites en purée,
- 1 branche d'estragon hachée finement,
- 1 branche de persil hachée finement,
- 1 verre de vin blanc sec,
- sel, poivre.

Assez facile

Temps de préparation : **25** mn

Dans une petite poêle, faire revenir à feu vif dans un mélange de beurre (40g) et d'huile (2 cuillères à soupe), les champignons jusqu'à ce qu'ils aient rendu la quasi totalité de leur eau. Ajouter l'échalote hachée au moment de retirer la poêle du feu et de la réserver.

Entre-temps, dans une casserole en acier, placer le reste du beurre. Incorporer alors la farine et réaliser doucement un roux brun. Ajouter le contenu de la poêle. Mouiller avec le Pinot des Charentes et le vin blanc sec. Adjoindre la purée de tomates, le persil et l'estragon hachés.

Rectifier l'assaisonnement (sel, poivre).

Selon le type de farine utilisé, la quantité de liquide nécessaire peut être plus importante. Dans l'hypothèse ou la sauce paraîtrait trop épaisse, l'allonger avec du vin et de l'eau.

SAUCE DOUCE DE BRETAGNE

Ingrédients

- 4 jaunes d'œufs,
- 1 verre à moutarde de court bouillon, passé au chinois et très froid,
- 1 cuillère à soupe de vinaigre de vin,
- 1 cuillère à café de fines herbes, finement hachées et pilées au mortier (ciboulette, cerfeuil, estragon, criste-marine),
- 150 g de beurre, réduit en petits morceaux (à température ambiante),
- sel, poivre.

Assez facile

Temps de préparation : **20** mn

Placer une petite casserole à sauce, de préférence en cuivre étamé, au bain-marie. Y verser en premier le court bouillon. Ajouter, en fouettant vivement, les jaunes d'œufs, le vinaigre, le sel et le poivre, jusqu'à obtention d'une consistance mousseuse. Incorporer, peu à peu, les morceaux de beurre.

Lorsque la moitié de ceux-ci sont incorporés, ajouter les fines herbes hachées. Finir d'incorporer le beurre, en tournant régulièrement et sans arrêt. La sauce doit prendre rapidement une consistance crémeuse. Ne pas laisser dans la casserole, mais répartir en saucière bien froide.

Cette sauce peut également accompagner, avec succès, des filets de poissons, simplement pochés au court bouillon.

SAUCE STUFFATU

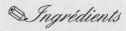 *Ingrédients*

- 400 g de bœuf (paleron),
- 300 g d'agneau (plat de côtes),
- 150 de prisuttu (jambon crû),
- 80 g de gras de jambon,
- 250 g d'oignons,
- 2 clous de girofle,
- 1 kg de tomates pelées et épépinées,
- 5 gousses d'ail,
- 1 bouquet garni (thym, laurier, romarin, marjolaine),
- 50 cl de vin blanc ou rosé,
- 1 feuille de sauge,
- sel et poivre.

Assez facile

Temps de préparation : **15** mn

Temps de cuisson : **1** h

Couper la viande de bœuf et d'agneau en gros morceaux et le prisuttu en petits dés. Emincer les oignons et les faire revenir dans une sauteuse avec du gras de jambon. Lorsqu'ils deviennent transparents, ajouter les morceaux de viande et les dés de prisuttu. Bien remuer l'ensemble et laisser dorer cinq minutes. Incorporer les tomates coupées en menus morceaux, les gousses d'ail réduites en purée, les clous de girofle, le bouquet garni et la feuille de sauge.

Saler, poivrer. Mouiller de vin blanc (ou rosé) et d'eau. Laisser cuire à couvert, à feu doux, environ une heure en tournant régulièrement avec une cuillère en bois. La sauce en fin de cuisson doit épaissir tout en restant coulante.

PÂTES
ET RIZ

MACARONIS À LA SAUCE STUFFATU

- 400 g de gros macaronis.

Assez facile

Pour **6** personnes

Temps de préparation : **15** mn

Temps de cuisson : **1** h

Vin conseillé : **Rosé Corse**

ou **Tavel**

Cuisson des macaronis

Mettre à cuire les macaronis dans une grande casserole d'eau bouillante salée, additionnée d'une cuillère à soupe d'huile, pendant environ quinze minutes. Les égoutter soigneusement en fin de cuisson.

Préparation de la sauce stuffatu

voir recette de la sauce Stuffatu ci-avant à la rubrique sauces. Verser la sauce dans un légumier et y mêler les macaronis égouttés.

RAVIOLIS AU BROCCIU

- 500 g de farine,
- 3 œufs,
- 2 pincée de sel,
- eau,
- 2 cuillères à soupe d'huile d'olive.

Assez difficile

(si l'on prépare la pâte soi-même)

Pour **6** personnes

Temps de préparation : **1** h

(si l'on prépare la pâte soi-même)

Temps de cuisson : **15** mn

Vin conseillé :

Côtes de Provence

Préparation de la pâte

Sur un plan de travail, verser la farine en dôme. Creuser en son centre une fontaine. Y placer les œufs entiers, l'huile d'olive, le sel et un petit peu d'eau tiède. Mélanger les ingrédients du bout des doigts en partant du centre vers l'extérieur, tout en prenant soin de ne pas laisser couler la partie liquide vers l'extérieur.

Ajouter, peu à peu, de l'eau jusqu'à obtention d'une pâte ferme et élastique. La pétrir, dans la paume des mains légèrement farinées, pour obtenir une boule homogène. Etaler grossièrement la pâte, puis la pétrir à nouveau pour former une boule. Procéder ainsi trois fois, jusqu'à ce que la pâte se détache pratiquement toute seule des mains.

Laisser alors reposer au frais, dans un sac plastique fermé, la dernière boule obtenue, pendant au moins trente minutes, de manière à ce que le gluten devienne élastique.

Préparation de la farce

Farce
- *400 g de brocciu pressé,*
- *1 petit pied de fenouil,*
- *200 g de vert de blettes,*
- *1 oignon blanc haché,*
- *1 gousse d'ail hachée,*
- *1 feuille de sauge,*
- *1 feuille de menthe.*
- *sel et poivre.*

Cuire le pied de fenouil trente minutes à l'eau bouillante salée. L'essuyer avant de l'émincer. Blanchir le vert de blettes cinq minutes également dans de l'eau bouillante salée (mais pas en même temps que le pied de fenouil), le rafraîchir à l'eau froide, l'essorer en le pressant vivement dans un torchon et le découper en fines lanières.

Hacher finement les feuilles de sauge et de menthe. Mélanger intimement tous les ingrédients : brocciu pressé, pied de fenouil émincé, lanières de vert de blette, oignon, ail, menthe et sauge hachés. Saler et poivrer.

Préparation des raviolis

Etaler la pâte reposée, sur le plan de travail légèrement fariné, afin de former une abaisse la plus mince possible. Former deux rectangles de pâte allongés, l'un étant plus long et plus large que l'autre. Répartir la farce à intervalles réguliers (espacés de cinq centimètres environ), sur le plus petit rectangle de pâte.

Avec un pinceau trempé dans de l'eau tiède, mouiller la pâte entre les petits tas de farce. Recouvrir du rectangle de pâte le plus grand. Appuyer délicatement du bout des doigts de manière à souder la pâte entre les petits tas de farce.

Découper les raviolis à la roulette à pâtisserie. Avec une règle d'écolier en bois, appuyer fermement, un instant, sur les quatre côtés de chaque ravioli et les laisser sécher, sur un linge, pendant au moins une heure. Les faire cuire dans une grande casserole d'eau bouillante salée pendant cinq minutes environ et les égoutter.

Préparation de la sauce

- *1 gros oignon blanc,*
- *2 grosses tomates bien mûres, pelées et épépinées,*
- *2 petites gousses d'ail,*
- *1 feuille de laurier,*
- *thym effeuillé,*
- *romarin,*
- *2 cuillères à soupe d'huile d'olive,*
- *1 cuillère à soupe de crème fraîche,*
- *4 feuilles de basilic hachées,*
- *1 verre de vin rosé,*
- *80 g de vieux brocciu râpé,*
- *sel et poivre.*

Faire revenir dans une casserole avec de l'huile d'olive, l'oignon et l'ail émincés jusqu'à ce que l'oignon devienne transparent. Ajouter les tomates coupées en morceaux et les épices. Mouiller avec le vin rosé et faire réduire, jusqu'à léger épaississement. Ajouter la crème fraîche et remuer délicatement.

Mettre les raviolis dans un plat allant au four. Les napper de sauce et les saupoudrer de brocciu râpé. Laisser gratiner, environ dix minutes, jusqu'à ce qu'ils commencent à dorer.

CANNELLONIS
À LA BROUSSE DE BREBIS

Assez difficile

(si l'on prépare la pâte soi-même)

Pour **6** personnes

Temps de préparation : **1**h

(si l'on prépare la pâte soi-même)

Temps de cuisson : **15** mn

Vin conseillé : **Fumiccioli**
ou **Côtes de Provence**

✎ *Ingrédients*

Farce
- 400 g de brousse de brebis pressée,
- 300 g de vert de blettes,
- 1 oignon blanc haché,
- 1 gousse d'ail hachée,
- 1 feuille de menthe hachée,
- sel et poivre.

Préparation de la pâte
voir recette des raviolis au brocciu.

Préparation de la farce
Blanchir le vert de blettes, cinq minutes, dans de l'eau bouillante salée. Le rafraîchir à l'eau froide, l'essorer en le pressant vivement dans un torchon et le découper en fines lanières.

Mélanger intimement les ingrédients : brousse de brebis pressée, lanières de vert de blettes, oignon, ail et feuille de menthe hachés. Saler et poivrer.

Préparation des cannellonis
Etaler la pâte reposée, sur le plan de travail légèrement fariné, afin de former une abaisse la plus mince possible. Découper des carrés de pâte de dix centimètres sur dix.

Plonger les dans de l'eau bouillante salée, additionnée d'un peu d'huile, pendant environ trois minutes. Dès qu'ils remontent à la surface, les sortir à l'écumoire et bien les égoutter. Les laisser refroidir sur un torchon. Les garnir de la farce préparée et les rouler.

Sauce
- 100 g d'oignon rose,
- 3 gousses d'ail,
- 1 branche de romarin,
- 1 pincée de thym effeuillé,
.../...

Préparation de la sauce
Dans une poêle, mettre à revenir, sans toutefois blondir, l'oignon et l'ail hachés avec de l'huile d'olive. Ajouter les tomates pelées, épépinées et coupées en

- 3 tomates pelées et épépinées,
- 1 tranche de coppa d'un demi centimètre d'épaisseur, coupée en petits dés,
- 2 feuilles de basilic,
- 1 verre de vin rosé,
- 3 cuillères à soupe d'huile d'olive,
- 80 g de tomme de brebis râpée,
- sel et poivre.

morceaux. Incorporer le thym, le romarin et les feuilles de basilic.

Saler et poivrer. Mouiller avec le verre de rosé et laisser réduire quelques instants.

Disposer les cannellonis dans un plat à gratiner et les recouvrir de la sauce dont on aura ôté le bouquet garni.

Saupoudrer copieusement de fromage râpé. Laisser gratiner, à four chaud, environ dix minutes.

LASAGNES AU SANGLIER

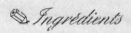

- 400 g de filet de sanglier (ou de gigue désossée), coupé en gros carrés,
- 1 oignon blanc,
- 1 carotte coupée en rondelles,
- 20 cl de vin blanc,
- 1 gousse d'ail coupée en quatre,
- 6 grains de poivre,
- 1 bouquet garni (thym, laurier, romarin),
- 1 cuillère à soupe de vinaigre,
- 5 cl d'acquavita,
- sel et poivre.

Assez difficile
(si l'on prépare la pâte soi-même)
Pour **6** personnes
Temps de préparation : **1** h
(si l'on prépare la pâte soi-même)
Temps de cuisson : **45** mn
(marinade : **24h**)
Vin conseillé : **Patrimonio rouge**

Préparation de la pâte
voir recette des raviolis au brocciu.

Préparation de la marinade

Mettre le vin blanc dans une casserole. Y ajouter l'oignon blanc, les rondelles de carottes, la gousse d'ail, les grains de poivre, le bouquet garni, le vinaigre et l'acquavita. Saler et poivrer. Porter à ébullition et verser le contenu de la casserole sur les morceaux de viande placés dans une terrine. Recouvrir d'un torchon et laisser macérer vingt quatre heures, à température ambiante, en retournant les morceaux de viande une ou deux fois.

Sauce
- la viande de la marinade, égouttée et hachée finement,
- 100 g de panzetta coupée en petits dés,
- 100 g d'oignon rose,
- 1 gousse d'ail,
.../...

Préparation de la sauce à la viande de sanglier

Emincer l'oignon et le faire revenir, dans une casserole, avec de l'huile d'olive. Lorsqu'il devient transparent, ajouter les dés de panzetta, puis la viande de sanglier hachée. Bien remuer l'ensemble et laisser

- *500 g de tomates bien mûres, pelées et épépinées,*
- *1 bouquet garni (thym, laurier, romarin, sauge),*
- *vin blanc moelleux,*
- *3 cuillères à soupe d'huile d'olive,*
- *sel et poivre.*

dorer cinq minutes. Incorporer les tomates pelées et épépinées, en menus morceaux, la gousse d'ail réduite en purée et le bouquet garni. Saler et poivrer.

Mouiller du vin blanc filtré de la marinade (complété de vin blanc à hauteur de vingt centilitres) et d'un verre d'eau. Laisser cuire à couvert, à feu doux, environ vingt minutes en tournant régulièrement avec une cuillère en bois.

Oter le couvercle et faire réduire la sauce jusqu'à ce que la viande hachée affleure à la surface.

Préparation des lasagnes

- *100 g de brocciu*
- *80 g de beurre*

Etaler la pâte reposée sur le plan de travail légèrement fariné, afin de former une abaisse la plus mince possible, sans toutefois qu'elle se déchire. Découper des rectangles de pâte d'environ quinze centimètres sur dix. Plonger les dans de l'eau bouillante salée additionnée d'un peu d'huile pendant environ trois minutes. Dès qu'ils remontent à la surface, les sortir à l'écumoire et bien les égoutter. Les laisser refroidir sur un torchon.

Garnir le fond d'un plat allant au four, d'une couche de lasagnes. Répartir sur celle-ci de la sauce à la viande de sanglier et la recouvrir d'une fine couche de brocciu pressé émietté. Continuer à superposer lasagnes, sauce à la viande et brocciu trois ou quatre fois selon l'épaisseur souhaitée.

Terminer par une couche de lasagnes, répartir sur celle-ci, au pinceau, quatre vingt grammes de beurre fondu et recouvrir avec le reste du brocciu émietté. Mettre à gratiner, à four chaud, vingt minutes jusqu'à ce que la surface soit bien dorée.

SPÄTZELE ALSACIENS

 *Ingrédients*

- *500 g de farine,*
- *4 œufs,*
- *80 g de beurre,*
- *20 cl d'eau,*
- *3 litres d'eau salée à 10 g par litre.*

Assez facile

Pour **6** à **8** personnes

Temps de préparation : **45** mn

Temps de cuisson : **1** à **2** mn

Disposer la farine en fontaine dans une terrine. Battre les œufs entiers et les verser au centre. Saler, ajouter dix centilitres d'eau. Mélanger grossièrement le tout, puis battre soigneusement la pâte obtenue (avec éventuellement le reste de l'eau) contre les parois de la terrine jusqu'à ce que celle ci devienne homogène et coule facilement entre les doigts. Porter à ébullition trois litres d'eau salée.

Etaler un peu de pâte sur une petite planche, plonger celle ci quelques secondes dans l'eau bouillante, puis détailler avec un couteau souple de petits morceaux de pâte qui en tombant dans l'eau seront cuits lorsqu'ils remonteront à la surface.

Egoutter à l'écumoire, disposer dans une passoire et rincer à l'eau froide. Recommencer l'opération jusqu'à épuisement de la pâte. Réchauffer rapidement les spätzele à la poêle dans du beurre fondu et les servir avec le gibier à accompagner (les spätzele accompagnent particulièrement bien le civet de lièvre).

SPAGHETTIS BOLOGNAISES

Ingrédients

- 500 g de spaghettis de préférence aux œufs,
- 200 g de poitrine de veau hachée,
- 300 g de macreuse de bœuf haché,
- 1 os à moëlle,
- 100 g de lard fumé haché ou de jambon cru,
- 2 grosses tomates bien mûres, hachées et épépinées,
- 1 oignon blanc,
- 1 gousse d'ail,
- 1 petite branche de basilic hachée,
- 2 pincées de thym effeuillé,
- 1 verre de vin blanc moelleux,
- sel et poivre,
- Parmesan râpé selon goût.

Assez facile

Pour **6** personnes
Temps de préparation : **15** mn
Temps de cuisson : **8** mn à **10** mn

Vin conseillé : **Rosé de Provence**
(ou **d'Italie**)

Cuisson des spaghettis

Cuire les spaghettis "al dente" (huit à dix minutes) dans une grande casserole d'eau bouillante modérément salée et additionnée de deux cuillères à soupe d'huile d'olive. Les égoutter et les réserver au chaud à couvert.

Préparation de la sauce bolognaise

Dans une grande sauteuse qui n'attache pas, faire revenir dans l'ordre, les viandes, les lardons, l'oignon et l'ail hachés. Lorsque les viandes commencent à se colorer et que l'oignon et l'ail deviennent transparents, ajouter la moëlle de l'os préalablement ramollie cinq minutes dans une casserole d'eau bouillante.

Incorporer ensuite les tomates réduites en purée, le verre de vin blanc, le basilic et le thym effeuillé. Saler et poivrer selon goût. Faire réduire à couvert, à feu doux, pendant une dixaine de minutes en vérifiant régulièrement que rien n'attache.

Présentation

Dès que la sauce commence à épaissir, disposer les spaghettis dans un plat en terre préalablement chauffé. Creuser en leur centre une fontaine afin d'y verser la sauce à la viande. Servir très chaud, agrémenté de Parmesan râpé selon goût.

TAGLIATELLE (OU SPAGHETTIS) À LA CARBONARA

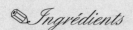 *Ingrédients*

- 500 g de tagliatelle (ou de spaghettis) de préférence aux œufs,
- 20 cl de crème fraîche,
- 200 g de très petits lardons fumés,
- 1 tomate pas trop mûre, pelée et épépinée, coupée en très petits dès,
- 5 cuillères à soupe d'huile d'olive,
- 1 oignon blanc,
- 1 petite gousse d'ail,
- 1 bouquet garni (thym, romarin, laurier),
- 3 pincées de thym effeuillé,
- 1 pincée de coriandre
- 3 ou 4 jaunes d'œufs battus (selon la grosseur des œufs),
- sel et poivre.

Assez facile

Pour **6** personnes

Temps de préparation : **15** mn

Temps de cuisson : **10** mn

Vin conseillé : **Rosé de Provence** (ou **d'Italie**)

Cuisson des tagliatelle (ou spaghettis)

Cuire les tagliatelle (ou spaghettis) "al dente" (huit à dix minutes) dans une grande casserole d'eau bouillante modérément salée dans laquelle vous aurez plongé le bouquet garni et ajouté deux cuillères à soupe d'huile d'olive. Lorsque les pâtes seront cuites, tendres mais pas molles, retirer le bouquet garni, les égoutter et les réserver au chaud à couvert.

Préparation de la sauce

Dans une grande poêle qui n'attache pas, faire revenir avec trois cuillères d'huile d'olive, les lardons, l'oignon blanc et l'ail hachés sans laisser roussir. Lorsque l'oignon est devenu transparent, incorporer la tomate en tous petits dès, puis les pâtes dans la poêle.

Dans un bol, mélanger la crème aux jaunes d'œufs et verser ce mélange sur les pâtes. Saupoudrer de thym effeuillé et de coriandre et tourner délicatement avec une cuillère en bois. Dès que la crème commence à bouillonner, servir les pâtes dans un caquelon en terre préalablement chauffé.

SALADE DE RAVIOLIS AU BASILIC

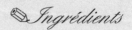

Ingrédients

- 400 g de raviolis au bœuf,
- 2 tomates coupées en huit,
- 2 branches de basilic émincées à la main,
- 1 oignon blanc émincé,
- 100 g de mozarella découpée en lamelles,
- 10 cl de crème fraîche,
- 5 cl d'huile d'olive,
- 5 cl d'huile d'arachide,
- 3 cuillères à soupe de vinaigre,
- le jus d'un citron,
- sel et poivre

Facile

Pour **4** personnes

Temps de préparation : **10** mn

Temps de cuisson : **10** mn

Vin conseillé : **Côtes de Provence**

Cuire les raviolis environ dix minutes dans de l'eau bouillante salée.

Préparation de la sauce

Mettre la crème dans un bol. Délayer petit à petit avec l'huile d'olive et d'arachide et ajouter le vinaigre, le jus de citron, le sel et le poivre.

Disposer dans un saladier les raviolis et y verser la sauce. Incorporer les tomates, la mozarella, l'oignon et le basilic émincés et mélanger délicatement. Décorer le dessus de la salade avec quelques morceaux de tomate, de mozarella et de basilic.

RIZ PILAF

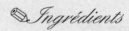

Ingrédients

- 8 cuillères à soupe de riz mesurées dans un grand verre,
- 2 fois le volume du riz en eau modérément salée,
- 80 g de beurre,
- 5 cl d'huile d'olive ou d'arachide,
- 1 gros oignon (blanc ou blond selon la saison),
- 1 petite gousse d'ail.

Facile

Pour **6** personnes

Temps de préparation : **10** mn

Temps de cuisson : **15** mn à **20** mn

Placer dans une casserole en acier, à feu doux, le beurre, l'huile, le riz ainsi que l'oignon et l'ail émincés.

Lorsque ceux-ci commencent à blondir, mouiller avec l'eau et cuire à feu doux jusqu'à sa quasi évaporation, sans couvrir la casserole.

On pourra agrémenter ce riz de safran, de curry ou d'autres épices pour l'harmoniser avec le plat qu'il accompagne.

SALADE DE RIZ AU THON

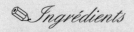

Ingrédients

- 300 g de riz (long incollable),
- 180 g de thon,
- 4 tomates moyennes,
- 12 olives noires,
- 12 olives vertes,
- 2 oignons blancs émincés en lamelles,
- 4 œufs durs (coupés en huit),
- 4 cornichons doux coupés en rondelles,
- 1/2 poivron rouge,
- 1/2 poivron vert,
- 10 cl d'huile d'olive,
- 10 cl d'huile d'arachide,
- 6 cuillères à soupe de vinaigre de vin,
- 2 cuillères à soupe de moutarde,
- sel et poivre.

Facile

Pour **6** à **8** personnes

Temps de préparation : **20** mn

Cuisson du riz : **17** mn

Cuisson des œufs durs : **11** mn

Vin conseillé : **Gros Plant**

Cuire le riz environ 17 minutes dans de l'eau bouillante salée jusqu'à ce qu'il devienne tendre.

Préparation de la sauce

Placer dans un bol la moutarde. Délayer en rémoulade avec l'huile, puis ajouter le vinaigre, le sel et le poivre.

Préparation de la salade

Mélanger dans un saladier le riz cuit avec la sauce. Incorporer délicatement le thon, les tomates coupées en quatre, les poivrons et les oignons émincés, les rondelles de cornichons et douze olives. Décorer avec les œufs durs et les douze olives restantes juste avant de servir.

SALADE DE RIZ AU CRABE

Ingrédients

- 200 g de riz (long incollable),
- 250 g de chair de crabe,
- 12 grosses crevettes décortiquées,
- 4 tomates moyennes,
- 4 œufs durs coupés en huit,
- 4 gros champignons de Paris crus en lamelles,
- 1 carotte crue découpée en petits carrés,
- 2 jaunes d'œufs

...¡...

Facile

Pour **6** à **8** personnes

Préparation : **20** mn

Cuisson du riz : **17** mn

Cuisson des œufs durs : **11** mn

Vin conseillé : **Gros Plant**

Cuire le riz 17 minutes dans une casserole d'eau bouillante salée.

Préparation de la sauce mayonnaise

Mélanger les jaunes d'œufs et la moutarde avec une cuillère en bois. Ajouter petit à petit et sans cesser de tourner, l'huile. Incorporer le vinaigre, le sel, le poivre, la pincée de thym et l'oignon réduit en petits morceaux. Bien homogénéiser.

- 1 poignée de petits pois étuvés 5 minutes dans de l'eau bouillante,
- 20 cl d'huile d'arachide,
- 5 cl de vinaigre de vin,
- 2 cuillères à soupe de moutarde,
- 1 oignon blanc réduit en petits morceaux,
- 1 pincée de thym effeuillé,
- sel et poivre.

Préparation de la salade

Mélanger dans un saladier, le riz cuit avec la sauce mayonnaise. Incorporer délicatement les morceaux de crabe, les tomates coupées en quatre, les lamelles de champignons, les carrés de carotte, les petits pois étuvés, et les crevettes décortiquées. Décorer avec les œufs durs coupés en deux juste avant de servir.

SALADE DE RIZ ESPAGNOLE

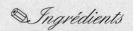*Ingrédients*

- 300 g de riz long (incollable),
- 18 gambas,
- 18 moules d'Espagne,
- 18 rondelles de chorizo,
- 3 œufs,
- 2 tomates bien mûres épépinées et coupées en huitième,
- 2 branches de persil hachées,
- 1 échalote hachée,
- 10 cl de vin blanc sec,
- le jus d'un citron,
- 20 cl d'huile d'olive,
- 6 cuillères à soupe de vinaigre de vin,
- 1 cuillère à café de moutarde,
- quelques gouttes de tabasco,
- sel et poivre.

Assez facile

Pour **6** à **8** personnes
Temps de préparation : **30** mn
Cuisson du riz : **17** mn
Cuisson des fruits de mer : **12** mn
Cuisson des œufs : **7** mn
Vin conseillé : **Rosé de Provence**

Cuire le riz 17 minutes dans de l'eau bouillante salée et le disposer dans un saladier.

Préparation de la sauce

Réaliser dans un bol une vinaigrette avec l'huile, le vinaigre, la moutarde, le sel, le poivre et le tabasco. Verser la sauce obtenue dans le saladier sur le riz cuit et bien mélanger.

Préparation de la salade

Faire revenir à la poêle avec de l'huile d'olive les gambas préalablement poivrées et salées jusqu'à ce qu'elles deviennent rouges et commencent à dorer, puis en décortiquer douze.

Placer les moules dans une grande casserole, les poivrer, les saupoudrer de persil et d'échalote hachés, et les mouiller de vin blanc, additionné d'un jus de citron. Les laisser cuire 12 minutes environ en les retournant 2 fois, puis les décortiquer.

Casser les œufs avec du sel et du poivre, dans un bol, puis les battre vivement. Verser les œufs battus dans une poêle contenant un peu d'huile d'olive. Cuire 5 minutes en remuant avec une spatule en bois. Retourner l'omelette et la faire dorer encore 2 minutes. La laisser refroidir et la découper en petits morceaux.

Incorporer dans le saladier les gambas et les moules décortiquées, les morceaux d'omelette refroidie, les morceaux de tomates et les rondelles de chorizo. Bien mélanger. Décorer avant de servir avec les gambas non décortiquées.

SALADE DE RIZ À L'INDIENNE

Assez facile

Pour **6** à **8** personnes

Temps de préparation : **40** mn

Cuisson des fruits de mer : **10** mn

Cuisson du riz : **17** mn

Vin conseillé : **Tavel**

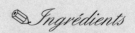
Ingrédients

- 300 g de riz long (incollable),
- 18 gambas,
- 12 noix de Saint Jacques,
- 300 g de petits calmars,
- 1/2 ananas,
- 1/2 poivron rouge,
- 1/2 poivron vert,
- 1 oignon blanc émincé,
- 2 pincées de piment de Cayenne,
- 1 cuillère à café de curry,
- 10 cl de lait de coco,
- 4 cuillères à soupe d'huile d'arachide,
- 4 cuillères à soupe d'huile de soja,
- 3 cuillères à soupe de vinaigre de cidre,
- 1 petit piment rouge coupé en rondelles,
- 2 branches de coriandre ciselées,
- sel et poivre.

Cuire le riz environ 17 minutes dans de l'eau bouillante salée et le disposer dans un saladier.

Préparation de la sauce

Placer dans un bol le lait de coco, l'huile de soja, le vinaigre, le piment rouge coupé en petites rondelles, le sel, le poivre et la coriandre ciselée. Fouetter vivement afin d'obtenir un mélange homogène. Verser la sauce obtenue dans le saladier sur le riz cuit et bien mélanger le tout.

Préparation de la salade

Couper l'ananas dans le sens de la longueur. L'évider et couper en petits morceaux la partie charnue que vous avez prélevée. Incorporer ces morceaux d'ananas avec le riz dans le saladier.

Faire revenir à la poêle avec de l'huile d'arachide, les noix de Saint Jacques, les petits calmars et les gambas préalablement poivrés et salés jusqu'à ce que ces dernières deviennent rouges et commencent à dorer. Emincer les noix de Saint Jacques, décortiquer 12 gambas et les découper en petits morceaux. Les incorporer également dans le saladier. Ajouter avant de servir, les lamelles de poivron rouge et de poivron vert ainsi que l'oignon blanc émincé. Décorer avec les six gambas non décortiquées.

SALADE DE RIZ
ET LÉGUMES AU CURRY

Ingrédients

- 150 g de riz long (incollable),
- 150 g de haricots verts en petits tronçons,
- 150 g de petits pois en grains,
- 150 g de champignons de Paris en lamelles,
- 200 g de jambon blanc coupé en petits dés,
- 150 g de gruyère coupé en petits dés,
- 3 coeurs d'artichauts,
- 3 petites carottes ,
- 18 amandes émondées,
- 15 cl d'huile d'arachide,
- 7 cl de vinaigre de cidre,
- 1 cuillère à café de curry,
- sel et poivre.

Facile

Pour **6** personnes

Temps de préparation : **30** mn

Tps de cuisson des légumes : **25** mn

(ou **12** mn en autocuiseur)

Temps de cuisson du riz : **17** mn

Cuire le riz, dans de l'eau bouillante salée, environ 17 minutes. Cuire les légumes (haricots verts, petits pois, artichauts et carottes) à la vapeur environ 25 minutes (ou 12 minutes s'il s'agit d'un autocuiseur).

Préparation de la sauce

Placer dans un bol l'huile, le vinaigre, le sel, le poivre et le curry en poudre. Fouetter vivement afin d'obtenir un mélange homogène.

Préparation de la salade

Mélanger le riz avec la moitié de la sauce et le disposer en boule au centre d'un plat creux. Couper en petits cubes les carottes et les coeurs d'artichauts cuits. Mélanger séparément le reste de sauce avec les légumes cuits (haricots verts, carottes, coeurs d'artichauts, petits pois) et les lamelles de champignons de Paris crus que vous disposerez ensuite dans le plat creux autour du riz. Les parsemer de dés de jambon et de gruyère ainsi que d'amandes émondées et servir immédiatement.

LÉGUMES ET SALADES VERTES

Salade de pourpier à la crème

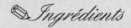

Ingrédients

- 400 g de pourpier doré,
- 10 cl de crème fraîche,
- 5 cl d'huile d'arachide,
- le jus d'un citron,
- 1 pincée de thym effeuillé,
- sel et poivre.

Facile

Pour **4** personnes

Temps de préparation : **10** mn

Effeuiller soigneusement le pourpier. Laver les feuilles et les sécher au torchon sans les briser.

Préparation de la sauce

Mettre la crème fraîche dans un saladier, la délayer comme une mayonnaise avec l'huile d'arachide. Ajouter le jus de citron, la pincée de thym effeuillé. Saler et poivrer. Incorporer délicatement les feuilles de pourpier dans la sauce et servir frais.

Salade de mâche mimosa

Ingrédients

- 400 g de mâche,
- 2 œufs,
- 4 cuillères à soupe d'huile d'arachide,
- 2 cuillères à soupe de vinaigre de vin,
- 1 cuillère à café de moutarde,
- 1 petite échalote hachée finement,
- sel et poivre.

Facile

Pour **6** personnes

Temps de préparation : **10** mn

Temps de cuisson : **11** mn

Eplucher la mâche en ôtant les racines et les feuilles abîmées. Bien la laver et la sécher soigneusement. Cuire les œufs onze minutes dans de l'eau bouillante salée et additionnée d'un filet de vinaigre. Les rafraîchir, les écaler et les couper en deux dans le sens de la longueur. Retirer les jaunes et les réduire en poudre avec une râpe à fromage. Hacher le blanc d'un des œufs.

Préparation de la sauce

Placer dans un bol, la cuillère à café de moutarde, puis tourner régulièrement en ajoutant l'huile, le vinaigre, l'échalote hachée, le sel et le poivre.

Mêler cette sauce dans un saladier à la mâche et au blanc d'œuf haché. Saupoudrer de jaune d'œuf haché et servir immédiatement.

SALADE DE MÂCHE À LA BETTERAVE

Ingrédients

- 300 g de mâche,
- 50 g de betterave rouge cuite,
- 4 cuillères à soupe d'huile d'arachide,
- 2 cuillères à soupe de vinaigre de vin,
- 1 petite échalote hachée finement,
- sel et poivre.

Facile

Pour **6** personnes

Temps de préparation : **10** mn

Eplucher la betterave et la couper en petits dés. Eplucher également la mâche en ôtant la racine et les feuilles jaunies ou abîmées. La laver et couper les plus grosses rosettes en deux. Sécher soigneusement.

Préparation de la sauce

Placer dans un bol les ingrédients ci-dessus précités (huile, vinaigre, sel et poivre, échalote). Fouetter vigoureusement. Verser cette sauce dans le saladier et la mélanger à la mâche quelques minutes avant de servir. Ajouter au moment de présenter à table en tournant les petits dés de betterave.

FRISÉE AUX LARDONS

Ingrédients

- 1 cœur de frisée bien blanc
- 1 tranche de 150 g de lard fumé, coupée en petits dés,
- 1 échalote hachée finement,
- 2 cuillères à soupe de vinaigre de vin,
- 4 cuillères à soupe d'huile d'arachide,
- 1 cuillère à dessert de saindoux,
- sel et poivre.

Facile

Pour **6** personnes

Temps de préparation : **15** mn

Eplucher et laver votre cœur de frisée et bien l'égoutter. Mélanger dans un saladier l'huile, le vinaigre, l'échalote, le sel et le poivre. Incorporer la frisée et la tourner soigneusement pour qu'elle s'imprègne de sauce. Juste avant de servir, faire blondir les petits lardons quelques instants dans une poêle où vous aurez fait fondre la cuillère à dessert de saindoux.

Verser sur la salade et tourner rapidement.

MESCLIN AUX NOIX

Ingrédients

- 400 g de salade mélangée (scarole, romaine, cresson, mâche, pourpier, etc.),
- 1 branche de cerfeuil,
- 1 branche de persil simple,
- 20 cerneaux de noix,
- 1 cuillère à café de moutarde,
- 4 cuillères à soupe d'huile de noix,
- 2 cuillères à soupe de vinaigre de vin,
- 1 tomate (éventuellement),
- 1 pomme,
- 1 branche de céleri,
- 1 jaune d'œuf dur pilé,
- sel et poivre.

Facile

Pour **6** personnes

Temps de préparation : **10** mn

Temps de cuisson de l'œuf dur : **11** mn

Laver et égoutter la salade mélangée. La disposer dans un saladier avec les cerneaux de noix, le persil et le cerfeuil hachés et éventuellement la tomate, la pomme rustique et la branche de céleri (le tout coupé en lamelles).

Préparation de la sauce

Disposer dans un bol, la cuillère de moutarde, l'huile, le vinaigre, le sel et le poivre. Fouetter vivement et y mêler le jaune d'œuf dur pilé. Verser la sauce sur la salade et tourner celle-ci soigneusement. Servir très frais avec viandes et gibiers.

SALADE DE PISSENLITS AU LARD À LA RENNAISE

Ingrédients

- 300 g de pissenlits,
- 150 g de lard gras demi sel,
- 1/2 oignon émincé,
- 2 cuillères à soupe de vinaigre de cidre,
- 1 cuillère à soupe d'huile d'arachide,
- sel et poivre.

Facile

Pour **6** personnes

Temps de préparation : **15** mn

Faire tremper les pissenlits une demi-heure avant de les éplucher, en les remuant vivement plusieurs fois pour les débarrasser du sable et de la terre et les égoutter. Oter soigneusement les racines et les feuilles abîmées. Couper les pissenlits en quatre en conservant les boutons. Rincer à vive eau et égoutter à nouveau. Entre temps, couper en petits dés le lard gras demi-sel. Faire revenir les lardons dans une poêle, à petit feu, jusqu'à ce que les dés de lard gras aient pris une couleur beige dorée.

Préparation de la sauce

Dans un saladier, réunir le vinaigre, l'huile, le sel et le poivre et fouetter vigoureusement. Y placer ensuite les pissenlits bien égouttés et l'oignon blanc émincé. Verser le contenu de la poêle sur la salade. Mélanger rapidement et servir chaud.

Salade de pissenlits
à l'ardennaise

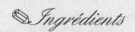

Ingrédients

- 300 g de pissenlits,
- 500 g de pommes de terre,
- 150 g de poitrine fumée maigre,
  100 g de lard gras demi-sel,
- 1/2 oignon émincé,
- 2 cuillères à soupe de vinaigre de vin,
- 1 cuillère à soupe d'huile d'arachide,
- sel et poivre.

Facile

Pour **6** personnes

Temps de préparation : **30** mn

Temps de cuisson : **30** mn

(ou **15** mn en autocuiseur).

Faire tremper les pissenlits une demi-heure avant de les éplucher, en les remuant vivement plusieurs fois pour les débarrasser du sable et de la terre et les égoutter. Oter soigneusement les racines et les feuilles abîmées. Couper les pissenlits en quatre en conservant les boutons. Rincer à vive eau et égoutter à nouveau.

Cuire les pommes de terre en robe des champs (20 à 30 minutes dans de l'eau bouillante salée). Les éplucher lorsqu'elles sont encore tièdes et les couper en rondelles. Entre temps, couper en petits dés le lard de poitrine fumée et le lard gras demi-sel. Faire revenir les lardons dans une poêle, à petit feu, jusqu'à ce que les dés de lard gras aient pris une couleur beige dorée. Dans une autre poêle, faire tiédir le vinaigre.

Préparation de la sauce

Dans un saladier, réunir l'huile, le sel et le poivre et fouetter vigoureusement. Y placer ensuite les pissenlits bien égouttés, les rondelles de pommes de terre tièdes et l'oignon blanc émincé. Verser le contenu des deux poêles sur la salade. Mélanger rapidement et servir chaud.

SALADE CÉSAR

Ingrédients

- 1 romaine,
- 6 croûtons de pain frits,
- 40 g de beurre,
- 8 filets d'anchois,
- 2 gousses d'ail,
- 3 œufs,
- 50 g de parmesan râpé,
- 4 cuillères à soupe d'huile d'olive,
- 2 cuillères à soupe de vinaigre de vin,
- sel et poivre.

Facile

Pour **6** personnes

Temps de préparation : **20** mn

Temps de cuisson : **5** mn

Temps de macération : **1** heure

Préparation de la sauce

Mélanger dans un bol, l'huile, le vinaigre, le sel (en petite quantité, l'anchois étant salé), le poivre, une gousse d'ail pilée et un filet d'anchois écrasé. Laisser macérer environ une heure.

Préparation de la salade

Laver et sécher les feuilles de romaine et les disposer dans un saladier. Faire frire, dans du beurre, à la poêle les croûtons de pain et les frotter avec une gousse d'ail. Les détailler en petits cubes et les incorporer dans le saladier. Ajouter les filets d'anchois coupés en deux et le parmesan râpé. Verser la sauce sur la salade et bien mélanger le tout. Décorer juste avant de servir avec les œufs mollets (cuits au préalable 5 minutes dans de l'eau bouillante vinaigrée) et coupés en deux.

SALADE AU ROQUEFORT ET AUX NOIX

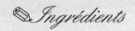

Ingrédients

- 1 laitue,
- 50 g de roquefort,
- 16 cerneaux de noix,
- 3 cuillères à soupe d'huile de noix,
- 2 cuillères à soupe de vinaigre de cidre,
- 1 cuillère à soupe de crème fraîche,
- 10 brins de ciboulette coupés en petits tronçons,
- poivre.

Facile

Pour **4** personnes

Temps de préparation : **10** mn

Laver et sécher la laitue et la disposer dans un saladier avec les cerneaux de noix.

Préparation de la sauce

Ecraser à la fourchette le roquefort et le mélanger dans un bol à la crème fraîche. Délayer la pâte obtenue avec l'huile, puis le vinaigre. Poivrer légèrement et ajouter les petits tronçons de ciboulette. Verser la sauce sur la salade et mélanger délicatement juste avant de servir.

SALADE D'ENDIVES AUX NOIX

Ingrédients

- 3 belles endives,
- 20 cerneaux de noix,
- 1 échalote,
- 2 cuillères à soupe d'huile d'arachide,
- 2 cuillères à soupe d'huile de noix,
- 2 cuillères à soupe de vinaigre de vin,
- 1 cuillère à soupe de moutarde,
- sel et poivre.

Facile

Pour **6** personnes

Temps de préparation : **10** mn

Trancher les tronçons des endives et les effeuiller. Couper les feuilles trop grandes, les laver et les égoutter.

Préparation de la sauce

Dans un bol, placer la moutarde, délayer petit à petit avec l'huile jusqu'à obtention d'une consistance semblable à celle d'une mayonnaise. Ajouter peu à peu le vinaigre. Saler, poivrer et incorporer l'échalote finement hachée, puis les morceaux de noix. Répartir la sauce sur les endives disposées dans un saladier.

SALADE DE MÂCHE À LA NANTAISE

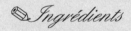

Ingrédients

- 300 g de mâche,
- 2 œufs durs,
- 3 belles pommes de terre,
- 4 cuillères à soupe d'huile d'arachide,
- 2 cuillères à soupe de vinaigre,
- 1 petite échalote hachée,
- 1 cuillère à café de moutarde,
- sel et poivre.

Facile

Pour **6** personnes

Préparation : **10** mn

Temps de cuisson des œufs durs: **11** mn

Temps de cuisson des pommes de terre :

30 mn (ou **15** mn en autocuiseur).

Cuire les pommes de terre en robe des champs (20 à 30 minutes dans de l'eau bouillante salée). Les éplucher lorsqu'elles sont encore tièdes et les couper en rondelles. Eplucher la mâche en ôtant les racines et les feuilles jaunes abîmées. Bien la laver et la sécher soigneusement. Découper les œufs durs en rondelles.

Préparation de la sauce

Placer dans un bol, la cuillère à café de moutarde, puis tourner régulièrement en ajoutant l'huile, le vinaigre, l'échalote hachée, le sel et le poivre.

Mêler cette sauce dans un saladier aux rondelles de pommes de terre tièdes et d'œufs durs ainsi qu'à la mâche juste avant de servir.

SALADE DE FENOUIL

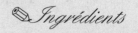

Ingrédients

- 2 gros bulbes de fenouil (600g),
- 6 cuillères à soupe d'huile d'olive,
- 3 cuillères à soupe de vinaigre de vin,
- 1 cuillère à café de moutarde,
- 2 branches de persil ciselées,
- 1 oignon blanc haché,
- sel et poivre.

Facile

Pour **4** personnes

Temps de préparation : **10** mn

Temps de cuisson : **25** mn

(ou **15** mn en autocuiseur).

Cuire le fenouil dans une casserole d'eau bouillante salée et poivrée, pendant environ 25 minutes (ou 15 minutes s'il s'agit d'un autocuiseur). Sortir les pieds de fenouil de l'eau et les laisser refroidir. Les couper en lamelles. Disposer ces lamelles dans un saladier.

Préparation de la sauce

Réunir dans un bol l'huile, le vinaigre, la moutarde, le persil et l'oignon blanc hachés, le sel et le poivre. Fouetter vigoureusement jusqu'à obtention d'un mélange homogène, puis verser sur les lamelles de fenouil et mélanger soigneusement avant de servir

ARTICHAUTS FARCIS
AU FROMAGE DE CHÈVRE FRAIS

Ingrédients

- 4 jeunes artichauts,
- 250 g de fromage de chèvre frais (ou de brocciu),
- 5 cl de vinaigre,
- 1 tranche de 150 g de panzetta bien maigre,
- 1 gousse d'ail,
- 3 branches de persil plat,
- 1 œuf entier,
- 1 verre de vin blanc,
- sel et poivre.

Assez facile

Pour **4** personnes.

Temps de préparation : **15** mn

Temps de cuisson : **50** mn

Vin conseillé : **Figari blanc**

Préparation des artichauts

Prendre soin de ne pas couper les queues des artichauts, mais de les casser dans un mouvement tournant, pour en ôter les fibres qui les attachent à leur fond. Retirer selon leur dureté, une ou deux rangées de feuilles de l'extérieur. Enlever les grosses feuilles du centre de l'artichaut en laissant, au pourtour, deux à trois rangées de grosses feuilles. Par l'espace pratiqué, ôter les petites feuilles du centre non encore développées et enlever le foin à la petite cuillère, en prenant soin de ne pas abîmer le fond. Plonger chaque artichaut dans de l'eau vinaigrée pour qu'il ne noircisse pas, en attendant d'être cuit.

Lorsqu'ils sont tous parés, les mettre debout dans une cocotte. Couvrir d'eau, saler, porter à ébullition et laisser cuire vingt minutes.

Préparation de la farce

Hacher finement la panzetta, le persil et l'ail. Mélanger le tout, dans un saladier, avec le chèvre frais émietté et l'œuf entier. Poivrer et saler modérément (la panzetta est déjà salée). Lorsque les artichauts sont cuits, en farcir leur centre avec l'appareil obtenu précédemment.

Cuisson des artichauts farcis

Dans une cocotte (assez large pour que les artichauts tiennent debout côte à côte), verser de la sauce stuffatu (voir recette de la sauce stuffatu à la rubrique sauce), la délayer avec un verre de vin blanc et rectifier l'assaisonnement. Y disposer debout les artichauts. Porter doucement à ébullition et laisser frémir trente minutes à couvert. En fin de cuisson, verser un peu de sauce de cuisson dans chaque assiette et y placer au centre un artichaut.

ASPERGES À L'ALSACIENNE

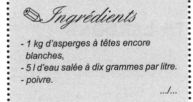

❦ Ingrédients

- 1 kg d'asperges à têtes encore blanches,
- 5 l d'eau salée à dix grammes par litre.
- poivre.

.../...

Facile

Pour **6** personnes

Temps de préparation : **15** mn

Temps de cuisson : **20** mn

(ou **6** mn en autocuiseur)

Vin conseillé : **Sylvaner**

Préparation des asperges

Peler soigneusement les asperges. Diminuer leur longueur de trois centimètres. Les mettre à cuire vingt minutes dans l'eau frémissante, salée et poivrée, par bottillons de dix asperges ficelées ensemble (pour faciliter la présentation ultérieure sur le plat).

Dès que les asperges sont cuites, prendre chaque bottillon et disposer les asperges le constituant, sur un plat de service garni d'un torchon, par lits successifs. Laisser tiédir. Entre-temps, préparer les sauces de la manière suivante :

Mousseline
- *150 g de beurre,*
- *jus d'un demi - citron,*
- *1 pincée de thym effeuillé,*
- *3 pincées de sel,*
- *poivre.*

Mousseline au beurre à l'alsacienne

Faire fondre à feu doux cent cinquante grammes de beurre jusqu'à obtention à la surface d'une écume blanche. Incorporer alors le jus d'un demi-citron, la pincée de thym effeuillé, trois pincées de sel et le poivre. Fouetter vivement et servir mousseux.

Vinaigrette
- *1 échalote,*
- *10 cl d'huile,*
- *5 cl de vinaigre au miel (ou de vin),*
- *3 pincées de sel, poivre.*

Vinaigrette

Verser dans un bol dix centilitres d'huile et cinq centilitre de vinaigre au miel (ou trois centilitres de vinaigre de vin). Ajouter trois pincées de sel, du poivre et l'échalote pilée. Fouetter vigoureusement.

Mayonnaise
- *1 jaune d'œuf (à température ambiante),*
- *1 cuillère à dessert de moutarde forte,*
- *20 cl d'huile d'arachide,*
- *1 demi cuillère à café de vinaigre de vin,*
- *3 pincées de sel,*
- *poivre,*
- *3 cuillères à soupe d'eau de cuisson des asperges.*

Mayonnaise allégée

Mélanger le jaune d'œuf et la moutarde avec une cuillère en bois ou un fouet. Ajouter sans cesse de tourner l'huile d'arachide jusqu'à ce que vous ayez obtenu la quantité voulue avec la consistance souhaitée. Incorporer le vinaigre, les cuillères à soupe d'eau de cuisson (tiède) des asperges, puis le sel et le poivre. Bien homogénéiser.

CAROTTES AUX PETITS LARDONS

Ingrédients

- *1 kg de carottes nouvelles,*
- *1 demi botte d'oignons blancs,*
- *1 gousse d'ail,*
- *thym effeuillé,*
- *1 tranche de lard fumé, coupée en petits dés,*
- *1 bouquet garni (thym, laurier),*
- *30 g de beurre,*
- *1 cuillère à soupe d'huile d'arachide,*
- *sel, poivre.*

Facile

Pour **6** personnes

Temps de préparation : **10** mn

Temps de cuisson : **25** mn

(ou **10** mn en autocuiseur)

Vin conseillé : **Beaujolais**

Dans une cocotte en fonte, faire revenir dans un mélange de beurre et d'huile, les petits lardons et les oignons jusqu'à ce que ces derniers commencent à suer. Ajouter alors les carottes et laisser dorer quelques instants. Saler, poivrer et saupoudrer de thym effeuillé. Incorporer le bouquet garni et la gousse d'ail. Mouiller avec deux grands verres d'eau, couvrir et laisser mijoter à feu doux environ vint cinq minutes en cocotte classique ou dix minutes en autocuiseur. Ouvrir et faire évaporer, si besoin, l'excédent d'eau. Servir en accompagnement de rôti de veau.

COURGETTES FARCIES AU FROMAGE DE CHÈVRE FRAIS

 *Ingrédients*

- 4 courgettes de 250 g,
- 250 g de fromage de chèvre frais (ou de brocciu),
- 3 gousses d'ail,
- 2 jaunes d'œufs,
- 4 cuillères à soupe d'huile d'olive,
- thym effeuillé,
- chapelure (éventuellement),
- 4 petites tomates cerises ou 4 rondelles de tomates,
- sel et poivre.

Assez facile

Pour **4** personnes

Temps de préparation : **10** mn

Temps de cuisson : **25** mn

Vin conseillé : **Figari rosé**
ou **Côtes de Provence**

Oter les extrémités des courgettes (non pelées) et les couper en deux dans le sens de la longueur. Les faire blanchir dix minutes dans de l'eau bouillante. Les évider avec une petite cuillère. Réduire en crème la pulpe des courgettes et la mélanger au chèvre frais, à l'ail pilé au mortier et au deux jaunes d'œufs. Saler, poivrer et ajouter le thym effeuillé. Bien mélanger le tout et garnir les courgettes évidées de cette farce. Saupoudrer éventuellement de chapelure et décorer avec des tomates cerises ou des rondelles de tomates.

Disposer les courgettes, ainsi préparées, dans un plat allant au four au préalable badigeonné au pinceau d'huile d'olive. Badigeonner également la surface des courgettes d'huile d'olive et mettre à cuire vingt minutes à four chaud. Faire dorer quatre minutes au gril avant de servir.

AUBERGINES SAUTÉES À LA TOMATE

✑ *Ingrédients*

- 2 aubergines de 400g,
- 4 tomates,
- 3 gousses d'ail hachées,
- 2 branches de menthe sauvage (népita),
- 1 petit oignon haché,
- 1 pincée de thym effeuillé,
- 10 cl d'huile d'olive,
- 1 pincée de sucre en poudre,
- sel et poivre.

Assez facile

Pour **4** personnes

Temps de préparation : **10** mn

Temps de cuisson : **15** mn

(laisser dégorger les aubergines **30** mn)

Peler les aubergines et couper leur pulpe en dés de deux à trois centimètres. Les disposer à plat sur un torchon et les saler légèrement pour les faire dégorger pendant trente minutes. Dès que les aubergines ont rendu leur eau, les faire sauter, dans une poêle, avec de l'huile d'olive, à feu doux, en ajoutant de temps en temps de l'huile d'olive, lorsque celle-ci aura été absorbée par la chair des aubergines. Saupoudrer en cours de cuisson d'ail, d'oignon, de thym effeuillé et de menthe hachée. Faire dorer les aubergines dix minutes en les retournant régulièrement.

Dans une autre sauteuse, faire revenir les tomates coupées en petits morceaux dans un peu d'huile et saupoudrées de sucre, pendant trois minutes, en les retournant trois fois à l'aide d'une cuillère en bois. Lorsque les aubergines sont dorées tout en restant fermes, les retirer délicatement de la poêle avec une palette et les incorporer aux tomates. Saler et poivrer selon goût et remettre à feu doux, quelques minutes, en tournant délicatement jusqu'à ce qu'elles commencent à devenir tendres.

Les disposer dans un plat de service chaud et les servir accompagnées de riz. Ce plat peut également être servi froid.

AUBERGINES FARCIES

✑ *Ingrédients*

- 2 aubergines de 400 g.,
- 2 petites gousses d'ail,
- 6 feuilles de basilic,
- 2 œufs,
- 20 g d'oignon haché,
- 2 verres de lait,
- 150 g de parmesan râpé,

.../...

Assez facile

Pour **4** personnes

Temps de préparation : **20** mn

Temps de cuisson : **15** mn

Préparation des aubergines

Oter les extrémités des aubergines (non pelées) et les couper en deux dans le sens de la longueur. Les faire blanchir, quelques

- *200 g de mie de pain, trempée dans du lait et essorée,*
- *150 g de jambon cru ou de coppa,*
- *1 pincée de thym effeuillé,*
- *5 cl d'huile d'olive,*
- *sel et poivre.*

minutes à l'eau bouillante, tout en les gardant fermes. Les mettre à refroidir. Entre temps, préparer la farce en mélangeant ensemble la mie de pain trempée et essorée, le parmesan râpé, le jambon ou coppa, l'oignon et l'ail hachés, les œufs, les feuilles de basilic en fines lanières, le sel, le poivre et la pincée de thym effeuillé.

Lorsque les aubergines ont refroidi, les évider à l'aide d'une petite cuillère. Passer leur pulpe au chinois, la mélanger à la farce et en garnir les demi aubergines.

Dans une grande sauteuse, les faire frire dans de l'huile d'olive sept minutes du côté peau, puis les retourner et les faire dorer encore trois minutes du côté farce. Servir ces aubergines dans un grand plat chaud en les accompagnant, selon goût, d'une sauce tomate bien relevée.

- *4 grosses tomates pelées et épépinées,*
- *50 g d'oignon haché,*
- *3 gousses d'ail,*
- *3 feuilles de basilic,*
- *1 branche de persil,*
- *1 pincée de thym,*
- *quelques brins de romarin,*
- *10 cl d'huile d'olive,*
- *1 tranche de coppa (ou jambon cru) hachée,*
- *1 cuillère à café de sucre en poudre,*
- *sel et poivre.*

Préparation de la sauce tomate

Faire revenir à l'huile, l'oignon, l'ail, le persil, le basilic, les tomates coupées en dés et la tranche de coppa hachée. Saler, poivrer, parsemer de thym et de romarin et ajouter le sucre. Laisser mijoter dix minutes à feu doux.

Variantes : frire les aubergines légèrement et terminer la cuisson dans la sauce tomate, pendant dix minutes.

CÈPES GRILLÉS

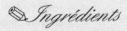 *Ingrédients*

- *1 kg de gros cèpes bien ronds à gros pieds,*
- *2 tranches de jambon cru,*
- *150 g de parmesan râpé,*
- *thym effeuillé,*
- *sel et poivre.*

Assez facile

Pour **4** personnes
Temps de préparation : **10** mn
Temps de cuisson : **5** mn

Nettoyer soigneusement les cèpes sous l'eau courante. Enlever la partie du pied qui risque de contenir de la terre ou du sable. Les couper en deux dans le sens de la longueur. Saler leurs faces intérieures. Laisser reposer les champignons, quelques minutes, afin qu'ils rendent leur humidité excessive. Bien les sécher avec un torchon. Saler une nouvelle fois puis poivrer leurs faces intérieures. Les saupoudrer de thym effeuillé, de tout petits dés de jambon cru et de parmesan râpé. Les badigeonner d'huile d'olive et les disposer sur une plaque à pâtisserie huilée. Laisser gratiner au gril cinq minutes.

CÈPES À LA SALARDAISE

Ingrédients

- 750 g de pommes de terre,
- 750 g de cèpes émincés grossièrement,
- 1 tranche de poitrine fumée, coupée en petits dés,
- 3 gousses d'ail,
- 3 branches de persil,
- 1 bouquet garni (thym, laurier),
- 4 cuillères à soupe de graisse d'oie,
- sel, poivre.

Assez facile

Pour **6** personnes

Temps de préparation : **20** mn

Temps de cuisson : **25** mn

Vin conseillé : **Cahors**

Eplucher les pommes de terre et les couper en rondelles d'un demi centimètre d'épaisseur. Les rincer à l'eau chaude afin d'en éliminer l'amidon. Faire chauffer une sauteuse. Y faire fondre la graisse d'oie et revenir les petits lardons quelques instants, puis ajouter les pommes de terre qui doivent être retournées sans arrêt et délicatement, avec une cuillère en bois, trois minutes. Incorporer les cèpes bien égouttés. Laisser suer cinq minutes à couvert. Assaisonner avec l'ail, le persil, le sel et le poivre. Adjoindre le bouquet garni. Laisser mijoter quinze minutes à feu doux et servir très moelleux avec un vin de Cahors. Ce plat accompagne très bien toutes les viandes ou gibiers marinés.

EPINARDS AU BEURRE

Ingrédients

- 1,500 kg d'épinards,
- 80 g de beurre,
- 1 petit oignon,
- 1 branche de thym,
- 1 petite poignée de gros sel de mer,
- poivre.

très facile

Pour **6** personnes

Temps de préparation : **10** mn

Temps de cuisson : **15** mn

(ou **4** mn en autocuiseur)

Oter les queues et les feuilles noircies des épinards, les laver bien soigneusement et les plonger dans une marmite d'eau bouillante dans laquelle vous aurez au préalable jeté une poignée de gros sel, du poivre, une branche de thym et le petit oignon.

Laisser cuire quinze minutes (ou quatre minutes si vous utilisez un autocuiseur). Egoutter les épinards et les servir sur un plat avec le beurre réparti en plusieurs morceaux, accompagnés selon goût de croûtons frits au beurre et d'œufs mollets.

EPINARDS À LA CRÈME

✏️ *Ingrédients*

- 1,500 kg d'épinards,
- 1 petit oignon,
- 1 branche de thym,
- 15 cl de crème fraîche,
- 1 citron,
- 6 tranches de pain de mie,
- 50 g de beurre demi-sel,
- 1 poignée de gros sel de mer,
- sel, poivre.

Facile

Pour **6** personnes

Temps de préparation : **15** mn

Temps de cuisson : **15** mn

(ou **4** mn en autocuiseur)

Cuisson des épinards (cf. épinards au beurre). Mélanger la crème avec le jus de citron, du sel et du poivre et l'incorporer aux épinards égouttés. Servir avec des croûtons frits au beurre.

BEIGNETS DE COURGETTES

✏️ *Ingrédients*

- 3 courgettes.

Pâte à beignets
- 3 œufs,
- 250 g de farine,
- 15 g de levure de boulanger,
- lait,
- sel, poivre.

.../...

Assez facile

Pour **6** personnes

Temps de préparation : **20** mn

Temps de cuisson : **20** mn

Eplucher les courgettes et les détailler en rondelles assez épaisses. Les saler et les laisser dégorger environ une heure.

Préparation de la pâte à beignets

Disposer la farine en fontaine dans une terrine. Incorporer au centre de la fontaine les œufs et la levure délayée dans un peu d'eau. Mêler le tout intimement et ajouter petit à petit du lait jusqu'à ce que la pâte ait une consistance crémeuse. Saler et poivrer. Recouvrir d'un torchon et laisser lever trente minutes à température ambiante.

> *Sauce*
> - *1 grosse tomate mûre,*
> - *1 gros oignon blanc,*
> - *1 gousse d'ail,*
> - *thym, romarin,*
> - *1 morceau de sucre,*
> - *5 cl d'Armagnac,*
> - *25 g de beurre,*
> - *1 cuillère à soupe d'huile d'olive,*
> - *sel, poivre.*

Préparation de la sauce

Passer la tomate à l'eau bouillante. La peler et la couper. La cuire dans une casserole, avec un mélange de beurre et d'huile. Incorporer l'oignon blanc et la gousse d'ail hachés, le thym effeuillé, le romarin, le sucre et l'Armagnac. Saler, poivrer et laisser réduire à feu doux quinze minutes.

Cuisson des beignets

Egoutter les rondelles de courgettes, les tremper dans la pâte à beignets et les plonger ensuite rapidement dans une friteuse. Dès qu'elles deviennent dorées, les sortir à l'aide d'une écumoire et les disposer, quelques instants, sur un plat garni de papier absorbant. Lorsque les beignets sont tous cuits, les placer sur un plat de service et les saupoudrer de queues d'oignons hachées finement

Les servir accompagnés de la sauce.

CHOU-FLEUR AU GRATIN

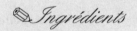
Ingrédients

- *1 chou-fleur,*
- *200 g de gruyère râpé,*
- *125 g de beurre,*
- *2 cuillères à soupe de farine,*
- *1 l de lait,*
- *1 tranche de pain de mie rassis,*
- *1 petite poignée de gros sel,*
- *1 jaune d'œuf dur,*
- *sel, poivre.*

Assez facile

Pour **6** personnes

Temps de préparation : **20** mn

Temps de cuisson : **35** mn

Séparer les bouquets du chou-fleur. Retirer les peaux interstitielles (sorte de membranes séparant chaque bouquet). Mettre à cuire à la vapeur légèrement parsemé de gros sel. Ajouter une tranche de pain rassis, séparée des bouquets par un panier ou une grille, pour absorber l'odeur et l'amertume éventuelle du chou-fleur. Cuire vingt minutes à feu moyen en cuisson classique ou seulement quatre minutes à l'autocuiseur.

Entre-temps, préparer une béchamel de la manière suivante : réaliser un roux blond avec le beurre et la farine, y incorporer le lait chaud et réduire à feu doux quelques minutes, afin d'obtenir une consistance lisse et crémeuse sans grumeau, rendue parfaite par un passage au tamis très fin.

Disposer les bouquets de chou-fleur dans un plat à gratin au préalable beurré. Les napper avec la béchamel. Saupoudrer de gruyère râpé et d'un jaune d'œuf dur également râpé. Faire gratiner, à four chaud, quinze minutes environ jusqu'à obtention d'une couleur dorée.

CHOU ROUGE À LA LILLOISE

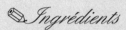

Ingrédients

- 1 gros chou rouge d'environ 800 g,
- 500 g de pommes, assez acides,
- 1 gros oignon émincé,
- 1 petit bouquet garni (thym,laurier),
- 20 g de beurre,
- 2 râpures de noix de muscade,
- 1 cuillère à dessert de sucre roux,
- 20 cl de vin rouge (Bordeaux),
- 1 cuillère à soupe de vinaigre de vin ,
- sel, poivre.

Assez facile

Pour **6** personnes

Temps de préparation : **15** mn

Temps de cuisson : **2** h **50** mn

Oter les feuilles externes du chou pour ne garder que la pomme serrée de celui-ci. Le laver, l'essuyer et le découper en fines lanières. Eplucher, épépiner et couper en morceaux les pommes.

Dans un poêlon en fonte, faire revenir cinq minutes dans le beurre, les lanières de chou, puis cinq minutes encore en ajoutant les petits morceaux de pommes, l'oignon émincé, le bouquet garni, le sel et le poivre. Mouiller avec vingt centilitres de vin rouge et une cuillère à soupe de vinaigre. Ajouter les râpures de noix de muscade.

Porter à ébullition sur feu vif. Fermer le poêlon et laisser mijoter deux heures et demie. Saupoudrer de sucre. Mélanger et mettre à cuire à four moyen vingt minutes.

FÈVES FRAÎCHES AU LARD

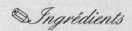

Ingrédients

- 3 kg de fèves,
- 200 g de panzetta,
- 1 gros oignon rose,
- 3 cuillères à soupe d'huile d'olive,
- 1 bouquet garni (thym, laurier, romarin, sauge),
- 20 cl de vin blanc sec,
- 1 pointe de piment de Cayenne,
- sel et poivre.

Facile

Pour **6** personnes

Temps de préparation : **10** mn

Temps de cuisson : **30** mn

Ecosser les fèves. Les mettre dans une casserole avec de l'eau, porter à frémissement et laisser blanchir trois minutes.

Enlever la peau extérieure des fèves (les graines se sépareront alors en deux). Couper la panzetta en petits dés. Les faire revenir doucement, ainsi que l'oignon émincé, dans une poêle, avec de l'huile d'olive, jusqu'à ce que l'oignon devienne transparent. Incorporer les fèves dans la poêle et continuer la cuisson trois minutes. Mouiller de vin blanc sec et de 50 centilitres d'eau. Ajouter le bouquet garni. Saler, poivrer et saupoudrer d'une pointe de piment de Cayenne. Couvrir et laisser cuire vingt minutes en tournant plusieurs fois en cours de cuisson. Oter le couvercle et faire réduire quelques minutes avant de servir. Cette recette accompagne parfaitement les viandes blanches et plus particulièrement le veau.

ENDIVES BRAISÉES

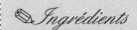

Ingrédients

- 1,500 kg d'endives,
- 3 oignons,
- 1 gousse d'ail,
- 40 g de beurre,
- 5 cl d'huile d'arachide,
- sel, poivre,
- éventuellement le jus d'un demi-citron.

Facile

Pour **6** personnes

Temps de préparation : **10** mn

Temps de cuisson : **30** à **40** mn

(ou **15** mn en autocuiseur)

Avec un couteau pointu, creuser l'intérieur du pied de l'endive, souvent amer. Enlever les feuilles et les parties flétries. Laver les endives rapidement à grande eau. Faire chauffer dans une cocotte en fonte ou en autocuiseur le mélange de beurre et d'huile. Y placer les endives, si possible l'une contre l'autre et laisser dorer légèrement. Ajouter la gousse d'ail, les oignons coupés en lamelles et éventuellement le jus d'un demi citron. Saler, poivrer, mouiller d'un verre d'eau. Couvrir et laisser cuire, à feu doux, trente à quarante minutes en cocotte normale ou quinze minutes en autocuiseur.

CŒURS DE CÉLERI AU JUS

Ingrédients

- 3 beaux coeurs de céleri,
- 150 g de viande hachée,
- 1 tomate, pelée et épépinée,
- 1 gousse d'ail hachée,

.../...

Facile

Pour **6** personnes

Temps de préparation : **15** mn

Temps de cuisson : **20** mn

Dans une grande casserole, cuire les coeurs de céleri vingt minutes dans de

- 2 gros oignons blancs hachés,
- 1 pincée de thym effeuillé,
- 1 bouquet garni (thym, laurier),
- 1 pincée de sucre en poudre,
- 5 cl d'eau,
- 30 g de beurre,
- 1 cuillère à soupe d'huile d'arachide,
- sel, poivre.

l'eau salée. Entre-temps, faire revenir dans une petite casserole en acier, dans un mélange de beurre et d'huile, les oignons, l'ail, la viande hachée et la tomate. Saler, poivrer, saupoudrer de thym effeuillé et de sucre en poudre.

Lorsque le tout bouillonne vivement, mouiller d'un petit verre d'eau. Ajouter le bouquet garni (thym, laurier) et laisser mijoter jusqu'à la fin de cuisson des céleris.

Egoutter les céleris, les disposer sur un plat de service. Passer au chinois le contenu de la petite casserole sur les céleris.

POMMES DE TERRE À L'EAU

- 1 kg de pommes de terre à chair ferme(BF 15, Viola, Rattes, Charlotte),
- gros sel et poivre.

Très facile

Pour **4** personnes
Temps de préparation : **2** mn
Temps de cuisson : **20** à **30** mn
(ou **10** à **15** mn en autocuiseur)

Laver les pommes de terre en les laissant dans leur peau. Les mettre à cuire dans de l'eau bouillante salée et poivrée vingt à trente minutes selon la grosseur des pommes de terre utilisées (dix à quinze minutes s'il s'agit d'un autocuiseur). Les égoutter et les servir avec du beurre ou de la crème fraîche.

POMMES DE TERRE À LA VAPEUR

- 1 kg de pommes de terre à chair ferme (Belle de Fontenay,BF 15, Viola, Roseval, Charlotte),
- gros sel.

Très facile

Pour **4** personnes
Temps de préparation : **2** mn
Temps de cuisson :
10 à **15** mn en autocuiseur

Verser dans l'autocuiseur jusqu'à trois à quatre centimètres d'eau chaude. Disposer les pommes de terre (épluchées ou non selon la recette à accompagner) dans le panier de l'autocuiseur, (après les avoir lavées), avec une poignée de gros sel. Fermer l'autocuiseur et laisser cuire dix à quinze minutes à partir de la rotation de la soupape.

POMMES DE TERRE FRITES

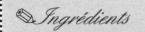

Ingrédients

- 1,250 kg de pommes de terre (Bintje ou Sirtema)
- 3 l d'huile d'arachide de préférence
- sel.

Facile

Pour **4** personnes

Temps de préparation : **10** mn

Temps de cuisson : **7** mn

(si vous utilisez une friteuse électrique tenez compte des temps indiqués sur le mode d'emploi)

Faire chauffer la bassine à friture ou brancher la friteuse électrique. Laver les pommes de terre, les éplucher et les découper en bâtonnets très réguliers. Les passer à l'eau chaude pour en ôter l'amidon. Essuyer les très soigneusement pour absorber l'humidité et les disposer dans le panier à friture.

Quand le bain de friture est à bonne température (180°) y plonger une première fois les frites. Laisser cuire environ cinq minutes. Remonter le panier à friture. Les laisser égoutter. Plonger à nouveau le panier contenant les frites et les laisser frire environ encore deux à trois minutes. Dès qu'elles sont bien dorées les remonter, les laisser égoutter et les disposer sur un plat de service recouvert de papier absorbant. Les saupoudrer de sel fin.

PURÉE DE POMMES DE TERRE

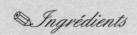

Ingrédients

- 1 kg de pommes de terre (Bintje ou Sirtema)
- 25 cl de lait,
- 25 g de beurre,
- 1 œuf entier,
- sel et poivre.

Facile

Pour **4** personnes

Temps de préparation : **8** mn

Temps de cuisson : **25** mn

(ou **15** mn en autocuiseur)

Laver les pommes de terre en les laissant dans leur peau. Les mettre à cuire dans de l'eau bouillante salée et poivrée vingt à trente minutes selon la grosseur des pommes de terre utilisées (dix à quinze minutes s'il s'agit d'un autocuiseur). Les égoutter, les éplucher et les écraser à la fourchette ou dans un presse purée. Disposer la purée de pommes de terre dans une casserole, ajouter en tournant le lait jusqu'à obtention de la consistance désirée. Laisser chauffer, à feu doux, quelques instants. Incorporer le beurre, l'œuf entier, le sel et le poivre. Bien mélanger le tout et servir chaud.

CRÉPIAU MORVANDIAU

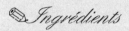 **Ingrédients**

- 1,200 kg de pommes de terre
  (Bintje ou Sirtema),
- huile,
- beurre,
- sel, poivre.

Facile

Pour **6** personnes

Temps de préparation : **10** mn

Temps de cuisson : **10** mn

Râper finement les pommes de terre épluchées. Mettre à chauffer dans un poêlon, un mélange égal d'huile et de beurre, le fond de la poêle devant être entièrement recouvert de ce mélange. Etaler les râpures de pommes de terre dans la poêle avec le dos d'une cuillère ou d'une spatule plate jusqu'à obtention d'une crêpe d'un demi centimètre d'épaisseur. Saler, poivre. Laisser frire et retourner dès que la face inférieure est bien dorée (sans toutefois être noircie) afin de frire également l'autre côté.

Variante : On peut incorporer du Jambon de Paris en menus morceaux, un œuf, des herbes de Provence, des filets de poulets hachés ou un reste de viande.

POMMES DE TERRE SAUTÉES À LA BRETONNE

 **Ingrédients**

- 1 kg de pommes de terre, cuites au
  préalable en robe des champs (vingt
  minutes à l'eau bouillante salée),
- 3 gros oignons,
- 1 branche de persil hachée,
- 1 gousse d'ail hachée,
- 1 tranche de lard fumé, coupée en
  petits dés,
- 50 g de beurre,
- 2 cuillères à soupe d'huile d'arachide,
- sel, poivre.

Facile

Pour **6** personnes

Temps de préparation : **10** mn

Temps de cuisson : **10** mn

Eplucher les pommes de terre et les couper en rondelles pas trop minces. Faire revenir à la poêle, dans un mélange de beurre et d'huile, les oignons découpés en lamelles assez épaisses. Ajouter les lardons. Laisser dorer quelques instants, puis incorporer les pommes de terre et l'ail haché. Saler, poivrer. Parsemer de persil haché et servir brûlant.

GRATIN DAUPHINOIS

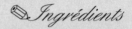

Ingrédients

- 1 kg de pommes de terre (de
  préférence Bintje ou Sirtema),
- 20 cl de crème fraîche épaisse
- 125 g de fromage râpé,
- 1 gros oignon découpé en fines
  lamelles,
- 1 gousse d'ail,
- 2 râpures de muscade,
- thym effeuillé,
- 1 verre de lait,
- éventuellement une tranche de lard
  fumé coupée en petits dés,
- 1 œuf battu
- sel, poivre.

Assez facile

Pour **6** personnes

Temps de préparation : **10** mn

Temps de cuisson : **1** h à **1** h **30** mn

(selon la sorte de pommes de terre)

Eplucher, laver et sécher les pommes de terre et les découper en fines rondelles. Frotter un plat allant au four avec de l'ail. Beurrer ce plat et y disposer en premier, les oignons en fines lamelles, puis une couche de pommes de terre. Saler, poivrer, saupoudrer légèrement de thym effeuillé.

Recouvrir de crème fraîche et de fromage râpé. Ajouter éventuellement quelques petits lardons. Répéter l'opération (c'est à dire disposer à nouveau une couche d'oignon, une couche de pommes de terre, une couche de crème fraîche et de fromage râpé, sel, poivre, thym effeuillé et éventuellement petits lardons).

Mouiller avec le lait après avoir disposé la dernière couche de pommes de terre.

Ajouter encore quelques oignons, saler, poivrer.

Disposer en dernier le fromage râpé sur le dessus, saler, poivrer à nouveau et mettre à four moyen au moins une heure à 200°C. Sortir le gratin du four et verser dessus l'œuf battu. Remettre au four jusqu'à ce qu'il soit bien doré

POMMES DE TERRE À LA LYONNAISE

Ingrédients

- 1 kg de pommes de terre, épluchées et
  détaillées en rondelles épaisses (Bintje
  ou Sirtema),
- 3 oignons, découpés en lamelles
  épaisses,
- 1 branche de persil hachée,
- 1 petite gousse d'ail hachée,
- thym effeuillé,

.../...

Facile

Pour **6** personnes

Temps de préparation : **15** mn

Temps de cuisson : **30** mn

Dans un caquelon avec couvercle, pouvant aller au four, faire revenir dix minutes, à feu doux, dans le mélange de beurre et d'huile, les pommes de terre, puis les oignons. Saler et poivrer. Ajouter les lardons et la crème fraîche. Chauffer

- 1 feuille de laurier,
- 50 g de beurre,
- 2 cuillères à soupe d'huile d'arachide,
- 1 cuillère à soupe de moutarde forte,
- 1 tranche de lard fumé, coupée en petits dés,
- 15 cl de crème fraîche,
- 15 cl de vin blanc sec,
- sel, poivre.

quelques instants, puis mouiller avec le vin blanc sec, dans lequel vous aurez fait dissoudre une cuillère à soupe de moutarde forte. Incorporer l'ail et le persil hachés, la feuille de laurier et le thym effeuillé. Fermer et cuire à four moyen, trente minutes, en tournant délicatement deux fois. Piquer les pommes de terre pour contrôler leur cuisson, qui peut varier d'une espèce à l'autre.

GÂTEAU DE POMMES DE TERRE (KUING PATATEZ)

Ingrédients

- 1,200 kg de pommes de terre,
- 125 g de beurre,
- 300 g de farine,
- 1 jaune d'œuf,
- sel, poivre.

Facile

Pour **6** personnes

Temps de préparation : **10** mn

Temps de cuisson : **25** mn

Faire cuire les pommes de terre en robe des champs (vingt minutes environ dans de l'eau bouillante salée). Réaliser ensuite une purée très sèche. Ajouter la farine et le beurre. Saler et poivrer. Pétrir la pâte ainsi obtenue sur une planche à pâtisserie, de façon à ce que la galette ait une épaisseur de un centimètre. Mettre à cuire, à four chaud, environ quinze minutes. Dorer à l'œuf et cuire encore dix minutes.

SALADE DE POMMES DE TERRE AU LARD

Ingrédients

- 1 kg de pommes de terre à chair ferme cuites à l'eau,
- 200 g de lard fumé en tranches d'1 cm d'épaisseur coupées en petits dés,
- 2 échalotes (grises de préférence),
- 10 cl d'huile d'arachide,

...∕...

Facile

Pour **6** personnes

Temps de préparation : **15** mn

Temps de cuisson : **30** mn

(ou **15** mn en autocuiseur).

Faire revenir 3 minutes dans une poêle les lardons avec de l'huile d'arachide. Placer dans un saladier en les mélangeant,

- 5 cl de vinaigre de vin,
- 2 branches de persil hachées finement,
- 1 cuillère à café de moutarde,
- sel et poivre.

les lardons égouttés et les pommes de terre cuites, épluchées et coupées en rondelles.

Préparation de la sauce

Disposer dans un bol, l'huile, le vinaigre, le sel, le poivre, la moutarde, le persil et les échalotes hachés. Fouetter vivement pour homogénéiser le mélange. Répartir la sauce sur les pommes de terre dans un saladier. Tourner délicatement et laisser reposer une heure. Tourner une seconde fois et passer 5 minutes à four doux avant de servir.

SALADE DE POMMES DE TERRE À LA CRÈME

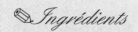 *Ingrédients*

- 1 kg de pommes de terre à chair ferme cuites à l'eau,
- 200 g de lard fumé en tranches d'1 cm d'épaisseur coupées en petits dés,
- 2 échalotes (grises de préférence),
- 10 cl d'huile d'arachide,
- 5 cl de vinaigre de vin,
- 1 branche d'estragon,
- 20 cl de crème fraîche,
- sel et poivre.

Facile

Pour **6** personnes

Temps de préparation : **15** mn

Temps de cuisson : **30** mn

(ou **15** mn en autocuiseur)

(Préparer **1** heure avant de servir).

Faire revenir 3 minutes dans une poêle les lardons avec de l'huile d'arachide. Placer dans un saladier en les mélangeant, les lardons égouttés et les pommes de terre cuites, épluchées et coupées en rondelles.

Préparation de la sauce

Verser la crème dans un bol. Monter peu à peu avec l'huile une sorte de mayonnaise à laquelle vous incorporerez du vinaigre. Ajouter les échalotes et l'estragon hachés, le sel et le poivre. Répartir la sauce dans le saladier. Mêler intimement aux pommes de terre les lardons et mettre à rafraîchir une heure avant de servir, après un ultime mélange du tout.

Salade de pommes de terre aux truffes

Ingrédients

- 500 g de pommes de terre à chair blanche et ferme,
- 15 g de truffes coupées en lamelles,
- 8 cuillères à soupe d'huile d'arachide,
- 3 cuillères à soupe de vinaigre de vin blanc,
- 10 cl de vin blanc moelleux,
- 1 pincée de thym effeuillé,
- sel et poivre (léger).

Facile

Pour **4** personnes

Temps de préparation : **15** mn

Temps de cuisson : **30** minutes

(ou **15** minutes en autocuiseur)

Cuire les pommes de terre à la vapeur pendant 30 minutes (ou 15 minutes s'il s'agit d'un autocuiseur). Les peler, les couper en rondelles et les disposer dans un saladier. Entre temps, porter le vin blanc à frémissement dans une petite casserole. Y faire pocher 5 minutes les lamelles de truffes crues. Oter la casserole du feu.

Préparation de la sauce

Réaliser une vinaigrette dans un bol avec l'huile, le vinaigre, la pincée de thym effeuillé, le sel et le poivre. Verser cette vinaigrette sur les pommes de terre dans le saladier et bien mélanger. Mouiller les pommes de terre du vin blanc contenant les lamelles de truffes, mélanger à nouveau délicatement avant de servir cette salade tiède.

Salade piémontaise

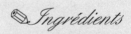

Ingrédients

- 500 g de pommes de terre cuites à l'eau (bien fermes),
- 2 œufs durs coupés en huit,
- 1 branche de persil hachée,
- 2 cornichons en rondelles,
- 2 tomates moyennes coupées en demi rondelles,
- 10 cl d'huile d'olive,
- 2 cuillères à soupe de crème fraîche,
- 2 cuillères à soupe de moutarde,
- 1 jaune d'œuf,
- sel et poivre.

Facile

Pour **4** personnes

Temps de préparation : **15** mn

Temps de cuisson :

30 mn pour les pommes de terre

(ou **15** mn en autocuiseur)

Temps de cuisson :

11 mn pour les œufs durs.

Préparation de la sauce

Mélanger dans un bol le jaune d'œuf à la moutarde avec une cuillère en bois. Ajouter petit à petit et sans cesser de tourner l'huile d'olive. Incorporer le vinaigre, le sel, le poivre, le persil haché et la crème fraîche. Bien homogénéiser.

Préparation de la salade

Mélanger dans un saladier la sauce avec les rondelles de pommes de terre, les morceaux d'œufs durs, les rondelles de cornichons et les demi rondelles de tomates. Servir frais.

PETITS POIS AU LARD

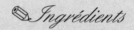

Ingrédients

- 1,500 kg de petits pois,
- 1 carotte découpée en rondelles,
- 1 demi botte d'oignons,
- 1 tranche de lard de poitrine fumée,
- 1 bouquet garni (thym, laurier),
- 30 g de beurre,
- 1 cuillère à soupe d'huile d'arachide,
- 3 belles feuilles de salade,
- 1 morceau de sucre si les pois sont insuffisamment sucrés (pois primeurs ou d'hiver),
- sel, poivre.

Facile

Pour **6** personnes

Temps de préparation : **15** mn

Temps de cuisson : **25** mn

(ou **10** mn en autocuiseur)

Faire revenir en cocotte dans un mélange de beurre et d'huile d'arachide, dans l'ordre : les lardons, les rondelles de carotte et les oignons blancs, jusqu'à ce que ces derniers commencent à suer. Ajouter alors les petits pois, puis tourner ensemble, à feu vif, jusqu'à ce que la couleur des pois devienne d'un vert foncé profond. Saler, (une poignée de gros sel de mer) poivrer selon goût, incorporer le bouquet garni, les feuilles de salade et éventuellement le morceau de sucre. Mouiller avec deux grands verres d'eau (40 cl).

Couvrir et laisser mijoter à feu doux vingt à vingt cinq minutes selon la grosseur des pois en cocotte classique ou dix à douze minutes en autocuiseur. Ouvrir la cocotte et faire évaporer à feu doux quelques minutes, si besoin est, l'excédent d'eau. Servir en accompagnement de rôti de veau, de canard ou de pigeon.

HARICOTS VERTS AU BEURRE

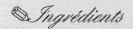

Ingrédients

- 1 kg de haricots verts, fins et sans fil,
- 1 oignon blanc,
- 1 petite tomate ferme,
- 1 branche de persil hachée,
- 1 bouquet garni (thym, laurier),
- 50 g de beurre,
- sel, poivre.

Très facile

Pour **6** personnes

Temps de préparation : **10** mn

Temps de cuisson : **25** mn

(ou **10** mn à **12** mn en autocuiseur)

Eplucher les haricots verts de la manière suivante : pincer chaque extrémité afin d'enlever la tige et la pointe, casser chaque haricot en son milieu, de manière à repérer tout fil indésirable. Bien laver les haricots verts à l'eau chaude.

Mettre à cuire dans une casserole d'eau bouillante, salée et poivrée, additionnée de l'oignon, de la tomate et du bouquet garni pendant vingt cinq minutes (ou dix minutes s'il s'agit d'un autocuiseur). Eviter une cuisson excessive, qui ramollirait par trop les légumes. Oter le bouquet garni, la tomate et l'oignon, puis égoutter rapidement les haricots verts. Juste avant de les servir, les parsemer de noisettes de beurre et de persil haché.

HARICOTS BLANCS À LA PROVENÇALE

Ingrédients

- 1,500 kg de haricots blancs (michelets longs ou cocos ronds) ,
- 6 oignons blancs,
- 1 gousse d'ail,
- 1 tranche de lard fumé, coupée en petits dés,
- 2 tomates bien mûres, pelées et épépinées,
- 4 grains de poivre,
- 1 clou de girofle,
- 1 pointe de piment de Cayenne,
- 1 bouquet garni (thym, laurier, persil),
- 10 cl d'huile d'olive,
- 10 cl de vin blanc sec,
- 1 morceau de sucre,
- sel, poivre.

Facile

Pour **6** personnes

Temps de préparation : **15** mn

Temps de cuisson : **30** mn

(ou **10** mn à **12** mn en autocuiseur)

Dans une cocotte en fonte, faire revenir dans l'huile les oignons, les petits lardons et la gousse d'ail. Lorsque ceux-ci commencent à dorer, ajouter les haricots, les grains de poivre, le poivre moulu et le sel. Laisser dorer encore quelques instants. Incorporer les tomates, le bouquet garni, le clou de girofle et la pointe de piment de Cayenne. Mouiller d'eau chaude jusqu'à recouvrir d'un centimètre la surface des haricots. Ajouter le vin blanc sec et le morceau de sucre.

Laisser cuire trente minutes environ, à couvert, en cocotte classique ou dix minutes en autocuiseur. Ces haricots accompagnent parfaitement les côtelettes ou selles d'agneau, dont vous aurez déglacé la poêle de cuisson et ajouté le jus aux haricots.

RATATOUILLE PROVENÇALE

 *Ingrédients*

- 500 g de petites courgettes,
- 1 aubergine (d'environ 400 g),
- 1 poivron vert (200 g),
- 1 poivron rouge (200g),
- 1 gros oignon émincé,
- 3 gousses d'ail (rouge du Tarn),
- 750 g de tomates,
- 150 g de lard fumé coupé en petits dés,
- 1 bouquet garni (thym, laurier, romarin, sauge),
- 2 branches de persil,
- 15 cl d'huile d'olive,
- 10 cl de vin rosé,
- sel, poivre.

Facile

Pour **6** personnes

Temps de préparation : **10** mn

Temps de cuisson : **45** mn

Dans une grande poêle creuse ou une cocotte, faire revenir dans l'huile les oignons jusqu'à ce qu'ils deviennent transparents. Ajouter les lardons, les poivrons en grosses lanières, les courgettes à demi- épluchées, dans le sens de la longueur et coupées en rondelles, l'aubergine totalement épluchée et également coupée en rondelles. Lorsque le tout commence à peine à dorer, incorporer les tomates, coupées en huit.

Faire rissoler quelques instants, puis ajouter le vin rosé, les gousses d'ail réduites en purée, le persil haché et le bouquet garni. Saler, poivrer selon goût, couvrir et laisser mijoter environ quarante minutes à feu doux.

PIPERADE

Préparer une ratatouille à la provençale (cf. recette précitée).

Casser des œufs, sans remuer, dans la ratatouille fumante et prolonger la cuisson trois minutes, vous obtenez un plat dénommé piperade.

TOMATES FARCIES

Ingrédients

- 7 belles tomates mûres mais bien fermes (de variété Marmande, de préférence),
- 400 g de chair à saucisse (porc et veau),
- 3 gousses d'ail,
- 3 branches de persil hachées,
- 200 g de pain ramolli dans du lait,
- chair des tomates évidées,
- 100 g de chapelure,
- sel, poivre

Facile

Pour **6** personnes

Temps de préparation : **10** mn

Temps de cuisson : **30** mn

Evider six tomates, pour réaliser un espace où vous placerez la farce, composée de chair à saucisse, additionnée des épices et ingrédients précités. Farcir l'intérieur des tomates. Badigeonner l'extérieur d'huile d'olive. Tailler dans la tomate, non évidée, un couvercle pour les six autres tomates. Placer au four environ trente minutes, à feu moyen. Servir avec du riz créole.

TOMATES PROVENÇALES

Ingrédients

- 6 grosses tomates pas trop mûres,
- 1 tête d'ail (rouge du Tarn de préférence),
- 1 bouquet de persil,
- herbes de Provence (thym, romarin, etc.),
- 10 cl d'huile d'olive.

Facile

Pour **6** personnes

Temps de préparation : **10** mn

Temps de cuisson : **30** mn

Oter la partie ligneuse, du côté tige des tomates et les évider légèrement. Dans une cocotte en fonte, faire chauffer modérément l'huile d'olive. Entre-temps, saler et poivrer les tomates dans leur partie évidée. Lorsque l'huile est bien chaude, sans toutefois fumer, placer dans la cocotte, avec précaution pour éviter toutes éclaboussures, les tomates sur leur partie inférieure. Laisser cuire quatre minutes à feu doux.

Pendant la cuisson, préparer le hachis d'herbes de Provence, de persil et d'ail, avec un hachoir à main, pour que la finesse de l'ensemble ne soit pas excessive et le réserver en attendant son utilisation. Les tomates ayant cuit le temps voulu sur leur face inférieure, les retourner et les laisser cuire encore trois minutes sur le côté tige.

Le temps écoulé, retourner à nouveau les tomates pour que vous puissiez garnir la face évidée de hachis et d'épices (sel, poivre).

Une fois garnie, mouiller chaque tomate de quelques gouttes d'huile d'olive. Couvrir la cocotte et rissoler, à feu doux, vingt minutes.

Servir en accompagnement de côtelettes ou brochettes d'agneau.

HARICOTS ROUGES

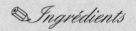

Ingrédients

- 2 kg de haricots rouges,
- 300 g de panzetta (ou de jambon cru),
- 1 gros oignon rose,
- 2 gousses d'ail,
- 1 bouquet garni (thym, laurier, romarin),
- 10 cl d'huile d'olive,
- 20 cl de vin blanc sec,
- sel et poivre.

Facile

Pour **6** personnes

Temps de préparation : **10** mn

Temps de cuisson : **40** mn

Ecosser les haricots et les mettre à blanchir dix minutes, dans de l'eau bouillante légèrement salée. Les égoutter et les réserver.

Dans une sauteuse, mettre à rissoler la panzetta (ou le jambon cru) coupée en petits dés, l'ail et l'oignon émincés et le bouquet garni. Incorporer les haricots rouges écossés et les faire revenir quelques instants. Mouiller avec le vin blanc sec et cinquante centilitres d'eau. Laisser cuire vingt minutes, à feu doux, à couvert. Oter le couvercle et faire réduire dix minutes à feu vif.

Cette recette accompagne parfaitement l'agneau.

STORZAPRETIS À LA BASTIAISE

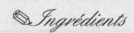

Ingrédients

- 600 g de vert de blettes,
- 300 g de brocciu frais,
- 2 gros œufs,
- 1 branche de basilic,
- 2 branches de persil,
- 100 g de brocciu vieux,
- 50 g de farine,
- sel et poivre.

Assez facile

Pour **4** personnes

Temps de préparation : **30** mn

Temps de cuisson : **10** mn

Laver soigneusement le vert de blettes et le jeter dans une casserole d'eau bouillante salée. A la reprise de l'ébullition, l'égoutter et le passer rapidement sous l'eau froide pour qu'il conserve sa fermeté. Presser fortement, dans un torchon pour en exprimer le maximum d'humidité. En former une boule et l'émincer finement avec une lame bien aiguisée. Dans un saladier, ajouter le brocciu frais, les œufs battus, les herbes hachées et la moitié du brocciu vieux râpé. Rectifier l'assaisonnement. Former des quenelles de la grosseur d'un petit œuf et les rouler dans la farine. Dans une grande casserole, porter à ébullition de l'eau légèrement salée. Maintenir l'eau frémissante et y pocher successivement les quenelles qui ne doivent pas se toucher. Lorsqu'elles remontent à la surface, elles sont cuites. Les retirer alors de la casserole et les égoutter sur un torchon.

On peut soit les recouvrir de la sauce du plat qu'elles sont destinées à accompagner, puis les saupoudrer du reste de fromage râpé, soit les disposer dans un plat allant au four, les recouvrir de sauce stuffatu (voir recette de la sauce stuffatu à la rubrique), puis de fromage râpé et les mettre à gratiner dix minutes.

DESSERTS

APPLE CRUMBLE

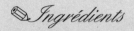

Ingrédients

- 1.500 kg de pommes acidulées,
- 550 g de sucre roux,
- 300 g de beurre (dont 200 g en petits morceaux),
- 100 g de farine non fluide,
- 100 g de poudre d'amande,
- 1 pincée de sel,
- 1 pincée de vanille naturelle en poudre.

Facile

Pour **6** à **8** personnes

Temps de préparation : **20** mn

Temps de cuisson : **30** mn

Eplucher les pommes et les épépiner. Les couper en morceaux (1/8), les disposer dans une casserole en acier et les faire revenir quelques instants dans cent grammes de beurre. Ajouter trois cents grammes de sucre, dix centilitres d'eau, la pincée de sel et la vanille. Laisser cuire à couvert et à feu doux dix minutes. Vérifier que la compote n'attache pas. Lorsque celle-ci est " tombée " (légèrement grumeleuse et pas trop épaisse), la retirer du feu.

Dans une terrine, manier ensemble, du bout des doigts, deux cents grammes de beurre en petits morceaux, deux cents grammes de sucre roux, cent grammes de farine et la poudre d'amande jusqu'à obtention de petites miettes de ce mélange légèrement fariné qui doivent retomber en pluie dans la terrine et que l'on nomme "crumble".

Verser la compote dans un plat allant au four, jusqu'à trois centimètres du bord (le plat ne devant dépasser 20 centimètres de diamètre).

Saupoudrer le dessus de la compote de " crumble " (mélange grumeleux de beurre farine et de sucre) et placer à four chaud environ vingt minutes jusqu'à ce que la surface commence à caraméliser. Servir très chaud.

BOURDELOTS

Ingrédients

Pâte feuilletée
- 350 g de farine,
- 3 pincées de sel fin,
- eau,
- beurre (le poids de beurre sera déterminé par le poids de la pâte lorsque celle-ci aura atteint une consistance appropriée).

Assez facile

(si l'on achète la pâte feuilletée)

Pour **6** personnes

Temps de cuisson : **35** mn

Préparation de la pâte feuilletée

Mettre la farine dans une terrine. Creuser en son centre une fontaine. Saler, puis délayer en versant l'eau par petites quantités jusqu'à obtention d'une pâte lisse et souple. La pâte primaire est ainsi obtenue.

Fariner la planche à pâtisserie et y laisser reposer la boule de pâte (ou détrempe) trente minutes. Travailler ensuite cette pâte avec les paumes des mains pendant cinq minutes, puis reformer une boule. La peser et la laisser reposer encore trente minutes.

Entre-temps, peser un poids de beurre (à température ambiante) égal à la moitié de celui de la détrempe et le débiter en fines lamelles.

Etaler ensuite votre détrempe au rouleau d'un mouvement régulier et toujours dans le même sens jusqu'à obtention d'une abaisse (pâte étalée) d'un centimètre d'épaisseur.

Appliquer des lamelles de beurre sur les deux tiers de la surface de l'abaisse sans tenter de les incorporer à la pâte (1).

Plier la partie non recouverte de beurre sur la moitié de la partie beurrée (2).

Replier la troisième partie sur les deux premières (en portefeuille) (3).

Faire pivoter la pâte d'un quart de tour à droite (4) sans la retourner et l'étirer en deux ou trois coups de rouleau très légers (c'est ce qui s'appelle donner un premier tour).

Placer au frais pendant vingt minutes.

Sortir la pâte, la travailler à nouveau au rouleau lentement, très légèrement et toujours dans le même sens jusqu'à obtention d'une bande d'un centimètre d'épaisseur. Recommencer un tour (1,2,3,4). Etirer au rouleau deux fois très légèrement, puis replacer au frais.

Répéter jusqu'à six fois la même opération.

Votre pâte feuilletée est prête (il est conseillé de préparer cette pâte la veille et de la laisser reposer au frais dans un papier sulfurisé pendant la nuit).

Préparation des bourdelots

Préparation des bourdelots
- *7 belles pommes rustiques,*
- *6 cuillères à café de sucre roux,*
- *6 noisettes de beurre,*
- *6 cuillères à café de gelée de groseille,*
- *6 pincées de noix râpées,*
- *125 g de crème fraîche fouettée,*
- *2 jaunes d'œufs, battus avec une cuillère à café de sucre.*

Peler et épépiner les pommes entières. Obstruer l'orifice (côté tige) avec un petit bouchon découpé dans la septième pomme prévue à cet effet.

Evaser légèrement en forme de cône le côté fleur de chaque pomme et y introduire une cuillère à café de sucre roux, une pincée de noix râpée, une noisette de beurre et une cuillère à café de gelée de groseille. Les pommes sont ainsi prêtes.

Etaler la pâte feuilletée afin d'obtenir une abaisse d'un demi centimètre d'épaisseur.

Découper dans cette pâte des cercles dont le diamètre doit être égal à trois fois la hauteur de la pomme. Recouvrir chaque pomme de cette pâte, souder à la base en mouillant et pratiquer dans la partie supérieure une cheminée (ouverture destinée à laisser s'échapper la vapeur pendant la cuisson).

Dessiner à la pointe du couteau les motifs souhaités. Dorer à l'œuf et cuire à four moyen environ trente cinq minutes. Servir les bourdelots accompagnés d'une jatte de crème fouettée.

CAJASSE

Ingrédients

- 250 g de farine,
- 300 g de sucre,
- 5 œufs,
- 2 cuillères à soupe de rhum,
- 80 g de beurre,
- 70 cl de lait,
- sel.

Facile

Pour **6** personnes

Temps de préparation : **10** mn

Temps de cuisson : **30** mn

Verser la farine dans une terrine. Creuser en son centre une fontaine. Y placer le sucre, les œufs entiers battus, le beurre fondu, les cuillères de rhum et une bonne pincée de sel. Mélanger le tout jusqu'à ce que la pâte devienne lisse et y incorporer petit à petit le lait. Beurrer un plat en terre (réfractaire) et y verser la pâte.

Mettre à cuire à four très chaud pendant trente minutes environ (préchauffer le four pendant au moins quinze minutes). On peut éventuellement incorporer avant cuisson des pruneaux d'Agen ou des raisins secs préalablement trempés dans du rhum.

CRÊPES FLAMBÉES AUX POMMES

Ingrédients

Pâte
- 250 g de farine,
- 3 œufs,
- 50 cl de cidre brut,
- 30 g de sucre,
- 5 g de levure de boulanger,
- 1 cuillère à soupe de crème fraîche,
- 1 cuillère à café de gros sel.

Pommes
- 1,500 kg de pommes rustiques,
- 60 g de beurre,
- 1 cuillère à café d'extrait de vanille naturelle,
- sucre roux.

Assez facile

Pour **6** crêpes

Préparation de la pâte

Verser la farine dans une terrine. Former un puits et y casser les œufs. Mélanger avec une spatule en bois et délayer petit à petit avec le cidre jusqu'à obtention d'une pâte lisse et légère. Saler avec le gros sel. Incorporer sans cesser de tourner, avec la spatule en bois, le sucre, la levure, puis la crème fraîche. Laisser reposer deux heures.

Préparation des pommes

Peler les pommes et les découper en tranches fines. Faire fondre le beurre dans une poêle et y faire revenir les pommes jusqu'à obtention d'une compote bien moelleuse. Ajouter la vanille et sucrer selon goût.

Cuisson des crêpes

Cuisson des crêpes
- beurre,
- 5 cl de Calvados.

Faire fondre une noisette de beurre dans une poêle bien chaude. Prendre une louche de pâte et bien répartir celle-ci dans le fond de la poêle sans épaisseur excessive (1 à 2 mm). Sur la crêpe en train de cuire, faire fondre et répartir une deuxième noisette de beurre. Lorsque la crêpe glisse facilement au fond de la poêle, la retourner avec soit une spatule métallique souple, soit un couteau à bière en bois.

Dès que la deuxième face est cuite à point (le vérifier en soulevant les bords), faire glisser la crêpe sur une assiette plate et la garnir de compote de pommes. Rouler la crêpe et la garder au chaud dans un plat de service creux. Répéter l'opération jusqu'à ce que vous ayez préparé six crêpes fourrées et les saupoudrer de sucre roux. Dans une louche, réchauffer le Calvados, puis le verser sur les crêpes. Flamber au moment de servir et accompagner d'une jatte de crème fraîche fouettée.

CRÊPES DE FROMENT

Ingrédients

- 60 g de farine de blé noir,
- 300 g de farine de froment,
- 100 g de sucre en poudre,
- 4 œufs,
- 100 g de beurre demi-sel,
- 50 cl de lait entier,
- 5 cl de rhum,
- eau.

Assez facile

Pour **20** crêpes environ

Boisson conseillée : **Cidre brut**

Mettre les farines dans une grande jatte. Former une fontaine au centre. Y placer les œufs entiers battus et le sucre. Commencer à travailler la pâte avec un peu d'eau, puis ajouter petit à petit le lait jusqu'à obtention d'une pâte bien lisse. Incorporer le beurre fondu et le rhum. Rectifier éventuellement la consistance de la pâte avec un peu d'eau, si celle-ci apparaît trop épaisse. Laisser reposer la pâte, à température ambiante, quelques heures avant utilisation.

Sur une galetoire (bilig) ou à défaut une poêle à fond épais, mettre à fondre une noisette de beurre et la répartir avec un morceau de lard gras sur toute la surface. Verser la quantité de pâte juste nécessaire à couvrir la surface chauffante. Laisser cuire à feu vif deux à trois minutes. Retourner, beurrer et laisser cuire à nouveau une à deux minutes et servir rapidement avec de la confiture ou du sucre.

NB. Vous pourrez trouver des idées variées de garniture de crêpes de froment dans le livre " Les meilleures crêpes et galettes " de Clémentine Perrin-Chattard paru aux Editions Gisserot.

CRÊPES À LA FARINE DE CHÂTAIGNES

Assez facile

Pour environ **30** crêpes

✎ *Ingrédients*

- 400 g de farine de froment,
- 200 g de farine de châtaigne,
- 3 œufs,
- 20 cl de lait entier,
- 20 g de levure de boulanger,
- 2 cuillères à soupe de sucre en poudre,
- 1 verre à liqueur d'eau de vie de châtaigne,
- 1 pincée de sel,
- huile,
- eau.

Préparation de la pâte

Mélanger soigneusement les deux farines dans une grande jatte. Former au centre une fontaine. Y placer les œufs. Travailler la pâte avec une cuillère en bois et délayer petit à petit avec le lait, puis l'eau de vie. Ajouter en tournant, le sucre, la pincée de sel, puis la levure et l'eau jusqu'à obtention d'une pâte ayant une consistance crémeuse.

Laisser lever la pâte au moins une demi-heure à température ambiante. La pâte aura tendance à épaissir sous l'effet de la levure. Ne pas rectifier avec de l'eau, mais la fouetter avant chaque utilisation.

Préparation des crêpes

Graisser avec un peu d'huile, une petite poêle (anti- adhésive de préférence) d'environ quinze centimètres de diamètre et la mettre à chauffer à feu doux. Lorsque l'huile commence à fumer, verser à l'aide d'une louche, la quantité de pâte nécessaire pour recouvrir le fond de la poêle. Laisser prendre à feu doux deux minutes, puis retourner la crêpe et laisser cuire encore deux minutes.

Faire glisser la crêpe sur une assiette et la recouvrir d'un torchon pour qu'elle se garde chaude dans l'attente de la confection des autres crêpes.

BÛCHE DE NOËL AU CHOCOLAT

Assez facile

Pour **6** à **8** personnes

Temps de préparation : **30** mn

Temps de cuisson : **15** mn

Vin conseillé : **Champagne**

ou **Monbazillac**

✎ *Ingrédients*

- 3 œufs dont on aura séparé les blancs des jaunes,
- 75 g de sucre,
- 75 g de farine tamisée,
- 1 pincée de sel ,
- 1 cuillère à café d'extrait de vanille liquide naturelle.

.../...

Préparation du biscuit de Savoie

Dans une terrine, mélanger lentement les jaunes d'œufs, le sucre et l'extrait de vanille jusqu'à ce que le tout devienne mousseux. Incorporer en tournant vivement, la farine tamisée en pluie. Monter les blancs en neige très ferme avec la pincée de sel. Les mêler délicatement à la pâte en soulevant (sans tourner).

Garnir un moule rectangulaire (de 20x25 cm environ) de papier d'aluminium. Le beurrer largement et fariner légèrement. Verser la pâte dans ce moule et mettre au four (préalablement chauffé quinze minutes à l'avance) pendant quinze minutes.

Lorsque le biscuit est légèrement doré, le démouler immédiatement sur un torchon humide et saupoudrer de sucre en poudre. Oter délicatement le papier d'aluminium. Rouler mollement le gâteau dans le torchon et laisser refroidir.

Préparation de la mousse au chocolat

- 150 g de chocolat noir,
- 3 œufs dont on aura séparé les blancs des jaunes,
- 2 cuillères à soupe de sucre,
- 1 cuillère à café d'extrait de vanille naturelle,
- 40 g de beurre.

Mettre le chocolat coupé en morceaux dans une casserole avec un filet d'eau et le faire ramollir à feu doux. Oter la casserole du feu et ajouter le sucre, les jaunes d'oeufs et la cuillère à café d'extrait de vanille en tournant avec une cuillère en bois jusqu'à obtention d'un mélange lisse. Incorporer le beurre. Battre les blancs en neige ferme et les mêler délicatement à la crème au chocolat. Placer au frais en attendant d'utiliser la mousse.

Préparation de la crème au beurre

- 150 g de beurre,
- 150 g de sucre,
- 2 jaunes d'œufs,
- 30 g de cacao noir pulvérisé,
- 1 cuillère à café de vanille naturelle.

Malaxer à la fourchette le beurre jusqu'à consistance crémeuse. Incorporer le sucre en poudre et les jaunes d'œufs. Lorsque la pâte est bien homogène, ajouter le cacao et la cuillère de vanille naturelle. Tourner vivement jusqu'à obtention d'une pâte lisse.

Préparation de la bûche

Lorsque le support en biscuit de Savoie est refroidi, le dérouler et en badigeonner la face supérieure de mousse au chocolat. Le rouler à nouveau. Disposer sur le plat de service en coupant en biais les extrémités. Répartir au pinceau la crème au beurre sur la bûche ainsi formée. Placer au réfrigérateur quelques instants, avant de dessiner avec une fourchette les irrégularités d'une écorce. Les petits morceaux de pâte prélevés lors de la coupe des extrémités pourront servir à former les apparences des noeuds de bois.

BÛCHE DE NOËL AU CAFÉ

Crème au beurre
- 200 g de beurre,
- 200 g de sucre,
- 2 jaunes d'œufs,
- 2 cuillères à soupe d'extrait de café,
- 1 cuillère à café de vanille naturelle.

Assez facile

Pour **6** à **8** personnes

Temps de préparation : **30** mn

Temps de cuisson : **15** mn

Vin conseillé : **Champagne**

Préparation du biscuit de Savoie : cf. recette de la bûche au chocolat précitée.

Préparation de la crème au beurre

Malaxer à la fourchette le beurre jusqu'à consistance crémeuse. Incorporer le sucre en poudre et les jaunes d'œufs. Lorsque la pâte est bien homogène, ajouter l'extrait de café et la cuillère de vanille naturelle. Tourner vivement jusqu'à obtention d'une pâte lisse. Ne pas s'inquiéter des grumeaux que forme éventuellement l'extrait de café dans un premier temps.

Préparation de la bûche

Lorsque le support en biscuit de Savoie est refroidi, le dérouler et en badigeonner la face supérieure de crème au beurre moka. Le rouler à nouveau. Disposer sur le plat de service en coupant en biais les extrémités. Répartir au pinceau le reste de la crème au beurre sur la bûche ainsi formée. Placer au réfrigérateur quelques instants, avant de dessiner avec une fourchette les irrégularités d'une écorce. Les petits morceaux de pâte prélevés lors de la coupe des extrémités pourront servir à former les apparences des noeuds de bois.

CAKE

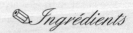

- 150 g de beurre,
- 150 g de sucre en poudre,
- 3 œufs,
- 200 g de farine,
- 75 g de raisins secs,
- 75 g de fruits confits,
- 1 petit verre à liqueur de rhum,

Facile

Pour **6** personnes

Temps de préparation : **15** mn

Temps de cuisson : **40** mn

Couper les fruits confits en petits morceaux. Les faire macérer avec les raisins secs dans une quantité égale de rhum et d'eau chaude. Travailler dans une terrine, le beurre et le sucre jusqu'à obtention d'un mélange onctueux. Incorporer les œufs entiers battus en omelette, la farine, la levure délayée dans un peu de lait, le rhum, la pincée de sel puis les fruits confits et les raisins mi-secs. .

Bien mélanger le tout. Couvrir la terrine d'un torchon et laisser reposer une heure.

Beurrer un moule à cake et y verser la pâte qui doit remplir le moule aux trois quart seulement. Mettre à cuire à four chaud dix minutes et continuer à cuire à four moyen environ trente cinq minutes. Vérifier la cuisson avec la lame d'un couteau qui doit ressortir sèche. Démouler le cake chaud et le laisser refroidir avant de le déguster.

CHARLOTTE AU CHOCOLAT

Facile

Pour **8** personnes

Temps de préparation : **15** mn

Vin conseillé . **Barsac**

Ingrédients

- 200 g de chocolat noir,
- 6 œufs,
- 3 cuillères à soupe de sucre en poudre,
- 30 biscuits à la cuillère,
- 5 cl de rhum,
- extrait de vanille liquide,
- 50 g de bourre.

Tapisser les parois d'un moule à charlotte (de préférence aux parois anti-adhésives) de biscuits à la cuillère préalablement humectés rapidement dans un mélange de deux tiers d'eau et un tiers de rhum (5cl de rhum,10 cl d'eau).

Réaliser une mousse au chocolat de la manière suivante : Faire fondre le chocolat à feu doux, dans une casserole, avec un filet d'eau. Ajouter trois cuillères à soupe de sucre et le beurre ramolli. Séparer les jaunes et les blancs des œufs. Faire monter les blancs en neige ferme. Retirer la casserole du feu avant d'incorporer les jaunes d'œufs, puis les blancs en neige montés très ferme.

Remplir le moule à charlotte jusqu'à mi-hauteur de mousse au chocolat. La recouvrir de biscuits à la cuillère. Ajouter au dessus le reste de mousse au chocolat. Recouvrir à nouveau d'une couche de biscuits. Placer la charlotte quelques heures au réfrigérateur avant de servir. (Il est préférable de la préparer la veille).

CHARLOTTE À LA FRAMBOISE

Ingrédients

- 30 biscuits à la cuillère,
- 500 g de framboises,
- 2 cuillères à soupe de confiture de framboises,
- 1 cuillère à soupe de sucre,
- 50 cl de crème fraîche.
- 5 cl d'eau de vie de framboise, diluée dans dix centilitres d'eau.

Facile

Pour **8** personnes

Temps de préparation : **20** mn

Vin conseillé :

Montlouis (vin de Loire blanc)

Tapisser les parois d'un moule à charlotte (de préférence anti-adhésive) de biscuits à la cuillère préalablement humectés rapidement dans un mélange de deux tiers d'eau et un tiers d'eau de vie de framboise (5cl d'eau de vie de framboise,10 cl d'eau). Ecraser les framboises à la fourchette. Ajouter deux cuillères à soupe de confiture de framboises et une cuillère à soupe de sucre. Monter la crème fraîche en chantilly (crème fraîche très froide, fouettée avec 5 cl de lait jusqu'à ce qu'elle adhère aux branches du fouet) bien ferme et l'incorporer délicatement à la purée de framboises.

Remplir le moule à charlotte jusqu'à mi-hauteur de la crème de framboises ainsi réalisée. Recouvrir de biscuits à la cuillère. Ajouter le reste de crème de framboises. Recouvrir d'une couche de biscuits à la cuillère. Placer la charlotte quelques heures au réfrigérateur. Démouler et décorer le dessus de la charlotte avec quelques framboises et de la crème chantilly. (Il est possible de remplacer les framboises par des fraises pour obtenir une charlotte aux fraises).

CLAFOUTIS AUX CERISES

Ingrédients

- 3 œufs,
- 100 g de sucre,
- 125 g de farine,
- 50 cl de lait (à température ambiante),
- 80 g de beurre,
- 500 g de cerises à chair ferme dénoyautées,
- 1 bonne pincée de sel.

Facile

Pour **6** personnes

Temps de préparation : **10** mn

Temps de cuisson : **30** mn

Vin conseillé : **Jurançon**

Mélanger dans l'ordre, les œufs entiers, le sucre et la farine jusqu'à obtention d'une pâte homogène. Ajouter peu à peu le lait. Saler. Beurrer soigneusement un plat à rôtir (plat en terre de préférence), et y verser la pâte. Répartir les cerises préalablement lavées, dénoyautées et séchées dans le plat. Faire cuire trente minutes à four bien chaud (le four devant être préchauffé pendant quinze minutes au moins).

FAR BRETON
(RECETTE D'ANNA JÉZÉQUEL)

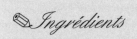

- 4 œufs,
- 100 g de sucre,
- 125 g de farine,
- 50 cl de lait entier
  (à température ambiante),
- 80 g de beurre demi-sel,
- une bonne pincée de sel.

Très facile

Pour **6** à **8** personnes
Temps de préparation : **10** mn
Temps de cuisson : **30** mn
Boisson conseillée : **Cidre brut**

Mélanger dans l'ordre, les œufs entiers, le sucre et la farine jusqu'à obtention d'une pâte homogène. Ajouter peu à peu le lait, puis une pincée de sel. Beurrer soigneusement un plat à rôtir (plat en terre de préférence), y verser la pâte et mettre trente minutes environ à four bien chaud (pour bien réussir le far, le four doit être préchauffé pendant au moins quinze minutes).

On peut éventuellement incorporer avant la cuisson des pruneaux, des abricots secs, des raisins secs (préalablement trempés dans du rhum) ou des morceaux de pommes émincés.

GÂTEAU AUX AMANDES (ALCAZAR)

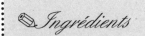

- 375 g de farine,
- 190 g de sucre en poudre,
- 190 g de beurre,
- 3 petits œufs,
- 1 pincée de sel.

.../...

Assez difficile

Pour **12** personnes
Temps de préparation : **40** mn
Temps de cuisson : **1 h 15** mn
Vin conseillé : **Barsac**

Ce gâteau est composé de trois pâtes.

Préparation de la pâte support

Mettre dans une terrine les œufs, le sucre et le sel. Bien mélanger les ingrédients en tournant avec une cuillère en bois. Ajouter toujours en tournant la farine, puis le beurre. Pétrir la pâte ensuite à la main pendant cinq minutes afin d'obtenir une pâte un peu molle. La laisser reposer.

Pâte aux amandes
- *320 g de sucre semoule,*
- *320 g de poudre d'amande,*
- *150 g de beurre,*
- *8 œufs.*

Préparation de la pâte aux amandes
(corps du gâteau)

Séparer le blanc du jaune de six œufs. Mettre dans une terrine les six jaunes, les deux oeufs entiers et le sucre. Travailler le tout quelques minutes avec une cuillère en bois jusqu'à ce que le mélange soit mousseux. Ajouter la poudre d'amandes en tournant. Battre les blancs en neige très ferme et les incorporer délicatement au mélange précédent. Faire fondre le beurre et l'adjoindre également en tournant lentement avec la cuillère en bois.

Garniture
- *80 g d'amandes en poudre,*
- *80 g de sucre semoule,*
- *1 blanc d'œuf.*

Préparation de la garniture aux amandes
Bien mélanger les ingrédients avec une cuillère en bois.

Préparation du gâteau

Beurrer un grand moule rond à bord assez haut et y étendre la pâte support sur toute la surface. La recouvrir d'une mince couche de confiture d'abricots. Verser dessus la pâte aux amandes (ou corps du gâteau). Mettre à cuire à four très doux environ soixante quinze minutes. Sortir du four et réaliser sur la surface du gâteau des croisillons avec la garniture aux amandes, à l'aide d'une poche à douille. Remettre quelques instants au four pour dorer. Sortir le gâteau et garnir les creux entre les croisillons de confiture d'abricots. Servir froid.

GÂTEAU AU CHOCOLAT

Ingrédients

- *200 g de chocolat noir,*
- *3 cuillères à soupe de farine,*
- *3 cuillères à soupe de sucre,*
- *125 g de beurre,*
- *5 œufs,*
- *éventuellement quelques amandes, noisettes ou cerneaux de noix.*

Très facile
Pour **6** personnes
Temps de préparation : **10** mn
Temps de cuisson : **20** mn
Vin conseillé : **Loupiac**
ou **Jurançon**

Mettre dans une casserole à fond épais, le chocolat coupé en morceaux avec un filet d'eau. Faire fondre à feu doux en tournant avec une cuillère en bois jusqu'à obtention d'une pâte lisse et épaisse. Ajouter la farine, le sucre et le beurre que l'on aura fait fondre au préalable dans le moule de cuisson du gâteau. Tourner cette pâte à feu doux jusqu'à ébullition.

Oter la casserole du feu. Laisser tiédir, puis incorporer les cinq jaunes d'œufs. Battre les blancs en neige très ferme et les mêler délicatement à la pâte. Verser la pâte ainsi obtenue dans un moule beurré et laisser cuire environ vingt minutes à four chaud (préchauffé dix minutes). Après avoir démoulé le gâteau, vous pouvez éventuellement le décorer avec des amandes ou des noisettes entières ou des cerneaux de noix

GÂTEAU AUX CHÂTAIGNES

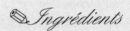

Ingrédients

- 1 kg de châtaignes,
- 200 g de chocolat noir,
- 3 oeufs,
- 100 g de sucre en poudre,
- 1 cuillère à café de vanille en poudre,
- 5 cl d'alcool de poire ou de mirabelle
- 4 cuillères à soupe de farine de froment,
- 20 g de beurre.

Facile

Pour **6** personnes

Temps de préparation : **40** mn

Temps de cuisson : **30** mn

Vin conseillé :

Muscat du Cap Corse

Faire cuire les châtaignes dans de l'eau légèrement salée, pendant quarante minutes, à feu vif. Les peler et les passer au presse purée (tamis fin).

Dans une terrine, mélanger le sucre, la farine, un œuf entier, deux jaunes d'œufs, les châtaignes passées au presse purée, la vanille en poudre et l'alcool de poire ou de mirabelle. Faire fondre le chocolat dans une casserole avec un peu d'eau et l'incorporer, dans la terrine, en tournant avec une cuillère en bois. Battre les blancs en neige bien ferme et les mêler délicatement à la pâte. Verser la préparation ainsi obtenue, dans un moule à charlotte préalablement beurré. Mettre à cuire, à four moyen, environ trente minutes.

Lorsque le gâteau a refroidi, le démouler et le recouvrir d'un nappage au chocolat préparé de la manière suivante :

Préparation du nappage au chocolat

- 150 g de chocolat noir,
- 50 g de beurre,
- 1 filet d'eau.

Mettre dans une casserole, le chocolat coupé en morceaux avec un filet d'eau. Faire fondre, à feu doux, en tournant avec une cuillère en bois, jusqu'à l'obtention d'une pâte lisse et coulante. Ajouter le beurre que l'on aura fait fondre au préalable et tourner encore, quelques instants, le mélange obtenu. En napper le gâteau. Mettre à refroidir au réfrigérateur au moins deux heures avant de servir.

GÂTEAU AUX NOIX

Ingrédients

Pâte
- 300 g de farine,
- 1 jaune d'œuf,
- 150 g de beurre ramolli,
- 1 bonne pincée de sel,
- 2 cuillères à soupe de sucre semoule.

Assez facile

Pour **8** à **10** personnes

Temps de préparation : **45** mn

Temps de cuisson : **45** mn

Vin conseillé : **Monbazillac**

(Laisser reposer la pâte : **1** h)

Préparation de la pâte

Mêler rapidement du bout des doigts, la farine, le beurre ramolli et le sucre, additionné du jaune d'œuf et d'une pincée de sel jusqu'à obtention d'une pâte d'apparence sablée. Ajouter, éventuellement, un peu d'eau. Réunir en boule et garder au frais au moins une heure. Etaler ensuite la pâte en une abaisse de cinq millimètres d'épaisseur et en garnir un moule à tarte de taille correspondante (vingt quatre centimètres de diamètre environ). Faire durcir la pâte à feu doux avant de la garnir, sans laisser dorer.

Garniture
- 125 g de noix hachées menu lorsqu'elles sont fraîches ou en poudre, lorsqu'elles sont sèches,
- 25 cl de crème fraîche,
- 1 demi cuillère à café d'extrait de vanille naturelle,
- 100 g de sucre semoule,
- 1 blanc d'œuf monté en neige,
- 1 pincée de sel.

Présentation
- 5 cl d'Armagnac,
- 100 g de sucre glace,
- 10 cerneaux de noix.

Préparation de la garniture

Mélanger les noix hachées (ou pulvérisées), la crème fraîche, l'extrait de vanille, le sucre semoule, le blanc d'œuf monté en neige et ajouter une pincée de sel. Garnir le fond de la tarte avec cette préparation. Laisser cuire trente cinq minutes à four moyen.

Présentation

Pendant la cuisson du gâteau, délayer dans un bol, le sucre glace avec l'Armagnac. En fin de cuisson, démouler et badigeonner soigneusement au pinceau la surface du gâteau avec la pommade de sucre glace obtenue. Garnir régulièrement avec les cerneaux de noix et laisser prendre au frais.

GÂTEAU BRETON

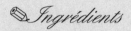 **Ingrédients**

- 150 g de farine,
- 150 g de sucre en poudre (roux de préférence),
- 150 g de beurre demi-sel,
- 4 œufs,
- 10 g de levure de boulanger,
- 1 cuillère à café de fleur d'oranger,
- 1 moule à gâteau rond (environ 20 cm de diamètre).

Très facile

Pour **6** personnes

Temps de préparation : **10** mn

Temps de cuisson : **30** mn

Boisson conseillée : **Cidre brut**

(Laisser reposer la pâte : **1** h)

Dans une terrine, mélanger le beurre, que vous aurez au préalable fait fondre, avec le sucre, la farine et les jaunes d'œufs. Incorporer la levure (délayée dans un peu de lait) et la fleur d'oranger. Couvrir la terrine avec un torchon et laisser reposer la pâte environ une heure. Entre-temps, beurrer abondamment le moule. Battre les blancs en neige très ferme et les mêler délicatement à la pâte. Verser la pâte obtenue dans le moule. Mettre à cuire, à four moyen, environ trente minutes. Vérifier la cuisson à l'aide d'une lame de couteau qui doit ressortir sèche.

GÂTEAU MARBRÉ

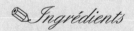 **Ingrédients**

- 150 g de beurre,
- 150 g de sucre en poudre,
- 150 g de farine,
- 4 œufs,
- 10g de levure de boulanger,
- 75 g de chocolat noir.

Facile

Pour **6** personnes

Temps de préparation : **15** mn

Temps de cuisson : **35** mn

Mélanger dans une terrine le beurre que vous aurez au préalable fait fondre, avec le sucre, la farine, la levure et les jaunes d'œufs. Travailler la pâte jusqu'à ce qu'elle soit lisse et homogène et la laisser reposer une heure.

Faire fondre le chocolat dans une casserole, à feu doux, avec un peu d'eau. Prélever trois cuillères à soupe de pâte de la terrine et y ajouter le chocolat fondu en tournant avec une cuillère en bois. Beurrer un moule à cake. Battre les blancs en neige très ferme et les incorporer doucement à la pâte restant dans la terrine.

Verser celle-ci dans le moule préalablement beurré, incorporer avec une cuillère en bois, en la répartissant irrégulièrement, la pâte chocolatée et cuire environ trente cinq minutes à feu moyen. Vérifier la cuisson à l'aide d'une lame de couteau qui doit ressortir sèche.

GÂTEAU DE PORT-LOUIS (MORBIHAN)

Ingrédients

- 300 g de farine,
- 200 g de beurre salé,
- 150 g de sucre en poudre,
- 4 jaunes d'œufs,
- 1 zeste d'orange,
- 1 pincée de poudre de vanille,
- 1 cuillère à soupe de rhum,
- 10 g de levure de boulanger.

Facile

Pour **6** personnes

Temps de préparation : **15** mn

Temps de cuisson : **45** mn

Boisson conseillée : **Cidre brut**

(Laisser reposer la pâte quelques heures)

Disposer la farine en fontaine dans une jatte. Verser au centre de la fontaine, le sucre, la pincée de poudre de vanille, la cuillère à soupe de rhum, le zeste d'orange et la levure de boulanger. Incorporer le beurre en petits morceaux. Pétrir la pâte à la main avec trois jaunes d'œufs et bien la travailler jusqu'à ce qu'elle n'attache plus aux mains. Former une boule avec la pâte et la laisser reposer au frais quelques heures.

Lorsqu'elle est bien ferme, l'étaler et la disposer dans un moule à tarte bien beurré. La dorer avec le jaune d'œuf restant. Dessiner des croisillons avec une fourchette.

Cuire à four chaud environ quarante cinq minutes. Réduire le feu dès que la pâte est dorée (couvrir d'un papier sulfurisé si le dessus venait à dorer trop rapidement). On peut éventuellement incorporer à la pâte quelques morceaux d'angélique confite.

GÂTEAU DE SAVOIE

Ingrédients

- 3 œufs,
- 75 g de sucre,
- 75 g de farine tamisée,
- 1 pincée de sel,
- 1 cuillère à café d'extrait de vanille naturelle.

Facile

Pour **6** personnes

Temps de préparation : **10** mn

Temps de cuisson : **25** mn

Vin conseillé : **Crépy**

Dans une terrine, mélanger intimement les jaunes d'œufs et l'extrait de vanille jusqu'à ce que le tout devienne mousseux. Incorporer la farine tamisée et le sucre en pluie en tournant vivement.

Monter les blancs en neige très ferme avec la pincée de sel. Les mêler délicatement à la pâte en soulevant avec une spatule en bois (sans tourner).

Verser cette pâte dans un moule à Savoie (rond et non adhésif de préférence) beurré et fariné et mettre au four (préalablement chauffé quinze minutes à l'avance) pendant vingt cinq minutes. Vérifier la cuisson avec la lame d'un couteau qui doit ressortir sèche. Démouler tout de suite.

ILE FLOTTANTE

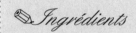

- 6 blancs d'œufs,
- 135 g de sucre,
- 1 pincée de sel.

Assez facile

Pour **6** personnes
Temps de préparation : **20** mn
Temps de cuisson : **40** mn
Vin conseillé : **Champagne**

Préparation de l'île

Battre les blancs d'œufs en neige très ferme avec le sel. Y mêler délicatement soixante grammes de sucre. Dans un moule à charlotte, réaliser un caramel blond avec soixante quinze grammes de sucre et de l'eau. Y verser les blancs en neige et faire cuire au bain-marie environ quarante minutes. Vérifier la cuisson avec une pique. Si celle-ci reste nette, c'est que l'île est cuite. Laisser refroidir.

- 75 cl de lait entier,
- 5 jaunes d'œufs,
- 75 g de sucre en poudre,
- 1 cuillère à café de vanille liquide.

Préparation de la crème anglaise

Faire chauffer le lait dans une casserole avec la vanille. Mettre les jaunes d'œufs dans une terrine et les mélanger avec le sucre. Verser le lait chaud mais non bouillant petit à petit sur ce mélange en tournant. Remettre le tout dans la casserole et laisser épaissir la crème à feu très doux sans cesser de tourner. Ne pas laisser bouillir afin d'éviter que la crème ne tourne.

Si la crème venait tout de même à tourner, il conviendrait de la mettre petit à petit dans une bouteille et de la secouer énergiquement (ou plus simplement de lui ajouter une cuillère à soupe de glace pilée et de la fouetter énergiquement). Démouler l'île refroidie, après avoir plongé, juste avant, le moule dans l'eau bouillante quelques secondes et entourer l'île de crème anglaise.

FIADONE

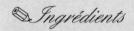

Ingrédients

- 300 g de farine,
- 125 g de sucre,
- 1 œuf,
- 1 pincée de sel,
- 125 g de beurre.

Facile

Pour **6** personnes

Temps de préparation : **30** mn

Temps de cuisson : **40** mn

Préparation de la pâte brisée

Placer la farine dans une terrine. Creuser en son centre une fontaine et y mettre le beurre ramolli (en menus morceaux), le sucre, le sel, et l'œuf battu. Mélanger délicatement les éléments, petit à petit, du bout des doigts. Lorsque les éléments sont mêlés, former une boule de pâte, puis la fraiser (cette opération consiste à travailler la pâte dans la paume des mains par petits morceaux afin de la rendre bien lisse), ajouter, éventuellement, un peu d'eau. Rassembler les pâtons ainsi obtenus, puis recommencer l'opération précédente.

Faire ensuite une grosse boule de pâte et laisser reposer au frais, pendant quelques heures, dans un linge légèrement fariné.

Etaler la pâte obtenue sur une planche à pâtisserie, jusqu'à obtention d'une abaisse d'un demi centimètre d'épaisseur. Beurrer soigneusement un moule à tarte et y disposer la pâte.

Piquer le fond régulièrement avec une fourchette et saisir à four moyen dix minutes.

- 400 g de brocciu frais bien égoutté,
- 4 œufs,
- 1 citron non traité,
- 150 g de sucre en poudre,
- 2 pincées de sel,
- 5 cl de liqueur de cédrat (ou d'eau de vie corse (acquavita).

Préparation de la garniture

Laver le citron et prélever avec un économe une bande de zeste de dix centimètres de long. La faire blanchir trois minutes dans de l'eau salée bouillante, l'égoutter et la hacher finement. Séparer les jaunes des blancs des œufs.

Dans une terrine, mélanger le sucre aux jaunes d'œufs jusqu'à obtention d'une crème bien lisse. Ajouter, peu à peu, le brocciu émietté, le zeste de citron haché et le petit verre d'eau de vie ou de liqueur de cédrat (ou un filet de citron). Fouetter les blancs en neige très ferme avec une pincée de sel et les incorporer, tout doucement, avec une cuillère en bois, à la préparation.

Verser le mélange ainsi obtenu, dans le moule à tarte, sur la pâte pré -dorée et cuire environ trente minutes à four moyen.

Vérifier la cuisson en piquant avec la pointe d'un couteau qui doit ressortir sèche, sinon poursuivre la cuisson encore quelques minutes en surveillant que la surface ne brunisse pas trop.

IMBRUCCIATA

Ingrédients

Pâte feuilletée
- 350 g de farine,
- 3 pincées de sel fin,
- beurre
- eau,

.../...

Assez facile

Pour **6** personnes

Temps de préparation : **1** h (si l'on prépare soi-même la pâte feuilletée)

Temps de cuisson : **30** mn

(préparer la pâte feuilletée **24** h à l'avance)

Préparation de la pâte feuilletée

- beurre (le poids de beurre sera déterminé par le poids de la pâte lorsque celle-ci aura atteint la consistance appropriée).

Mettre la farine dans une terrine. Creuser en son centre une fontaine. Saler, puis délayer en versant l'eau, par petites quantités, jusqu'à obtention d'une pâte lisse et souple. La pâte primaire est ainsi obtenue.

Fariner la planche à pâtisserie et y laisser reposer la boule de pâte (ou détrempe) trente minutes. Travailler ensuite cette pâte avec la paume des mains pendant cinq minutes, puis reformer une boule. La peser et la laisser reposer trente minutes.

Entre temps, peser un poids de beurre (à température ambiante) égal à la moitié de celui de la détrempe et le débiter en fines lamelles.

Etaler ensuite la détrempe au rouleau d'un mouvement régulier et toujours dans le même sens, jusqu'à obtention d'une abaisse (pâte étalée) d'un centimètre d'épaisseur.

Appliquer des lamelles de beurre sur les deux tiers de la surface de l'abaisse sans les incorporer à la pâte (1).

Plier la partie non recouverte de beurre sur la moitié de la partie beurrée (2).

Replier la troisième partie sur les deux premières (en portefeuille) (3).

Faire pivoter la pâte d'un quart de tour à droite (4) sans la retourner et l'étirer en deux ou trois coups de rouleau très légers (c'est ce qui s'appelle donner un premier tour).

Placer au frais pendant vingt minutes.

Sortir la pâte, la travailler à nouveau au rouleau lentement, très légèrement et toujours dans le même sens jusqu'à obtention d'une bande d'un centimètre d'épaisseur. Recommencer un tour (1, 2, 3, 4). Etirer au rouleau deux fois très légèrement, puis replacer au frais. Répéter jusqu'à six fois la même opération.

Votre pâte feuilletée est prête (il est conseillé de préparer cette pâte la veille et de la laisser reposer au frais dans un papier sulfurisé pendant la nuit).

Garniture
- 300 g de brocciu frais bien égoutté,
- 3 œufs entiers,
- 1 citron non traité,
- 100 g de sucre en poudre,
- 1 pincée de sel,
- 5 cl de liqueur de cédrat,
- 1 jaune d'œuf.

Préparation de la garniture

Laver le citron. Avec un économe, prélever une bande de zeste de dix centimètres de long. La faire blanchir trois minutes dans de l'eau bouillante. L'égoutter et la hacher finement. Séparer les jaunes des blancs des trois œufs.

Dans une terrine, mélanger le sucre aux jaunes d'œufs, jusqu'à obtention d'une crème bien lisse. Ajouter peu à peu le brocciu émietté, le zeste de citron haché et la liqueur de cédrat (ou un filet de citron).

Fouetter les blancs d'œufs en neige très ferme, avec une pincée de sel et les incorporer délicatement avec une cuillère en bois à la préparation.

Etaler la pâte feuilletée, jusqu'à obtention d'une abaisse d'un centimètre d'épaisseur. Découper y six ronds de pâte d'un diamètre suffisant pour que, une fois foncée dans les moules (de huit à dix centimètres de diamètre et de deux centimètres de haut), la pâte dépasse d'environ deux centimètres les bords .

Garnir les moules, préalablement beurrés, de ces ronds de pâte et piquer le fond de chaque moule avec une fourchette. Y verser la garniture. Pincer entre le pouce et l'index, à espaces réguliers, en la ramenant vers l'intérieur, la pâte qui dépasse des moules. Cuire à four moyen trente minutes environ. Badigeonner à mi - cuisson avec un jaune d'œuf additionné d'une cuillère à café de sucre en poudre.

FLAN AU LAIT

✑ *Ingrédients*

- 1 litre de lait entier,
- 250 g de sucre,
- 2 cuillères à soupe bombées de farine de froment,
- 1 pincée de vanille en poudre,
- 6 œufs
- 1 filet de vinaigre.

Facile

Pour **6** personnes

Temps de préparation : **20** mn

Temps de cuisson : **50** mn

Vin conseillé :

Muscat du Cap Corse

Délayer la farine avec un peu de lait froid. Mettre le reste du lait à bouillir dans une grande casserole avec deux cents grammes de sucre, la farine délayée et la pincée de vanille en poudre. Laisser cuire à feu moyen, en tournant avec une cuillère en bois, pendant dix minutes. Oter ensuite la casserole du feu et laisser refroidir avant d'incorporer les œufs battus. Dans une petite casserole, faire chauffer les cinquante grammes de sucre restant, à feu doux, avec une cuillère à soupe d'eau et un filet de vinaigre jusqu'à obtention d'un caramel blond.

Verser le caramel ainsi obtenu dans un moule à manqué, en le répartissant bien sur toute la paroi. Verser le contenu de la grande casserole dans le moule et mettre à cuire, à four chaud, pendant quarante minutes. Vérifier la cuisson avec la lame d'un couteau qui doit ressortir sèche. Sinon poursuivre la cuisson quelques instants. Sortir du four et laisser refroidir avant de démouler sur un plat à gâteau.

GÂTEAU DE RIZ AU CARAMEL

 **Ingrédients**

Riz au lait
- *200 g de riz rond de Camargue,*
- *150 g de sucre semoule,*
- *1 l de lait entier,*
- *1/2 gousse de vanille,*
  1 pincée de sel,
- *(1 moule à charlotte ou à flan,*
  de préférence antiadhésif)

Pour le caramel
- *50 g de sucre,*
- *5 cl d'eau,*
- *1 filet de vinaigre (1 cuillère à moka).*

Autres ingrédients nécessaires à la réalisation du gâteau
- *3 œufs.*

Facile

Pour **6** personnes

Temps de préparation : **20** mn

Temps de cuisson : **1** h **10** mn

Préparation du riz au lait

Bien rincer le riz à l'eau froide pour éliminer l'amidon extérieur qui le ferait coller. Mettre le lait à chauffer doucement , dans une casserole, jusqu'à ébullition, avec la vanille. Lorsque le lait frémit, verser le riz en pluie et cuire, à petit feu, pendant trente minutes environ jusqu'à ce que le riz ait absorbé la quasi totalité du lait. Sucrer, mélanger et terminer la cuisson jusqu'à complète absorption du lait, en prenant garde à ce que le riz n'attache pas au fond de la casserole.

Préparation du caramel

Pendant la cuisson du riz au lait, préparer le caramel que vous répartirez sur les parois et le fond du moule avant d'y verser l'appareil à gâteau. Pour ce faire, dans une casserole en acier et à feu très doux, mélanger le sucre (50 g), l'eau et le filet de vinaigre.

Laisser cuire doucement jusqu'à l'obtention d'une couleur caramel bien doré. Enduire ensuite les parois et le fond du moule froid avec le caramel obtenu.

Cuisson du gâteau

Casser les œufs un à un en séparant les blancs des jaunes. Ajouter au riz au lait les jaunes d'œufs battus en omelette puis, très délicatement, les blancs battus en neige très ferme.

Cuire, à four moyen pendant quarante minutes en vérifiant que la surface du gâteau ne brunisse pas trop. Laisser refroidir avant de démouler.

KUGELHOPF

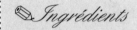

Ingrédients

- 500 g de farine tamisée,
- 10 g de sel fin,
- 80 g de sucre (roux de préférence),
- 250 g de beurre,
- 3 œufs entiers,
- 20 cl de lait tiède,
- 20 grosses amandes émondées,
- 100 g de raisins secs de Corinthe,
- 10 cl de kirsch (ou de rhum),
- 20 g de levure de bière.

Assez facile

Pour **6** à **8** personnes

Temps de préparation : **45** mn

Temps de cuisson : **45** mn

Vin conseillé : **Gewurztraminer**

(Laisser lever la pâte **1** h)

Préparation du levain

Dans une petite terrine, délayer la levure avec un peu de lait tiède. Ajouter petit à petit un peu de farine jusqu'à obtention d'une pâte légère. Recouvrir le tout d'un torchon et placer à proximité d'un calorifère.

Préparation de la pâte

Mettre à tremper les raisins secs dans un mélange égal de kirsch (ou de rhum) et d'eau. Dans une terrine, disposer en fontaine, la farine, le sel et le sucre. Placer en son centre les œufs et le reste de lait. Battre vivement à la main ce mélange pendant quinze minutes en aérant le plus possible (soulever la pâte de nombreuses fois et la frapper contre les parois de la terrine en ayant soin à chaque fois d'y emprisonner de l'air). Couper le beurre en menus morceaux et le malaxer à la main pour qu'il prenne une consistance crémeuse. Incorporer celui-ci à la pâte et la travailler jusqu'à ce qu'elle devienne lisse et peu collante. C'est maintenant que vous devez ajouter le levain qui devra avoir au moins doublé de volume. Travailler encore quelques instants, puis rassembler soigneusement la pâte au fond de la terrine. Couvrir avec un torchon légèrement fariné et laisser lever une heure dans un endroit tiède.

La pâte ayant levé, la travailler par petites touches pour lui faire reprendre son volume initial. Egoutter et sécher soigneusement les raisins secs et les incorporer à la pâte. Prendre un moule à kugelhopf (en terre de préférence) et le beurrer abondamment. En garnir le fond d'amandes émondées.

Verser la pâte dans le moule. Laisser lever à nouveau jusqu'à ce que celle-ci en dépasse légèrement le bord. Cuire à four moyen environ quarante cinq minutes. Couvrir d'un papier d'aluminium si le dessus venait à dorer trop rapidement. Démouler et saupoudrer éventuellement de sucre glace.

KOUIGN AMAN

Ingrédients

- 500 g de farine,
- 250 g de beurre,
- 50 g de sucre en poudre,
- 10 g de levure de boulanger,
- 1 jaune d'œuf,
- 2 pincées de sel,
- 1 verre de lait,
- un peu d'eau à température ambiante.

Assez facile

Pour **6** à **8** personnes

Temps de préparation : **45** mn

Temps de cuisson : **30** mn

Boisson conseillée : **Cidre brut**

(Laisser lever la pâte **45** mn)

Placer la farine, le sel et la levure dans une terrine et pétrir avec l'eau afin d'obtenir une pâte à pain assez molle. Laisser lever celle-ci environ trente minutes sur une planche à pâtisserie légèrement farinée recouvert d'un torchon.

Etaler ensuite la pâte à la main jusqu'à ce qu'elle atteigne la dimension d'une grande assiette plate.

Pommader de beurre la surface de la pâte sans toutefois aller jusqu'au bord (1 à 2 cm du bord). Saupoudrer le beurre d'une couche de sucre en poudre (roux de préférence) jusqu'à ce que celui-ci (le beurre) ne soit plus visible.

Plier la pâte en deux en veillant à bien souder les bords. Replier encore une fois pour obtenir une pointe de pâte relativement épaisse. Laisser reposer une dizaine de minutes. Aplatir à la main et replier à nouveau. Laisser reposer quinze minutes. Aplatir une deuxième fois pour obtenir une forme ronde.

Disposer la pâte dans un plat à tarte en porcelaine à four. Dessiner des croisillons avec la pointe d'un couteau. Dorer à l'œuf et mouiller la surface d'un peu de lait sucré. Cuire à four très chaud vingt cinq minutes environ.

Dans l'hypothèse où du beurre viendrait à couler trop abondamment, le recueillir et en arroser régulièrement le gâteau en cours de cuisson. Prévoir alors dix minutes de cuisson supplémentaires pour tenir compte des ouvertures successives du four.

MERINGUES

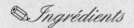

- 4 blancs d'œufs,
- 225 g de sucre en poudre,
- 1 pincée de sel.

Assez facile

Pour environ **20** meringues

Temps de préparation : **30** mn

Temps de cuisson : **1** h

Mettre les blancs d'oeufs, le sucre et la pincée de sel dans une jatte. Faire tremper la jatte dans une casserole d'eau frémissante. Battre les blancs d'œufs (mélangés au sucre) en neige ferme. Oter la jatte de la casserole dès que la mousse obtenue a atteint cinquante degrés. Continuer à battre les blancs dix minutes à grande vitesse, puis encore dix minutes, plus lentement, pour refroidir et raffermir la meringue.

Former des tas avec la mousse obtenue, sur une plaque qui n'attache pas et cuire une heure à four doux (préchauffer le four dix minutes avant). Les meringues obtenues doivent être blond très clair et sèches. Laisser refroidir. Les décoller de la plaque avec une palette fine en acier.

MIGLIACCI

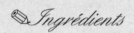

Levain
- 25 g de levure de boulanger,
- 5 cl de lait,
- 1 pincée de sucre en poudre,
- 50 g de farine de froment.

Assez facile

Pour **6** personnes

Temps de préparation : **20** mn

Temps de cuisson : **20** mn

(prévoir de laisser reposer la pâte **4** h)

Préparation du levain

Dans un petit bol, délayer la levure avec le lait. Ajouter la pincée de sucre, puis la farine. Recouvrir d'un torchon et laisser lever deux heures à température ambiante.

- 600 g de farine de froment,
- 125 g de sucre en poudre,
- 10 cl de lait,
- 4 œufs,
- 400 g de brocciu,
- 3 pincées de sel.

Préparation de la pâte

Dans une terrine, mélanger le sucre et la farine. Former au centre une fontaine ; y ajouter en tournant trois œufs entiers, le sel et le lait (si la pâte est trop épaisse compléter avec un demi verre d'eau).

Lorsque la pâte est bien lisse, continuer à tourner en incorporant peu à peu le brocciu et le levain. Malaxer la pâte et en former une boule légèrement farinée. Laisser lever à couvert pendant quatre à cinq heures.

Lorsque la pâte a levé, la malaxer à la main pour la faire retomber. Sur un linge fariné, étaler la boule de pâte obtenue, jusqu'à obtention d'une abaisse d'un demi centimètre d 'épaisseur.

Prélever des ronds de pâte à l'aide d'un bol retourné et disposer ceux-ci sur une plaque à pâtisserie recouverte d'un papier sulfurisé. Avec l'œuf restant, battu avec une pincée de sel et une pincée de sucre, dorer chaque galette. Faire cuire les galettes vingt minutes à four chaud.

Ouvrir le four et vérifier la cuisson.

Si besoin, continuer celle-ci, quelques minutes, jusqu'à obtention d'un aspect bien doré, mais non brûlé. Enfourner de la même façon les ronds de pâte restants. Selon la tradition, on peut placer entre le papier sulfurisé et les galettes, des feuilles de châtaignier séchées, mises à tremper depuis la veille.

MOUSSE AU CHOCOLAT

Ingrédients

- 200 g de chocolat noir,
- 4 œufs,
- 3 cuillères à soupe de sucre,
- 75 g de beurre,
- 1 cuillère à café d'extrait de vanille naturelle,
- éventuellement quelques noisettes ou amandes hachées.

Très facile

Pour **6** personnes

Temps de préparation : **10** mn

Vin conseillé : **Barsac**

Laisser reposer au frais (au moins **4**h.)

Mettre le chocolat coupé en morceaux dans une casserole avec un filet d'eau et le faire ramollir à feu doux. Oter la casserole du feu et ajouter le sucre, les jaunes d'œufs et la cuillère à café d'extrait de vanille en tournant avec une cuillère en bois jusqu'à obtention d'un mélange lisse. Incorporer le beurre ramolli. Battre les blancs en neige très ferme et les mêler délicatement à la crème au chocolat. Verser le tout dans des petits ramequins et décorer éventuellement d'amandes ou de noisettes entières émondées. Laisser reposer au frais au moins quatre heures avant de servir.

PASTIS

Ingrédients

- 200 g de farine,
- 200 g de sucre en poudre,
- 125 g de beurre,
- 1 grand verre rempli d'eau jusqu'à un centimètre du bord, la différence étant comblée par de l'huile de noix,
- 5 cl d'eau de vie d'Armagnac,
- 1 pomme rustique coupée en fines lamelles,
- 1 œuf entier,
- 2 pincées de sel.

Difficile

Pour **6** personnes

Temps de préparation : **1** h

Temps de cuisson : **30** mn

Vin conseillé : **Loupiac**

Dans une terrine, verser la farine en fontaine. Ajouter au centre l'œuf entier, le sel et le mélange eau et huile. Mélanger ces ingrédients du bout des doigts petit à petit avec la farine, en tapotant et en ayant soin de ne pas faire de grumeaux, afin d'obtenir une pâte molle et bien homogène. La consistance de la pâte doit être à la limite du " collant " sans toutefois adhérer aux doigts.

Dans l'hypothèse où la pâte viendrait à coller aux doigts, la saupoudrer très légèrement de farine tamisée.

Travailler ensuite le pâton longuement sur la planche en le pétrissant vivement, soit des poings fermés, soit de la paume des mains, soit en le battant avec le rouleau à pâtisserie ou enfin en le projetant avec force sur la planche, puis l'étirer doucement sur le poing fermé.

Quand la pâte est à point, elle doit être parfaitement lisse et ne doit ni fendiller, ni se craqueler à l'étirage. La huiler soigneusement pour éviter tout dessèchement et la laisser reposer quelques heures au frais (la pâte peut être préparée la veille pour le lendemain).

Etirage de la pâte

Disposer sur la table un grand linge blanc légèrement fariné. Si vous êtes seul, partager la pâte en trois morceaux égaux que vous étirerez séparément. Il est plus facile et surtout plus rapide d'étirer celle-ci à deux, chacun se plaçant d'un côté de la table. Poser la pâte sur le linge et donner lui la forme d'une baguette de pain, puis étirer la, du bout des doigts, en ayant soin de partir de son centre. Eviter de la percer avec les ongles. Tenir toujours les mains à plat sur la table en soulevant légèrement la pâte. Etirer la pâte jusqu'à obtention d'un grand rectangle de fine épaisseur. La laisser sécher dix minutes. Enduire au pinceau avec du beurre fondu, puis saupoudrer largement de sucre et parfumer d'eau de vie d'Armagnac. Beurrer un moule rond. Découper l'abaisse de pâte en six cercles (plus grands que le moule).

Poser dans le moule trois abaisses de pâte, garnir de lamelles de pommes, saupoudrer à nouveau de sucre et mouiller de quelques gouttes d'eau de vie d'Armagnac. Recouvrir des trois abaisses restantes de la même façon. Badigeonner la surface avec du beurre fondu, sucrer modérément.

Récupérer et couper en fins rubans les chutes de pâte et disposer les en les frisant sur le dessus de votre gâteau. Arroser d'Armagnac et saupoudrer de sucre. Mettre au four et laisser cuire trente minutes à four moyen.

POMPES AUX POMMES

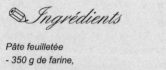

Ingrédients

Pâte feuilletée
- 350 g de farine,
- eau,
- 3 pincées de sel fin,
- beurre (le poids du beurre sera déterminé par le poids de la pâte lorsque celle-ci aura atteint une consistance appropriée).
.../...

Difficile (si l'on prépare soi-même la pâte feuilletée)
Pour **6** personnes
Temps de préparation : **1** h
Temps de cuisson : **25** mn
Vin conseillé : **Barsac**

Préparation de la pâte feuilletée

Mettre la farine dans une terrine. Creuser en son centre une fontaine. Saler, puis délayer en versant l'eau par petites quantités jusqu'à obtention d'une pâte lisse et souple. Votre pâte primaire est ainsi obtenue. Fariner une planche à pâtisserie et y laisser reposer la boule de pâte (ou détrempe) quinze minutes. Ensuite, travailler cette pâte avec les paumes des mains pendant cinq minutes, puis reformer une boule. La peser et la laisser reposer trente minutes. Entre-temps, peser un poids de beurre (à température ambiante) égal à la moitié de celui de la détrempe et le débiter en lamelles. Etaler ensuite votre détrempe au rouleau d'un mouvement régulier et toujours, dans le même sens jusqu'à l'obtention d'une abaisse (pâte étalée) d'un centimètre d'épaisseur.

Appliquer des lamelles de beurre sur les deux tiers de la surface de l'abaisse sans tenter de les incorporer à la pâte. (1) Plier la partie non recouverte de beurre sur la moitié de la partie beurrée. (2) Replier la troisième partie sur les deux premières (en portefeuille) (3).

Faire pivoter la pâte d'un quart de tour à droite (4) sans la retourner et l'étirer en deux ou trois coups de rouleaux très légers (c'est ce qui s'appelle donner un premier tour). Placer au frais pendant vingt minutes. Sortir la pâte, la travailler à nouveau au rouleau lentement, très légèrement et toujours dans le même sens jusqu'à l'obtention d'une bande d'un centimètre d'épaisseur. Recommencer un tour (1,2,3,4), étirer au rouleau deux fois légèrement, puis placer au frais. Répéter jusqu'à six fois la même opération.

Votre pâte feuilletée est prête (il est conseillé de préparer cette pâte la veille et de la laisser reposer au frais dans un papier absorbant pendant la nuit).

Pompes aux pommes
- 2 belles pommes acidulées,
- 250 g d'amandes effilées,
- 200 g de sucre,
- 10 cl d'huile d'arachide ou de noix,
- 1 œuf entier battu,
- 1 pincée de sel.

Préparation des pompes aux pommes

Partager en deux la masse de pâte feuilletée. Etaler séparément au carré chaque pâton jusqu'à obtention d'abaisses d'un quart de centimètre d'épaisseur. Dans chaque abaisse, découper quatre rectangles égaux de pâte.

Montage

Sur une tôle à pâtisserie bien huilée, déposer deux premiers rectangles côte à côte. Huiler soigneusement leur surface au pinceau. Les saupoudrer de sucre, puis d'amandes effilées. Recouvrir chaque partie d'un deuxième rectangle. A nouveau huiler et saupoudrer de sucre, puis disposer sur toute leur surface de fines lamelles de pommes. Recouvrir d'un troisième rectangle de pâte, huiler, sucrer et disposer un mélange d'amandes effilées et de pommes émincées. Placer sur le tout, le dernier rectangle de pâte, dessiner avec la lame d'un couteau les motifs de votre choix et parsemer d'amandes effilées. Dorer à l'œuf entier battu, mélangé d'un peu de sucre. Cuire à four moyen environ vingt cinq minutes.

SOUFFLÉ AU KIRSCH

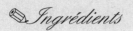 *Ingrédients*

- 70 g de beurre,
- 50 g de farine,
- 25 cl de lait entier,
- 100 g de sucre roux de préférence,
- 5 jaunes d'œufs,
- 6 blancs d'œufs montés en neige,
- 1 cuillère à café de concentré liquide de vanille naturelle,
- 5 cl de kirsch d'Alsace.

Assez facile

Pour **6** personnes

Temps de préparation : **15** mn

Temps de cuisson : **20** mn

Vin conseillé : **Gewürztraminer**

Faire bouillir le lait additionné du sucre et de la vanille. Entre-temps, dans une casserole à fond épais, ramollir cinquante grammes de beurre, et y ajouter en pluie la farine sans cesser de tourner avec une spatule de bois.

Mettre à feu doux et lorsque le mélange de beurre et de farine commence à mousser, verser dessus en fouettant le lait bouillant. Porter à nouveau à ébullition (sans cesser de fouetter), puis couper les feux. Le mélange ayant légèrement refroidi, incorporer les jaunes d'œufs et y verser le kirsch. Laisser refroidir encore dix minutes. En attendant, monter les blancs en neige ferme.

Beurrer et sucrer copieusement un moule à soufflé (faire adhérer du sucre semoule roux au beurre réparti sur les parois), cette opération étant réalisée, mêler délicatement les blancs d'œufs à la pâte vanillée.

Verser le tout dans le moule jusqu'au trois quarts de sa hauteur. Cuire environ vingt minutes à feu modéré pour permettre au soufflé de prendre toute son ampleur. Servir immédiatement.

MILLASSOU (GÂTEAU À LA CITROUILLE)

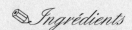

Ingrédients

- 1 kg de citrouille,
- 175 g de beurre,
- 275 g de sucre,
- 275 g de farine de maïs,
- 5 œufs,
- 50 cl de lait,
- 5 cl de rhum.

Facile

Pour **6** personnes

Temps de préparation : **10** mn

Temps de cuisson : **25** mn

Vin conseillé : **Monbazillac**

Faire cuire à l'eau bouillante salée, pendant quinze minutes, la citrouille, au préalable épluchée, coupée en morceaux et lavée. Egoutter et passer au presse purée. Entre-temps, faire fondre le beurre dans une casserole. Mélanger, dans une jatte, la farine, les œufs battus, le sucre, le rhum, le beurre fondu et le lait préalablement chauffé. Y incorporer ensuite la purée de citrouille. Beurrer un moule à tarte et y verser la préparation. Cuire à four moyen vingt cinq minutes environ.

TARTE AU FROMAGE BLANC

Ingrédients

Pâte brisée
- 300 g de farine,
- 150 g de beurre,
- 1 cuillère à soupe de sucre en poudre,
- 1 œuf entier battu,
- 10 g de sel fin.

.../...

Assez facile

Pour **6** à **8** personnes

Temps de préparation : **30** mn

Temps de cuisson : **55** mn (y compris le temps de cuisson de la pâte brisée)

Vin conseillé : **Riesling**

Préparation de la pâte (pâte brisée)

Placer la farine dans une terrine. Creuser en son centre une fontaine et y mettre le beurre ramolli (en menus morceaux), le sucre, le sel et l'œuf battu. Mélanger délicatement les éléments, petit à petit du bout des doigts. Ajouter, éventuellement, un peu d'eau.

Lorsque les éléments sont mêlés, former une boule de pâte, puis la fraiser (cette opération consiste à travailler la pâte dans la paume des mains, par petits morceaux afin de la rendre bien lisse). Rassembler les pâtons ainsi obtenus, puis recommencer l'opération précédente. Faire ensuite une grosse boule de pâte et laisser reposer au frais pendant quelques heures dans un linge légèrement fariné.

Etaler la pâte sur une planche à pâtisserie légèrement farinée jusqu'à obtention d'une abaisse d'un demi-centimètre d'épaisseur. Beurrer soigneusement votre moule et y disposer la pâte. Piquer le fond régulièrement avec les dents d'une fourchette et saisir à four moyen pendant vingt minutes.

Garniture
- *400 g de fromage blanc à 60% (ou 40%) de matière grasse,*
- *50 g de farine tamisée,*
- *5 œufs,*
- *100 g de sucre de canne roux,*
- *1 cuillère à café d'extrait de vanille naturelle,*
- *le jus d'un petit citron.*

Préparation de la garniture

Mêler intimement au fouet le fromage blanc, le sucre, les jaunes d'œufs, le jus de citron et la farine. Battre les blancs en neige ferme et les incorporer délicatement à cette préparation. Verser dans le moule sur la pâte pré-dorée et remettre à four chaud environ trente cinq minutes. Lorsque vous sortez la tarte du four, la retourner sur une grille à pâtisserie pour éviter le tassement du fromage blanc et obtenir ainsi une belle surface lisse après refroidissement. La remettre à l'endroit pour servir.

TARTE AUX AMANDES

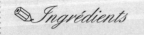

Facile

Pour **6** à **8** personnes

Temps de préparation : **20** mn

Temps de cuisson : **55** mn (y compris le temps de cuisson de la pâte brisée)

Vin conseillé : **Champagne**

Ingrédients

- *Confiture d'abricots,*
- *125 g de sucre en poudre,*
- *3 œufs,*
- *150 g de poudre d'amandes,*
- *60 g de beurre.*

Préparation de la pâte (pâte brisée)

cf. recette de la tarte au fromage blanc ci-avant.

Préparation de la garniture

Recouvrir la pâte brisée légèrement dorée d'une mince couche de confiture d'abricots, puis de la pâte préparée de la manière suivante :

Séparer le blanc du jaune de deux des oeufs. Mettre dans une terrine les deux jaunes, l'œuf entier et le sucre. Travailler le tout quelques minutes avec une cuillère en bois jusqu'à ce que le mélange soit mousseux. Ajouter la poudre d'amandes, tourner, puis battre les blancs en neige très ferme. Les mêler délicatement au mélange précédent. Y incorporer le beurre que vous aurez préalablement fait fondre. Répartir régulièrement la pâte ainsi obtenue au dessus de la couche de confiture d'abricots. Décorer éventuellement le dessus du gâteau avec quelques amandes entières. Faire cuire à feu doux trente minutes environ.

TARTE AUX NOISETTES

Ingrédients

Pâte
- 300 g de farine,
- 150 g de beurre,
- 1 cuillère à soupe de sucre en poudre,
- 1 œuf entier battu,
- 10 g de sel fin.

.../...

Facile

Pour **6** à **8** personnes

Temps de préparation : **15** mn

Temps de cuisson : **55** mn (y compris le temps de préparation de la pâte brisée)

Vin conseillé : **Jurançon**

(prévoir de laisser reposer la pâte **3** h)

Préparation de la pâte brisée

Placer la farine dans une terrine. Creuser en son centre une fontaine et y mettre le beurre ramolli en menus morceaux, le sucre, le sel et l'œuf battu. Mélanger délicatement les éléments du bout des doigts. Ajouter, éventuellement, un peu d'eau. Lorsque ceux-ci sont mêlés, former une boule de pâte, puis la fraiser (cette opération consiste à travailler la pâte dans la paume des mains par petits morceaux afin de la rendre lisse). Rassembler les pâtons ainsi obtenus, puis recommencer l'opération précédente. Faire ensuite une grosse boule de pâte et laisser reposer au frais pendant quelques heures dans un linge légèrement fariné.

Saupoudrer de farine une planche à pâtisserie et y étaler la pâte jusqu'à obtention d'une abaisse d'un demi centimètre d'épaisseur. Beurrer soigneusement un moule à tarte et y disposer la pâte. Piquer le fond régulièrement avec les dents d'une fourchette et saisir, à four moyen, pendant vingt minutes.

Garniture
- *200 g de noisettes moulues,*
- *100 g de farine de froment,*
- *3 œufs entiers,*
- *5 cl d'acquavita (ou d'armagnac),*
- *125 g de sucre,*
- *80 g de beurre,*
- *1 pincée de sel,*
- *1 pincée de vanille en poudre,*
- *quelques noisettes entières.*

Préparation de la garniture

Dans une terrine, mélanger les noisettes moulues, la farine, les jaunes d'œufs, le sucre, l'acquavita, le beurre préalablement fondu, la pincée de sel et la pincée de vanille en poudre, jusqu'à obtention d'une consistance crémeuse. Battre les blancs d'œufs en neige très ferme et les incorporer délicatement au mélange précédemment obtenu.

Garnir le fond de la tarte avec cette préparation et laisser cuire trente cinq minutes à four moyen en surveillant que la garniture ne brunisse pas excessivement. La tarte est cuite, lorsqu'une aiguille piquée dans la pâte en ressort sèche. Garnir régulièrement la surface de la tarte de noisettes entières pour la présentation. Laisser refroidir avant de servir.

TARTE AUX FRAISES

Ingrédients

- *130 g de sucre en poudre (dont 80 g pour le flan et 50 g pour le sirop de garniture),*
- *2 œufs entiers,*
- *10 cl de lait,*
- *1 pincée de sel,*
- *1 pincée de vanille naturelle en poudre,*
- *750 g de fraises.*

assez facile

Pour **6** à **8** personnes

Temps de préparation : **30** mn

Temps de cuisson : **30** mn (y compris le temps de cuisson de la pâte brisée)

Préparation de la pâte brisée : cf. recette de la tarte aux noisettes ci-avant.

Préparation de la tarte

Battre les œufs au fouet avec le lait, la vanille, quatre vint grammes de sucre et une pincée de sel.

Lorsque la pâte brisée a durci, verser l'appareil à flan sur celle-ci et remettre au four dix minutes jusqu'à ce que le mélange prenne la consistance d'un flan sans toutefois dorer. Laver les fraises, les égoutter soigneusement et ôter leur queue.

Couper en deux les plus grosses et les répartir harmonieusement à la surface du flan. Utiliser le reste de fraises pour préparer un sirop en écrasant celles-ci dans une casserole avec cinquante grammes de sucre. Faire fondre à feu doux jusqu'à léger frémissement.

Passer au chinois et badigeonner les fraises de la tarte avec ce mélange. Cette recette peut être utilisée pour la tarte aux framboises.

TARTE AUX QUETSCHES

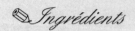

Ingrédients

- 1 kg de quetsches bien fermes,
- 130 g de sucre en poudre roux,
- 2 œufs,
- 5 cl de lait,
- 1 cuillère à café d'extrait de vanille naturelle.
- cannelle

Assez facile

Pour **6** à **8** personnes

Temps de préparation : **30** mn

Temps de cuisson : **40** mn (y compris le temps de cuisson de la pâte brisée)

Vin conseillé :

Pinot vendanges tardives

Préparation de la pâte brisée : cf. recette de la tarte aux noisettes précitée.

Préparation de la tarte

Dénoyauter les quetsches, les couper en deux dans le sens de la longueur et les garder au frais.

Préparer le flan qui prendra place sous les fruits de la manière suivante : battre les œufs avec le lait, la vanille et soixante dix grammes de sucre. Verser sur la pâte brisée légèrement durcie le mélange précédemment préparé et mettre au four jusqu'à ce que celui-ci ait pris la consistance du flan, sans toutefois dorer.

Sortir alors du four et disposer les quetsches sur le flan par rangées concentriques successives en alternant pour chacune le côté de présentation des demi-fruits. Remettre à four chaud pendant vingt minutes. Sortir la tarte et la saupoudrer de cinquante grammes de sucre. Remettre au four cinq minutes. Laisser refroidir, puis saupoudrer légèrement de cannelle en poudre avant de servir.

TARTE AUX MYRTILLES

Assez facile

Pour **6** à **8** personnes

Temps de préparation : **30** mn

Temps de cuisson : **40** mn (y compris le temps de cuisson de la pâte brisée).

Utiliser la recette de la tarte aux quetsches en remplaçant celles-ci par des myrtilles. Ne pas saupoudrer de cannelle.

TARTE AUX POMMES À L'ENVERS, DITE "TARTE TATIN"

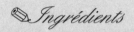

Ingrédients

- 250 g de pâte brisée (cf recette de la tarte aux noisettes),
- 1,500 kg de pommes acidulées (Boskoop),
- 125 g de beurre,
- 150 g de sucre (roux de préférence).

Facile

Pour **6** personnes

Temps de préparation : **20** mn

Temps de cuisson : **40** mn

Préparation de la tarte

Préchauffer le four dix minutes. Faire fondre quatre vingt grammes de beurre dans un moule à bords hauts (cinq centimètres). Y ajouter cent grammes de sucre. Peler les pommes et en ôter les trognons. Couper celles-ci en huit régulièrement et disposer les morceaux en cercle, bien serrés dans le moule. Saupoudrer du reste de sucre et arroser avec le reste de beurre fondu.

Laisser cuire à feu doux environ vingt minutes. Le sucre au fond du plat doit caraméliser, mais rester brun clair. Etaler la pâte brisée jusqu'à obtention d'une abaisse d'un demi centimètre d'épaisseur et en recouvrir les pommes. Rentrer ou couper les bords qui dépassent du moule. Saupoudrer très légèrement de sucre.

Mettre à cuire à four chaud vingt minutes. Démouler la tarte en la renversant sur un plat. Servir tiède avec de la crème fraîche et flamber éventuellement avec un peu de Calvados.

TARTE CHAUDE NORMANDE AUX POMMES

Ingrédients

Pâte brisée
- 200 g de farine de froment,
- 100 g de poudre d'amande,
- 150 g de beurre,
- 1 cuillère à soupe de sucre en poudre,
- 1 œuf entier battu,
- 15 à 20 cl d'eau,
- 8 à 10 g de sel fin.

Assez facile

Pour **6** à **8** personnes

Temps de préparation : **40** mn

Temps de cuisson : **5** mn (y compris le temps de cuisson de la pâte brisée)

Vin conseillé : **Champagne**

Préparation de la pâte brisée à la poudre d'amandes

Placer les différentes farines dans une terrine, y creuser au centre une fontaine et y placer le beurre ramolli (en menus morceaux), le sucre, le sel, l'œuf battu puis l'eau. Mélanger délicatement les éléments petit à petit du bout des doigts.

Lorsque l'intégralité des farines est mêlée aux autres éléments, faire une boule de pâte, puis la fraiser (cette opération consiste à travailler la pâte dans la paume des mains par petits morceaux afin de la rendre bien lisse).

Rassembler les pâtons obtenus, puis recommencer l'opération précédente. Faire ensuite une grosse boule de pâte et laisser reposer au frais pendant quelques heures dans un linge légèrement fariné.

Préparation de la tarte

Etaler la pâte sur une planche à pâtisserie légèrement farinée jusqu'à obtention d'une abaisse d'un demi - centimètre d'épaisseur. Beurrer soigneusement le moule à tarte et y disposer la pâte.

Piquer le fond régulièrement avec les dents d'une fourchette et saisir à four moyen pendant vingt minutes. Sortir et garnir de la compote, puis des tranches de pommes disposées en cercles concentriques. Terminer le centre par un morceau de pomme ciselé en forme de bille. Arroser de cinq centilitres de Calvados tiédi, puis flamber. Humecter les rebords avec un jaune d'œuf battu, puis cuire à four chaud trente minutes.

Entre-temps, préparer un caramel blond avec cinquante grammes de sucre. Le parfumer avec cinq centilitres de Calvados. Lorsque la tarte est cuite et bien dorée, la napper de caramel et la servir avec une jatte de crème fouettée.

Tarte
- *2 kg de pommes rustiques dont 1kg de pommes coupées en tranches régulières et 1kg préparées en compote fondue au beurre (avec 100 g de beurre, 150 g de sucre et 1 gousse de vanille).*
- *50 g de sucre,*
- *10 cl de Calvados,*
- *25 cl de crème fraîche,*
- *1 jaune d'œuf battu.*

TARTE À LA RHUBARBE

Flan
- *1 œuf,*
- *1 cuillère à soupe de sucre,*
- *1 cuillère à soupe de crème fraîche.*

.../...

Facile

Pour **6** personnes

Temps de préparation : **20** mn

Temps de cuisson : **40** mn (y compris le temps de cuisson de la pâte brisée)

Préparation de la pâte brisée : cf recette de la tarte aux noisettes

Préparation du flan

Battre l'œuf avec la crème fraîche et le sucre. Verser le mélange sur la pâte brisée cuite au préalable vingt minutes à four moyen et légèrement durcie. Remettre au four quelques minutes jusqu'à ce que le mélange (œuf, crème, sucre) ait pris la consistance d'un flan sans toutefois dorer. Sortir alors du four

Préparation de la compote de rhubarbe

> *Comporte de Rhubarbe*
> *- 1 kg de côtes de rhubarbe épluchées,*
> *- 750 g de sucre,*
> *- 1 verre d'eau,*
> *- 1 pincée de sel,*
> *- 1 pincée de vanille naturelle en poudre.*

Dans une casserole en acier, disposer les morceaux de côtes de rhubarbe ainsi que le verre d'eau et laisser cuire vingt minutes à couvert, à feu moyen. Ajouter ensuite le sucre, la pincée de sel et la vanille.

Poursuivre la cuisson à feu doux jusqu'à ce que le mélange sucre et rhubarbe commence à épaissir. Faire caraméliser légèrement à feu vif en tournant trois minutes puis mettre à refroidir. Disposer la garniture de rhubarbe encore tiède sur la tarte, au dessus du flan et mettre à rafraîchir au moins deux heures.

TARTE AU CITRON MERINGUÉE

Ingrédients

> *- 300 g de farine,*
> *- 150 g de sucre en poudre,*
> *- 150 g de beurre ramolli,*
> *- 1 œuf entier,*
> *- 1 jaune d'œuf,*
> *- 1 pincée de sel.*

Facile

Pour **6** personnes

Temps de préparation : **25** mn

Temps de cuisson : **25** mn

Préparation de la pâte sablée

Placer la farine dans une terrine, y creuser en son centre une fontaine dans laquelle vous disposerez le sucre, le sel, le beurre ramolli coupé en petits morceaux, le jaune d'œuf et l'œuf entier battus. Pétrir le tout à la main afin d'obtenir une pâte souple et homogène. Former une boule avec la pâte et la laisser reposer au moins une heure.

> *- 50 g de beurre ramolli,*
> *- 50 g de beurre en morceaux,*
> *- 100 g de sucre en poudre,*
> *- 25 cl de crème fraîche,*
> *- 6 œufs,*
> *   .../...*

Préparation de la tarte

Préchauffer le four à température moyenne. Etaler la boule de pâte sur une planche à pâtisserie légèrement farinée. Beurrer soigneusement un moule à tarte

- 3 citrons,
- 3 cuillères à soupe de sucre glace,
- 1 pincée de sel.

et y disposer la pâte. Piquer le fond avec une fourchette. Mettre au four quinze minutes.

Au bain-marie, mélanger dans une casserole, le beurre ramolli, le sucre, 3 oeufs et le jus des citrons jusqu'à obtention d'un mélange d'aspect mousseux. Ajouter peu à peu le beurre en petits morceaux. Verser cette crème au beurre et au citron sur la pâte à tarte précuite. Séparer le blanc des jaunes des œufs restants. Monter les blancs en neige très ferme avec une pincée de sel et incorporer petit à petit le sucre glace. Recouvrir la tarte de ce mélange (meringue). Remettre à four moyen pendant dix à quinze minutes jusqu'à ce que la meringue soit légèrement dorée et servir avec de la crème fraîche.

BEIGNETS AUX POMMES

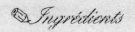

Ingrédients

- 400 g de farine,
- 4 jaunes d'œufs,
- 3 cuillères à soupe d'huile d'arachide,
- 5 cl de Calvados,
- 15 g de levure de boulanger,
- 1 verre d'eau,
- 2 cuillères à soupe de sucre.

Assez facile

Pour **6** à **8** personnes

Temps de préparation : **15** mn

Temps de cuisson : **20** mn

(prévoir de laisser reposer la pâte **3** h)

Préparation de la pâte

Dans une terrine, disposer la farine en fontaine, y incorporer les jaunes d'œufs, l'huile, le Calvados, la levure de boulanger et le sucre délayés au préalable dans un verre d'eau. Bien mélanger l'ensemble et laisser reposer trois heures.

- 6 pommes,
- 200 g de sucre,
- 1 gousse de vanille.

Préparation de la garniture

Eplucher les pommes, les couper en quartiers et les épépiner. Les mettre dans une casserole avec trois cuillères à soupe d'eau, le sucre et la gousse de vanille. Faire cuire à feu doux environ vingt minutes jusqu'à obtention d'une compote épaisse. Oter la gousse de vanille et laisser tiédir.

- la pâte précédemment obtenue,
- la compote précédemment obtenue,
- 4 blancs d'œufs.

Préparation des beignets

Dans une friteuse dont vous aurez ôté le panier pour que les beignets n'attachent pas, faire chauffer l'huile à 175°. Battre les blancs en neige et les incorporer à la pâte avec la compote. Prélever de la pâte obtenue avec une cuillère à dessert et la verser dans la friteuse. Prendre soin que les beignets ne se touchent pas lorsqu'ils remontent en surface. Les tourner plusieurs fois afin qu'ils dorent de tous côtés. Les sortir de la friteuse, à l'aide d'une écumoire et les mettre à égoutter sur du papier absorbant. Les servir saupoudrés de sucre cristallisé.

CANISTRELLIS

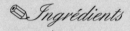

Ingrédients

- 2 kg de farine,
- 400 g de beurre,
- 200 g de sucre,
- 5 cl d'acquavita ou de liqueur d'anis,
- 1/2 verre de vin blanc sec,
- 4 œufs,
- 20 g de levure de boulanger,
- 1 verre d'eau tiède.- 2 kg de farine,

Assez facile

Pour une trentaine de gâteaux

Temps de préparation : **15** mn

Temps de cuisson : **40** mn

(prévoir de laisser la pâte reposer **2** h)

Les canistrellis se conservant longtemps, il est d'usage d'en préparer une grande quantité.

Délayer la levure, dans un peu d'eau tiède, avec une cuillère à café de sucre.

Dans une terrine, disposer la farine en fontaine. Travailler avec le beurre (préalablement ramolli). Incorporer les œufs, le reste du sucre, l'acquavita, le vin blanc sec, puis la levure délayée. La pâte obtenue devra être assez dure (selon goût, on peut ajouter à la pâte soit des zestes de citron ou d'orange séchés, soit des tout petits carrés de cédrat confit, soit des raisins secs).

Laisser lever la pâte au moins deux heures, puis l'étaler au rouleau à pâtisserie jusqu'à obtention d'une abaisse d'un centimètre et demi d'épaisseur. Couper des carrés, des losanges ou des rectangles de pâte. Les faire cuire à four moyen, sur une plaque à pâtisserie huilée, pendant quarante minutes. Conserver les canistrellis , lorsqu'ils sont bien refroidis et bien secs, dans des récipients fermés pour qu'ils ne se ramollissent pas à l'humidité.

FRITELLIS AU BROCCIU

Ingrédients

Levain
- 15 g de levure de boulanger,
- 50 g de farine,
- 10 cl d'eau tiède,
- 1 cuillère à soupe de sucre en poudre.

Assez facile

Pour **6** personnes

Temps de préparation : **10** mn

Temps de cuisson : **3** mn

(prévoir de laisser reposer le levain et la pâte au total **5** h)

Préparation du levain

Délayer la levure de boulanger, dans un peu d'eau tiède, avec la farine et le sucre. Recouvrir d'un linge et laisser reposer trois heures à température ambiante.

Pâte
- 450 g de farine,
- 20 cl de lait,
- 2 œufs,
- 1 cuillère à soupe de zeste d'orange râpé,
- 100 g de sucre,
- 300 g de brocciu frais pressé,
- 1 pincée de sel.

Préparation de la pâte

Dans une terrine, disposer la farine en fontaine. Incorporer les œufs, puis petit à petit le lait, le sucre, le levain, la cuillère à soupe de zeste d'orange et la pincée de sel. Laisser lever deux heures de manière à ce que la pâte ait doublé de volume.

Préparer un bain de friture à 175° (ôter le panier pour que les beignets ne s'y accrochent pas en cuisant). Découper des petits carrés de brocciu pressé et les envelopper de pâte. Mettre à frire en évitant que les fritellis ne se touchent. Lorsqu'ils sont dorés de tous les côtés, les sortir à l'aide d'une écumoire et les laisser égoutter sur du papier absorbant. Les servir saupoudrés se sucre cristallisé.

PANZAROTTIS

Ingrédients

Levain
- 15 g de levure de boulanger.
- 50 q de farine,
- 1 verre d'eau tiède,
- 2 cuillères à soupe de sucre,

.../...

Assez facile

Pour **6** à **8** personnes

Temps de préparation : **15** mn

Temps de cuisson : **3** mn

(prévoir de laisser reposer le levain et la pâte au total **1** h **30** mn)

Préparation du levain

Dans une petite terrine, disposer la farine et le sucre et mouiller avec le verre d'eau tiède dans lequel vous aurez au préalable délayé la levure de boulanger. Couvrir d'un linge et laisser lever une heure au minimum.

Pâte
- *350 g de farine,*
- *4 œufs,*
- *175 g de sucre,*
- *1 pincée de sel,*
- *5 cl d'acquavita ou de liqueur de cédrat*
- *1 zeste de citron,*
- *3 cuillères à soupe d'huile d'olive,*
- *150 g de riz rond.*

Préparation de la pâte

Dans une grande terrine, disposer la farine en fontaine et placer en son centre les jaunes d'œufs, le sucre, la pincée de sel, l'acquavita ou de liqueur de cédrat, le zeste de citron haché et l'huile d'olive. Bien mélanger l'ensemble et laisser reposer quinze minutes. Pendant ce temps, cuire le riz dans de l'eau bouillante très légèrement salée. Lorsque celui-ci est cuit, l'incorporer à la pâte avec le levain et les blancs d'œufs battus en neige très ferme. Bien mélanger et laisser reposer au frais trente minutes.

Cuisson des panzarottis

Prélever des boules de pâte avec une cuillère à dessert et les faire frire dans un bain de friture à 175°. Les retourner de tous les côtés, lorsqu'ils remontent à la surface, afin qu'ils dorent régulièrement. Les sortir à l'écumoire et les égoutter sur du papier absorbant. Les servir saupoudrés abondamment de sucre cristallisé.

SCIACCIS AU BROCCIU ET AUX RAISINS SECS

Ingrédients

Pâte brisée
- *500 g de farine,*
- *125 g de sucre,*
- *3 œufs,*
- *80 g de beurre ou 4 cuillères à soupe d'huile d'olive,*
- *1 pincée de sel.*

.../...

Assez facile

Pour **6** personnes

Temps de préparation : **20** mn

Temps de cuisson : **35** mn

(prévoir de laisser reposer la pâte **3** h)

Préparation de la pâte brisée

Placer la farine dans une terrine. Creuser en son centre une fontaine et y mettre le beurre ramolli (en menus morceaux) ou l'huile, le sucre, le sel et les œufs battus. Mélanger délicatement les éléments petit à petit du bout des doigts. Lorsque ceux-ci sont mêlés, former une boule de pâte, puis la fraiser (cette opération consiste à travailler la pâte dans la paume des mains afin de la rendre bien lisse). Rassembler les pâtons ainsi obtenus, puis recommencer l'opération précédente. Faire ensuite une grosse boule de pâte et laisser reposer au frais, pendant quelques heures, dans un linge légèrement fariné.

Etendre la pâte brisée au rouleau sur une planche à pâtisserie légèrement farinée jusqu'à obtention d'une abaisse d'un demi centimètre d'épaisseur et y découper des ronds de dix centimètres de diamètre.

- 400 g de brocciu,
- 100 g de raisins secs,
- 50 g de sucre,
- 1 verre de liqueur d'acquavita ou de liqueur de cédrat,
- 1 pincée de sel.

Préparation de la garniture

Dans une terrine, écraser le brocciu. Ajouter le sucre, les raisins secs, l'acquavita ou la liqueur de cédrat et la pincée de sel. Bien mélanger l'ensemble.

Préparation des sciaccis

Garnir le milieu des ronds de pâte brisée de la préparation au brocciu. Replier la pâte en forme de chausson et souder les bords en les badigeonnant d'eau tiède et en les pinçant.

Disposer les sciaccis, sur une plaque à pâtisserie préalablement huilée et les faire cuire, à four moyen, environ trente cinq minutes jusqu'à ce qu'ils deviennent bien dorés. Les retourner à mi cuisson.

TIRAMISU

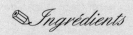

Ingrédients

- 500 g de mascarpone,
- 5 œufs,
- 80 g de sucre en poudre,
- 1 cuillère à moka de vanille naturelle liquide,
- 1 cuillère à soupe de crème fraîche,
- 1 petit verre d'Amaretto,
- 1 bol de café fort légèrement sucré,
- 2 cuillères à soupe de chocolat en poudre,
- 60 boudoirs.

Facile

Pour **6** ou **8** personnes

Temps de préparation : **20** mn

Laisser reposer au frais au moins **5** h

Casser les œufs un par un en séparant les jaunes des blancs. Mélanger les jaunes d'œufs avec le sucre en poudre jusqu'à obtention d'un mélange mousseux et jaune pâle. Incorporer à ce mélange le mascarpone jusqu'à obtention d'une pâte lisse. Ajouter en tournant la vanille et la crème fraîche.

Battre les œufs en neige très ferme et les incorporer délicatement à la pâte précédemment obtenue. Verser l'Amaretto dans le bol de café. Tremper rapidement les boudoirs dans ce mélange de café et d'Amaretto.

Napper le fond d'un plat rond ou ovale (avec des bords d'environ 5 cm de hauteur) avec des boudoirs. Verser au dessus de ces boudoirs une couche de pâte au mascarpone.

Disposer dessus une nouvelle couche de boudoirs, puis une dernière couche de pâte au mascarpone. Saupoudrer de chocolat en poudre. Mettre au réfrigérateur pendant au moins cinq heures avant de servir. Le Tiramisu peut également être servi dans des coupelles individuelles.

SALADE DE FRUITS ROUGES

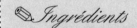

Ingrédients

- 300 g de fraises (petites à chair ferme),
- 250 g de cerises rouges (à chair ferme),
- 250 g de framboises (pas trop mûres),
- 100 g d'airelles,
- 100 g de groseilles rouges,
- 3 cuillères à soupe de sucre roux,
- 30 cl de vin rouge (Brouilly),
- 5 cl de crème de cassis,
- 12 feuilles de menthe.

Facile

Pour **6** personnes

Temps de préparation : **20** mn

Macération : **2** heures

Vin conseillé : **Champagne**

Dans un saladier profond, disposer les fruits équeutés et dénoyautés et les saupoudrer de sucre roux. Mouiller du mélange de vin rouge et de crème de cassis et laisser macérer deux heures au frais. Egoutter ensuite les fruits et les répartir dans des coupes individuelles. Filtrer le jus restant avec une étamine (ou un chinois avec un papier filtre) et remplir à moitié les coupes de ce jus. Décorer avec deux feuilles de menthe par coupe et servir avec du sucre.

SALADE DE FRUITS AU RHUM

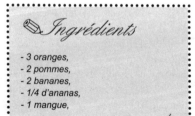

Ingrédients

- 3 oranges,
- 2 pommes,
- 2 bananes,
- 1/4 d'ananas,
- 1 mangue,

.../...

Facile

Pour **6** à **8** personnes

Temps de préparation : **30** mn

Boisson conseillée : **Punch**

(Préparer **1** heure avant de servir).

> - 20 cerises,
> - 2 kiwis,
> - 150 g de raisins noirs,
> - 150 g de raisins blancs,
> - 150 g de fraises,
> - 15 cl de sirop de sucre de canne,
> - 5 cl de rhum (ou de kirsch),
> - 3 cuillères à soupe de sucre roux.

Peler les oranges et les couper en 1/16 dans le sens de la hauteur. Couper les pommes en lamelles, l'ananas en petits morceaux, la mangue en petits dés. Oter la peau des bananes et des kiwis et les découper en rondelles. Equeuter les fraises et les couper en moitiés. Dénoyauter les cerises et égrainer les raisins. Réunir tous les fruits dans un saladier. Verser au dessus le sirop de sucre de canne, le rhum blanc et le sucre roux. Mélanger délicatement et garder au frais au moins une heure avant de servir en tournant deux fois.

SALADE D'ORANGES
AU GRAND MARNIER

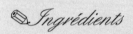

> **Ingrédients**
>
> - 5 oranges juteuses non traitées,
> - 3 citrons verts,
> - 3 cuillères à soupe de sirop de sucre de canne,
> - 5 cl d'Armagnac,
> - 5 cl de Grand Marnier,
> - 3 cuillères à soupe de sucre roux,
> - 20 noisettes,
> - 10 g de beurre.

Facile

Pour **4** personnes

Temps de préparation : **30** mn

Macération : **30** mn

Eplucher 4 oranges et deux citrons verts sans laisser de partie blanche et sans blesser les fruits. Les couper horizontalement en rondelles d'un demi centimètre d'épaisseur et ôter les pépins.

Verser dans une casserole 5 cl d'eau, 5 cl d'Armagnac, 5cl de Grand Marnier et deux cuillères à soupe de sucre roux et chauffer quelques instants. Plonger y trente secondes les rondelles d'oranges et de citrons et les disposer ensuite dans un saladier. Lorsque le liquide de la casserole a refroidi légèrement, le verser au dessus des fruits dans le saladier et laisser macérer trente minutes.

Entre temps couper l'orange et le citron vert restant en 1/16 dans le sens de la hauteur en conservant leur zeste. Faire macérer ces tranches de fruits recouvertes de sirop de sucre de canne, quelques instants, dans un bol.

Concasser les noisettes et les passer rapidement dans une poêle avec un petit morceau de beurre et une cuillère à soupe de sucre roux. Sortir les rondelles d'oranges et de citrons macérées du saladier et les disposer dans des coupes individuelles. Décorer avec les tranches ayant conservé leur zeste et mouiller chaque coupe avec un peu de liquide de macération passé au chinois. Saupoudrer chaque coupe d'une cuillère à café de noisettes hachées légèrement caramélisées.

GLACE À LA FRAMBOISE

✎ Ingrédients

- 500 g de framboises.
- 25 cl de crème fraîche,
- 200 g de sucre,
- 2 blancs d'œufs.

Facile

Pour **6** personnes

Temps de préparation : **15** mn

(Mettre à glacer **3** h)

Dans un bol à mixer, réduire en purée les framboises. Ajouter le sucre. Battre les blancs d'œufs en neige très ferme. Les réserver. Incorporer la crème fraîche à la purée de framboises sucrée en fouettant, puis y mêler délicatement les blancs en neige. Mettre à glacer au moins trois heures au congélateur. Servir avec de la crème chantilly et décorer avec quelques framboises entières.

GLACE AUX CASSIS

✎ Ingrédients

- 250 g de cassis en purée,
- 25 g de cassis en grains,
- 200 g de sucre,
- 25 cl de crème fraîche,
- 2 blancs d'œufs,
- 1 filet de jus de citron.

Facile

Pour **6** personnes

Temps de préparation : **15** mn

(Mettre à glacer **3** h)

Dans un bol à mixer, réduire en purée les deux cent cinquante grammes de cassis. Ajouter le sucre. Battre les blancs d'œufs en neige très ferme. Les réserver. Entre-temps mélanger la crème fraîche et le filet de citron aux fruits réduits en purée en fouettant légèrement. Incorporer doucement en soulevant avec une spatule en bois les blancs en neige et répartir les grains de cassis entiers avant de mettre à glacer au moins trois heures au congélateur.

SORBET À LA FRAISE

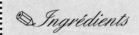

Ingrédients

- 750 g de fraises bien mûres,
- 250 g de sucre gélifiant,
- 25 cl d'eau froide,
- 1 filet de jus de citron.

Facile

Pour **6** personnes
Temps de préparation : **15** mn
(Mettre à glacer **6** h)

Dans un bol à mixer, réduire en purée les fraises après avoir ôté leur queue. Mettre à dissoudre dans une casserole le sucre gélifiant avec l'eau froide, puis porter à ébullition pendant quelques secondes en tournant sans cesse et retirer du feu. Mélanger le sirop ainsi réalisé avec la purée de fraises. Ajouter le filet de citron. Laisser refroidir et mettre à glacer au congélateur au moins six heures avant de servir.

GLACE À LA VANILLE

Ingrédients

- 20 cl de lait entier,
- 15 cl de crème fraîche,
- 4 jaunes d'œufs,
- 65 g de sucre en poudre,
- 1 cuillère à soupe d'extrait de vanille liquide.

Facile

Pour **6** personnes
Temps de préparation : **15** mn
(Mettre à glacer **3** h)

Déposer dans le congélateur le bol de la sorbetière ou bac à glace la veille de la préparation. Mettre dans un bol les jaunes d'œufs, le sucre et la vanille liquide. Battre au mixer jusqu'à ce que le mélange blanchisse.

Mélanger la crème fraîche à la préparation. Faire chauffer doucement le lait et l'incorporer petit à petit au mélange précédent. Verser la crème ainsi préparée dans une casserole. La faire épaissir deux minutes à feu moyen sans laisser bouillir. Laisser refroidir la préparation au réfrigérateur avant de mettre à glacer au congélateur soit dans la sorbetière, soit dans un bac à glace au moins trois heures.

FRAISES MELBA

Ingrédients

- 750 g de fraises,
- 6 cuillères à soupe de gelée de groseilles,
- glace à la vanille,
- crème chantilly.

Très facile

Pour **6** personnes

Temps de préparation : **15** mn

Préparation de la glace à la vanille : cf recette de la glace à la vanille précitée.

Préparation des coupes Melba

Faire fondre la gelée de groseilles dans une casserole à feu doux. Disposer dans chaque coupe deux à trois boules de glace à la vanille et y répartir la gelée de groseilles fondue. Placer autour des boules de glace quelques belles fraises après en avoir ôté les queues et les avoir passées sous l'eau chaude. Recouvrir de crème chantilly et servir avec des gaufrettes ou mieux des tuiles.

PÊCHES MELBA

Ingrédients

- 6 pêches au sirop,
- glace à la vanille,
- amandes effilées,
- crème chantilly.

Très facile

Pour **6** personnes

Temps de préparation : **15** mn

Préparation de la glace à la vanille : cf recette de la glace à la vanille précitée.

Préparation des coupes Melba

Disposer dans chaque coupe deux à trois boules de glace à la vanille et deux moitiés de pêche.

Recouvrir de crème chantilly et de quelques amandes effilées. Servir avec des gaufrettes ou des tuiles.

Poires Belle Hélène

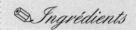

Ingrédients

- 6 poires,
- 120 g de sucre en poudre,
- 120 g de chocolat noir,
- amandes effilées,
- crème chantilly.

Facile

Pour **6** personnes

Temps de préparation : **20** mn

Préparation de la glace à la vanille : cf. recette de la glace à la vanille précitée.

Préparation des poires

Faire cuire les poires entières épluchées (garder la queue) dans une casserole d'eau avec le sucre pendant vingt minutes. Les poires une fois cuites seront devenues tendres. Dans une deuxième casserole, faire fondre le chocolat avec un filet d'eau.

Disposer dans chaque coupe deux boules de glace à la vanille. Placer au centre la poire cuite (on peut éventuellement la remplacer par une poire au sirop). Verser dessus du chocolat fondu. Recouvrir de crème chantilly et de quelques amandes effilées. Servir avec des gaufrettes ou des tuiles.

COMPOTES
GELÉES
CONFITURES

COMPOTE DE POMMES

Très facile

Pour **6** personnes

Temps de préparation : **15** mn

Temps de cuisson : **20** mn

✎ *Ingrédients*

- 1,500 kg de pommes (acides et pas trop mûres),
- 5 morceaux de sucre,
- une pincée de sel.

Peler les pommes et les détailler en petits morceaux dans une casserole. Ajouter le sucre et le sel, puis mouiller d'un verre d'eau. Tourner avec une spatule en bois. Cuire environ vingt minutes, à feu doux, jusqu'à obtention d'une belle compote blonde.

COMPOTE OU CONFITURE DE RHUBARBE

Assez facile

Pour **4** à **6** pots de **500** g

✎ *Ingrédients*

- 3 kg de tiges de rhubarbe, de préférence à côtes rouges et pas trop grosses,
- 800 g de sucre par kg de rhubarbe épluchée,
- 1 gousse de vanille,
- eau minérale non gazeuse.

Enlever la peau filandreuse qui recouvre les tiges, en tirant dessus avec un couteau bien effilé et les débiter en tronçons de cinq centimètres sur une planche à découper.

Peser la rhubarbe épluchée et tronçonnée et prévoir huit cents grammes de sucre par kilo. Placer les morceaux de rhubarbe dans la bassine à confiture et les recouvrir tout juste d'eau.

Porter le tout à ébullition et laisser cuire, à feu moyen vingt minutes.

Dès que les morceaux sont devenus tendres, ajouter le sucre et continuer la cuisson, à feu doux, après la fonte du sucre et la reprise de l'ébullition pendant encore quinze minutes.

La rhubarbe une fois refroidie pourra être consommée en compote. Pour obtenir des confitures, continuer la cuisson jusqu'à ce que le jus prenne "au boulé" (cf recette de la confiture de fraises).

Lorsque la consistance voulue est obtenue, retirer la bassine à confiture du feu, écumer et mettre en pots. Couvrir à froid.

CONFITURE D'ABRICOTS (OU DE REINE-CLAUDE OU DE QUETSCHES)

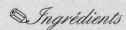

Ingrédients

- 4 kg de fruits,
- 3 kg de sucre (750 g par kg de fruits) ou 2,500 kg de sucre du commerce contenant de la pectine (confisuc ou autres)
- 1/2 gousse de vanille,
- 1 cuillère à café de cannelle en poudre, selon goût, pour la confiture de quetsches,
- éventuellement les amandes de quelques fruits blanchies et épluchées,
- 5 cl de rhum ou de kirsch.

Assez facile

Pour **6** à **8** pots de **500** g

Laver et dénoyauter les fruits en les coupant en deux dans le sens de la longueur. Dans une grande terrine, placer alternativement une couche de sucre, une couche de fruits en terminant par du sucre. Couvrir d'un torchon et laisser macérer au frais jusqu'à ce que les fruits baignent dans leur jus (12 h à 24 h).

Verser ensuite le contenu de la terrine dans la bassine à confiture en veillant à ne pas perdre de sucre. Finir de faire fondre le sucre, à feu doux, puis porter à ébullition. Ajouter les amandes des fruits ou mieux cent grammes d'amandes effilées, la gousse de vanille et éventuellement la canelle s'il s'agit de confiture de quetsches et cuire, à feu moyen, jusqu'à ce que les fruits deviennent transparents et que le sirop soit au "boulé" (cf confiture de fraises). Ajouter le rhum ou le kirsch. Retirer la bassine du feu et mettre en pots. Couvrir dès que les pots ont refroidi.

CONFITURE DE FRAISES

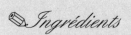

Ingrédients

- 2 kg de fraises mûres à point, lavées, équeutées et soigneusement égouttées,(il est déconseillé, le fruit étant particulièrement fragile, de confire de trop grandes quantités à la fois),
- 2 kg de sucre semoule ou 1,500 kg de sucre du commerce contenant de la pectine (confisuc ou autres),
- 25 cl d'eau minérale, non gazeuse.

Assez facile

Pour **3** à **4** pots de **500** g

Vérifier le poids de fraises et prévoir un poids équivalent de sucre. Verser le sucre dans la bassine à confiture et mouiller avec l'eau. Faire fondre le sucre, à feu doux, puis augmenter la température jusqu'à ébullition. Continuer la cuisson, à feu moyen, jusqu'à obtention d'un sirop dit " au boulé ", c'est à dire que lorsqu'une goutte de celui-ci est versée sur une assiette froide, celle-ci forme une petite boule de pâte molle qui ne coule plus .

Lorsque la consistance voulue est obtenue, incorporer rapidement les fraises dans le sirop. Faire reprendre l'ébullition et cuire, à feu doux, en tournant délicatement plusieurs fois jusqu'à ce que les fraises deviennent transparentes sans avoir perdu leur forme. Retirer les fruits à l'écumoire et les mettre à égoutter, au dessus d'une casserole, dans une grande passoire à fond plat.

Dès que le jus a fini de s'écouler, le récupérer et le remettre dans la bassine sur le feu, porter à ébullition et cuire à feu doux jusqu'à obtention d'un nouveau " boulé ".

Entre-temps, garnir les pots au deux tiers avec les fruits. Lorsque le sirop est au point, compléter les pots, puis les entreposer au frais, sous un torchon. Quand les pots sont devenus tièdes, répartir les fruits, qui ont tendance à remonter à la surface à l'aide d'un manche de cuillère à soupe parfaitement aseptisé à l'eau bouillante. Couvrir dès que les pots ont tout à fait refroidi.

CONFITURE DE FRAMBOISES

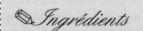
Ingrédients

- 4 kg de framboises bien mûres et très fermes,
- 3,400 kg de sucre semoule (850 g par kg de fruits) ou 2,800 kg de sucre du commerce contenant de la pectine (confisuc ou autres),
- 30 cl d'eau minérale non gazeuse.

Assez facile
Pour **6** à **8** pots de **500** g

Dans une grande casserole, laver rapidement les framboises sous l'eau froide et les laisser égoutter longuement. Entre temps, verser le sucre dans la bassine à confiture et le mouiller avec l'eau. Le faire fondre, à feu doux, puis augmenter la température jusqu'à ébullition. Continuer la cuisson, à feu moyen, jusqu'à l'obtention d'un sirop dit " au boulé " (cf confiture de fraises).

Lorsque le sirop est prêt, verser rapidement les framboises dans la bassine et mélanger délicatement pour ne pas écraser les fruits. Faire reprendre l'ébullition et cuire ensuite doucement en tournant plusieurs fois, jusqu'à obtention d'un nouveau " boulé ". Retirer la bassine du feu et mettre en pots.

GELÉE DE GROSEILLES (OU DE CASSIS)

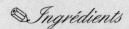
Ingrédients

- 4 kg de groseilles (ou de cassis),
- autant de sucre que de jus de groseilles pesé,
- 10 cl d'eau minérale non gazeuse par 500 g de sucre,
- (prévoir de se munir d'une toile à passer les gelées).

Assez difficile

Pour **6** à **8** pots de **500** g

Laver rapidement les groseilles sous l'eau fraîche. Les placer dans une casserole en acier ou en émail, à feu doux et écraser les baies avec un pilon à purée ou, à défaut, le dos d'une écumoire solide.

Lorsque le jus des groseilles emplit la casserole, porter à ébullition pendant moins de trois minutes. Oter la casserole du feu et préparer une grande jatte au dessus de laquelle vous aurez disposé une grande passoire à pieds garnie d'une toile à passer les gelées ou, à défaut, d'un carré de coton au tissage aéré, préalablement mouillé et essoré. Verser le contenu de la casserole sur la toile, replier le tissu sur les fruits, presser légèrement puis laisser s'égoutter librement le jus.

Quand le jus se sera entièrement écoulé, retirer la passoire et placer la jatte au frais, sous un torchon pour laisser le jus se clarifier jusqu'au lendemain. Cette clarification peut s'obtenir moins parfaitement mais instantanément par le passage du jus au travers d'une toile de texture plus serrée, au préalable humidifiée. Sinon, le lendemain, sans agiter la jatte, prélever délicatement le jus, par le dessus avec une louche, sans jamais toucher le fond afin d'éviter de prendre les impuretés qui s'y sont rassemblées.

Peser ce jus, verser le même poids de sucre dans la bassine à confiture et l'additionner de dix centilitres d'eau par cinq cents grammes de sucre pesé.

Faire fondre le sucre, à feu doux, puis porter à ébullition et cuire ensuite à feu moyen jusqu'à obtention d'un sirop " au cassé ", c'est à dire qu'une goutte de sucre, versée sur une assiette froide doit durcir instantanément.

Lorsque la consistance souhaitée est obtenue, verser rapidement, sans cesser de tourner le jus de groseilles dans le sirop.

Dès qu'une goutte de gelée, versée sur l'assiette froide, forme une pâte souple qui ne glisse pas, arrêter la cuisson et retirer la bassine à confiture du feu.

Mettre en pots rapidement et ne pas les déplacer jusqu'à complet refroidissement. Couvrir à froid.

INDEX ALPHABÉTIQUE

A

B

C

D

E

F

G

H

I

J

K

L

M

O

P

Q

R

S

T

V

TABLE DES MATIÈRES ET RECETTES

Introduction   3

Guide Pratique   5

Les Recettes   49

Potages et soupes

ENTRÉES FROIDES

ENTRÉES CHAUDES OU TIÈDES

ŒUFS - SOUFFLÉS

CRUSTACÉS MOLLUSQUES COQUILLAGES ESCARGOTS GRENOUILLES

Poissons

Bœuf

Agneau et Chevreau

Veau

Porc

Triperie

Volailles et gibiers

PLATS COMPLETS

SAUCES

Pâtes et riz

Légumes et salades vertes

Desserts

COMPOTES GELÉES CONFITURES

MES RECETTES PRÉFÉRÉES

Recette	Conseil	Note	Page
Osso-Bucco	Ajouter un peu de piment	8/10	206

Recette	Conseil	Note	Page

Recette	Conseil	Note	Page

Recette	Conseil	Note	Page

Recette	Conseil	Note	Page

IMPRIM'VERT®

Imprimé et façonné par Pollina Luçon 85 n° d'impression : L59939
Imprimé en France